上海摩登 [修订版]
——一种新都市文化在中国（1930—1945）

李欧梵 著

Shanghai Modern:

The Flowering of a New Urban

Culture in China, 1930–1945

毛尖 译

浙江大学出版社

图书在版编目(CIP)数据

上海摩登:一种新都市文化在中国(1930—1945) / 李欧梵著;毛尖译. —修订本. —杭州:浙江大学出版社,2017.7
ISBN 978-7-308-16504-4

Ⅰ.①上… Ⅱ.①李…②毛… Ⅲ.①城市文化—研究—上海—1930-1945 Ⅳ.①G127.51

中国版本图书馆 CIP 数据核字(2017)第 020581 号

上海摩登:一种新都市文化在中国(1930—1945)
李欧梵 著 毛 尖 译

特约策划	姜爱军
责任编辑	张一弛 罗人智
责任校对	杨利军
封面设计	卿 松
出版发行	浙江大学出版社
	(杭州市天目山路 148 号 邮政编码 310007)
	(网址:http://www.zjupress.com)
排 版	浙江时代出版服务有限公司
印 刷	浙江海虹彩色印务有限公司
开 本	880mm×1230mm 1/32
印 张	15.625
字 数	358 千
版 印 次	2017 年 7 月第 1 版 2017 年 7 月第 1 次印刷
书 号	ISBN 978-7-308-16504-4
定 价	60.00 元

版权所有 翻印必究 印装差错 负责调换
浙江大学出版社发行中心联系方式:0571-88925591;http://zjdxcbs.tmall.com

出版说明

本版《上海摩登:一种新都市文化在中国(1930—1945)》是本书的第四个中文简体版本。距离本书首次出版(哈佛大学出版社,1999年)已过去18年,距离首个中文版本的发行(香港牛津大学出版社,2000年)也已过去17年。在这十几年中,本书所带动的研究都市文化的潮流一直未歇,它所提供的一些议题(如"都市漫游者"和"世界主义"),以及它所研究的上海出版文化、现代文学和几位本地作家,亦一直被广大青年读者所关注和追索。

对比前几个版本,本版在参考2006年香港牛津大学出版社繁体修订版(增订本)的基础上,对一些滞存的错漏做出了修正。感谢李欧梵先生在百忙之中拨冗为本版撰写"再版序",并愿意将他关于上海的最新研究成果《上海,从过去到现在:若干文化反思》一文收入本书的附录,以飨读者。该文是李欧梵先生为2016年10月在上海举办的"世界城市文化论坛"撰写的会议论文(由常方舟翻译),可算是对"新都市文化在上海"这一研究主题的续写和深化。

若本版仍存在疏漏之处,恳请广大读者提供宝贵的意见。

浙江大学出版社
2017年6月

再版序

浙江大学出版社为我的旧书《上海摩登》出新版,并要我写一个新序,我一时不知如何着手。以前已经写过序言,交代过此书从构思到写作的经过,现在不必再重复了,只能从当今(21世纪的第17个年头)的角度做一个回顾和反思。

本书的初步构思和资料的搜集是在20世纪80年代初,以英文写作成书,于1999年由哈佛大学出版社出版,恰好赶上20世纪的世纪末。中文繁体字版(由毛尖根据原稿而非出版时的定稿翻译,所以内容上和英文版有少许差异),于2000年由香港牛津大学出版社初版,次年简体字版由北京大学出版社出版。这两个版本都再版不止一次,版次连我自己也记不清了,然而内中的错误却未能——更正,只有在牛津大学出版社出修订版时,我曾校勘过第一章,发现不少错误,后来毛尖也修正过一次,整理出一个勘误表,至今已经失落。因此,虽然此次浙江大学出版社的责任编辑十分负责,又把全文校正一次,但作者和译者都忙于其他事情,无暇重拾旧稿。我个人尤其如此,一直有一个坏习惯,对于自己过去的作品不闻不问,让它自生自灭,敝帚绝不自珍。这本书的价值,不在于它的内容——虽然当年初版时的确带动一个研究都市文化的新方向,而在于它所提供的持续研究的议题,作为一个入门的参考书,似乎相当适合,也因此受到无数大学生——特别是在中国大陆——的厚爱。我在此要再三向这些学子致谢,也希望这本书没有误导他/她们。最令我啼笑皆非的是,据说新一代的"小资"读者也把这本学术著作列为"宠爱"读物之一,也许就是因为本书研究的主题就是20世纪二三十年代在上海崛起的"小资"文化。如今,似乎也没有人再提"小资"或"波波族"这个名词了,我们又进入一个全球化的新时代,而上海这个城市也摇身一变,成了一个国际大都会。本书所描绘的那种"新都市文化"早已变成旧都市文化了。这一切的历史变迁,不超过一个世纪,而上海本身的发展更不到三十年(从20世纪90年代末至今),可谓惊人。

也许,现在值得反思的是:这本描写"老上海"的书,对于今日的上海意义何在?因此必须回归到本书所讨论的几个议题。

本书的内容分三大部分。第一部分勾画了一个都市文化的背景,特别是第一章"重绘上海",说不定很多学生只读过这一章,而略过有关印刷文化和现代文学书刊的第二章和第四章;第三章讨论上海电影的都会语境和观众,似乎文化研究专业的研究生也读过这一章。然而我当年真正想研究的反而是上海兴起的现代文学和作家,特别是施蛰存先生和所谓"新感觉派"的两位作家:刘呐鸥和穆时英。如今这个文学史上的"现代主义"议题早已被"后现代"和"全球化"的文化理论所取代,只有像我这样的人还"情迷现代主义"。我关心的是一种新文学的形式创新和它的文化背景,而不是把它当作文化工业或文化产品来消费。这一个观念上的差异和对比,我认为值得专家学者重新探讨。是否由于全球化的网络时代已经到临,文字已经被各种视觉形象所取代,文学已死?如果属实,本书第二部分的四章——包括关于张爱玲的一章,可以全部作废。然而至今海峡两岸的"张爱玲热"并未减退,我自己也被邀请参加至少三四次关于张爱玲的学术会议。想当年我最初构思时并没有把张爱玲考虑在内,因为她成名的时期稍晚,已经到了40年代。真是"好险"!否则本书会失去大半读者。

　　这个"张爱玲现象"至今令我费解。除她本人的文学才华之外,是否和近年来中国都市文化本身的急剧变化有关？或是由李安导演的影片《色·戒》在海峡两岸引起的轰动造成？更令我费解的是：当年海外无人知晓的邵洵美,大有后来居上的趋势。最近出版的两三本英文书皆以他为主角,很可能是因为他和美国情人项美丽(Emily Hahn)的浪漫故事,最近刚出版的一本新书 *Shanghai Grand: Forbidden Love and International Intrigue in a Doomed World*（2016）足可作为代表。更重要的是：外国人对于30年代"上海传奇"(Shanghai legend)的兴趣至今不衰,据闻上海外滩的重修都是外国人发起的。当然,在欧美的中国研究学界,"上海热"的现象早已不足为奇,至少有数十种研究上海文化、经济、社会、政治、建筑、媒体等的学术著作,此处也不一一列举了。中文方面的著作更多,由上海社科院的几位资深学者发起的相关研究,至今成果已经相当可观,足可以和西方的"上海学"分庭抗礼。

　　我曾多次提起,我个人最大的遗憾是,在拙作中对上海的都市建筑风格没有深入研究,因为当年的英文资料和我的学识都有限。这反而是当今全球化的都市研究最热门的话题。最近我写了一篇英文论文专门讨论这个问题,及与之相关的"怀旧"论述(希望译文可以放在本书作为附录)。这个议题,在我写作本书的时期刚刚被提起,王安忆的小说《长恨歌》于1996年出版,连得数个大奖,在文坛引起一阵旋风,也把"怀旧"摆上台面。她的好友程乃珊是这个"怀旧热"的始作俑者之一,此外尚有陈丹燕、孙树芬等人,他/她们对自己的出生地怀有一份深情,写了不少本畅销书,如《上海探戈》《上海的红颜遗事》《上海的金枝玉叶》《上海老房子的故事》等。上海的文学史专家陈子善还编了两本集子——《夜上海》和《摩登上海》。而当时上海学界却对之大加挞伐,认为这种"怀旧"是一种时髦的假象,是一个"后现代"和"后革命"时代的文化消费产物,用包亚明的说法,是"一种器物的编排,割断了与具体历史语境的内在关系"。如此看来,拙著是否可以提供一个具体历史的语境,并将之联系?

其实,这个联系就是资本的全球化,以及政府在20世纪90年代所作的重大政策决定——开发浦东,把大上海打造成一个全球化的国际大都市,因此"旧上海"的繁华被当作文化资源。目前的成果有目共睹,只不过所引起的文化问题尚待学者进一步研究和评估。从我的立场来看,这个计划的出发点是国际金融,因此一切建设要以金融和相关的服务业为依归,21世纪初的"超级现代主义"(Super-modernism)的建筑风格,遂应运而起。它的特色是一种地标式的高耸入云的宏伟大楼,作为财经活动的中心,由此而带动各种服务业和消费行业,如酒店、餐厅、咖啡厅、酒吧和高级公寓等,而居民的生活也随着经济的运转而定。浦东的第一个地标建筑就是金茂大厦,可谓名副其实。我也曾多次分析研究,并曾实地考察过。该楼由芝加哥的一个著名建筑公司设计,高达88层,现在已经被临近的大楼超过("比大比高"是"超级现代主义"的法宝)。就建筑材料和设计的条件本身而言,这座大楼十分坚固,楼内的人流、物流设计也是第一流,楼的上层部分是五星级的酒店,在最高层还设有一个酒吧,可以让大款、商贾和游客们到此眺望脚下的黄浦江两岸和外滩。我去过一次,感觉不好,非但觉得"高处不胜寒",而且感到自己被关在一个高空牢笼里。我不禁想到茅盾在《子夜》开头用英文标示出的三个大字(我在本书第一章开头也引过):LIGHT, HEAT, POWER。在20世纪30年代的语境中,POWER的语义双关,实质上指的是"电力"——晚清以降所沿用的现代化标志"声光化电"之一。一百年后,这已经不足为奇,而 POWER 所代表的不是电力,而是权力——金钱所赋予的权力。

这一个感受引起我的反思,也想进一步研究一下一百年前的浦东,原来国民党政府也有一个开发大上海的计划,也以浦东为蓝图,大多是政府机关和公共建筑。但我没有时间继续研究下去,又被另一个更切身相关的议题所吸引:在这个"超级现代主义"建筑统治之下,都市居民的日常生活的价值和地位何在?文化的传承意义何在?它和我书中所描写的"老上海"的内在历史联系又何在?当年的摩天大楼和今日的金茂大厦比起来,何止小巫见大巫!而当年最高的国际大饭店是一家旅馆,不是银行。当时流行的"art deco"装饰艺术风格,在当今的"雄伟"地标之中也无地自容。最近,一位上海的建筑师朋友带我到外滩的一个"洛克滩"(Rockbund)区参观,整个景观皆是重新装修后的旧大厦,竟然有一栋是当年的建筑大师邬达克(Ladislaus Hudec)设计的,风姿依旧,像一个复活的上世纪徐娘,令我大喜过望。也许这才是和历史语境之间的实质性的联系?一栋建筑物本身也是一种记忆的载体,而如今所谓"可持续发展"(sustainability)的信条是否也容得下历史回忆?或者只有从文本的痕迹中去搜寻?

如此追问下去,我势必再写一本"新上海"的大书,就从建筑和都市设计谈起,但我已经没有这种精力和能力了。好在年轻一代的中国建筑师——他/她们已经形成一个文化精英团体——对此早已开始研究而且卓然有成,我在另文中也引用了几位建筑师的论点和看法,此处不再详论。我认为一个都市在全球化潮流中的急剧发展,必定会造成所谓的"硬体"和"软体"的落差现象。如果说"明天会更好"的话,我势必要追问:"好"的意义是什么?当人的本身意义已经荡然无存的时候——有的"后现代"思想家已经在提倡"后人类"的论述了,将来人类的生活环境和

"快乐指数"应该如何下定义?本书至少可以帮助这一代的读者从一个历史和文学的角度来重新审视和"质问"(interrogate)发展主义的终极意涵,也可以为不知历史记忆为何物的新一代读者提供一些思考的资源。

从学术的角度反思,本书还有两个比较理论性的议题值得重新讨论:一个是本雅明的"都市漫游者"(Flâneur),另一个是"世界主义"(cosmopolitanism),在此我不想引经据典卖弄理论,只想把本书的论述稍微延伸一下,和当代接轨。

众所周知,本雅明理论中的"都市"原型是19世纪的巴黎,"漫游者"出现在他研究19世纪诗人波德莱尔和相关著作中。我在书中指出,从历史的脉络中去探索,这个"漫游者"的原型并不见得适用于20世纪的国际大都市(包括纽约、伦敦、柏林和上海)。妙的是研究柏林和德国都市文化的学者,很少有人引用"漫游者"的模式,而更注重本雅明的其他理论,诸如艺术品的复制问题或艺术的政治化。当年的上海文坛,波德莱尔的大名几乎人人皆知,但极少人把他的《恶之花》和巴黎的资本主义连在一起,当然也没有任何人以"都市漫游者"自比。如果我们把本雅明的这本著作和地理学家哈威(David Harvey)的《巴黎:现代性的首都》(*Paris: The Capital of Modernity*,2003)做个比较,就会发现后者特辟专章讨论巴尔扎克的小说世界中的巴黎,而没有用波德莱尔,因为巴尔扎克的巴黎不完全在资本主义笼罩之下,它的马路并不平,旧区更充满了转弯抹角的狭窄小巷子,住在那里的穷人哪里有时间和空间去漫游。当年上海的城隍庙华人区何尝不也是如此?中国传统的美学中只有散步于田园之中,而很少有都市漫游的习惯,更何况故意在高消费的拱廊下牵着乌龟漫步,做一种贵族的闲暇状。其实本雅明的"漫游者"理论一半是寓言式的,用来描写波德莱尔这个抒情诗人。在20世纪30年代的上海,只有法租界的街道可以供人散步,让人发"怀古"的文化幽思。戴望舒的名诗《雨巷》似乎有漫游者的气氛,但"巷子"的美学则值得研究了,它也许代表上海的弄堂世界,但更富田园之美。我认为这反而是戴望舒和波德莱尔的诗风不同之处。我本来计划专辟一章讨论几个上海诗人,如戴望舒,但后来决定不写,因为当时有另一位学者利代英(Gregory Lee)刚好写完一本关于戴望舒的专著,不用我费事了。

我在书中指出,有几条法租界的道路是以艺术家命名的,如马思南路,原名Rue Massenet,是一个法国作曲家的名字。如今这条马路的一部分被划为文化区,我觉得颇为适合,只不过连上海人自己也不大记得街名究系何指。"漫游者"的"次文本"意义就是散步,也有西方学者把他"性别化",变成女漫游者,或"普罗化",变成复数的工人。无论如何变化,这个名词的原意指的是一种缓慢的速度和悠闲的审美观,这才是当今最需要的"慢生活"节奏。这也可以作为对讲求速度和效率的全球上班族的文化批判。所以我故意把一本讨论香港文化的书叫作"都市漫游者",甚至有一次带了一队香港市民沿着皇后大道"漫游",手里拿着我正在教的本雅明的《拱廊计划》那本厚书,招摇过闹市,也算是一种抗议。把文化理论放在实际生活"文本"中去考验,是我一向的态度。

另一个议题是"世界主义"。我在本书的英文版用的字眼是"cosmopolitanism",而不是"internationalism",因为后者也可能意指左翼政治上的"共产国际"(Communist Internationale,简称"Comintern"),其发源地是莫斯科。其实这个国际左翼的理想也是"世界主义"的一部分,因为它倡导世界各地的被压迫民族联合起来,超越国家的疆域和权力统治机器。在苏联没有设立和主导"共产国际"之前,这个理想来自第一次世大战后的反战分子,特别是文化人,如罗曼·罗兰,他的作品(《约翰·克利斯朵夫》)和言论在中国的影响极大。我在书中无法交代这个左翼的论述,而偏重上海文坛和文人对外国文学的开放态度,也许有点以偏概全。然而兼容并包的开放态度恰是施蛰存主持的《现代》杂志的编辑方针,他甚至把左翼政治和艺术上的"前卫"(avant-garde)联系在一起。这种开放和"向外看"的态度,和民族主义并不冲突,因为最终的目的就是为中国建立一个新的文化和价值系统。甚至在国学研究的领域,著名学者如王国维和陈寅恪都没有排斥西学,主张"中学为体,西学为用"。最近一位荷兰学者 Frank Dikötter 甚至认为整个民国时代都是一个"开放的时代"(见其英文原著 *The Age of Openness*,2014)。

我的这一个"世界主义"的说法,在理论层面显然不足。只谈"开放"态度等于空谈,应该作更精确的界定。就文学的立场而言,最重要的当然是"世界文学"(world literature)和"民族文学"(national literature)的分野及关系。我在美国学院多年,教的都是中国文学,从来不敢开"世界文学"的课,直到最近几年,突然"世界文学"作为一种新论述和新学科,大行其道。它到底和"世界主义"有无关系?当然有,而且在理论上很密切。为什么"世界文学"到今日才突然流行起来?其实这个名词和论述早在20世纪二三十年代就有人提倡了,在中国是郑振铎,在印度是泰戈尔,当然更早在18世纪歌德就提出"weltliteratur"这个德文名词。而"世界文学"也是30年代共产国际提出的口号,在莫斯科还出了一本以此为名的杂志,作为共产国际的基本刊物之一。这个历史层面,如今已经被全球化的论述所掩盖。从这个最新的理论立场而言,"世界主义"是全球资本主义的副产品,更必须经过后殖民主义的洗礼,仔细商榷起来,相当复杂。有心的读者可以参看最近出版的一本书 *What Is A World? On*

Postcolonial Literature as World Literature(2016),作者 Pheng Cheah 的原籍是新加坡。他特别指出：世界文学不是铁板一块，而是各种民族文学的竞技场，西方的"世界文学"论述往往是"欧洲中心"的，忽略了世界的"南方"，也就是正开发和未开发的国家和文化。这恰是"后殖民"论述最关注的地方。他又认为资本的流通，既可以释放开创的能量，但更危险的是它自身（资本利润）就是目的，所以世界文学千万不要受其害，因为文学不仅可以改造世界，而且可以营造一个和全球资本主义不同的世界。至于这个世界是什么样子、如何开创、它的内容和形式又如何，作者似乎没有明说，只用了不少亚洲作家的作品做例子。

对我而言，这个后殖民论述本身，虽然是反殖民主义的，但也和殖民主义的历史分不开。问题在于：我书中所描写的上海作家和作品是否也必然是西方殖民主义在上海租界的副产品？如果是的话，我书中的那一套"世界主义"就很难以成立了。如果它的"开放性"有其历史上的中国特性，也就是作为"五四"新文化运动潮流的一种延续的话，它背后的资源绝非是全球资本主义可以涵盖，因为那个时候以财经和股票为主要动力的"后资本主义"在中国刚刚萌芽（见茅盾的小说《子夜》）。从一个非马克思主义的立场来说，文化传统（不论是新是旧）本身也应该有其原动力。我们甚至可以说：30 年代的一些现代主义的文学文本，也开创了一个新的"世界"，但尚未和欧洲同时期的现代文学交流。这是一个极为有趣的现象。且举一个小例子：鲁迅和卡夫卡是同时代人，但他从来没有听说过卡夫卡的名字，后者也从来没有听过鲁迅。然而，鲁迅的《野草》却有卡夫卡的文学影子，而绝无受其影响。当今欧美的世界文学论述和文化论述，似乎把文学史的层面遗忘了，或置而不顾，一切以当代为依归。我认为反而是受了过度的现代化和全球化的影响。

走笔至此，已经把话题拉得太远了。我也必须承认：我在阅读不少当代文化理论的书以后，对自己当年在理论上的无知和浅薄，也深感汗颜，但也无力挽救。对文化理论有兴趣的读者，可以参看其他的相关书籍，例如史书美的《现代性的诱惑》(*The Lure of the Modern*)。如果本书可以提供一些基本的论述资料和观念，我已经心满意足了。

最后，我还是要向多年来读过此书和将来（无论在课内或课外）阅读此书的各地学子致谢。这本书应该献给你们。

中文版序

　　这一本学术著作,从构思到研究和写作的时间至少有十数年。缘起倒是和个人求学的经验有关。

　　二十世纪六十年代我在台湾大学外文系读书的时候,曾参加同班同学白先勇和王文兴等人主办的《现代文学》的撰稿工作,因为我不会创作,所以被指派翻译西方学者有关托马斯·曼(Thomas Mann)等现代作家的学术论文,当时我无知,从未听过卡夫卡(Kafka)、托马斯·曼和福克纳(William Faulkner)是何许人也,只是跟随先知先觉的各位主编同学,一边翻译一边学习,译完后仍然一知半解。我猜当时的这种情况,和大陆在八十年代初开始译介西方现代主义文学的情况差不多。然而,"自我启蒙"也自有其乐趣和意想不到的影响,因为当时在台湾,除了少数专家学者之外,文坛和学界的无知情况和我差不多,我们知道的西方文学,还是经由三四十年代的翻译,记得我当时阅读西方作品,中学时代还是停留在大仲马的《基督山恩仇记》和《约翰·克利斯朵夫》,到了大学一年级,才初次读英文原著,那年夏天花了三个月时间力"啃"Gone with the Wind,一个字一个字地读,借助中英字典,但徒劳无益,因为书中的许多黑人用语我根本找不到,也看不懂,只觉文法欠通。到了大学二年级,才从王文兴那里听到海明威的名字,于是又发奋勤读《老人与海》,甚至还摹仿海明威的文笔练习英文作文,搞得一塌糊涂。同班同学郭松棻又向我介绍法国的存在主义,于是不到数月的工夫,我又沾上了一点萨特(J.-P. Sartre)和加缪(Albert Camus)的"荒谬"哲学,再加上我自幼对电影的兴趣,大学时代初看《广岛之恋》(*Hiroshima mon amour*,记得台北那家影院的观众寥寥可数,完场时只剩下叶维廉夫妇和我),惊为绝响,于是又一头栽进法国新浪潮电影和文学,并勤习法文,但上法文课,阅读的却是十九世纪莫泊桑的作品,老师是一位加拿大神父,我们第一课就齐声朗诵莫泊桑的小说《项链》,当时只有戴成义(后来变成香港知名的戴天)读得懂,因为他在出生地毛里求斯早已开始念法文。

这些琐碎的大学往事,不料在二十年后成了我学术研究的题目。记得一九七九年左右在美国德州大学召开了一次有关中国台湾地区文学的学术会议,我宣读的论文就是《台湾文学中的浪漫主义和现代主义》,前者指的是琼瑶的小说,后者指的就是当年我们的杂志《现代文学》。我在这篇学术论文中,对于台湾文学中的现代主义也仅能叙述其来龙去脉,而觉得自己仍然未能客观地作出深入分析。就在这个关键时刻,夏志清教授提醒我:早在三十年代上海就有一本名叫《现代》的杂志,也有人用现代主义的手法写小说。夏先生说的这个作家就是施蛰存。我当时只看过施蛰存的《将军底头》,而且也是从夏先生的《中国现代小说史》中得知的。夏先生一语惊醒梦中人,使我想起痖弦(台湾名诗人,《联合报》副刊主编)曾向我说过:他那一代的台湾诗人,在五十年代开始写现代诗的时候,戴望舒所译法国象征主义作品,对他们颇有影响,而且互相私自传阅犹如地下文学。不久,又读到痖弦主编的《戴望舒集》和对李金发的访问,茅塞顿开,原来他们都是中国文学现代主义的先驱者,于是我就决定研究他们的作品。然而,我对于现代主义也茫然无知,只好重新研读西方现代主义的文学理论。当时我在印第安纳大学任教,比较文学系有一位罗马尼亚籍的教授马泰·卡林内斯库(Matei Calinescu),刚刚出版了一本新书,名叫《现代性的几副面孔:先锋、颓废和媚俗》(*Faces of Modernity : Avant-Garde , Decadence , Kitsch*),我因近水楼台之便,得以向他请教,后来又共同授课,得益匪浅。他的这本书就成了我当年研究现代主义的理论基础。但我仍觉不足,因为书中所提出的"先锋"(avant-garde)、"颓废"(decadence)及"媚俗"(kitsch)等观念,似乎与我所了解的中国现代诗和小说不尽相合。然而书中对所谓"现代性"的解释,却令我大开眼界,卡氏认为文学和艺术上的现代性,其实是和历史上的现代性分道而驰的,前者甚至可以看作是对后者的市侩和庸俗的一种反抗。

于是我又不得不着手探讨中国现代史中的"现代性"问题,这个问题至今仍然萦绕脑际,而且研究愈深入,觉得牵涉到的问题愈多。从晚清到"五四",从现代到当代,到处都是由现代性而引起的问题,我不可能一一解决,但我认为现代性一部分显然与都市文化有关。我又从另外几本西方理论著作中得知西方现代文学的共通背景就是都市文化;没有巴黎、柏林、伦敦、布拉格和纽约,就不可能有现代主义的作品产生。那么,中国有哪个都市可以和这些现代大都市比拟?最明显的答案当然是上海。

于是我又开始着手研究上海。所幸大陆刚刚对外开放,我得以重访这个在幼年时代曾使我惊吓万分的都市。

一九四八年我曾随母亲到上海寄居一个多月,外祖父当年住在上海的一家旅馆——中国饭店,我们也暂时借住在那里。我那年是九岁,童稚无知,第一次进大都市,浑然不知电灯为何物(我的出生地河南乡下当时没有电灯),而上海的声光化电世界对我的刺激,恐怕还远远超过茅盾小说《子夜》中的那个乡下来的老太爷。我虽然没有被这些刺激震毙,但经受的"精神创伤"惨重,事隔半个世纪,还记得我至今犹有余悸的一件琐事:有一天清晨,外祖父叫我出门到外面买包子,我从五楼乘电梯下来,走出旅馆的旋转门,买了一袋肉包,走回旅馆,却被旅馆的旋转门夹住了,耳朵被门碰得奇痛无比,我匆匆挣脱这个现代文明恶魔的巨爪,逃回来后却发现手中的包子不翼而飞,于是又跑出去寻找,依稀记得门口的几个黄包车夫对我不怀好意地咧着嘴笑,我更惊惶失措,最后不得不回到外祖父的房间向他禀告,他听了大笑,我却惧怕得无地自容。

这就是我生平第一次接触上海都市文明的惨痛经验。

多年以后(一九八一年),我旧地重游,抵达上海第一晚就上街漫步,却发现这个城市比我当年想象的小得多,而且毫无灯火通明的气象,只见到街角阴暗之处对对情侣在搂抱私语,而外滩更是一片幽暗世界。我的这种感觉,可能和白先勇的看法相似:上海已经从一个风华绝代的少妇变成了一个人老珠黄的徐娘。然而,即使如此,我后来在某些地带,譬如当年法租界的柯灵先生居所,发觉这个徐娘风韵犹存。就凭这一丝余韵,和几位作家与学者,特别是经由魏绍昌先生的帮助,我得以重新在大量的旧书和杂志堆中,重新发现这个当年摩登少妇的风姿。所以,我对老上海的心情不是目前一般人所说的"怀旧",而是一种基于学术研究的想象重构。

这一系列的经验,令我在这本书中逐渐把上海和现代文学联在一起。第一部分描述的是上海都市的各面,第二部分分析的是六位上海作家及其作品。第一部分的重构过程更和所谓"印刷文化"关系密切,但我还是忍不住加上了一章有关电影的讨论,否则似乎对不起上海当年的"声光化电"。而第二部分所讨论的作家,本拟包括戴望舒,但因为已经有其他学者的专著(如 Gregory Lee 的同名书),我在此只好忍痛割爱。除了所谓"新感觉派"的刘呐鸥和穆时英,以及三十年代的《现代》杂志主编施蛰存之外,我又加上了邵洵美和叶灵凤,用来探讨鲜为学者注意的两面:"颓废"和"浮纨"。最后的一章写的是张爱玲,这是受了多年教学的启发,因为每次和学生谈论她的小说,大家都很兴奋,我也是从一个"张迷"的角度逐渐进入她的作品,最后走火入魔,竟然斗胆为《倾城之恋》写了一部续篇:《范柳原忏情录》,成为我的第一部小说。

在此我要特别感谢施蛰存先生,每次到上海,我都不忘去拜访他,可以当面聆教。施先生记忆惊人,他提到不少西方作家和作品,都是我闻所未闻的,所以也附带地增加了我对西洋文学的不少知识。其他协助我研究工作的学者很多,在兹不能一一致谢。但我必须特别提到上海华东师大的陈子善先生,他正是发现张爱玲多篇佚文的学者,他为我蒙受了几次不白之冤,但从无怨言。此外,北京大学的严家炎教授编的《新感觉派小说选》和他在这方面的学术论文,对我也甚有启发,我编的一本同名书就是以之作原本的,虽然我们在看法上不尽相同。

本书最后一章所描写的"双城记(后记)",当然和香港有关。我多年追踪三十年代的上海,却无时不想到香港,这两个城市形影相随,其文化关系恐非一章"后记"可以充分表现,希望今后有机会为此再写一本小书。我很高兴此书由毛尖小姐译成中文,她来自上海,在香港研读博士学位,一九九八年我在香港科技大学任教时用这本书稿作教材,她先睹为快,并以最快速度将之译就,为我减轻一大负担,因为我本想自己以中文改写,但苦于没有时间。有鉴于英文完稿(一九九七年)后,中文方面的资料及学术论著汗牛充栋,而我却无法引用,深以为憾,只好有待将来再版时再作补充,希望读者、专家原谅。

李欧梵

2000 年 1 月 29 日于香港沙田第一城

目 录

第一部分 都市文化的背景

第一章 重绘上海 ………………………………………… 3
外滩建筑 ………………………………………… 8
百货大楼 ………………………………………… 19
咖啡馆 …………………………………………… 24
舞厅 ……………………………………………… 30
公园和跑马场 …………………………………… 39
"亭子间"生活 …………………………………… 45
城市和都市漫游者 ……………………………… 49

第二章 印刷文化与现代性建构 ………………………… 58
现代性问题 ……………………………………… 58
《东方杂志》：一份中层刊物 …………………… 63
启蒙事业：教科书 ……………………………… 67
启蒙事业：文库 ………………………………… 70
作为"良友"的一份画报 ………………………… 78

女性和儿童 ·· 85
　　广而告之 ·· 99
　　月份牌 ·· 104

第三章　上海电影的都会语境 ·· 110
　　电影院 ·· 110
　　电影杂志和电影指南 ·· 115
　　电影谈 ·· 122
　　流行口味：电影和观众 ·· 124
　　中国电影叙述：好莱坞影响与本土美学 ····································· 128
　　《马路天使》《桃李劫》和《十字街头》三剧研究 ························· 141
　　观众的角色 ··· 145
　　电影与城市 ··· 150

第四章　文本置换：书刊里发现的文学现代主义 ······························· 156
　　从书刊进入"美丽的新世界" ·· 158
　　《现代》杂志 ·· 167
　　面向一个"现代"文学 ·· 175
　　中国人的接受：翻译作为文化斡旋 ··· 182
　　一个政治化的跋 ··· 187

第二部分　现代文学的想象：作家和文本

第五章　色，幻，魔：施蛰存的实验小说 ··· 193
　　现实之外 ·· 193
　　历史小说 ·· 197
　　内心独白和阿瑟·显尼支勒 ··· 206

"善"女人肖像 ……………………………………………… 210
　　色，幻，奇 …………………………………………………… 215
　　都市的怪诞 …………………………………………………… 225

第六章　脸、身体和城市：刘呐鸥和穆时英的小说 ……… 234
　　摩登女郎的脸和身体 ………………………………………… 240
　　摩登女，穆杭，异域风 ……………………………………… 245
　　欲望、诡计和城市 …………………………………………… 252
　　女性身体肖像 ………………………………………………… 260
　　舞厅和都市 …………………………………………………… 271
　　作为丑角的作家 ……………………………………………… 281

第七章　颓废和浮纨：邵洵美和叶灵凤 …………………… 286
　　翻译波德莱尔 ………………………………………………… 289
　　一个唯美主义者的肖像 ……………………………………… 297
　　《花一般的罪恶》 …………………………………………… 309
　　《莎乐美》和比亚斯莱 ……………………………………… 315
　　一个浮纨的肖像 ……………………………………………… 319
　　浮纨和时代姑娘 ……………………………………………… 324

第八章　张爱玲：沦陷都会的传奇 ………………………… 330
　　张看上海 ……………………………………………………… 332
　　电影和电影宫 ………………………………………………… 340
　　"参差的对照"：张爱玲谈自己的文章 …………………… 344
　　一种通俗小说技巧 …………………………………………… 349
　　"荒凉的哲学" ……………………………………………… 352
　　写普通人的传奇 ……………………………………………… 355

第三部分　重新思考

第九章　上海世界主义 …………………………………… 373
　　殖民情形 ………………………………………………… 374
　　一种中国世界主义 ……………………………………… 379
　　横光利一的上海 ………………………………………… 383
　　一个世界主义时代的终结 ……………………………… 389
第十章　双城记（后记）…………………………………… 392
　　香港作为上海的"她者" ………………………………… 394
　　怀乡：上海，作为香港的"她者" ………………………… 401
　　关于老上海的香港电影 ………………………………… 403
　　上海复兴 ………………………………………………… 409

附　录

《上海摩登》韩文版序 ……………………………………… 415
漫谈（上海）怀旧 …………………………………………… 420
都市文化的现代性景观：李欧梵访谈录 …………………… 435
上海，从过去到现在：若干文化反思 ……………………… 456

第一部分　都市文化的背景

第一章　重绘上海

太阳刚刚下了地平线。软风一阵一阵地吹上人面,怪痒痒的……暮霭挟着薄雾笼罩了外白渡桥的高耸的钢架,电车驶过时,这钢架下横空架挂的电车线时时爆发出几朵碧绿的火花。从桥上向东望,可以看见浦东的洋栈像巨大的怪兽,蹲在暝色中,闪着千百只小眼睛似的灯火向西望。叫人猛一惊的,是高高地装在一所洋房顶上而且异常庞大的 NEON 电管广告,射出火一样的赤光和青磷似的绿焰:LIGHT,HEAT,POWER!❶

这是茅盾的著名小说《子夜》的开头,原稿的副标题是"一九三〇年,一个中国罗曼史"。小说的背景城市是上海。而一九三〇年的上海确实已是一个繁忙的国际大都会——世界第五大城市,❷上海又是中国最大的港口和通商口岸,一个国际传奇,号称"东方巴黎",一个与传统中国其他地区截然不同的充满现代魅力的世界。在西方,关于上海的论述已经

---

❶ 茅盾《子夜》,香港:南国出版社,1973 年,页 1。
❷ H. J. 莱斯布里奇,见《上海概览:标准导游》之"简介"(*All about Shanghai：A Standard Guidebook*),香港:牛津大学出版社,1934,1983。

很多了,而大量的"通俗文学"又向她的传奇形象馈赠了暧昧的遗产。不过,它们除了使上海的魅力和神秘不朽之外,也成功地使这个城市的名字在英语中成了一个贬义动词:根据 *Webster's Living Dictionary*,动词"上海"意味着"被鸦片弄得麻木不仁,随后被卖给需要人手的海船",或者是,"用欺骗或暴力引发一场打斗"。❶ 同时,这种流行的负面形象在某种意义上又被中国左翼作家和后来的一些学者强化了,他们同样把这个城市看成罪恶的渊薮,一个外国"治外法权"所辖治的极端荒淫又猖獗的帝国主义地盘,一个被全体爱国主义者所不齿的城市。因此,只要聚焦在"华洋的有钱有势阶层是如何非人地剥削城市下层人"这个问题上,把任何关于上海的描述,在理论上读解成一种马克思主义甚至后殖民理论话语,都不会太艰难。

尽管我本能地受到这种带"政党立场"的划分方式的影响,我其实是有些怀疑它的笼统性的。像茅盾,这个所谓的左翼作家,他是中共早期党员,在上引他的小说的第一页就透露了一个矛盾的信息:外国资本主义统治下的上海虽然很可怕,但这个港口熙熙攘攘的景象,还是渗透出了她无穷的能量:LIGHT, HEAT, POWER! 在我看来,茅盾希图用他的华丽笔触来传达的光、热、力这三个词,再加上 NEON(霓虹灯),在中

---

❶ 《韦氏词典》的一个老版本当时被翻译出来,并由上海商务出版。对西方游客来说,代表上海传奇的是:"二三十年代,上海成为传奇都市。环球航行如果没有到过上海便不能算完。她的名字令人想起神秘、冒险和各种放纵。在那些航向远东的船上,人们用'东方妓女'这样的故事来蛊惑乘客。他们描述中国强盗、永不关门的夜总会和有售海洛因的旅馆。他们熟稔地谈论军阀、间谍战、国际军火交易和在上海妓院的特别享乐。还没靠岸,女人们已在梦想神话般的商店,男人则早已把欧亚混血美人凝想了半小时。"见哈莉特·萨琼特(Harriet Sargeant)《上海》(*Shanghai*),伦敦:Jonathan Cape, 1991, p.3。

文本中用的是英语，显然强烈暗示了另一种"历史真实"。它就是西方现代性的到来。而且它吞噬性的力量极大地震惊了主人公的父亲，使这个传统中国乡绅快速命赴黄泉。事实上，小说的前两章，茅盾就大肆铺叙了现代性所带来的物质象征：三辆一九三〇式的雪铁龙汽车、电灯和电扇、无线电收音机、洋房、沙发、一支勃朗宁枪、雪茄、香水、高跟鞋、美容厅、回力球馆、Grafton 轻绡、法兰绒套装、一九三〇年巴黎夏装、日本和瑞士表、银烟灰缸、啤酒和苏打水，以及各种娱乐形式：狐步和探戈舞、轮盘赌、咸肉庄、跑狗场、罗曼蒂克的必诺浴，舞女和影星。❶ 这些舒适的现代设施和商品并不是一个作家的想象，恰好相反，它们正是茅盾试图在他的小说里描绘和理解的新世界。简单地说，它们是中国的现代性进程的表征，而像茅盾那一代的都市作家，在这种进程中都表现了极大的焦虑和矛盾心情。❷ 毕竟，英文 Modern（法文 *moderne*）是在上海有了它的第一个译音。据《辞海》解释，中文"摩登"在日常会话中有"新奇和时髦"义。因此在一般中国人的日常想象中，上海和"现代"很自然就是一回事。

所以我的探讨就只好从这里开始：是什么使得上海现代的？是什么赋予了上海中西文化所共享的现代质素？

这些问题在不同的读者那儿会有不同的回答。那个时期居于上海的西方人会认为这是势所必然的，因为他们在这个特别通商口岸的环境中居住，自然使得上海城的现代性变为可能。而另一方面，对中国居民

---

❶ 茅盾《子夜》，页 34。
❷ 在应一家杂志之邀"展望上海的将来"时，茅盾说在 1934 年他是相当"乐观"的，因为随着各地的商品和富人涌入上海，上海"将来一定会升做第一；就是第一位专门消费的大都市"，见《新中华副刊》，《上海的将来》，中华书局，1934 年，页 23—24。

来说,情形要复杂得多。政治上讲,一个世纪以来(1843—1943),上海一直是个被瓜分的通商口岸,城南(指城墙围起来的城区)的华人区和闸北区被英美的公共租界和邻接的法租界切割了,一直到二战期间的一九四三年才有一个定论,盟约国和中国最终签署了结束租界的协议。在这些"治外法权"地带,经常是"华洋杂处",不过他们的生活方式是截然不同的。❶ 这两个世界之间也有桥梁、电车和电车道以及别的公共街道和马路相连,这些道路是那些势力超出租界范围的西方集团修筑的。边界有石碑为记,但在那迷宫似的街道和房子中间,它们一般都很难被辨认。那些标志着西方霸权的建筑有:银行和办公大楼、饭店、教堂、俱乐部、电影院、咖啡馆、餐馆、豪华公寓及跑马场,它们不仅在地理上是一种标记,而且也是西方物质文明的具体象征,象征着几乎一个世纪的中西接触所留下的印记和变化。❷

从鸦片战争甚至更早开始,这种接触对中国现代历史的影响就很大,因为它不仅导致了西方入侵和帝国主义统治,而且随即在全民族和各地区间掀起了由精英分子领导的变革。当然,这样的论述很普遍,而至今都未引起学者足够重视的是西方文明在物质层面上对中国的影响。

---

❶ 魏白蒂(Betty Peh-T'i Wei)《老上海》(*Old Shanghai*),香港:牛津大学出版社,1993,p. 31。《西人在上海》,详见尼古拉斯·克利福特(Nicholas R. Clifford)《帝国被宠坏的孩子:上海洋人和二十年代中国革命》(*Spoilt Children of Empire: Western in Shanghai and the Chinese Revolution of the 1920s*), Hanover, N. H.: Middlebury College Press, published by University Press of New England, 1991, pp. 3-4。

❷ 上海租界历史详见《上海史资料丛刊》、《上海公共租界史稿》,上海:上海人民出版社,1980年。路易斯·考蒂尔(Louis des Courtils)《上海法租界》(*La Concession francaise*), Paris: Librairie du Recueil Sirey, 1934。Ch. B.-Maybon & Jean Fredet《上海法租界史》(*Histoire de la Concession francaise de Changhai*), Paris Librairie Plon, 1929。

关于西方文明,十九世纪下半叶那些变革心更切的清朝官员和知识分子,显然是把它诉诸他们变革话语中的"用"语,即张之洞所概括的"中学为体,西学为用"。按上海历史学者唐振常先生的说法,西方现代性的物质层面比它的"精神"层面更容易被中国人接纳,至于上海人对西方现代性的物质形式的接受,明显遵循一个典型步骤:"初则惊,继则异,再继则羡,后继则效。"❶

事实上,现代都市生活的绝大多数设施在十九世纪中叶就开始传入租界了:银行于一八四八年传入,西式街道一八五六年,煤气灯一八六五年,电一八八二年,电话一八八一年,自来水一八八四年,汽车一九〇一年以及电车一九〇八年。❷

因此在二十世纪三十年代,上海已和世界最先进的都市同步了。

在文化上要定义上海的国际大都市地位有些困难,因为那关乎"实质"和"表象"。马克思主义者习惯于把所有这些生活生产方式的构造称为"上层建筑",但很显然,因为受经济因素的决定,城市文化本身就是生产和消费过程的产物。在上海,这个过程同时还包括社会经济制度,以及因为新的公共建筑所产生的文化活动和表达方式的扩展,还有城市文

---

❶ 唐振常《市民意识与上海社会》,见《二十一世纪》,香港,1992 年 6 月,页 12。
❷ 唐振常《市民意识与上海社会》,见《二十一世纪》,香港,1992 年 6 月,页 13。见唐振常编《近代上海繁华录》,香港:商务印书馆,1993 年,页 240。第一辆汽车是由匈牙利人李恩时输入的。

化生产和消费空间的增长。关于社会经济方面的论述已经很多,❶但文化方面尚待详细考查。我相信有必要在这些新的公共构造和空间基础上,结合其对上海外国和本国居民日常生活的潜移默化的影响,重绘一张上海的文化地图。在这一章,我将描述一些重要的公共建筑和空间,它们对本书以下所要探讨的人物与文本至关重要。

外滩建筑

"今天世界上不会有第二个城市有如此多样的建筑荟萃,它们屹立在那儿,互相形成对照。"这段话出自一个曾在此长住的"老上海"专家,❷她暗示了上海本身就有新与旧、中与西的对照。然而,这并不意味

---

❶ 关于上海社会和经济史的论述已相当多,它们大多出自加州大学伯克利校区学者之手。西方最新论述可参见叶文心《上海现代性:一个共和国城市的商业和文化》(此系未发表的论文)。本章的写作尤要感谢叶文心教授的批评和建议。另外一本很有用的论文集是韦科曼和叶文心编的《上海旅居者》(*Shanghai Sojourners*,伯克利东亚研究院,1992年)。论题有:上海银行家协会、市场、同乡会、学生运动、妓女改革、苏北移民、青帮,以及丝织工的罢工等。只有论文《蓬勃的新闻业和上海的城市居民》与我关心的文化问题相关。前一卷,马克·艾尔文和威廉姆·斯金那(Mark Elvin and G. William Skinner)编的《两个世界中的一个中国城》(*The Chinese City between Two World*,帕洛阿尔托:斯坦福大学出版社,1974)中的一些文章也都是关于上海的社会经济制度,而非文化方面的问题。另外玛丽·贝吉拉(Marie Claire-Bergere)的一本巨著《上海资产阶级的黄金时代》(*The Golden Age of the Shanghai Bourgeoisie*,剑桥大学出版社,1989),也只在宏观经济研究方面有价值。克里斯汀·亨里尔特(Christian Heriot)的《上海,1927—1937:市政力量,当地性和现代化》(*Shanghai, 1927-1937: Municipal Power, Locality, and Modernization*,伯克利:加州大学出版社,1993),研究了法律、政策、财政,以及上海市政府的政治力量。

❷ 苔斯·约翰逊(Tess Johnston)《最后一眼:老上海的西洋建筑》(*A Last Look: Architecture in Old Shanghai*),香港:Old China Hand Press,1933,p. 9。

着中国人占据着旧城区,而西洋人占据着现代租界。一九二八年,西洋公园臭名昭著的"华人与狗不得入内"的规定终被废除,❶自此,公园对所有人开放。事实上,租界人口主要还是华人;一九三三年,城市人口是三百一十三万三千七百八十二,其中的外国人仅七万左右,而住在租界的中国人有一百四十九万二千八百九十六。❷ 不过,华洋之间在日常生活和休闲方式上仍有区别。"上海的中外居民出于共同利益,在工作中可能会互相协作,但通常,他们各自打发休闲时间。"❸其实,对中国居民来说,外国租界并不是森严如"另一个"世界,所谓的"十里洋场",一个被西方资本主义所统治的纸醉金迷的"异域"。其实"十里洋场"这个词甚至还进入了现代中文词汇。❹

"十里洋场"的中枢是外滩,即入港口面朝黄浦江的一条堤。它不仅是港口,而且也是英国殖民势力的一个窗口。外滩的风景线处处点缀着

---

❶ 详见罗伯特·比克斯和王弗瑞·华瑟斯特姆(Robert A. Bickers and Jeffrey N. Wasserstrom)《上海"华人与狗不得入内"的招牌:传奇,历史和当代象征》,《中国季刊》(*China Quarterly*),第 142 期,1995 年 6 月,pp. 443-466。1928 年 6 月,公共公园最终向中国人开放,据说"规定还没取消,中国人就热情而幽默地欢迎这个新举措"。见魏白蒂,《老上海》,页 31。

❷ 《上海概览》,页 33—34。据韦科曼,1900 年至 1935 年之间,公共租界的华人人口从三十四万五千增加到了一百一十二万。见韦科曼《特许空间:上海的中国民族主义者规定,1927—1949》,《亚洲研究》(*Journal of Asian Studies*),54.1,Feb 1995,p. 22,n. 1。

❸ 魏白蒂《老上海》,页 31。

❹ "洋场"这个词在最近的一本汉英词典里被定义为"受外国冒险者侵扰的都会,常指解放前的上海",而"洋场恶少"指的是"(旧中国)都会里的有钱年轻恶霸"。见《拼音汉词典》,吴景荣教授编,北京/香港:商务印书馆,1979 年,页 800。

英国建筑,❶尤为醒目的是:英领馆最早的大楼,建于一八五二年,一八七三年重建;汇中饭店;英国上海总会有世界最长的酒吧台;沙逊大厦和华懋公寓;海关大楼(1927)以及汇丰银行(1923)。❷ 尤其是后两幢大楼的富丽堂皇完美地展示了英殖民势力。汇丰公司的宏伟大厦是当时世界上的第二银行大楼,新希腊风格,由公和洋行设计并于一九二三年完工。"六十二英尺宽的阶梯从街口一直通向大门,原本两侧有铜狮子,一个做吼叫状,另一个很安静。"❸"它们的鼻子和爪子被路过的中国人摸得很亮了,因为华人相信那会给他们带来好运。"❹这种经常提到的"摸狮子"仪式隐含着很明显的资本欲望:作为英帝国象征的铜狮子被铸造得金光闪亮,它们代表着帝国所积累的财富;而它作为护身符又时时刻刻鼓励着当地人追财逐富。❺ 新建的海关大楼,也是新希腊风格,当时大楼还没建成,一九二七年的《远东经济观察》这样描述它:

> 门廊是纯粹的陶立克风格,灵感来自雅典的巴特农神庙。在腰线的排档间饰上将被画上船只和海神,多数装饰是象征性的。三层到七层的垂直线非常醒目以此来增加高度,和汇丰银行大楼长长的水平线形成对照。塔楼的主体是石头建筑,以此来衬托大钟。❻

---

❶ 詹·黑伯尼(Jon Huebner)在他的两篇文章里仔细研究了外滩建筑,见《上海外滩建筑》,*Papers on Far Eastern History* 39,March 1989,pp. 128-163 和《上海市区的建筑和历史》,*Journal of Oriental Studies* 26.2,1998,pp. 209-269。

❷ 上海历史、制度和建筑公司详见赖德林《从上海公共租界看中国近代建筑制度》,《空间》1993年1到3月。

❸ 詹·黑伯尼《上海外滩建筑》,页140。

❹ 苔斯·约翰逊《最后一眼:老上海的西洋建筑》,页53。

❺ "在中国人中还流传着(未经证实),金子偶尔还被用来铸造肖像。"《上海概览》,页46。

❻ 引自詹·黑伯尼《上海外滩建筑》,页138。参见杨秉德编《中国近代城市与建筑》,北京:中国建筑工艺出版社,1993,页54。

并且,为了强调殖民色彩,这钟还是依照伦敦议院塔的"大钟"而建的。除了"文革"期间,该钟自一八九三年以来,每四小时敲一次。❶

从以上描述可以清楚看出,外滩的绝大多数英属大厦都是依十九世纪后期开始在英国流行的"新古典风格"建造或重建的,这种"新古典风格"在英国代替了早期的维多利亚式的哥特(Gothic)风格和英国手工艺术运动的"自由风格"。英国在其殖民地印度和南非各邦的首都也是以这种风格建设的。作为英国自身市政厅的主导风格,"新古典主义"有意识地与罗马帝国和古希腊联系起来。诚如梅特卡夫(Thomas Metcalf)所说,"对后维多利亚时代的英国人来说,用古典形式来诠释帝国精神是非常自然而恰当的,因为在欧洲,令人联想到希腊和罗马的古典风格是表达一个帝国的建筑语汇"❷。古典主义的复兴说明了"帝国的繁荣兴盛",尤以一八九七年维多利亚女王执政六十年的狂欢庆典为代表。然而,到二十世纪三十年代,维多利亚的荣耀时代结束了:英国不再是世界上无可争议的商业帝国。美国这个新兴的国家,在征服菲律宾群岛后,开始向太平洋地区拓展她的势力。在早期的英美租界合并成公共租界时,美国是不能与英帝国抗衡的。但到三十年代,上海公共租界的建筑风格已经开始争奇斗艳:英式的新古典主义建筑虽然还主导着外滩的天空线,但代表着美国工业实力的更具现代风格的大楼已开始出现了。

---

❶ 苔斯·约翰逊《最后一眼:老上海的西洋建筑》,页 53。
❷ 汤姆斯·梅特卡夫(Thomas R. Metcalf)《帝国梦想:印度建筑和英国主权》,伯克利:加州大学出版社,1989,页 177—178。

上海之高阔大。图中的英文字分别为：

图中：a finger against the sky（指向天空的手指）。左上角女士纤足高跟鞋旁：Symbol of Household Authority（家庭权威的象征）。右侧是十四层摩天巨厦。右下方是著名的兰心（Lyceum）大戏院。左下方双层巴士广告：韦廉士医生红色补丸，其上的英文字是：When you read the time, you read the Ruby Queen（看时间的时候，你也看到红宝石皇后）。(《良友》第88期，1934年5月)

事实上，到二十年代晚期，外滩已出现了三十多幢比殖民大厦更高的多层大楼，那是美国现代建筑材料和技术的产物。❶ 它们主要是银行大楼、饭店、公寓和百货公司，最高的是二十四层高的国际饭店，由著名的建筑师邬达克（Ladislaus Hudec）设计，他最初在美国克利建筑公司工作，从一九二五年起开设了自己的事务所。❷ 邬达克"新奇典雅的风格给上海建筑增添了真正的丰采"，这已被他设计的许多大楼所证实：除了国际饭店，还有二十二层高的四行储蓄会、慕尔礼拜堂、花旗总会、宏恩医院、怡和啤酒厂和三家电影院，包括新修建的大光明电影院。❸ 国际饭店、华懋公寓和沙逊大厦，还有像大光明这样的新电影院，百乐门大舞厅和百乐门影院，美琪电影院以及许多其他公寓大楼等等，这些现代建筑的外部和内部都采用了当时盛行的装饰艺术风格。约翰逊说："上海是世界上拥有最多装饰艺术大楼的城市。"❹高高的摩天大楼加上内部的装

---

❶ 关于上海建筑的一本至关重要且无价的书是伊东忠太著的《上海都市建筑》，第三章论摩天大楼，Tokyo: Parco, 1991。

❷ 邬达克于1893年出生于捷克，1914年毕业于布达佩斯皇家大学，1916年于匈牙利皇家建筑学院被选中。他1918年到上海，加盟美国建筑师克利的公司，而后他自己开了事务所。见约翰逊，页86。参见《来自上海和华北的人》，上海大学出版社，1935，页269。国际饭店高二十二层，加两层地下室，共计八十二米。在远东，它作为最高建筑保持了三十年。这栋大厦仿美国的摩天大楼，是邬达克的一个获奖设计，在一个公开的招标中，他击败了两家公司。像所有的新大楼一样，国际饭店是由中国建筑公司承造的。1931—1934，一共花了三年时间。见《近代上海建筑史话》，上海文化出版社，1991，页91—99。

❸ 约翰逊《最后一眼：老上海的西洋建筑》，页86。《邬达克建筑师小传》，《建筑杂志》，1卷5期，1933，页13。

❹ 约翰逊《最后一眼：老上海的西洋建筑》，页70。参见页88—89的电影院图片。新修建的大光明电影院与美琪电影院的图片在陈从周和章明编的《上海近代建筑史稿》中也可找到。上海：三联书店，1988年，页207—209。

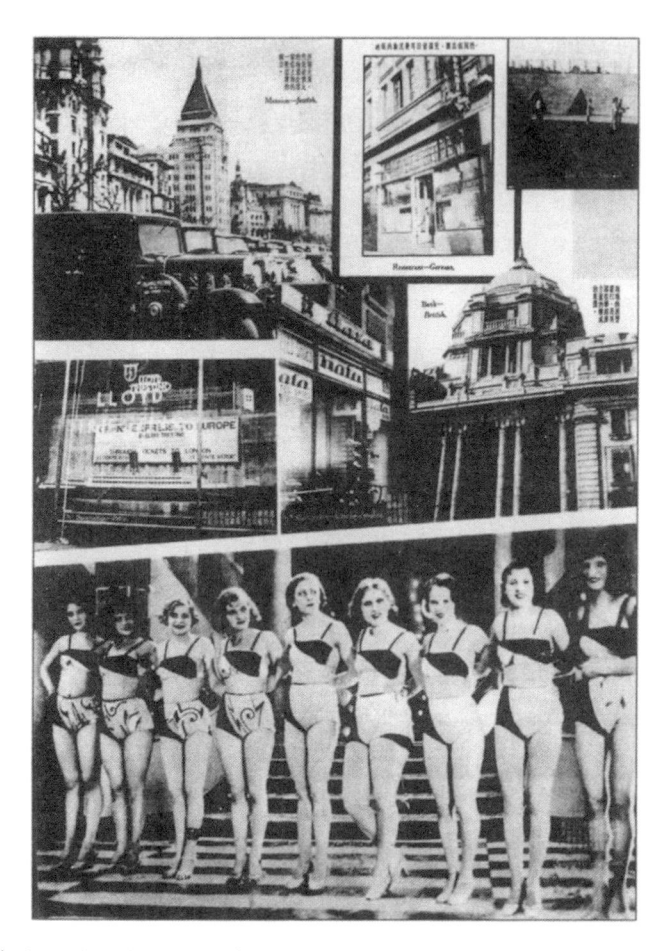

大都会上海的魅力。图中的英文图示如下：Mansion—Jewish, Restaurant—German, Hai Alai—Spanish, Bank—British, Dancing Girls—Russian, Steamship—Italy, Shoe-maker—Czechoslovakia。(《良友》第89期,1934第6月)

饰艺术风格在上海滩留下了另一种新的建筑印记,那是纽约的风格,但上海可与之媲美。❶

在很多方面,纽约是摩天大楼和装饰艺术风格最具代表性的大都市。她最高的大楼,像洛克菲勒中心、克莱斯勒大厦,以及帝国大厦,都是在上海高层建筑建成不久前完工的。虽然上海的摩天大楼不及纽约的高,但它们与纽约的大楼非常相像。这种美国印记也许是因为上海有美国建筑师和建筑公司,另一个原因很可能是好莱坞电影,因为摩天大楼的剪影和装饰艺术几乎成了歌舞剧和喜剧舞台设计的内景。❷ 装饰艺术是欧美在两次大战期间的一种典型建筑风格,它强调"装饰、构图、活力、怀旧、乐观、色彩、质地、灯光,有时甚至是象征"。当装饰艺术被移

---

❶ 纽约的摩天大楼和装饰艺术参见罗伯特·斯特恩(Robert Stern)《纽约一九三〇:两次世界大战之间的建筑和都市主义》(*New York 1930: Architecture and Urbanism between the Two World Wars*),New York: Rizzoli,1987; Cervin Robinson and Rosemarie Bletter《摩天大楼的风格:艺术装饰纽约》(*Skyscraper Style: Art Deco New York*),New York: Oxford University Press,1974; Don Vlack《纽约的装饰艺术建筑 1920—1940》(*Art Deco New York*),New York: Harper & Row, 1974; Robert Messler《纽约的装饰艺术派摩天大楼》(*The Art Deco Skyscraper in New York*),New York: Peter Lang,1986。杰弗瑞·华瑟斯特姆(Jeffrey Wasserstrom)写了一篇天才的论文叫《比较"不可比"的城市:后现代的洛杉矶和老上海》,见《争论:社会、文化和科学之争》(*Contentions: Debates in Society, Culture, and Science*),5.3,1996。在中国现代性的话语里提到摩天大楼的文化意味,我还是愿意在做出任何后现代的比较前,先说纽约。

❷ 举个例子,埃利诺·鲍威尔(Eleanor Powell)主演的歌舞片《百老汇旋律》(1938)和洛丽泰·扬(Loretta Young)主演的喜剧片《高尚的调情》(1928),电影中她们"睡在装饰艺术的舒适环境"。见理查德·斯奇尼(Richard Striner)《装饰艺术》(*Art Deco*),New York: Abbeville Press,1994,pp. 9,72。同时,装饰艺术在影片中也常会挑起幻想,比真实生活更具魅力。见罗宾逊和布莱特(Robinson and Bletter)《摩天大楼的风格》(*Skyscraper Style*),p. 40。

上海的现代设施。自上至下：电网、无轨电车、街头探照灯、电话、摄影设备、百乐门舞厅的灯光、大上海戏院。(《良友》第 87 期，1934 年 4 月)

植到美国城市,尤其是纽约时,它成了"飞翔的摩天大楼最重要的部分,而摩天大楼则成了现代的大教堂"。❶ 装饰艺术和摩天大楼的结合导致了一个特别的美学风潮,这与城市的现代性相关,因为它们所包含的精神是"又新又不同的,激动人心又背离正统,以'享受生活'为特色,表现在色彩、高度、装饰或三者合一上"。❷ 当它被引入上海的西洋文化时,装饰艺术的铺张在某种程度上,成了英帝国势力和美资本主义之间的一种新的斡旋方式,因为它一方面提示着旧罗马,另一方面又象征着美式的时代新精神。❸ 所以,这种建筑风格不再一味强调殖民势力,它更意味着金钱和财富。此外,装饰艺术还传播了一种新的城市生活方式:在中国人的眼中,住在那些金光闪闪世界里的男男女女,他们穿着时髦的衣服,用着梦幻似的家具,本身就代表着某种"异域"诱惑。也许美国杂志《名利场》正是这种生活方式的代表,它在上海的外文书店有售,而且成了上海的一些作家例如施蛰存、徐迟,特别是叶灵凤,最喜欢的杂志,

---

❶ 派特西亚・拜尔(Patricia Bayer)《装饰艺术建筑:二三十年代的设计,装饰和细节》(*Art Deco Architecture: Design, Decoration, and Detail from the Twenties and Thirties*),New York: Harry N. Abrams,1992,p.8。这本书也提到了它的国际影响,并以上海著名饭店和大楼为证,页85。

❷ 派特西亚・拜尔(Patricia Bayer)《装饰艺术建筑:二三十年代的设计,装饰和细节》(*Art Deco Architecture: Design, Decoration, and Detail from the Twenties and Thirties*),New York: Harry N. Abrams,1992,p.12。

❸ 一位学者在西方建筑中发现装饰艺术本身的调停角色,"它是一种介于保守和激进之间的设计,在市政和公共建筑上尤为明显"。理查德・斯奇尼(Striner)《装饰艺术》(*Art Deco*),p.86。斯奇尼是这样总结装饰艺术的:"(它是)古典对称和现代简约形式的综合;曲折的房顶和流畅的线条;同时象征着久远的过去和遥远的未来;其装饰主题很简单,比如普照的阳光、喷泉和跳跃的羚羊;它结合新机器时代的材料和非常传统的材料,加上在三十年代早期盛行的流线型。"页15。这最后一个特色——流线型——在上海的新电影院是很容易看到的,像大光明电影院。

而它也有助上海的资产阶级确立起一种摩登的概念。我们只要稍为浏览一下几期该杂志,就会知道它的图片(当然有装饰艺术)和内容(比如穆杭的文章),是如何被迅速搬入中文世界,改头换面出现在上海的摩登杂志上。

如果这种被粉饰的颓废风格在美国城市可以成为"爵士乐时代"和"咆哮的二十年代"的典型象征,就像菲茨杰拉德(F. Scott Fitzgerald)在他的小说中所描绘的,它在中国读者和电影观众那儿却依然是一种幻象:这是一个梦幻世界,交织着向往和压抑。中文里的"摩天大楼"字面意思就是通向天空的神奇大楼。作为工业资本主义兴起的一个可见标志,这些摩天大楼也可被看成是对上海景观侵入最厉害的外来品,因为它们不仅俯视着老城区的普通民居(一般都只有二三层高),而且和中国的建筑美学发生了很大冲突,因为中国建筑向来不追求高度,尤其是作为日常居住的房屋。因此,也就不奇怪,这些摩天大楼引起了强烈反响:在漫画、素描和电影里,摩天大楼总是作为社会经济不平等的证据,表现高和低、穷和富。当时一幅叫《天堂和地狱》的漫画画了一幢高耸入云的摩天大楼,顶楼有两人很显然是在观看地上破茅房边的一个乞丐。❶ 在另外一部由著名艺术家张光宇创作的漫画中,两个乡巴佬在国际饭店的背景前交谈,他们的对话是方言:

> 乡巴佬 A:"这么高的房子,给谁住啊?"
>
> 乡巴佬 B:"看来你确实屁都不知,这是给黄浦江涨潮时准备的!"❷

---

❶ 见萧剑青《漫画上海》,上海:经纬书局,1936 年。
❷ 张光宇《派用场》,《时代漫画》,1933 年(?)。

一本关于上海的格言有如下的条目:"上海有二十二层高的外国大楼,也有棺材似的茅房。只有这两者的结合才能显示出'东方巴黎'的东方特色";"神经质的人认为上海会因为这些又高又大的外国建筑而在五十年里沉到地下。"❶正如道格拉斯(Ann Douglas)在最近的一本书里所描述的,这些反应和纽约人的幸福自豪感是形成强烈对比的。❷

对普通的中国人来说,所有这些高楼,直接地或想象地,都高不可攀。大饭店主要是为富人和名人服务的,他们大多是外国人。当时的一本《中国指南》上写着:"这些地方和我们中国人无甚关系……而且,这些西洋饭店里上层阶级的气氛是非常庄重的,每一个步伐和手势都是有规定的。因此如果你不懂西方礼仪,即使你有足够的钱,也不值得去那种地方丢人现眼。"❸不过,西洋饭店的"异域感"并没有阻碍"指南"的作者王定九兴致勃勃地谈论摩登的电影院和舞厅,谈论"购物",买新衣服、洋鞋、欧美化妆品和新百货大楼里的昂贵毛皮。看上去作者很欢迎新兴的购物潮流,他兴奋地告诫读者如何最大限度地赢利,如何获得最大的满足。

百货大楼

虽说豪华的西洋饭店主要是为外国人服务的(不过国际饭店开张时,成千的中国人拥去看热闹),但公共租界的一批多层百货大楼却吸引

---

❶ 萧剑青《闲话上海》,上海:经纬书局,1936年,页2、8。
❷ 安·道格拉斯(Ann Douglas)《可怕的诚实:二十年代的杂种曼哈顿》(*Terrible Honesty: Manhattan in the 1920s*),纽约:发拉、斯特劳斯和奇罗克斯,1995,pp. 434-436。
❸ 王定九《上海门径》,《住的门径》,上海:中央书店,1932年,页11—12。

了大量的中国人,尤其是"四大公司":先施、永安、新新和大新,它们都是海外华人投资的。里面的电梯会把顾客送往各个楼层,包括舞厅、顶楼酒吧、咖啡馆、饭馆、旅馆及有各种表演的游乐场。因此这些商业大楼是兼有消费和娱乐功能的。游乐场的设计可能受到"大世界"的影响,后者可以被视为一个娱乐总汇,六层楼高,有当地杂耍、食品店,后来又有了电影院,充满了欢乐的气氛。❶ 在英文杂志《中国观察》上有一篇写上海百货公司的特殊文章,作者可能是中国人,叫欧大卫,他用先施公司做例子,写了百货公司"特殊的创业史"。开公司这个构思最早可能来自一个从澳大利亚新威尔士来的叫马应彪的商人,他回到香港后"开始创办一个公司,引进'定价制度',取消在中国商人中传统的讨价还价方式,并且向公众承诺最大的公正和真诚";"因此该公司取名 SINCERE(真诚),即先施公司"。❷ 从香港的六层楼商店开始,先施迅速在其他城市开了分公司。文章结尾的评论十分奇妙:

> 一般的西方人倾向于认为上海是有些原始的,如果不说半开化的话。(在西方人心目中)这个城市往往与手推车和帆船等类的发展联在一起。但令新来者吃惊的是,他们会看到最新款式的劳斯莱斯驶过南京路,停在堪与牛津大道、第五大街、巴黎和平大道上的百货公司媲美的商店门前!游客一上埠,就会发现他们家乡的所有商品在上海的百货大楼里都有广告有销售。Jaeger 名牌毛衣和 BVD 牌内衣陈列在一起,卖 HOUBIGANT 香水的下面一层店面,

---

❶ 参见弗莱德里克·韦科曼(Frederic Wakeman)《掌管上海,1927—1937》(*Policing Shanghai,1927-1937*),伯克利:加州大学出版社,1995,pp. 105-106。

❷ 欧大卫(David Au)《上海百货公司有其特殊创业史》,《中国观察》(*China Weekly Review*),12,1934 年 11 月 17 日,页 41。感谢 Andrew Field 向我提供这个资料。

FLORSHEIM牌的皮鞋又紧紧地吸引着顾客的视线。上海百货公司里的这种世界格局足以在中外商店前夸口它是"环球供货商"……谁能说在把"大上海"建得"更大"时,百货大楼没有出它的一份力?❶

西方游客如果走进面对面开在南京路上的先施或永安(分别于一九一七和一九一八年开张),一定会体验到另一种形式的激动——为吸引顾客的激烈竞争。先施首创了新的各种货物大主顾销售,它也是第一家雇用推销小姐的商店。❷ 永安在它七层楼高的商店里引进了先施的全套销售策略,并于一九三二年建了一幢十九层高的三角形摩天大楼,其中配备了所有的最新设备:高速电梯、暖气和空调。❸ 第三大百货公司新新于一九二六年开业,其广告词是"本城唯一提供高等质量,上好服务,合理价格的理想商店"❹。为了商业竞争,新新发明了一种新的广告噱头:在六楼的一个玻璃柜里放一收音机,这样顾客就能听到著名歌星的演唱。❺ 第四大百货公司大新于一九三六年在一幢全新的大楼里开业。

所有这些百货公司都在公共租界的主干道南京路或附近,这是不足为奇的。如果说外滩是殖民势力和财政的总部,那么由外滩而西的南京

---

❶ 欧大卫《上海百货公司有其特殊创业史》,《中国观察》(China Weekly Review),12,1934年11月17日,页42、69。
❷ 《近代上海建筑史话》,页82。
❸ 《近代上海建筑史话》,页84。关于永安公司可详见杨嘉祐《百货业巨擘永安》,《百年上海》,页54—56。
❹ 《上海概览》,页31。
❺ 《近代上海建筑史话》,页86。

路就是它的商业中枢:"南京路是上海的牛津大道,第五大街。"❶当地人至今叫它为"大马路",也即第一大街,以此来表示它特殊的地位。很快,电车和无轨电车及公共汽车成了这个城市的最主要交通工具,因此主干道上的地皮猛涨。在一九一〇年代晚期,它的东区就已是最繁华的商业区。一个叫达温特(Reverend Darwent)的人写的"一九二〇年上海手册"上是这样描述这条街的:

> 南京路当然是世界上最有意思的街之一……我想游客一定会惊奇——这大概是他的第一印象——路上都是中国人!1000000中国人对少得多的15000西洋人。这就可以解释为什么新来者会惊奇地发现他几乎遇不上一个可以问路的外国人。外国人都在办公室。女人在家或在马车里。他会意识到,尽管外国影响很大,但这是中国,街上成千上万的都是中国人。另一个会给游客印象的是交通。
>
> 下面是一组来自市政局(工部局)的数字,系南京路和江苏路交叉口的流量平均统计,一九一八年二月二十五、二十七、二十八日,从上午七点到下午七点:人力车14663,行人30148,四轮马车942,汽车1863,独轮车2585,二轮车527,自行车772,小马车129,电车754。❷

这条街的传奇声誉因为这些新的百货大楼而更加声名显赫,这些"半外国的豪华商店其与众不同处在于",里面"中外产品交织……银饰品、丝

---

❶ 克利福特《帝国被宠坏的孩子》,页61。
❷ 达温特(Reverend C. E. Darwent)《上海:游客和居民手册》,上海、香港、汉口、新加坡、横滨:别发书店,1920年,台北成文出版公司重印,1973年,页10—12。

绸、缎子、毛皮都种类繁多。上述商店每家在开业那天一般报道都有十万美元的柜台收入"。❶ 对外地游客而言,在南京路的百货公司里购买现代的奢华品是必要而令人神往的仪式。如果他们真去了,就可以在先施饭店的一百一十四间客房里找一间住,"中式房是一至二块半美元一天,西式是二至六美元一天"。❷

上海现代生活的物质消费指南可以在无处不在的广告上找到,这些广告有的被霓虹灯照着,有的贴在临街的店铺上,还有的是五花八门地印在报纸杂志上。由此,它们也产生了一门物质文化的"符号学"。比如,我们可以从《良友》画报无处不在的广告上,轻易地为现代城市家庭的日常开销和享受列一张单子:各类食品(如桂格燕麦,宝华干牛奶)、洗衣粉(Fab)、保健药品(如韦廉士大医师粉红药丸)、电锅和自动汽炉(如广告标明"近来多数中国人将煤灶换成自动汽锅,该产品特别适合中国家庭冬季之用,以确保全家健康")、药、香水、香烟、相机、留声机和录音机(Pathé 和 RCA 牌)及其他。也就不用说那些无处不在的汽车广告了。❸ 自一九二二到一九三一年,私家车成倍地增加,从一千九百八十六辆增加到四千九百五十一辆。❹ 据报道,先施公司甚至用车子接送他们的特选顾客。上海城的这幅现代消费图一定很让当时住在内地农村的中国人震惊,因为上海似乎具备"仙境"的一切,一个充塞外国货和外国名字的"美丽的新世界"。事实上,它在沈从文的著名讽刺小说《阿丽

---

❶❷ 达温特(Reverend C. E. Darwent)《上海:游客和居民手册》,上海、香港、汉口、新加坡、横滨:别发书店,1920 年,台北成文出版公司重印,1973 年,页 14。

❸ 《申报》(1923 年 8 月)有一个"汽车专辑",图片上有英国的 Steyr and Austin,美国福特有三个型号:Hudson, Essex, Ford,最后一个的广告词是:最便宜的车,"让你驾车游世界"——它至今还是福特在中国台湾的广告词。

❹ 汤伟康等编《租界 100 年》,上海:上海画报出版社,1991 年,页 128。

思中国游记》中成了靶子,书中外国姑娘阿丽思在这个遥远的城市居然会感到很自在!

自然,消费还和闲暇和娱乐相联。而娱乐场所同样值得我们注意,尤其是电影院、咖啡馆、戏院、舞厅、公园和跑马场。虽然西式饭店和中国人的生活很有距离,电影院、咖啡馆和舞厅却完全是另一回事。某种程度上,它们向中国居民提供了除传统之外的休闲和娱乐方式,虽然老城区的本地戏院、饭馆和茶馆,以及妓院继续保留其传统并在中国人中发挥影响,不过,源自外国租界的休闲和娱乐方式与传统的一起构成了上海城市文化的中心部分,并且在本书将要探讨的作品中成了最常见的背景。因为电影的特殊意义,我将辟专章讨论上海的电影文化。

咖啡馆

作为一个在欧洲,尤其是法国,充满政治和文化意味的公共空间,咖啡馆在三十年代的上海被证明同样流行。像电影院一样,它成了最受欢迎的一个休闲场所。当然,它是西式的,一个男男女女体验现代生活方式的必要空间,特别是对作家和艺术家来说。很显然,这种习惯和风格最初来自上海的法租界。当英国统治的公共租界造着摩天大楼、豪华公寓和百货公司的时候,法租界的风光却完全不同。沿着电车轨道进入法租界的主干道霞飞路,整个景色也显得越来越宁静而有气氛。霞飞路取自法国将军名,他在一战期间阻止了德军入侵。道路两侧种了法国梧桐,你还会看到各种风格的精致的"市郊"住宅。据当时的一本英文指南说,这里的和平安宁是法国政府要求的:"法国当局比公共租界强硬多了,他们拒绝商人在住宅区做生产开工厂。"❶ 相反,你在这里可以看到教堂、墓地、学校(包括施蛰存、刘呐鸥和戴望舒学习过的著名的震旦大学)、法国公园,还有电影院(包括恩派亚、国泰和施蛰存小说里写到过的"巴黎大戏院")、咖啡馆。当地的一个咖啡馆常客这样说,在霞飞路上,"没有摩天大楼,没有什么特别的大建筑",但"醉人的爵士乐夜夜从道路两侧的咖啡馆和酒吧里传出来,告诉你里面有女人和美酒,可以把你从一天的劳累里解放出来"。❷

有意味的是,当公共租界忙于展示高度的商业文明时,法租界却在回顾文化的芬芳,高等的或低等的,但永远是法国情调,比英美更有异域风味。当然,法国文化的特殊魅力得以传播,与中国的一批亲法作家很有关系,像曾家,父亲曾朴儿子曾虚白,他们一起于一九二七年创办了"真美善"出版社,这个名字的灵感直接源于他们对于法国的浪漫派作家的印象。曾朴曾跟一个很有传奇色彩的中国将军陈季同一起研究过这些作家,而那个将军曾在法国居住和写作多年。尽管晚清著名小说《孽海花》(1905)的作者曾朴,从不曾踏上过法国的土地,但他不懈地在他的书店居室里创造他自己的法国世界。那书店在法租界中心,马斯南路115号。下面的引文很能说明他对法国热情洋溢的想象:

> 马斯南是法国一个现代作曲家的名字,一旦我步入这条街,他的歌剧 *Le roi de Lahore* 和 *Werther* 就马上在我心里响起。黄昏的时候,当我漫步在浓荫下的人行道,*Le Cid* 和 *Horace* 的悲剧故事就会在我的左边,朝着皋乃依路上演。而我的右侧,在莫里哀路的方

---

❶ 达温特《上海:游客和居民手册》,页77。
❷ 中国图书编译馆编《上海春秋》,香港:南天书业公司,1968年,2卷,页88。

向上，Tartuffe 或 Misanthrope 那嘲讽的笑声就会传入我的耳朵。辣斐德路在我的前方展开……让人想到辣斐德在 La princesse de Clèves 中所描绘的场景和 Mémoires Interessants 中的历史场景。法国公园是我的卢森堡公园，霞飞路是我的香榭丽舍大街。我一直愿意住在这里就是因为她们赐我这古怪美好的异域感。❶

曾朴不仅希图把他的出版社办成一个法国文学图书馆，还想把它变成一个文化沙龙，他把朋友和门生召集起来，一起探讨他最喜欢的法国作家：雨果（Victor Hugo）、法朗士（Anatole France）、李尔（Leconte de Lisle）、乔治·桑（George Sand）及洛蒂（Pierre Loti）。曾朴的儿子曾虚白曾生动地回忆道：

> 我家客厅的灯不到很晚是很少会熄的。我的父亲不仅特别好客，而且他身上有一种令人着迷的东西，使每一个客人都深深地被他的谈吐所吸引……谁来了，就进来；谁想走，就离开，从不需要繁文缛节。我的父亲很珍惜这种无拘无束的气氛；他相信，只有这样，才能处处像一个真正的法国沙龙。❷

曾朴书店沙龙的客人和朋友都成了亲法分子。其中像李青崖、徐霞村、徐蔚南成了著名的翻译家；另外多数是作家、诗人和出版家，像邵洵美、徐志摩、田汉、郁达夫、《银星》杂志的编辑卢梦殊；以及美学家傅彦长、朱

---

❶ 海恩里奇·弗鲁豪夫（Heinrich Fruehauf）《中国现当代文学中的城市异国风》，麻省剑桥：哈佛大学出版社，1993，p.144。这一部分完全是在弗鲁豪夫文章的基础上完成的，我对他的先锋研究深表谢意。在我的指导下，弗鲁豪夫于 1992 年在芝加哥大学就同一主题完成了他的博士论文。

❷ 弗鲁豪夫（Heinrich Fruehauf）《中国现当代文学中的城市异国风》，页 145。

应鹏和张若谷,他们比曾朴更进一步,把法国和西方的异国风味结合进民族主义者的论述:

> 他们认为上海的特殊情形将最终提高整个民族的美学修养。因为上海是那样的充满异国情调,与中国的其他地方那么不同,她完全可以成为一个文化的实验室,以试验一个崭新的中国文明是否可能。❶

中国的亲法分子是否成功地把他们的文学沙龙变成了哈贝马斯(Habermas)所谓的"公共空间"还是存疑的。但无疑上海的作家把咖啡馆当作朋友聚会的场所。从当时记载和日后的回忆看来,这种法国惯例加上英国的下午茶风俗在当时成了他们最重要的日常仪式。下午茶时间的选择经常是出于经济的考虑,因为两手空空的作家和艺术家常去的几家咖啡馆都在饭店里,那里下午卖的咖啡、茶和点心都比较便宜。张若谷,这个狂热的亲法分子,最喜欢去的地方有这些:南京东路上朝着新新百货的新雅(喝茶,吃点心),最著名的巧克力店沙利文(喝咖啡、可口可乐,吃巧克力和冰淇淋),静安寺路口的德式咖啡店 Federal(喝咖啡,吃蛋糕),"君士坦丁"俄式咖啡馆(喝正宗的阿拉伯黑咖啡)和国泰戏院对面的"小男人",那里布置富丽,女侍也年轻貌美。❷ 但很显然,张若谷最钟爱的地方是"巴尔干",法租界另一家俄国人开的咖啡馆,那儿的咖啡比贵族化的马赛尔和 Federal 都要便宜,在那里,他和他的朋友可以消磨很长时间,而不至于被侍者赶走。❸

---

❶ 弗鲁豪夫(Heinrich Fruehauf)《中国现当代文学中的城市异国风》,页141。
❷ 张若谷《茶、咖啡、麦酒》,《妇人画报》,1935年,页9—11。
❸ 张若谷《现代都会生活象征》,《咖啡座谈》,上海:真美善书店,1929年,页3—8。

张若谷的一本取名《咖啡座谈》的散文集里,他这样说:

> 除了坐写字间,到书店渔猎之外,空闲的时期,差不多都在霞飞路一带的咖啡馆中消磨过去。我只爱同几个知己的朋友,黄昏时分坐在咖啡馆里谈话,这种享乐似乎要比绞尽脑汁作纸上谈话来得省力而且自由。而且谈话时的乐趣,只能在私契朋友聚晤获得,这决不能普度众生,尤其是像在咖啡座谈话的这一件事。大家一到黄昏,就会不约而同地踏进几家我们坐惯的咖啡店,一壁喝着浓厚香淳的咖啡以助兴,一壁低声轻语诉谈衷曲。——这种逍遥自然的消遣法,"外人不足道也"。❶

张若谷总结了去咖啡馆的三种乐趣:首先,咖啡本身的刺激,效果"不亚于鸦片和酒";第二,咖啡馆提供了与朋友长谈的地方,"此乃人生至乐";最后也很重要的是,咖啡馆有动人的女侍,她们的文学形象是因郁达夫翻译莫尔(George Moore)❷的《一女侍》而首次被介绍给中国读者的,并且在一九二三年大地震前因为东京的酒吧和咖啡馆的女侍而变得非常著名。❸ 然而,张若谷并不仅仅把咖啡馆当作"现代城市生活的点缀"和"一个很好的约会地点",他把它和电影院、汽车一起看成是现代性的重要标志,认为它比后两者对现代文学的冲击还要大。他骄傲地提到

---

❶ 张若谷《序》,《咖啡座谈》,页6。
❷ 张若谷《现代都会生活象征》,《咖啡座谈》,页4—11。
❸ 当然,咖啡馆在日本大正时代是非常流行的,标志着"大正的上等生活"。如爱德华·塞登斯蒂克(Edward Seidensticker)所说:"咖啡馆是昂贵的银座前身。你的咖啡出到一定的价,优雅迷人的小姐就会来陪伴你,甚而还有其他的服务。车前草是第一家银座,1911年建。"参见《低城高城:东京从江户时期到大地震》(*Low City, High City: Tokyo from Edo to the Earthquake*),麻省剑桥:哈佛大学出版社,1991,页104、201。

一些他心爱的作家,像莫莱亚(Jean Moréas)、戈蒂耶(Théophile Gautier)、侣德(Maxine Rudé)、雷彦(Henri de Régnier),说他们都是顽固的咖啡嗜好者。❶

至于徐迟,这个三十年代的年轻诗人,萌芽期的现代派,他最喜欢的地方就是新雅,当然,那儿贵多了。严格地说,新雅不算咖啡馆而是一家餐馆,但下午四点至六点,二楼的餐厅成了喝下午茶的好去处。有时候,这种聚会会招来三十多个作家和艺术家,他们分坐五六张桌子,熟识的人之间互相走动聊天。❷ 他们在六点左右都得离开以便侍应铺晚餐桌子。按徐迟的说法,当时他们这些作家、艺术家和出版人爱去的地方大约有半打,他自己喜欢去的除了新雅,还有静安寺路上的 D. D. Café,霞飞路上的复兴馆,这两家都是白俄移民开的。张若谷甚至写了整整一篇文章题名《俄商复兴馆》,他设计了这样一个剧情:"三个打扮入时的年轻男人,就像'都会三剑客'那样,开一辆车,带着一个时髦的现代女子,她看上去就像吉士香烟广告上的美人,一个南方姑娘,有一双又黑又大的眼睛,长睫毛,纤手指。"接着,其中的一个男人就这个咖啡馆发表了如下的看法:

> 坐咖啡馆里的确是都会摩登生活的一种象征,单就我们的上海而言,有几位作家们,不是常在提倡"咖啡座谈"的生活吗?大家一到黄昏,便会不约而同踏进他们走惯的几家咖啡馆。这里的"俄商复兴馆"和那边的"小沙利文",是他们足迹常到的所在,他们一壁慢吞吞的呷着浓厚香淳亚拉伯人发明的刺激液质;一壁倾泻出各人心坎里积蓄着的甜蜜,彼此交换快乐的印象,有时在红灯绿酒之下,对

---

❶ 张若谷《现代都会生活象征》,《咖啡座谈》,页 8。
❷ 摘自徐迟本人给我的一封私人信件(1986 年 2 月 26 日)。

面坐了一个十七八岁的少女,向他们细细追诉伊的已往的浪漫事迹,轻听一句两句从钢琴和提琴上发出来的旋律……❶

张若谷写这篇文章的时候(1929),上海文学似乎整个地沉浸在"咖啡馆"风潮里,不仅有张若谷的文章、郁达夫的译文,还有田汉的戏剧《咖啡店之一夜》以及无数的文学作品。田汉甚至给他的新书店"南田剧社"登广告时,说里面有一家咖啡馆,"女侍者的文学素养好,可以让顾客在喝咖啡的时候领略好的文学作品,享受交谈的快乐"❷。自然,所有这些异国情调都体现在他们波西米亚的自我形象上。张若谷在画家和诗人倪贻德的小阁楼里做客时,开玩笑地说道:"这间屋有鲁道夫画室的风味,但真遗憾你缺了一个陪伴你的咪咪。"田汉甚而在他编的电影剧本《风云儿女》的第一部分中放了些"波西米亚"似的角色,这些人最终在电影主题曲的伴奏下,奔赴战场,而主题歌《义勇军进行曲》后来成了中华人民共和国国歌。

舞 厅

另一个公共场所,也许比咖啡馆的文化声望要低一点的是歌舞厅或卡巴莱(Cabaret)和舞厅:前者指装饰华美、经常有卡巴莱表演的场所,那主要是外国人光顾的地方;而后者就只有一支小乐队,一些"的士舞者"或廉价伴舞女郎。到一九三六年,有超过三百家的卡巴莱和赌场。❸

---

❶ 张若谷《俄商复兴馆》,《战争、饮食、男女》,上海:良友出版公司,1933年,页143、146。
❷ 张若谷《咖啡座谈》,页24。
❸ 韦科曼(Wakeman)《掌管上海》,页108。

对西方人,特别是单身男人来说,上海之夜的动人之处与卡巴莱和舞厅的魅力是同义词,就像下文所描述的:

> 上海的子夜因无数的珠宝而闪闪发亮。夜生活的中心就在那巨大的灯火电焰处。
>
> 印度手鼓的节拍,色欲的交响乐,上百个乐队的音乐声,曳步而舞,身体摇摆,休止符,欲望的浓烟——灯海里的欲望,那就是欢乐,就是生活。
>
> 快乐,杜松子酒,爵士乐。上海一切都是无拘束。伴舞女郎——一毛钱到一美元,她们亲亲热热,俄国的,中国的,日本的,朝鲜的,欧亚混血儿,有时还有其他的。❶

中文手册写得一样铺张甚至更详尽,细至如何为最爱的舞女开上足够的香槟(每瓶贵到十六元)而不至于丢脸。❷ 尽管社交舞就像赛马一样,绝对是一种西方习俗,在十九世纪中叶由上海的外国人介绍进来,但它并没有阻止中国人热烈地拥抱它,把它视为时尚。据报道,二十年代早期,当第一批舞厅开张时,上海人马上成群地涌去光顾。❸

到三十年代,舞厅成了上海城市环境的另一个著名,或说不名誉的标记。《玲珑》这本流行的妇女杂志,除了每期刊登电影和影星外(见第三章),还一连三期介绍了社交舞。其中一篇写到,跳舞不光是一种社交,也是需要认真研究的一门学问,正如海外和上海都有大量的学校和

---

❶ 《上海概览》页76。作者附注:此段引言,在英文版最后修订时删去,此节中其他片段在修订成书时亦有更动。本中译本根据的是修订前的书稿,故与英文版有不少出入。
❷ 王定九《玩的门径/如何玩》,页16。
❸ 屠诗聘(Tshimin)《上海市大观》,页56。书里还提到,1946年当舞女被要求在市政府登记时,共有三千三百人入册,页57。

教师专教舞蹈。❶ 文章还简要地介绍了各种流行的交谊舞,从快步、狐步、华尔兹、探戈,到新查尔斯顿和伦巴。另外文章还把跳舞概括为一种"自然行为",说它可以"焕发体内的力量",是一种"公民"活动,能够"有效地吸引异性"。❷ 然而诚如韦科曼所言,"在舞厅里,学跳舞的夫妻和追逐一时半刻玩伴的王老五之间的区别并不是绝对的,但后者还是占了绝大多数,无疑这和一九三〇年上海的人口比率有关。当时中国城市人口中,一百三十五个男人对一百个女人;公共租界是156∶100;法租界是164∶100"❸。

关于上海的舞厅景象,韦科曼还提供了一些有趣的信息:

> 上海的茶话舞会是首次把中国和西洋精英集合起来的文化事件。随着西洋舞的流行,它在小市民中也传播得越来越广,然后舞校出现了,有些是经当局特批的……公共舞厅从前总或多或少地被白俄女子垄断着,但一九三〇年左右,有中国舞女的西洋舞厅开始在上海和中国的其他港口城市开张。而三十年代末的某些无信用舞校不会比高等妓院更好,使得那些领有正规执照的卡巴莱和舞厅向当局抱怨说他们正被人挤出这个行当。❹

在黎锦晖——一个因"艳曲"而成名的作曲家——开的一个舞校里,

---

❶❷ 引自安德鲁·菲尔德(Andrew Field)《在罪城出卖灵魂:印刷、电影和政治里的上海歌舞女郎,1920—1949》(未发表论文),页14。非常感谢哥伦比亚大学的博士候选人菲尔德先生,感谢他允许我引用他的论文以及他在我的研究中所给我的种种帮助。

❸ 韦科曼(Wakeman)《特许休闲》,页27。

❹ 韦科曼(Wakeman)《掌管上海》,页108。韦科曼还统计过,"到三十年代末,上海大约有两千五百至五千个的士舞女,其中百分之六十被认为是操业妓女",页108。

甚至有裸女登台演出。❶

外国人和有钱的中国人经常出入那些头等舞厅和有歌舞表演的卡巴莱,像华懋公寓顶楼、国际饭店的天台、百乐门戏院和舞厅、大都会花园舞厅、圣安娜、仙乐斯、洛克塞、维娜斯咖啡馆、维也纳花园舞厅、小俱乐部等等,而它们那传奇般的声名也在中国的文学想象里永远地留下了印记。也许最令人难忘的是百乐门舞厅。❷ 下面是一个外国人的生动描述:

> 出了戏院,我们就去百乐门,那里有夜总会和舞厅。百乐门是新近由中国银行家建的,里面设计极其现代,有大量的镍、水晶和白色木头布置。白色的大理石旋转楼梯通向大舞厅,阳台上另有一个舞池,玻璃地板,下方有脚灯,让人感到像在鸡蛋上跳舞。舞台正对着入口,上面是乐队,都是俄国乐师,但奏的都说最新的美国爵士乐。我们到的时候恰逢表演开始。表演合唱的也是俄国女子,有些是金发美人。她们穿戴很少:帽子,浅帮鞋和非常细的腰布。和美国的合唱队姑娘相比,她们演得不算好,而且是用不流畅的英语唱最新的美国歌。一个英国朋友告诉我,雇俄国女子比雇中国人便宜多了,而中国人又非常崇拜金发白人女子。❸

---

❶ 郁慕侠(Yu Muxia)《上海鳞爪》,上海沪报出版部,1935年,页37—38。
❷ 传奇的百乐门舞厅因为白先勇的小说《金大班的最后一夜》而不朽。里面的主人公,一个上了年纪的上海舞女,发现她自己是在台北的一家低级舞厅里:"好个没见过世面的赤佬! 左一个夜巴黎,右一个夜巴黎。说起来不好听,百乐门里那间厕所只怕比夜巴黎的舞池还宽敞些呢!"见白先勇《金大班的最后一夜》,台北:风云时代出版公司,1989年,11月。
❸ 德尔《上海1935》,页49。感谢菲尔德向我提供这篇引文。

当然,还有很多其他地方,价钱不等,为各色中国顾客准备着。据两个内行的介绍,"一个典型的中国舞厅"是装修到每一个角落的,常常用不得体的风格碰撞的西式布置来赢得声名。而乐队是无一例外的菲律宾人,从晚上八点直到凌晨两点、三点或四点,不停地以每分钟一曲的速度奏着,但他们其实是很无精打采的,"客人,基本是男的,而且无精打采,显然不太理会那些坐在离他们一臂远的地方的舞女,她们吵闹地嗑着西瓜籽,这西瓜籽是送的,放在每一张台子上。而最有意思的是那些舞女,苗条,漠不关心又自给自足的样子,如果是冬天就抱着她们精致的暖水壶,摆出一副像是等待街车的姿势,似乎再多的舞票也不可能把她们拉向舞池"。"舞票的价格从最好的三张一元到低等的八、十、十五张一元。"❶ 因此,一场舞给几张票也便是很寻常的事。

传说作家穆时英就是在这样的一个叫"月宫"的舞厅里,苦苦追求一个舞女,终于把她娶为妻子。穆时英是三十年代早期一个非常有天赋的作家,他流星般地升上中国文坛但英年早逝,很显然是被赌博害的。他一九四〇年死于日占区的上海(据说是被暗杀的)。穆时英在精神和气质上都是一个道地的都市作家。他和刘呐鸥一起,试图在小说中实验一种电影似的散文体来表达他们所感受到的都市疯狂的节奏。穆时英小说中的主要背景总是舞厅,那当然一方面也源于他的观察和个人体验,但另一方面他也敏感到舞厅很适合表现人异化时的心态。(详见本书第六章)

穆时英的例子是一个天才作家有意识地在舞厅里为他的艺术寻求灵感,也许是创作的一个特例。但他作为上海市民的生活方式,正如他

---

❶ 玛林尼·卡斯和帕特·帕特逊(Maurine Karns and Pat Patterson)《上海:亮光,暗光,银光》,上海:Tridon 出版社,页 27—29。

的小说所描述的,却非文学臆造。其实以顾客的人数计,上海舞厅绝对比咖啡馆受欢迎。当咖啡馆主要还是上等华人、外国人和作家艺术家光顾的场所时,舞厅却已经进入各个阶层,成了流行的固定想象,这可以在无数的报道、文章、卡通画、日报尤其是小报的照片和流行杂志上看出来。事实上,上海的艺术名家,像叶浅予、张乐平都曾用舞厅和舞女来作他们的漫画题材。他们最常用的形象是跳舞的一男一女或一男两女:男的或老或年轻,穿中式长袍或着西装,但女人却无一例外地穿"旗袍"。这副肖像无意中暴露了性别歧视:女人永远是各个阶层男人的固定欲望对象,她的旗袍展示着她身体的轮廓。换言之,这一对对舞者的题材都取自舞厅,表现了舞女和她们的各色顾客。这些在随附于漫画的文章中也被印证了,作者描写那些舞女,发表评论,感叹女人肉体作为商品的魅惑力。绝大多数的文章都写低等舞厅,因为相比赫赫有名的舞厅俱乐部,它们数量更大。其中有篇文章是这样写的:

> 舞场是小的,范围也是小的,价钱也是便宜的(一块钱有五六次),吃杯清茶只费两角,不管你坐上五六个钟头。因为舞场的小,所以跳起来是分外的感觉着肉的弹力。在大舞场里,我们往往会感觉着像是个君子,几乎失了来寻女人的肉趣的本意,跟着音乐一定要跳 Foxtot 或 Waltz 或 Blues,似乎跳错脚要被全场所耻笑的。然而在小舞场里你可以尽管跳你的好了,你可以不整你的脚步的搬动,去脱离乐师们吹打出来的《桃花江》或《维也纳》的曲子,你喜欢就随你的心吧!还有,在这小舞场里,跳舞时间的长是比大舞场里有时会长上二倍,而很稀淡的几对红绿紫灯,却会很多次关着,这是要你更热心一点啊,因为你可以去摸舞女的奶,吻舞女的颊,甚至香

舞女的嘴,这些尽是随便的。❶

在这些小舞厅里,舞女和顾客都是中国人,而且被剥削得更厉害,即使没有左派人士的同情,也可以从道德立场来为她们的经济状况鸣不平。下面是我找到的一份舞女的月收入统计表。

一个舞女生活费的估算

支出项	
房租	二十五元
伙食	三十元
应酬(影戏票在内)	二十元
衣服	五十四元
供给家用(注:此或系虚账)	二百元
储蓄	二十五元
	按月总计支出三百五十四元正
收入项	
每日工作五小时(每小时伴舞十次)分得舞资	八元半
	按月总计收入二百五十五元正 收支两抵尚欠款九十九元正❷
	* 此种欠款如何解决,哑谜而已。

上述的例子可能不一定可靠,但很说明问题。从以上的数据看来,如果要维持收支平衡,就只能靠那"或系虚账"的"二百元家用"栏。一个没有家累的舞女在其他花销外,大约花一百元一个月就够了。但那些在乡村有家累的就很可能陷入经济困境。除此之外,上列预算中最大一项

---

❶ 丁白告《话小舞场》,《时代漫画》,1934 年 2 月。文章边上附了名画家叶浅予的两幅小卡通画。这里我尤其向华东师大的陈子善先生致谢,他向我提供了这些资料以及其他的一些帮助。

❷ 飘泊王《无穷的希望》,《时代漫画》,1934 年 9 月。

是服饰:五十四元。比如服饰中的"春装的估价(摩登女子最低的费用)"就有十六项:❶

春装的估价(摩登女子最低的费用)

深黄色纹皮皮鞋	一双	六·五〇元
雪牙色蚕丝袜	一双	一·二〇元
奶罩	一只	二·二五元
卫生裤	一件	〇·八〇元
吊袜带	一副	三·〇〇元
扎缦绉夹袍	一件	八·二〇元
春季短大衣	一件	一六·〇〇元
白鸡牌手套	一副	二·八〇元
面友(Face Friend)	一瓶	〇·七五元
胭脂	一盒	〇·五〇元
可的牌(Coty)粉	一匣	一·四五元
唇膏	一匣	〇·五〇元
皮包	一只	二·五〇元
电烫发		五·〇〇元
铅笔	一支	〇·二〇元
蜜	一瓶	〇·四〇元
	共计上海通用银元五十二元零五分	

　　服饰的高消费不仅表明了上海城市生活的一般商品趋向,也说明了另一种癖好——人们对某些商品的迷恋——把女人身体作为商品似的呈现,她们成了男人注视和欲望的物质对象。如果我们比较一下中国现代作家笔下的咖啡馆小姐和舞女,就会发现前者在亲法作家的笔下,和他们波西米亚生活的理想场景结合在一起,是很浪漫的形象;而后者却被写成是可怜的动物,尽管她们依然很魅人。很少有人愿为小舞厅里的

---

❶ 《摩登条件》,《时代漫画》,1934年2月。

舞女树碑立传;相应地,西方卡巴莱舞女在影片里就很罗曼蒂克,比如《蓝天使》中的玛琳·黛德丽。就此而言,穆时英对舞女的描绘就很有文学价值。我们在下面的章节会读到,穆时英和刘呐鸥笔下的舞女经常较现实生活中的更突出,也就是说,她们比男人更热情,常扮演控制男人的角色;作为男人欲望的对象,她们也大胆地把自己的欲望投射在男人身上。这些活跃在咖啡馆、舞厅和跑马场的尤物形象可以被理解成是男性作家的一种臆想,也可被读解成是城市物质魅力的载体,也因此更加速了城市中不可避免的商品化进程。

不过,我要提出一个不同的观点,上海城市生活中舞厅的流行,其实反而给新女性的出现提供了一个必要的背景,虽然这背景是负面的。如果我们把关于舞女的描述和更早时候关于妓女和影星的文章一起读,把她们视为一个文化系谱里不同方面的象征,我们或多或少地就能追溯出另一个女性在公开场合出现的文学传统。在三十年代的左翼批评家把她们都视为受压迫受欺凌的女性之前,一些上海作家,特别是新感觉派的作家,在中国传统文学中选择这组女性形象,把她们"现代化"为城市物质文化的载体,因此她们一个个显得活力四射,对她们自身的"主体性"也反而更有信心,甚而还与男人周旋,在舞厅、咖啡馆、跑马场这样的公共休闲场所耍弄男人。在穆时英的一篇叫《骆驼·尼采主义者与女人》的奇妙小说里,男主人公本人是一个带讽刺意味的、作为哲学家的城市浪子形象,他晚上漫步经过回力球馆、舞厅、赌场、情调迷人的酒吧和咖啡馆,一路上他都吸着最钟爱的"吉士"牌香烟,想着尼采的"查拉图斯屈拉如是说"。最后,在一家叫 NAPOLI 的咖啡馆,他邂逅了一个神秘女郎,她"绘着嘉宝型的眉,有着天鹅绒那么温柔的黑眼珠子,和红腻的嘴唇……她的咖啡里放了五块方糖,甜酒似地喝着……她吸的是骆驼牌

香烟","在调情斗智的晚餐期间,她还教了他三百七十三种烟的牌子,二十八种咖啡的名目,五千种混合酒的成分配列方式"。❶

公园和跑马场

现在还剩下两个公共空间需要谈,很显然,它们都是英殖民的产物:公共花园和上海跑马场。

西方帝国主义存在的一个侮辱性标志是,在公共租界的公园门口有一块臭名昭著的招牌,上写"华人与狗不得入内"。其实,真正的招牌并不是这样写的,但对中国人来说,一样是侮辱:它是一九一六年颁布的五项规定,写在告示上,第二条说"狗和自行车不得入内",紧跟着是第三条"华人不得入内",除"伺候白人的中国佣人"外。第四和第五条也排除了印度人(除了"穿戴高贵者")和"日本人"(除了穿西装者)。❷ 这些招贴最终于一九二七年国民党的军队控制了上海后被摘除。在魏白蒂的生动描述中,四月十二日那天,"似乎象征着上海将要有翻天覆地的变化,公共租界的纳税人会议通过了一项提议:兆丰公园和虹口公园,公家花园,外滩草坪和江滨,昆山花园和 BRENAN PIECE 等花园,像对外国人一样,向中国人开放"。❸ 尽管要收门票,"上海人还是热情地回应了这

---

❶ 穆时英《骆驼·尼采主义者与女人》,见李欧梵编《新感觉派小说选》,台北:允晨文化出版社,1988年,页191—197。

❷ 潘翎《寻找老上海》,香港:联合出版公司,1982年,页36。吴贵芳《淞沪漫谈》,上海:上海人民出版社,1991年,页193。参见 Bickers & Wasserstrom《上海"华人与狗不得入内"的招牌:传奇、历史和当代象征》,页446。

❸ 魏白蒂(Betty Peh-T'i Wei)《上海:现代中国的熔炉》(*Shanghai: Crucible of Modern China*),1987,pp. 231-232。

些新的设施。市政府统计的到公共花园的游客人数还是相当可观的",从一九二八年六月到八月共计一百六十二万五千五百一十一人,到一九三〇年,就上升到二百零九万二千四百三十二人。❶ 除了公共租界的半打花园,当然还有法租界和老城区的公园和花园,当时的一本上海指南上列了将近四十个公共的和私人的公园和花园。❷ 在这些公园和花园中,作家们特别喜欢的是一个白俄开的游乐园——丽娃丽妲——因茅盾的小说《子夜》而成了文学传奇,里面有一个颓废的小人物是这样形容这个公园的:

> 我知道有几个白俄的亡命客新辟一个游乐的园林,名叫丽娃丽妲村,那里有美酒,有音乐,有旧俄罗斯的公主郡主贵嫔名媛奔走趋承,那里有大树的绿荫如幔,芳草如茵,那里有一湾绿水,有游艇!……嗳,我想起了色奈河边的快乐……❸

很显然,这个"游乐园"是兼有下列功能的:舞厅、咖啡馆、饭馆和花园。事实上,那里还有一个露天舞池,是很受欢迎的"夏夜娱乐处"❹。由此可见,对中国人来说,去公园和花园并不仅仅是为了放松,倒更像是为了娱乐。就像外国人那样,在星期天和节假日去散散步。按徐迟的说法,一个英国乐队还会在某个公园演奏。另外,它们也是浪漫幽会和初次见面的公共空间。在三十年代的电影里,比如《十字街头》,公园里的浪漫初会或邂逅几乎成了情节中的一个新的成规。

---

❶ 魏白蒂(Betty Peh-T'i Wei)《上海:现代中国的熔炉》(*Shanghai: Crucible of Modern China*),1987,p.232。
❷ 《上海指南》,上海:国光书店,页10—16。
❸ 茅盾《子夜》,页262。
❹ 《上海指南》,页16。

Billie Coutts，Edmund Toeg 画。原刊《中国赛马》(*China Races*)，by Austin Coates，香港：牛津大学出版社，1983，1994.

上海赛马场,1937。鸣谢:Charles E. Wolnizer, Esq. 原刊《中国赛马》(*China Races*),by Austin Coates,香港:牛津大学出版社,1983,1994.

赛马历史在寇兹(Austin Coates)最近的一本书《中国赛马》(1983)里被描写得很详尽了,此书是为香港皇家赛马会百年庆典纪念而作。一八四五年香港举行了第一场赛马,大概比上海要早一二年。❶ 上海的跑马场起码重修了三次。一八六二年,上海的赛马会成立,并取代香港赛马会成为东亚首会。这项英式运动立刻深受中国人的欢迎,他们不仅一开始就踊跃地参加赛马,而且马上组织了自己的赛马会。寇兹概括说:"中国人总说他们去赛马是为了好玩,其实那意味着赌博。"❷ 早在十九世纪晚期,中国人就已经对赛马过程了如指掌了。那些所谓的受尊敬的中国人,只要付钱就能进入跑马场……那里有两种不可思议的看台,叫"大看台"和"小看台",挤满了中国人,甚为危险,摇摇欲坠的柱子很奇怪倒一直没倒下来。❸ 但尽管中国人能在赛马日入场观看,他们却一直没资格踏入俱乐部或被上海赛马会接纳为正式成员。❹ 俱乐部大楼建于一九三三年,是"六层高的宏伟建筑,上面的钟楼再有两倍高",它后来成了"上海城的标志之一"。❺ 俱乐部"占了上海最好地段的六十六英亩

---

❶ 奥斯汀·寇兹(Austin Coates)《中国赛马》(*China Races*),香港:牛津大学出版社,1983,页26。
❷ 奥斯汀·寇兹(Austin Coates)《中国赛马》(*China Races*),香港:牛津大学出版社,1983,页34。
❸ 奥斯汀·寇兹(Austin Coates)《中国赛马》(*China Races*),香港:牛津大学出版社,1983,页121。
❹ 马学新等主编《上海文化源流辞典》,上海社会科学院出版社,1992年,页50;韦科曼《掌管上海》,页99。
❺ 柏右铭(Yomi Braester)《上海的景观经济:刘呐鸥和穆时英小说中的上海跑马场》,《现代中国文学》,1995年春季刊,页41—42。另有中文材料表示该楼高四层,但钟楼高十层,见《上海文化源流辞典》,页369。

地",而且"在中国的城市空间中,构成了一种西方资本和文化的干预"。❶ 不过虽说它在现代城市中引进了一种英式的田园景观,但"只要你的目光越过这些胜景的边界,你就会发现整个城市早已侵入这片田园美景",英租界拥挤的街道和高楼大厦就在旁边,跑马场"大片的草地也盖不住城市的身影"。❷ 这喧嚣的都市景观,"悬浮在乡村风光和城市建筑之间",产生了一个奇妙的现象。在刘呐鸥的小说《两个时间的不感症者》中,里面的女主人公就在马场和男主人公玩了一场苦心经营的调情和勾引游戏,赌马,在这场"欲望交易"的"经济"中,成了适当的刺激。❸

这些公共空间,常常是西方产物,不知中国作家是用什么方式在他们的实际操作或想象中把它们据为己有,而且在营建中国现代性的文化想象中把它们作为背景?这个问题包含的命题将在以后的篇章里详尽论述。当然,在研究文化生产和消费的过程中,事实和想象的层面经常是混淆的。当我们试图"重构"上海时,它们都需要被不停追问,然后才能重构这多种多样的城市空间和地域,如同上海的一批中国现代作家在他们的生活和作品中所"重建"的世界。为方便以后的论述,我这里将做一些初步的描述。

---

❶ 韦科曼《掌管上海》,页 98;柏右铭(Yomi Braester)《上海的景观经济:刘呐鸥和穆时英小说中的上海跑马场》,《现代中国文学》,1995 年春季刊,页 41。

❷ 柏右铭(Yomi Braester)《上海的景观经济:刘呐鸥和穆时英小说中的上海跑马场》,《现代中国文学》,1995 年春季刊,页 42。

❸ 柏右铭(Yomi Braester)《上海的景观经济:刘呐鸥和穆时英小说中的上海跑马场》,《现代中国文学》,1995 年春季刊,页 49。

"亭子间"生活

伊萨克(Harold Isaacs)是一个美国记者兼上海的长期居民,非常同情中国左翼作家,他是这样描述三十年代的上海的:

> 三十年代早期的中国社会还是通常的殖民社会构造:代表殖民势力的外国人,他们属于特权阶层;上层华人买办,及有限的华人竞争者;大批在外资和中资受雇的中方白领;以及从赤贫的乡村涌入的穷困大众,他们成了源源不断的劳动力大军,搬运夫,乞丐,妓女,罪犯和一群无助的人,这些人每年在城市街道上留下五万个死婴。❶

这份个人记录提供了珍贵的资料,但却不能说明为什么还有那么多的中国人继续住在这么可怕的一个环境里。为什么上海的作家比如鲁迅,在这个被伊萨克称为"无法无天的中国的混乱之海"再加上西方种族歧视的环境里,继续生活、写作,并出版他们的专著?在伊萨克的叙述中,似乎通商口岸并不鼓励现代中国作家在那儿生活,除了提供"少得可怜的行动自由与出版自由"外。❷ 到底是什么使得一个中国作家或艺

---

❶ 哈洛德·伊萨克(Harold Isaacs)《中国重逢:封闭时代的旅行笔记》(*Re-encounters in China: Notes from a Journey in a Time Capsule*),纽约阿芒克:M. E. Sharpe,1985,p. 6。这本书还收集了伊萨克认识的几个作家珍贵的肖像,但不是本书所要讨论的作家。

❷ 哈洛德·伊萨克(Harold Isaacs)《中国重逢:封闭时代的旅行笔记》(*Re-encounters in China: Notes from a Journey in a Time Capsule*),纽约阿芒克:M. E. Sharpe,1985,p. 7。

家在这样一个极其西化的,与中国其他城市截然不同的都会里生活和工作?❶

一个典型上海作家生活和工作的地方是所谓的"亭子间",它是典型上海住房中,里屋和外屋之间过道楼梯上的一间小房子,常常建在厨房上头。典型的上海住房叫"石库门",因里弄的大门是石头造的而得名。这种房子总是冬冷夏热,通风设备差而且常年见不到太阳,因为窗户是朝北的。所以,它们一般租金低廉,一个月不到四元钱,两三个作家可以挤在一个不足十平方米的空间里。❷ 住在"石库门"里的居民,多数属于中下阶层,因此把"亭子间"租出去对他们来说也是一种经济的需要。据最近的一个资料表明,一个普通公司职员的月收入是四十至六十元,而一个中等阶层的五口之家的月开销是六十六元。❸ 因此房子出租和再出租就相当普遍。著名的电影《乌鸦与麻雀》,就是用这类租房作了整个布景。"亭子间"事实上成了上海文学生活的附属物,以至于后来成了作家的形容词,"亭子间文人"和"来自亭子间的作家"。他们的住所不仅集中说明了上海作家的社会经济状况,而且也表明了他们的生活方式。❹

在作家们自我解嘲的描述中,"栖身亭子间"是权宜之计,是帮他们过渡到一个好一点地方的暂栖之地。这主要是因为三十年代早期聚在上海的现代作家多数是外来者,他们或者是从军阀混战的北京逃出来,

---

❶ 在其他的通商口岸,比如天津和武汉,租界区都要小得多,尽管天津的外国租界更多。也因此,天津是一个特例,需要更深入的研究和比较。

❷ 《上海文化源流辞典》,页 513。

❸ 罗苏文《石库门:寻常人家》,上海:上海人民出版社,1991 年,页 59。它是姚秉南等主编的五卷本《大上海》中的一本。

❹ 研究"亭子间"作家和他们的生活方式可参见章清《亭子间:一群文化人和他们的事业》,上海:上海人民出版社,1991 年。它也是《大上海》丛书中的一本。

或者是因蒋介石的一九二七政变在上海租界避难,多数人在上海起初觉得不自在,因为这并不是他们的城市,而且要在上海活下来压力也太大。但渐渐地,当他们也能收支平衡时,他们就半自傲半自嘲地把他们的波西米亚的生活方式称为"亭子间岁月"。著名作家巴金有一段时间就是过着"亭子间"日子,后来还把它写进了小说《灭亡》,他说他喜欢躺在床上听楼下的房东和他的老婆吵架。❶ 而叶灵凤是这样结束他的小说的:"写于听得见电车声的书房",以此表明他的亭子间很近电车道。所以后来连毛主席也准确地指出了上海的"亭子间"作家太骄矜了,不适合延安的新革命环境。❷ 而"亭子间作家"这个称呼慢慢就成了上海作家的代名词。

这样,个人的生活方式就开始成为文学倾向的象征。尤其是在左翼作家中,"亭子间"又是"象牙塔",他们这些艺术上的波西米亚人,仍然可以把赤贫的生存化为浪漫的想象。但外在的社会政治现实也迫使他们走出自我营造的"象牙塔",组织起来为社会服务或投入到更激进的事业中去。这个从波希米亚式的生存到政治上激进主义的过程,在著名电影《风云儿女》(田汉编剧,1935年)中表现得十分出色。其主题曲后来还成了中华人民共和国国歌。即使是政治上并不激进的作家,他们的私人空间"亭子间"和上海的公共空间之间的距离也够大了。而正是这个差距使他们要利用上海的某些公共空间和西方的物质文化。他们避开大饭店里昂贵的餐厅和卡巴莱,把流亡俄人开的相对便宜的咖啡馆当成他们的聚集地。像舞厅一样,放第一轮好莱坞影片的电影院也是一个流行的场所。但即使是上海的跑马场和回力球馆他们也时而会去光顾,刘呐

---

❶ 章清《亭子间:一群文化人和他们的事业》,上海:上海人民出版社,1991年,页5。

❷ 章清《亭子间:一群文化人和他们的事业》,上海:上海人民出版社,1991年,页3。

鸥、穆时英和黑婴曾用这些场合来表现他们心目中最独立不羁的文学女性。

应该说,这个征用过程并不是物质上的占有,但它扩展了他们生活的想象边界。他们不光觉得他们有权像上海的外国居民一样享用这个城市的空间,而且他们想象性的占据使他们与一个更广阔的世界连接起来。就像漫步在法租界马斯南路或皋乃依街上的曾朴,他已经想象性地过渡到了法国文化的世界中去了。另外的像张若谷这样的作家,在上海的咖啡馆里也有相似的经验。施蛰存和徐迟在谈话里都跟我说,他们在上海最难忘的经历就是在洋人区的几家西文书店里倘佯,淘旧书买新书。在叶灵凤的回忆录里(见第四章),他提到有一次就是在那样的一家书店里,他透过橱窗瞥到一本巴黎莎士比亚书店出版的乔伊斯的《尤利西斯》,他的脑子一下就发热了,尔后他以不可思议的七毛钱买了值十美元的书。❶ 很显然,通商口岸的租界使叶灵凤这样的作家能分享这些商品,而且能在想象中分享世界文学。就是通过这些想象,他们感到自己是和这个城市和这个世界连着的。

当然,作家和艺术家既不属于上层买办,也不属于广大的城市贫民。他们不像买办阶层,几乎所有的中国作家和洋人在生活上都很少有私人接触。但他们看上去大多像买办阶层一样西化,但只在文学偏好上比在生活方式上西化而已,尽管前面已提到,他们有的人喜欢去咖啡店或成为好莱坞影片的影迷。他们买西文的书报看,并从中节选翻译。在他们的作品中,看得出来他们一直和他们最钟爱的西方作家作想象的对话;甚而他们写作时,诚如我在以后的章节里要谈的,也投入到某种文本置

---

❶ 叶灵凤《读书随笔》,北京:三联书店,1988年,卷一,页115。

换中,因为西方文本很醒目地在他们的作品中成为背景。

伊萨克在他的论述中没有提到这些文化关系的想象性层面,但我认为这种文化关系事实上超越了东西方在现实生活中的明显不平等。❶ 所以如果要讨论作家与城市之间的创作关系,我觉得我们应该用一种截然不同的诠释模式。

城市和都市漫游者

本雅明(Walter Benjamin)未完成但无与伦比的著作《波德莱尔:发达资本主义时代的抒情诗人》,后来成了很多学者灵感的来源。本雅明的天才在于他准确地为作家在城市中定了位,并赋予了他们一个寓言的空间。"在波德莱尔那里,巴黎第一次成为抒情诗的主题。那些诗不是地方民谣;这位寓言家以异化者的目光注视着巴黎。这是一个都市漫游者的注视。"❷ 这个漫游者是个都市漫游者,他沿着巴黎的街道和拱廊,以一种无尽止又明显矛盾的关系和人群发生联系。

---

❶ 多数西方人很少描写中国作家或中国居民日常生活的详细细节,因为他们的社交活动大多是在公共空间比如餐馆里。也许有一两次,一个西方人也会去中国作家的居所,像伊萨克访问过鲁迅,但这些插曲很容易被遗忘。伊萨克声称"那次来来往往的人很多,我没记住什么也许也是可以理解的"(页115)。项美丽是唯一仔细描写过她的中国朋友居所的外国人,但项美丽事实上是邵洵美的情人(见本书第七章)。当然,同样我们也可以说中国作家一样不了解上海外国人的生活细节,他们的描写也只局限于公共空间的见闻。

❷ 瓦特·本雅明(Walter Benjamin)《波德莱尔:发达资本主义时代的抒情诗人》(*Charles Baudelaire: A Lyric Poet in the Era of High Capitalism*),tran. by Harry Zorn,1983,p.170。

(都市漫游者)站在大城市的边缘,犹如站在资产阶级队伍的边缘。但是两者都还没有淹没他。他在两者之中都并不觉得自在。他在人群中寻找自己的避难所……人群是一层帷幕,在这帷幕的后面,熟悉的城市如同幽灵向漫游者招手。在梦幻中,城市有时是风景,有时是居屋。两者都走进百货商店的建筑物中。百货商店也利用漫游者来销售货物。百货商店也是漫游者最后的目的地。❶

这个新的、不断商品化的都市,"一个布满大街、咖啡馆、汽车、妓院、游乐场的世界,还有最重要的是来自人群的安慰,以及都市漫游者"成了自波德莱尔以来的法国先锋派的描述对象;而且它也为"现代主义的黎明"准备了最基本的条件。❷

就是因为我心里存有本雅明的文本,我才第一次试图从一个文学角度来"重构"上海。但是,当我试图以本雅明的思路来梳理上海,试图跨越上海(她经常被称为"东方巴黎")和巴黎之间的文化边界时,我马上就遇到了不少问题。上海和巴黎这两个都市的时空距离都很大,巴黎并没有中国租界,所以波德莱尔的巴黎还没有二十世纪三十年代的上海那么国际化,它的建筑更统一,也更有帝国之风,它本身就是法属殖民区所仿效的城市。❸ 相对而言,上海的中西杂烩、里弄和商店互连的景观则显

---

❶ 瓦特·本雅明(Walter Benjamin)《波德莱尔:发达资本主义时代的抒情诗人》(*Charles Baudelaire: A Lyric Poet in the Era of High Capitalism*),tran. by Harry Zorn,1983,p.170。

❷ 罗斯·金(Ross King)《解放空间:地理、建筑和城市设计》(*Emancipating Space: Geography, Architecture, and Urban Design*),New York: Guilford,1996,p.38。

❸ 保罗·拉宾那(Paul Rabinow)《法国摩登:社会环境的规范和形式》(*French Modern: Norms and Forms of the Social Environment*),麻省剑桥:哈佛大学出版社,1989。

得更"通俗"。它和巴黎不同,其旧城的小街、小店、饭店和茶馆世界与高度现代化的公共租界,内中有高楼大厦、百货公司和影院,以及林阴遮道、西式建筑的法租界全然迥异,差别很大。巴黎较上海的历史更悠久,在波德莱尔的时代已经达到资本主义的高峰,以至于法国作家和艺术家开始对于这个都市的中产阶级逐渐庸俗不堪的情况持批判态度。相比之下,上海是在二十世纪初才发展成一个国际大都会,其物质景观令作家着迷,和巴黎漫游者一样,还来不及培养一种批判的距离感。但波德莱尔的巴黎依然是一个驾马车的城市,而另一方面,三十年代的上海早已是一个现代都会,虽然还需要被进一步现代化,但已是一个有电车、巴士、汽车和人力车的都市。在二十世纪早期,上海城里还有马车,就像前文曾提到过的,马车载着名妓从老城区驶向外滩的景象是上海滩上著名的习俗。到三十年代,马车迅速消失了。叶灵凤有一篇小说,写一个男主人公看到一个衣着优雅的女子从马车上下来去看电影,他非常吃惊,后来才意识到那女子是鬼。❶

在本雅明看来,城市中最有意思的空间是拱廊和百货公司,因为它们标志着都市漫游者和都市之间矛盾的关系。本雅明关于巴黎拱廊的著名论述现在已尽人皆知。❷ 拱廊是十九世纪巴黎豪华工业的一项新发明,"顶端用玻璃镶嵌,地面铺着大理石","灯光从上面照射下来,两侧是最高雅豪华的商店,因此这样的拱廊可以说就是一个小型的城市,甚至是一个小世界"。按本雅明的说法,"都市漫游者就是在这样的世界里得其所哉,那是闲荡的人、抽烟的人喜欢逗留的地方,是各种各样小人物

---

❶ 叶灵凤《落雁》,《灵凤小说集》,上海:现代书局,1931 年,页 32—33。
❷ 苏珊・摩斯(Susan Buck-Morss)《看的辩证法:本雅明和拱廊设计》,Cambridge, Mass.: MIT Press, 1991。

可以驻足的地方"❶。但上海没有拱廊，传统的娱乐场所像大世界自然不能替代，因为它主要是迎合外地游客和上海小市民的。当然，四大百货公司提供了玻璃橱窗供人浏览，而且在电影和小说里它们也成了背景，像施蛰存的《梅雨之夕》，但和巴黎的"两边是豪华商店的拱廊"还是颇不相同。前面提到，百货公司兼具了娱乐场所的功能，它们配备了表演台和餐厅，成为上海中产阶级的理想活动场所，但却不一定是中国都市漫游者会觉得自在的地方。

看一下上海的特殊城市布局，我们如何以波德莱尔的描述来定义中国的城市漫游者呢？"这些漫游者、花花公子、城市闲人，超然地、疏离地注视着他们身边的世界。"❷从波德莱尔的漫游者形象看来，他们与城市的关系是既投入又游离的：他们不能没有城市，因为他们迷恋城市的商品世界；而同时，他们又被这个不适合他们居住的城市边缘化。因此他们与人群是有距离的，而正是在他们疏离的注视下，城市被寓言化了。他的漫游一方面是他的姿态，一方面也是抗议。本雅明说："他那逍遥放浪的个性是他对把人分成各种专业的劳动分工的抗议。这也是他对勤劳苦干的抗议。一八四〇年前后，带着乌龟散步是颇时髦的。漫游者喜欢让乌龟给自己定步子。"❸由此可见，都市漫游者本身就包含了一个悖论：一个现代艺术家所要反抗的环境就是提供他生存的地方。换言之，他们给波德莱尔《现代生活画师》中的著名形象加了注释。❹

这一种对现代性的悖论式反应，并不一定能被上海的那些"摩登"作

---

❶ 本雅明《波德莱尔：发达资本主义时代的抒情诗人》，页 36—37。
❷ 罗斯·金(Ross King)《解放空间：地理、建筑和城市设计》，页 38。
❸ 本雅明《波德莱尔：发达资本主义时代的抒情诗人》，页 54。
❹ 布鲁斯·曼斯利奇(Bruce Mazlich)《漫游者：从旁观者到象征》，见凯斯·苔斯特(Keith Tester)编《漫游者》(*The Flâneur*)，1994，p.49。

家认同，因为他们似乎很沉醉于都市的声光电影而不能做出超然的反思。如果要找一个疏离点的作家，一个对现代性多少有点距离的人，也许我们就得在半传统的礼拜六鸳蝴派作家群中找。如果是这样的话，那传统"漫游者"的生活方式就起源于一个相对"前现代"的地方：他对时光之旅的理解就不会从拥挤的大街和拱廊出发，而会在一连串的"内室"中穿行：饭馆、茶馆、鸦片馆，特别是老城区和福州路上的妓院，福州路两边是书店和纷纷争取男客的妓院。他们所居住所想象的城市环境与老城区里那个更传统更熟悉的上海相比，异化得并没有那么厉害。

本雅明没有提到和男性漫游者相对的那些堕落得更厉害的女性，她们在街头漫游，等为妓女。事实上，十九世纪巴黎街头的景观和二十世纪的上海十分相似，那些街头女郎被人称为"野鸡"。❶ 这种现象在某种程度上，也成了对男性漫游者的一种讽刺性提醒，因为他们有漫游的自由和资格。事实上，塞尔多（Michel de Certeau）对这种"漫游"传统作了进一步的分析，他把它视为一种在现代都市空间里的特殊活动方式，"居于和占有城市空间的一个社会过程"❷。在塞尔多有些抽象的言辞中，漫步方式有几个显著功能："在行人而言，这是一个占有地形的过程；一次在该地的空间活动；而且在走动中，因实际的感受，它暗示了各种不同步伐间的关系。"❸可以说，上海的作家和居民做了上述的一切，但并没有提炼出漫步的艺术。他们只是在日常活动中，穿过城市空间。

当然，在传统和现代的小说和诗歌中，我们并不缺少"散步"主题。

---

❶ 韦科曼（Wakeman）说"野鸡"就是"街头女郎，她们穿着俗艳的衣服，被人认为就像野鸡一样东走西去"，《掌管上海》，页112。

❷ 罗伯·舒尔茨（Rob Shields）《想象漫步：本雅明的漫游者笔记》，《掌管上海》，页65。

❸ 米歇尔·德·塞尔多（Michel de Certeau）《日常活动》（*The Practice of Everyday Life*），Steven Randall 译，伯克利：加州大学出版社，1988，pp.97-98。

不过这种文学漫步经常是在一个田园背景里出现的。现代作家郁达夫很受卢梭的《一个孤独的散步者的遐想》的影响,而且把他自己好几部作品的主人公都套上了孤独旅人的面纱。❶ 但他的这个文学"自我",尽管相当敏感而忧愁,却不是"游手好闲者"意象的都市漫游者。另外的上海作家,尤其是亲法派的那些,他们有意识地养成了一个坐咖啡馆的习惯,但那只是为了朋友相聚和聊天,而不是独坐看人群。如果他们散步,那也是为着去饭馆、书店和电影院。一个看上去无目的的漫步只会在公共公园的一次浪漫相会中发生。如前所述,公园那时已对中国人开放。在这些情境下,漫步一般都不是一个人,他们也大都不属于孤傲的"都市漫游者"。也许只有在法租界的马斯南路这样的地方,我们才会发现一个像曾朴这样的漫游者,其实他的确住在那儿,"回忆浸透美学情调的法国生活方式"❷。有意思的是,即使是这样一个热烈的亲法作家,也从没见他提起过波德莱尔或都市漫游者。

不过,中国当时的流行出版物倒是对西式漫步的工具——手杖,作了讽刺性的歪曲。就像那些漫步街头的女子被认为是卖淫一样,那些持手杖的中国人经常被视为是"假洋鬼子",这个名词因鲁迅的小说《阿Q正传》而闻名。相比漫游者的影响,这个形象也许与Johnny Walker广告的关系更大。Johnny Walker是个西方"绅士"形象,被戏称为"尖头鳗",这是特指他着一双很时髦的尖头皮鞋。这个形象非常适合上海的买办阶级,而不是作家;不过作家中倒也有人像西方人一样穿西装系领带,再

---

❶ 可参见拙著《中国现代作家中浪漫的一代》(*The Romantic Generation of Modern Chinese Writers*),麻省剑桥:哈佛大学出版社,1973, pp. 280-281。也可参见拙文《中国现代文学中的孤独旅人》。

❷ 弗鲁豪夫《中国现当代文学中的城市异国风》,页144。

穿上一双时髦的白皮鞋。对西方服饰的注重使我们又想到一种漫游者的前身——衣着浮纨的花花公子。在第七章，我会讨论邵洵美和叶灵凤：前者被认为是"二十年代后期上海滩上毋庸置疑的最古怪的城市浮纨公子"；❶而后者则试图在他的小说中创造最颓废的浮纨子弟。在欧洲文学中，浮纨公子（dandy）源于于斯曼（Huysmans）的小说《反常》（*A Rebours*，1884）中的主人公，他是一个贵族，反对资产阶级的现代生活方式，所以行为古怪，穿着奇特。当时的上海作家自然知道西方文学中的这些形象，但并不有意识地要仿效他们。即使是花花公子邵洵美也总是选择穿传统的长袍而不是炫目的披肩。反而，他们对浮纨子弟与艺术颓废的关系很感兴趣，他们在作品中表现这种东西，以此来增加异域色彩和某种色情。在施蛰存的"哥特"小说里（见第五章），就像他跟我说的，他创作灵感的一个来源是法国的浮纨派作家奥雷维里（J.-A. Barbey d'Aurevilly，1808—1889）。因此对中国作家来说，花花公子和漫游者的魅力在于他们代表了"西方异域情调"的现代形象和风格。❷ 也因此，他们更像是神话中的人物，而不是现实生活中的。

这些所谓的西方"神话般的理想类型"是如何化为中国的文化语境的？一个很明显的途径是通过上海的文学天地。张英进在他最近的专著《中国现代文学和电影中的城市》中提出，我们可以在一些小说和诗歌

---

❶ 弗鲁豪夫《中国现当代文学中的城市异国风》，页148。
❷ 近来西方学者也指出，"即使在本雅明对漫游者的详细论述中，也很少提到一个活着的人可以被当作传奇或可以被视为游手好闲者的鼻祖"。漫游者因此应该被视为"神话般的理想类型，他们更多地存在于话语中，而不是日常生活中"。见罗伯·舒尔茨（Rob Shields）《想象漫步》（*Fancy Footwork*），页65。

的创作中追溯到漫游者形象。❶ 张英进看上去给徐訏小说《风萧萧》中的这个漫游者形象添了一点异域风味,他强调漫游者窥淫似的注视,他所扮演的花花公子和侦探的角色。但徐訏的主人公到底和这个城市有多大的关系呢?其实我们只看到他在街道上"漫无目的地闲逛",并不觉得他与城市的人群有什么美学的、悖论的或古怪的关系,除了在日本将军举行的舞会和豪华的聚会上。不同于漫游者对城市的那种暧昧的注视,徐訏所塑造的这个角色是很罗曼蒂克的。这个词有两层含义,一是指故事里的主人公很罗曼蒂克,二指这个故事属于"罗曼史"范型。他身上的消极、自恋和极度的敏感都标记着一个过往的时代,他来自我所说的"五四"小说中的维特式主人公。❷ 他们自然与"新感觉派"小说中的人物形象有很大的距离。

在张英进的另一篇很有洞见的文章里,他引用了新感觉派作家黑婴的一篇小说《当春天来时》,其中的男主人公以漫步在上海街头来"了解上海",他还能"选择一些城市意象和偶像进行美学欣赏,以此获得观察都市的新视角"。❸ 但是,和本雅明的漫游者不同,他在城市的人群中并不孤独,相反,他喜欢被人认识,喜欢在一个叫 Suzie 的更像是妓女的都

---

❶ 张英进特别指出流行小说《风萧萧》(1946)中的男性叙述者,这个城市男人是日占期上海的一个玩侦探的人,他与三个女人有瓜葛,这种角色恰好是波德莱尔式的理想类型,正如他在一篇有名的文章《现代生活画师》(1863)中所写的。但在我看来,小说的主人公是一个有自我风格的知识分子,他更多地带着纳西索斯式的自恋而缺乏文化意蕴或文化敏感。小说发展到一半,他突然变成了一个反日间谍,这是一个多少有点荒唐的角色,与波德莱尔和后期本雅明所热爱的爱伦·坡小说中的城市侦探毫无干系。页226—228。

❷ 李欧梵《中国现代作家中浪漫的一代》,页 280—283。

❸ 张英进《都会构造:三十年代上海的现代派印迹》,《现代中国文学》,1995 年春季号,页 19。

市女孩陪同下,浏览城市的各个景点。❶ 很显然,黑婴所叙述的主人公,就像他所摹仿的刘呐鸥和穆时英小说中的人物一样,对城市都太迷恋,太沉迷于它所提供的销魂时刻,而不能获得一种暧昧的、讽刺的超然态度。

正如本雅明所提醒我们的,"寓言是波德莱尔的天才,忧郁是他天才的营养源泉。在波德莱尔那里,巴黎第一次成了抒情诗的题材"❷。对中国作家来说,在一个完全不同的城市文化语境里,能不能完成一次美学反思?上海是如何被"寓言化"的?虽然我不认为戴望舒的诗歌完成了这个任务,但还是有其他的住在那儿的作家所写的文本,它们在不同的程度上成了这个城市的寓言。也就是在这个意义上,漫游者的概念和形象可能与研究城市文学的想象问题相关。在本雅明论述波德莱尔时,他说"寓言家的注视"把城市变成了"抒情诗的对象"。这是一次美学行动,它把一个城市所能提供的声、像和商品囤集起来,然后将之转换成艺术。因此,都市漫游者只能是一个现代艺术家,他不能离开城市生活,而他所寻求的,正如摩斯(Susan Buck-Morss)提醒我们的,一定是现代性本身。❸ 在把都市漫游者引入中国文学之前,我们应该先研究一下"中国的现代性问题"。在我看来,这是一个最为复杂的、在许多方面尚不健全的、自二十世纪初就"动工"了的知识和文化工程。

在下一章里,我将集中论述体现在都市出版业上的中国现代性工程的几个方面。

---

❶ 张英进《都会构造:三十年代上海的现代派印迹》,《现代中国文学》,1995年春季号,页19—20。
❷ 本雅明《波德莱尔:发达资本主义时代的抒情诗人》,页170。
❸ 本雅明《波德莱尔:发达资本主义时代的抒情诗人》,页304。

第二章　印刷文化与现代性建构

上一章我把一九三〇年前后的上海文化地图重绘出来,作为我的论述基础。我对中国现代性的描述,正是基于这样的一个都会背景展开的。虽然学术界近年来对西方现代性问题做了透彻的研究和批评,中国的现代性问题还是有待细察。本章尝试从出版文化的角度探讨这个问题。

现代性问题

中国的现代性,我在别处谈过,是和一种新的时间和历史的直线演进意识紧密相关的。这种意识本身来自中国人对社会达尔文进化概念的接受,而进化论则是世纪之交时,承严复和梁启超的翻译在中国流行起来的。在这个新的时间表里,"今"和"古"成了对立的价值标准,新的重点落在"今"上。"今"被视为"一个至关重要的时刻,它将和过去断裂,并接续一个辉煌的未来"。❶ 这种新的时间体认方式,自然是从西方现

---

❶ 李欧梵《现代性的追求:反思中国现代文学和思想中的新意识方式》,见柯文(Paul A. Cohen)和梅尔·古德曼(Merle Goldman)编《跨文化观念:献给本雅明·史华慈》(Ideas across Cultures: Essays in Honor of Benjamin Schwartz),剑桥哈佛东亚专号,1990,页110—111。

代性的后启蒙话语中"习得"的,而这个被知识分子包装起来的后启蒙传统,正日益受到后现代理论家的激烈批判,批判他们建立在人类理性和进步信仰上的专断的而且"自说自话"的倾向。我们还可以进一步说,正是这同样的后启蒙遗产激励着殖民帝国(尤其是英国)的扩张部署,而其中的一个政治副产品就是现代民族国家的产生。不过,一旦这种遗产被移植到中国,它便为中国语义学添加了一个新维度。事实上,"新"这个字成了一连串新组合词的关键合成部分。人们借此界定生活中方方面面的质变。从晚清"维新运动"中像"新政"这样的制度命名到"新学",到梁启超著名的"新民"观和"五四"口号"新文化""新文学"等。二十年代有两个名词广为流行,它们是"时代"和"新时代",出自日文音"*jidai*"。这种生活在一个新时代的感觉,正如"五四"领袖陈独秀所大力宣扬的,界定了现代性的精神风貌。到二十世纪初,另一个日文术语"文明"❶(日文音 *bunmei*)被引入中国,并开始和"东方""西方"这样的词语结合成为"五四"最常见的词汇,用以表达二分的、对立的"东""西"文明之范畴。其暗地里假定了"西方文明"标志着不断的进步。而这进步之为可能,是因了史华慈(Benjamin Schwartz)所谓的"浮士德-普罗米修斯"的血统引导着西方国家去不断赢取财富和权力。❷

史华慈对严复的研究是开拓性的,但其研究并没有涵盖这些新的价值和思想观在中国大众出版业中的迅速扩散情况。在商务印书馆的《申

---

❶ 关于该词,见刘禾《跨语际实践:文学、民族文化和翻译的现代性——中国,1900—1937》的附录D"回归的书写形式外来词"(*Translingual Practice: National Culture, and Translated Modernity—China, 1900-1937*),帕洛阿尔托:斯坦福大学出版社,1996,页308。

❷ 史华慈《寻求富强》(*In Search of Wealth and Power*),麻省剑桥:哈佛大学出版社,1964,页238—239。

报》和《东方杂志》上,这些新词成了绝大多数文章的特色。因此到二十年代,在精神和物质的所有层面上,人们就普遍地把"现代性"等同于"西方文明"了。虽然《东方杂志》等杂志的评论员,也担忧西方文明会因为第一次世界大战而破产。他们或保守或温和,但几乎所有持激进信念的知识分子都依然是"现代性"的坚定信徒。上海则无疑是创制这种具现代性观念的"文化产品"的中心,一个集中了中国最大多数报纸和出版社的城市。事实上,这些报社、出版社都聚集在福州路一带一块不大的地方(见本书第四章)。另外,值得注意的是,最早采用西历的是《申报》,该报由西人创办,一八七二年开始在头版并列标注农历和西历。到一八九九年,自梁启超声言他的旅美日记采用西历时,"时间意识"才真正发生转换。梁启超以他一贯的精英立场作了上述的宣布;他还说自己已经从一个"乡人"变成了一个"世界人",而他用西历是为了跟上统一时间度量的普遍潮流。❶ 像是巧合一般,梁启超宣布他离开横滨赴夏威夷的日期定于一八九九年十二月十九日,恰在新世纪的前夕!到二十年代,商业月份牌已经成了上海烟业公司和都会日常生活装备的流行的广告媒介(见本章最后一篇"月份牌")。

中国的民族性正是在这样一个"合时"的背景下被"想象"的。本尼狄克·安德森(Benedict Anderson)那本广被征引的著作令我们相信,一个"民族"在成为一个政治现实前,首先是一个"被想象的社区"。这个新"社区"本身即基于"同时"这个概念,并"借时间上的巧合来标记,由钟表和日历来度量"。❷ 按安德森的说法,代表这个"想象性社区"的技术媒

---

❶ 梁启超《汗漫录》,见《清议报》,35,1899,页2275—2278。
❷ 本尼狄克·安德森(Benedict Anderson)《想象的社区》(*Imagined Communities: Reflections on the Origin and Spread of Nationalism*),纽约:左页出版社,1983,1991,页30。

介,就是出版文化的两种形式——报纸和小说。它们首先是在十八和十九世纪的欧洲兴盛起来。❶ 不过,安德森没有非常深入地描述这两种形式被用于民族想象的复杂过程,虽然他引用了两篇菲律宾小说。另一位理论家哈贝马斯(Jürgen Habermas)同样指出,对英法"公共领域"的形成卓有贡献的期刊和沙龙的紧密联系。❷ 但是,安德森和哈贝马斯都没能够全面地联结这两个现象:民族性和公共领域。

在我看来,民族性和公共领域恰好构成了世纪之交中国知识分子的问题。其时,知识分子试着界定一个新的读者群时,都企图想象一个民族或国家新"村",但是那还不是一个民族国家。❸ 他们试图描画中国新景观的轮廓,并将之传达给他们的读者,即当时涌现的大量的报刊读者,以及新学校里的学生。但这样的一个景观也止于"景观",只是一种想象性的、常基于视像的、对一个中国"新世界"的呼唤,而非强有力的知识分子话语或政治体系。换言之,这种景观想象先于民族构建和制度化而行。在中国,带着种种含糊性的现代性,还是成了这种景观的主导风貌。即使没有韦伯式(Weberian)的对"合理化"(rationalization)和"解魅"(disenchantment)的关心,"工具理性"的实际运作还是不可避免地会出现。在中国,作为"想象性社区"的民族之所以成为可能,不光是因为像

---

❶ 本尼狄克·安德森(Benedict Anderson)《想象的社区》(*Imagined Communities: Reflections on the Origin and Spread of Nationalism*),纽约:左页出版社,1983,1991,页30。
❷ 哈贝马斯(Jürgen Habermas)《公共领域的结构转型》(*The Structural Transformation of the Public Sphere*),麻省剑桥:麻省理工学院出版社,1989,页40—41,50—51。
❸ 但这和哈贝马斯的"公共领域"不同,因为中国和18世纪欧洲的前提不一样。因此我不认为中国有公共领域或公民社会。不过,读者"群"还是开创了"公共空间"这个概念,以及"都市空间"——它可能会在都市社会的框架里构筑一个"半公共领域"。但即使如此,哈贝马斯见诸18世纪法国沙龙和英国酒吧、杂志上的典型表征并不见诸中国。

梁启超这样的精英知识分子倡言了新概念和新价值,更重要的还在于大众出版业的影响。值得一提的是,像商务印书馆和中华书局这样的大出版公司的兴起,比一九一二年共和民族国家的建立为时要早。就此而言,我们或许可以为霍米·巴巴(Homi K. Bhabha)关于民族主义的术语"dissemination"作另一层解释:dissemi-nation❶(流散—民族)。这样,加上一点字面意思,减少一点反讽性,它就表示了有关新民族的知识首先需要得到传播。

本章将详细论证,这些商业出版的投资都是以引进"新知"的名义展开的。《东方杂志》和《小说月报》期刊中的文本,成为典范的现代性"文本"资源。在某种意义上,它们堪比罗伯特·达恩顿(Robert Darnton)所描述的十八世纪法国的"启蒙业务",其时"哲学"观念借着出版和销售网络而得以传播,成为流行。❷ 然而,以推广新文化和教育的名义在中国发行的书籍相当廉价,它们不过是新式学校里学生的辅助读物,或是那些失学者的读本。简单地说,从一开始,中国的现代性就是被视为一种文化的"启蒙"事业,而"启蒙"一词来自于传统教育中小童从他的老师那儿习得的第一课。因此,这个术语在现代性的民族大计中,披上了新知"启智"的新含义。

在本章,我不可能对"启蒙工业"作全面整体的检讨。我将集中讨论商务印书馆的教科书生产,聚焦于商务的最主要期刊《东方杂志》的广

---

❶ 霍米·巴巴(Homi K. Bhabha)《传播:时间,叙述和现代民族的边界》(*Dissemination: Time, Narrative, and Margins of the Modern Nation*),见霍米·巴巴编《民族和叙述》,伦敦:鹿特爵出版社,1990。

❷ 罗伯特·达恩顿(Robert Darnton)《启蒙事业:百科全书的出版史》(*The Business of Enlightenment: A Publishing History of the Encyclopedie*),麻省剑桥:哈佛大学出版社,1968。

告,以期在现代出版文化这个鲜为人涉足的领域投上新的光照。❶ 在展开我的论述前,有必要简单介绍一下这份杂志。

《东方杂志》:一份中层刊物

《东方杂志》是一份在商务支持下面向都市读者的"中层"刊物,创办于一九〇四年,月刊,后改为半月刊,一直发行到一九四八年,单期销量曾高达一万五千册。❷ 从它的目录,可看到它不拘一格的品质,包括新闻报道、政论、文化批评以及翻译和专论。这份杂志"万花筒"般的内容,你可以说它缺乏鲜明的特色,但这正是它的主旨和吸引力。第十六卷第七期(一九一九年)上的一篇重头文章很清楚地阐明了这个流行杂志的功能。在高层次上,该文为杂志订下了以下三个目的:研究学理、启发思想和矫正习俗,矫正习俗是它真实的功能。在世俗层面上,它就像是杂货店:货色多样碎杂,鲜有昂贵罕见的,却又都是日常必需。该文也为杂志界的将来制订了三个其他目标:当知世界大势;当适应现在时事;而最重要的是,当以切于人生实用为主。❸ 在跟上"世界大势"这个方向上,《东方杂志》对欧战相当关注,刊登了不少照片、大事记、文章和翻译。编辑杜亚泉的文章,以及另外几位作者,都对欧战表示了明显的幻灭感,并

---

❶ 在西方学术界,对《东方杂志》和商务印书馆都有专门的学术研究。因此我不再介绍它们的背景。关于商务的综合研究,见让-彼埃尔·德赫格(Jean-Pierre Drege)的《上海的商务印书馆,1897—1949》(*La Commercial Press de Shanghai, 1897-1949*),巴黎:最高中国研究院,法国学院,1978。参见极有价值的纪念集《商务印书馆 90 年》,北京:商务印书馆,1987。

❷ 马学新等编《上海文化源流辞典》,上海社会科学院出版社,1992,页 199。

❸ 景藏《今后杂志界之职务》,见《东方杂志》,16 卷 7 期,1919 年 7 月,页 3—5。

因此提醒切忌过度西化。但与此同时,该杂志依然有大量篇幅来探讨战后欧洲的政治、知识分子和文化思潮,并较注重地探讨了民族主义和社会主义,一九一九年后尤其关注社会主义。该杂志的编辑和主要作者,意识到西方知识的持续冲击,摸索出一个温和的立场,以寻求西方现代性和他们认为依然有用的中国传统之间的调和。

在一九一五到一九二〇年间,该杂志有多卷篇幅涉及了科学和技术这些主题。大量的文章描述了欧战中的新武器,尤其是潜水艇和可驾驶的氢气球,这些原是晚清小说以来对水底和空中机械的幻想。该杂志也刊登了相当学术性的文章,有谈进化论,谈弗洛伊德的析梦理论是一种科学形式,谈塑造和改变人类生活的各种机械发明——电报、电车、电话和汽车,还包括打字机、留声机和电影。这些文章有些是从英、美和日本的大众杂志和教科书上转译的,暗含了他们仍然迷恋晚清话语中声、光、化、电的四大现代技术范畴。这种话语后来又活现于茅盾的《子夜》里。不过同时,杂志里的有些文章也显得忧心忡忡:如果说现代文明的胜利是不可避免的,那他们认为中国人不管如何,都需要慎思谨行。在一篇题为"机器与人生"的文章里,恰切地警告了新机器发明之迅速发展的危险,指出那并不能等同于文明的进步。该文是意译自英国杂志《当代评论》上亚瑟·庞桑比(Arthur Ponsonby)的一篇文章。❶ 因此在该杂志表面的妥协而温和的态度下,对西方现代性所带来的文明,如果不是说焦虑感的话,已隐藏着某种暧昧和矛盾感。而具反讽意味的是,这种西方文明主要还是来自同一本杂志的成功引介。

尽管《东方杂志》是商务出版的期刊中的"头号舰艇",它还是得跟商

---

❶ 碌碌《机器与人生》,见《东方杂志》,16卷10期,1916年10月,页47—54。

务麾下的另外八家刊物争夺读者。有一个广告是这样排列商务九大杂志的:《东方杂志》《教育杂志》《学生杂志》《少年杂志》《妇女杂志》《英文杂志》《英语周刊》《小说月报》和《农学杂志》。最特别的是《小说月报》,它的声名在绝大部分的后"五四"论述中并不光彩,因为它一直被视为是老派鸳蝴小说的大本营。直到一九二〇年茅盾接编,于一夜间将它变成了一份新文学期刊。不过,把"五四"的观点强加于商务麾下的这几份杂志显然颇不合理。只需读一下广告,也会发现它们的一个共同目标和章程。简单地说,它们在向读者提供于日常生活有实用价值的知识。这九份杂志的出版也代表了对这些实用知识的新的分类方法:《东方杂志》的涵盖面是最综合性的,据它的广告说,从政治、文学、科学、商业、新闻,到百科治学;而其他杂志显然都各有其特殊的读者要迎合:教师、新学校体制里的大学和中学生、年轻人、妇女、农学院的学生,最有意思的是那些在学校体制外的"自学"读者。《小说月报》作为商务唯一的文学期刊,本意是面向这些"自学者"的。在另一个关于《小说月报》的整页篇幅的广告中,不光提到了该杂志不断上升的销售量(每期六千册),新增彩页,林纾的译著(林纾是中国最多产的翻译家,他把一百多部西方小说用文言文译了出来),也提到了内容的选编"足以解颐家庭新智尤切日用为居家者所必读",这个居家者从各个方面而言都应该指的是都市主妇。❶ 所以说,"鸳蝴小说"这种流行文类功效卓越不足为奇!不过,娱乐也没有脱离其目的的严肃性:"新知"或"新知识"和"常识"这些词在这些广告上满眼皆是。

即便是那两份英文杂志也带上了实用目的,它们在里面提供"如何

---

❶ 《东方杂志》,8卷1期,1911年3月,页38。

做"课程,包括作文、语法、翻译和书信课程以及"简单"的文学读物。它们也和韦氏字典相配合,❶和商务赞助的学校以及宾夕法尼亚的一家美国公司相合作。在一个广告中,Berlitz方法备受揄扬。

和商务杂志所持目的相协调,妇女问题也被视为一个教育任务。《妇女杂志》被设计为女学的帮手。这段转型时期的妇女教育史相当重要,值得长篇专论,而不该由我这么简略地加以论述。不过,值得注意的是,该杂志的广告和文章显然强调了一种现代特质。有一个广告是关于一九一六年出版的《妇女杂志》的"巨大改进",上面醒目地提到了它的主编无锡朱胡彬夏女士。这位现代女性曾在东京的一所女子学校受教育,然后前往美国读了七年书,获威尔斯利(Wellesley)的学士学位,并在康奈尔大学做过研究。❷ 她的美国学位证书说明用黑体印刷出来,成了一种资产。这种留学学位,也被像胡适那样的"五四"领袖充分利用过。这份杂志的广告标志着文化资本的转换:晚清改良运动的主要推动人多是不识洋文的学者和官员,他们得依靠译文,而那些译文绝大多数转译自日文;但新一代的精英知识分子则多半受过西方教育,有些人还是在海外为《东方杂志》撰稿的,而他们留学过的国家和大学名,总是醒目地和他们的名字连在一起。其实这种做法,有些中文杂志时至今日还如此。

《东方杂志》有一系列的文章是谈西方大学的,尤其是美国大学;它

---

❶ 显然英汉字典需求量很大,而商务不得不竭尽所能在市场上击败其他的出版社。绝大多数的字典都系英、日字典的拼凑之作。而为了出版《英汉韦氏大学字典》,商务不得不因原出版商的起诉而赔了相当一笔钱。见谢菊曾《十里洋场的侧影》,广州:花城出版社,1983,页50。

❷ 事实上朱女士只是名义上的主编,执行主编是王蕴章,男士,商务的一个馆员,他在名义上向她咨询,也以她的名义发表一些文章。见谢菊曾《十里洋场的侧影》,广州:花城出版社,1983,页38。

也从其他报刊转载有关中国大学的记述,包括北大的课程。但商务教育事业的主要目标和市场,就其广告手法而言,还是小学和中学教育。《东方杂志》,从其创办的一九〇四年到约一九四八年后停刊,几乎每期都充塞了各类教科书的广告,清楚反映了针对国家教育政策和法规的积极的出版活动。我们可以断言,商务在教育体系的现代化过程中扮演了主要角色:自一九〇五年取消科举后,这成了一项填补民族需要的巨大工程。

启蒙事业:教科书

商务不是出版教科书的第一家印书馆;文明和广智这两家规模略小的公司在一九〇三年前后就出版过一套由四个无锡教师写的教科书。❶ 他们把那套书称为"蒙学读本",也即在传统观念里的"懵懂"的小儿需要由儒家经书来为他们发蒙,这种"蒙学"也就接续上了"启蒙"的观念,亦即"启发蒙昧"。到一九〇三年,商务开始教科书事业后,便大刀阔斧先后创办了一家新的印刷厂,雇用了三名日本顾问,并任命了一个由高凤谦领导,由蒋维乔计划的编委,编辑杜亚泉负责编订科学教科书。❷

自此,商务和主要竞争对手中华书局一起,开始左右了教科书市场。商务也为新建的共和国做了热情的广告:在《东方杂志》黑体刊登了一九一一年的武昌起义大事记,并附有详情记述,另外还出版了十三册照片和图片,并发行了三百多张明信片。在一九一二年,商务在新推出的那

---

❶ 见《教科书之发刊概况》,见张静庐编《中国近代出版史料初编》,中华书局,1957,页220。
❷ 见《教科书之发刊概况》,见张静庐编《中国近代出版史料初编》,中华书局,1957,页228。和日本的关系被证明是一种祸福夹杂的事;商务后来废止了日本顾问。这也许就是日本在1932年1月28日空袭时,要轰炸并捣毁商务的印刷厂和其他几幢大楼的原因,尽管没有见诸文字记载。

套教科书上相应地题写了"共和国教科书"。《东方杂志》上的广告是由下述的庄严宣告开场的:

> 民国成立政体共和教育方针随以变动……教育部第七条通令先将小学用各种教科书分别修订凡共和国民应具之知识与夫此次革命之原委皆详细叙入以养成完全共和国民。❶

"国民"因此也就正式地进入了新的教科书。商务还特发了一本《共和国民读本》,显然是对原来《立宪国民读本》的改造,该书的立宪指的是一九一〇至一九一一年的晚清宪治时期。"修身",这是从前儒教的一个术语,它也成了崭新的小学教科书的一个主题。新的教科书不仅包括主要教程像国文、笔算、历史、地理和英语,也推广到一系列其他科目:珠算、唱歌、体育、书法、缝纫、科学、农学、商学和低年级手工。在历史科目下,有中国史、东亚史、西洋史;地理科有本国地理、外国地理和自然人文地理。此外,还有植物、生物、采矿、生理、物理、化学、算术、几何、三角、代数、通用体育、军事训练和其他等等。❷ 这个目录令人印象深刻,它旨在普及一套同样让人留有印象的课程。

我在这里不是要讨论教科书或是课程内容,而是想探讨一个出版公司如何通过集体努力,成功地实现了其自定的"启蒙"任务,而他们的努力也促进了共和政府的民族建构。无疑,为新国民教育制订教科书是政府的优先议程,诚如教育部早在一九一二年就颁布的一套通用教育临时纲领。原先的"学堂"名被改为"学校",低年级允许男女混合教育;背诵经书以及清朝的一些法规都被废止。❸ 还特别设立了两个部门来编纂

---

❶ 该宣告与关于照片和明信片的广告见《东方杂志》,8卷11期,1911年11月。
❷ 《中国近代出版史料初编》,页243—244。
❸ 《中国教育大系》,卷2,页2221—2222。

和审查教科书。虽然此类工作在清朝就已开始了,但新的大纲对教科书,以及考试和审定的程序做了一些特殊说明。❶ 商务根据新政府政策,在他们的教科书广告上套印着教育部审定章,以及教育部对某些课文的评价。所引用的评价多是从实用特质出发:比如,"取材精到,分类清楚;可资小学高年级自然科学使用"。但偶尔也会有稍带意识形态的词句:"用词清晰简洁,包含活泼趣味,尤适国民的知识和道德修养。"(指的是《简明国文教科书》)所有这些努力都朝着一个共同目标,即教育的任务是把国民培训成好公民。

如何来正确地培训新国民呢?教育部颁布的法令也几经修改。一九一二年的条令似乎是聚焦于实用教育,小学课程必须包括手工、体育和珠算等。而一九一四年的条令折射着当时的总统、保守军阀袁世凯的权势,则重新确立了经文课以尊孔言,并特颁命令要求教育课程必须"重本国特殊国民性"❷。到一九一九年,文学革命后的两年,教育部正式颁布了在小学一二年级的教科书中使用"语体文"和"新式标点符号"的命令。❸

我们现在不太可能确证出版公司是否严格执行了政策上的这些变动。作为当时最大出版社的商务可能发展出了自己的教育观,它虽然不和政府法令相抵触,但可能已超越了指定课程。商务的广告给我们的印象是,教科书不仅是为了供给学校课程,也是为课程外活动提供的。有些书显然是针对校外的都会文化范畴的。对于"外界"的需求,商务似乎尤为关注儿童和青少年,为他们出版了大量的寓言、翻译小说、图画书、卡通、彩色明信片、地图、简单的小学生"如何做"算术、游戏和玩具书。

---

❶ 《中国近代出版史料初编》,页 242—243。
❷ 《中国近代出版史料初编》,页 246。
❸ 《中国近代出版史料初编》,页 221。

这些显然反映了商务的商业举措,以此抓住都市市场的新成员——孩子和他们的母亲。而同时,教程外的出版物也早就超越了学校体系的局限,进入了因为谋生而失学的都市成人世界中。在我看来,正是在都市社会的这个公众范围里,商务的"启蒙"任务扮演了主角,在政府政策的意识形态局限外,提供了一幅现代性景观。

启蒙事业:文库

但如何来提供使社会的每一个成员都能获得的基本知识呢?除了学校教科书,商务还推出了两套著名的文库:"东方文库"(1923—1924)和"万有文库"(1929—1934)。"东方文库"收有《东方杂志》上的一些主要文章,以及杂志未刊载过的其他论文和翻译,共计一百二十多册,小册子开本。这文库显然旨在巩固新知。文库的作者赫赫有名,包括学院和非学院的知识分子,这一长串名单代表了不同的背景和立场。书的主题和标题多系翻译,让人印象深刻,涵盖了极其广阔的视角。我在这里就主题粗略地分类如下:文学(十九个标题)、哲学(十七)、科学(十三)、社会(九)、经济(七)、政治(六)、异国(六)、外交(六)、历史(五)、地理(五)、艺术(五)、妇女(五)、文化(四)、心理(三)、法律(三)、学术(三)、教育(三)、军事(二)、移民(二)、新闻、语言、天文、宗教和医学(各一册)。❶ 这种排次只会给我们一个大体印象,看不出书的特殊内容。但我们可看到,这套文库对文学和哲学的重视,然后是自然和社科。相当一部分标题是有关外交和异域异闻的(十二)。文学标题中,有六册是外国小说集:英

---

❶ 在此谨向我的学生陈建华致谢,他帮我做了上述统计,并提供了其他的研究协助。

美、法国、俄国、欧洲、日本和印度（泰戈尔作品集）。更有意思的是那些主题各异的其他标题。稍举一例，比如杜亚泉写的小册子名曰"处世哲学"，其实是源出叔本华的日译本。这本书和其他书一齐收在一个盒子里（第三十二—五十册），其余论著包括新闻、东西方文化批评、中国社会和文化、伦理、心理、当代哲学（主要是论杜威的）、柏格森和奥伊铿、克鲁泡特金、甘地主义、战争哲学、卢梭的两本散文集和一本论科学原理的册子。

即使如此，"东方文库"较之她的姐妹文库"万有文库"，又相形见绌。商务策划"万有"的野心更大，想把它至少办成一个现代图书馆。这显然是主编王云五着手编辑"万有"两大文库的指导思想，每一系列都至少包括一千册书。这样，任何一个新建的图书馆都能以最经济、最系统的方式，轻易地建立起其基本收藏；且"现代印刷节约开支可达最经济"，而基于王先生自己的"四角系统建立的新的索引体系可以做到最系统"。❶这可能是共和国时期在界定和传播知识上最具野心的努力了。

从王云五的谈丛书计划之缘起的自序中，可以看出他的基本设计是传统"丛书"的套路，但他自觉有必要在"国学基本丛书"里加入相当数量的新书丛。这些新书丛包括"百科小丛书""新时代史地丛书"，以及单独的农、工、商丛书和师范学校教育、数学、医学、体育等丛书，这些都是旨在成为"学科帮手"的。❷ 当王云五开始编第二辑时，他更进一步扩大了西文翻译和"国学"的书丛，但在学科丛书上，他另外加进了两辑"科学小丛书"和"现代问题丛书"；王云五承认后者的编纂是一项更复杂的工程，

---

❶ 王云五《万有文库第一二辑印行缘起》，见《中国现代出版史料初编》，页290—291。德赫格（Drege）讨论过王云五的重组努力（页89—94），在其附录部分，有一个商务发行的期刊、丛书和字典目录（页185—198），但没有教科书目录。

❷ 王云五《万有文库第一二辑印行缘起》，见《中国现代出版史料初编》，页290—291。

因为"国内外在这方面的出版都鲜有先例"。❶

　　浏览一下这两辑的丛书目录,我们可看到:第一辑的编委以王云五为主编,下有十二个编委。在序言的结尾,王云五也感谢了"朋友"的帮助,他们全都是鼎鼎大名的知识分子,像蔡元培、胡适、李石岑、吴稚晖、杨杏佛等。他们制订了四个基本目的作为他们的编辑方针:(甲)以人生必要的学识,灌输于一般读书界;(乙)所收书籍,以必要者为准;(丙)全书系统分明,各科完备,有互相发明之效,无彼此重复之嫌;(丁)以最廉之价将各科必备之书,供给于图书馆或私人藏书者。凡中等以下学校,或中等学生、小学教师等购此文库全部,即成立一规模初备之图书馆。❷ 为方便购书,他们巧妙地设计了一张邮购订单(可分期付款)附在一本书目简介的小册子后。很显然,这种浩大的工程是远远盖过教科书计划的,因为它的野心是要把"人生必要的学识"灌输给出版市场所创造的读者群。

　　这个浩大工程的运作方式堪比法国百科全书派和他们的传播者。❸ 但它们在"分类"的体系和内容上却有关键的不同。让我们先把四百册的"国学"(第一辑一百册,第二辑三百册)放置一边,来看一下题为"世界名著"的二百五十册译著(第一辑一百册,第二辑一百五十册)和二百册的"自然科学",以及五十册的"现代问题"。这共五百册书也许可称为"西学"。即使只瞥上一眼,这些目录也是令人难忘的。下面所列的是甄选的一些书目,包括其中的一些著名西方作者和书名。第一辑的译著分了十五类,如下所列:

---

❶　王云五《万有文库第一二辑印行缘起》,见《中国现代出版史料初编》,页293—294。
❷　《万有文库编译凡例》,见《万有文库第一辑一千种目录》,页2。
❸　注意到这种相似性的是李石岑,当时的一个著名知识分子。据说他钦佩两个历史人物:纪晓岚——清代《四库全书》的编者,和狄德罗——法国的百科全书派哲学家。见钱化佛和郑逸梅《三十年来之上海》,上海书店,1984,系1946年重印本,页46—47。

1.哲学——笛卡儿《方法论》、斯宾诺莎《伦理学》、休谟、康德《纯粹理性之批判》、叔本华、威廉·詹姆斯、克鲁泡特金、尼采《查拉图斯特拉如是说》、奥伊铿、柏格森、杜威、威斯特卫《科学方法》。

2.心理——威廉·詹姆斯《心理学简编》、弗洛伊德《心理分析引论》、华特生《行为主义观的心理学》、考夫卡《儿童心理学新论》。

3.社会学——斯宾塞、克鲁泡特金、杜肯海姆。

4.政治科学——柏拉图《理想国》、亚里士多德《政治论》、霍布斯《利维坦》、本塞姆《道德和立法原则引论》、弥尔《群己权界论》、贝爵豪特《物理与政理》、詹克斯《社会通诠》、哈洛德·拉斯金《政治典范》。

5.经济——亚当·斯密《原富》、利斯特、普鲁东、马克思《价值、价格和利润》、英格尔曼、霍布森《近代资本主义进化论》、韦伯《英国工会运动史》、金鲍尔《工业组织原则》、波雷《统计学原理》。

6.法律——葛若皮尔斯、孟德斯鸠、缅因、第可、朗布罗索、丢圭。

7.教育——卢梭《爱弥尔》、赫巴特、斯宾塞、杜威《民本主义与教育》。

8.自然科学——牛顿、拉马克、法拉第、达尔文、赫胥黎、巴斯梯尔、卢梭、爱因斯坦。

9.英美文学——莎士比亚《天仇记》(即今《哈姆雷特》)、弥尔顿《失乐园》、笛福《鲁滨孙漂流记》、斯威夫特《海外轩渠录》(即今《格里弗游记》)、弗兰克林《自传》、格德史密斯《维克斐牧师》、瓦尔特·司各特《撒克森劫后英雄略》、狄更斯《大卫·科波菲尔》、华盛顿·欧文《阿拉姆巴故事集》,多数系林纾翻译;萧伯纳。

10. 法国文学——卢梭《忏悔录》、莫里哀《悭吝人》、雨果《可怜的人》(即《悲惨世界》)、大仲马《侠隐记》、小仲马《巴黎茶花女逸事》(多数系林纾翻译)、莫泊桑《遗产》。

11. 德国文学——哥德《哀格蒙特》、席勒《瓦轮斯丹》、霍普特曼《火焰》。

12. 俄国文学——戈尔高《巡按》(即《钦差大臣》)、屠格涅夫《父与子》、奥斯特洛夫斯基《贫非罪》、托尔斯泰《现身说法》。

13. 他国文学——荷马《奥德赛》、西塞罗《西塞罗文录》、《天方夜谭》、但丁《神曲》、塞万提斯《魔侠传》(即今《堂吉诃德》)、易卜生《易卜生集》、比尧森《破产者》、梅特林克《蓝鸟》、泰戈尔《新月》,以及周作人翻译的《匈奴奇士录》。

14. 历史——罗宾森《新史学》、韦尔斯《世界史纲》。

15. 地理——亨廷顿和库逊《人生地理学原理》、波门《世界新形势》。

在第二辑中,西文译著的标题分以下几类:

文化和文化史

哲学(培根、莱布尼兹、孔德、尼采)

心理学,逻辑(亚里士多德的《逻辑学》)

伦理学

社会学(杜肯海姆、摩根、马尔塞斯)

统计学

政治学(卢梭的《社约论》、莫尔的《乌托邦》)

国际与外交

经济和财政

法律

军事

教育

工业

家庭和婚姻

科学概论

算学

生物科学

物理

应用科学(比第一辑的分类更专门)

文学概论

民族文学——总集(包括日本、印度、美国、英国、德国、法国、意大利、西班牙、俄国、波兰、丹麦、匈牙利、挪威、瑞典、罗马尼亚),民族文学——个人集(卡莱里、萨克雷、夏洛蒂·勃朗特、巴瑞、晋可沃特、哈代、高尔斯华绥、霍桑、欧·亨利、弗兰克·威顿开德、弗瑞泰戈、史笃姆、左拉、罗曼·罗兰、巴尔扎克、奥古塔夫·密拉别、保尔·杰拉第、法朗士、安德瑞福、陀思妥耶夫斯基、高尔基、但丁、厄吕派兹、索福克勒斯、阿史克勒斯、奈特·汉姆森、塞克威兹克、易班尼兹、帕拉马斯),地理游记,传记(关于拿破仑、俾斯麦、冯·亨德堡和托尔斯泰的,弥尔的《自传》,爱迪生、安德鲁·卡尼奇的《自传》)

史表

欧美历史

亚洲历史

我们还可以在上述书目中再加上第二辑中的二百本"自然科学",它们由下列十类组成:科学概论、天文学、物理学、化学、生物学、地质学、植物学、动物学、人类学、著名科学家传记等。几乎所有这些书都是译作,周建人(鲁迅的小弟)和张资平(另以流行小说作家闻名)翻译最多,而它们本身在整个文库中已占了很大的比例。此外,我们也得加上第一辑中"小百科"丛书中的七十本"自然科学"和三十本"应用科学"方面的书籍。因此这两辑中,光和科学相关,不计工业、统计学和心理学这些方面的标题就有三百三十六个,和"国学"丛书差不多。如果在此之上再加上译著中的有关标题,那天平无疑会倾向于"科学"方面的丛书。也许大部分的科学著作都和现代生活的实用性相关。可资比较的是,有关"纯"科学的标题都明显是属于教科书范畴的。这是不足为奇的,因为这套文库的本质和目标都是务实的。

其实和本书最密切相关的是第二辑"现代问题"类里的五十本。但什么可以被界定为"现代问题"呢?什么是本身即有"问题"的?从第二辑的目录里,我们发现它们可以分成两类:中国的二十四个问题和外国的二十六个问题。光是这串书单就已经说明了民族主义这种说法,是在"流行"想象中被建构被分类的。因为商务的背景,我们不会期望这种说法带有太激进的革命性。但中国方面的问题倒都是清楚地直指最近构建起来的民族国家:宪法、地方自治政府、农村重建、土地、水利、交通、财政、税收、国际贸易、棉、丝、茶叶、义务教育、成人教育、妇女、劳工、领事裁判权、收复东北、开发西北、蒙古、西藏、中日关系、中苏关系和海外华人。这些问题显示了人们首先考虑的是社会和经济的发展,而领土和外交事务似乎也颇受关注。后者清楚地体现在后半部分和"世界"相关的各种书名上:和日本、苏联、美国、印度及菲律宾的关系都是问题的焦点。

但是最受瞩目的还是国际事务,其中问题的核心是民族联盟的改革、国际裁判权、民族自决,以及军事武器、粮食、燃料、失业、移民、货币法规、优生、麻醉药的销售和"合理化"。

总之,这些书共同构成了一个政治语境,反映了两次世界大战之间的国际形势,以及新共和国作为一个新民族所要面对的领土主权和国家发展。

在同时期(1929—1934),共产党活动从城市转入了乡村,如果把这些问题和中国共产党的革命计划相比较,显然,"五十个现代问题"里找不到某些基本的革命"前提":城市无产阶级问题、工人罢工、社会主义理论和革命文学,还有最重要的农民和他们的革命潜力问题。这种区别揭示的不仅是政治方向的不同,因为王云五的编委是由温和派和保守派组成的,也反映了城市和乡村"想象"的鸿沟。换言之,整套文库既是基于城市,也是为城市读者而设计的。它之所以值得我们关注,正是因为它提供了一个中国现代性想象的主要知识基础。至少可以说,这些书单详尽地解释了共和国初期的新知识的各种组成。

以商务为焦点的论述,我希望已表达了另一层意思:一种商业事务是如何从基于教科书生产的教育事业,演进到了基于杂志和文库的文化事业。它们一起构成了某种现代的时空轨道线:引介新知识无疑是受让中国跟上世界这种欲望的激励,而同时,它们也通过为国家和"国民"提供知识资源而支持了民族建构。不过,"国民"的定义在这里依然是含糊的,折射着梁启超早期所宣扬的民族主义,这是一桩未竟的知识分子事业,试图通过革新人民的头脑和精神使他们成为"新民"。从梁启超到陈独秀和鲁迅的这些精英知识分子可能还追随某种儒家先例,他们强调的依然是如何来培养民众的知识和精神"内核";而不那么精英的知识分子可能就没有这么强烈的道德冲动。他们更感兴趣的是传播,普及知识给"新民"(受他们的教科书和报纸"哺育"的人民),借此在都市社会滋养一种新时代的"气氛"。

我在本书探讨都市现代性基于这样的一种假设:不同于对传统知识分子史所作精英化处理,其仅仅探讨个别思想家的基本观点,我以为文化史家的任务是要探索我们所说的"文化想象"。因为"文化想象"本身可以被界定为集体感性之轮廓和文化产品之意味,我们也就必须同时对这种阐释策略的双向目标做出深思,深入思考这种文化产品的社会和体制语境,以及构建和交流这种想象的形式。换言之,我们不能忽略"表面",意象和风格并不一定进入深层思维,但它们必然召唤出一种集体"想象"。在我看来,"现代性"既是概念也是想象,既是核心也是表面。我把这"概念"部分留给其他学者或我的另一本书去做,我在此打算大胆地通过"解读"报刊上的大量图片和广告,把我的笔墨都放到"表面"上。本此目的,我打算在另一份名为《良友》(1926—1945)杂志的材料基础上进行分析。《良友》是现代中国持续最久的一份大型画报。在我对画报进行分析前,我先简要地介绍一下这个文化产业的背景。尽管《良友》的规模比商务小得多,但它在中国的现代出版史上和在"营造"中国现代性中却扮演着同样重要的角色。

作为"良友"的一份画报

良友图书印刷公司一九二五年创办于上海,明显步了商务后尘。创办人伍联德是个事业商人,他曾为商务工作,所以后来能为他自己的杂志招揽不少著名文人像赵家璧、郑伯奇、马国亮和周瘦鹃当他的编辑。

这是《良友》1934年1月(第84期)的封面。穿着西式时装的女郎像是一个歌女,其背景画面是未来派风格的,"1934"和一只巨大的钟,明显地意味现代性。英文文案意为:中国最风行、最有魅力的杂志。

借着《良友》画报，良友公司迅速开拓了一个画报市场，并创办了其他一些流行杂志。他们也学商务出版丛书和文库，其中最著名的是"良友文学丛书""良友文库"和"中国新文学大系"，最后一套确乎成了中国现代文学学生的"良友"。❶ 在扩大公司的一则广告上，良友夸耀自己是"出版领域的新时代之创造"，因为他们是首家以摄影见长的出版公司。同时良友还赞助了六本杂志，除了《良友》画报，还有一本电影月刊《银星》，此系第一本电影刊物；一本献给现代女性的杂志《近代妇女》；一本关于艺术的周刊《艺术界》，由朱应鹏、张若谷、傅彦长和徐蔚南四位"颓废"美学家主编；一本世界体育季刊《体育世界》。这些杂志的标题，显示出了良友公司的主要商业方向：艺术和娱乐。可以说，杂志在满足都会需求上是不言而喻的，当然也很可能是，这种都会需求是被杂志创造出来的。

乍一看，《良友》画报以比《东方杂志》还大的大开本给读者留下了深刻印象。对一份画报而言，它包含了相当重的文字分量，但其引人之处显然还在于那些图片。在每期封面上，都是一幅温雅的现代女性肖像，下面署有她的芳名。这也许是晚清名妓小报所建立的传统的一种延续，其时的那些小报封面常刊有"名花"（她们大多和编辑有交情）照片。《良友》画报不登名妓，而是刊登那些相当有名的"新型"女性照。比如陆小曼，诗人徐志摩的情人及后来的妻子，就出现在一九二七年九月号的封面上。著名影星黄柳霜的照片出现在一九二七年六月号封面上。该照片是她送给伍联德的个人礼物，照片上有她的英文签名。展示公众人物的做法，同时给杂志带来一种现实感和一种魅力。另一方面，自一九二七年开始，杂志也开始刊登"梦幻"女性照片。比如，一九二八年六月号上

---

❶ 《上海文化源流辞典》，上海社会科学院出版社，1992，页379。有关《中国新文学大系》分析详见刘禾《跨语际实践》，北京：生活·读书·新知三联书店，2002，页214—238。

良友公司的图书广告。

的女性不仅脚蹬时髦的高跟鞋,也披着显然是当时时尚的毛皮大围巾,那围巾很醒目地展示在她的肩头。但她的衣服和脸部表情依然是"传统的",和她身后的中国传统画般的背景融为一体。但如果细看,我们会发现她并不是真的那么传统端庄:她的一个手臂半露着,倚在栏杆上,她的另一只手以稍带诱引的姿势放在她交叉的大腿上。她的服装样式也远比一般女性要奢华精致,她的毛皮围巾和耳环使她看上去,或说把她装扮得很富有。每期杂志封面都有中英文标题:中文标题印得很大,但不如英文标题 The Young Companion 设计得那么有艺术感。整个封面,包括文字和人物形象,其"副标题"或说其"副文本"都清楚暗示了:年轻、富有、魅人的女性被塑造成是读者的"良友"。因此这些设计、这些梦幻女性是要让读者进入杂志的文字,文字内容才向你提供真正的"知识伴侣"。

我不打算讨论这些封面女性是否仅是商品,旨在挑逗男性欲望。相反,我认为这份杂志的读者群中,妇女和年轻学生要比成年男性更多。作为读者大众的"良友",杂志不可能为着挑逗好色者,而是要维持一个好名声以确保其大销量。但《良友》的良好声誉不是通过知识刺激或学术深度达到的,而是借着一种朋友般的亲切姿态做到的。开首几期的编者志就显然给读者这个印象:该杂志是希望成为读者日常生活的亲密伙伴。在第三期(1926 年 4 月 15 日)上,编辑以"良友之神"的口吻在首页这样致读者:

早晨!

列位良友:

今早的清晨你们打开第一面,和我相见,我实在有点羞意,不知

《良友》第 27 期(1928 年 6 月)封面女郎。传统的发型,摩登的毛皮围巾,流行的高跟鞋,背景里的风光则是传统的。

怎么说,只叫声(早晨),并祝你们康健罢。我本来是一个蒙昧的青年。但你们的爱护,已和你们结交和亲善了两个月头了。更感谢你们不以我无知而见弃。我此后,立志做人,便要做一个靠得住的人,给你们交一个真诚的莫逆良友……

而第二期(1926年3月25日)的"编者按"则把"良友"的涵义推广到了那些潜在读者更日常的生活方式中去了:

作工作到劳倦之时,拿本《良友》来看了一躺,包你气力勃发,作工还要好。常在电影院里,音乐未奏、银幕未开之时,拿本《良友》看了一躺,比较四面顾盼还要好。坐在家里没事干,拿本《良友》看了一躺,比较拍麻雀还要好。卧在床上眼睛还没有倦,拿本《良友》看了一躺,比较眼睁睁卧在床上胡思乱想还要好。❶

光把这些视为是编者的技巧未免过于简单,因为在这些字词后面同时潜藏着一种有意识的倾向和一个文化语境。就像《东方杂志》和"万有文库"的编辑利用了人们对新知识的明显需求,《良友》画报的编辑敏感到大众在日常生活层面可能需求一种新的都会生活方式,于是对此做了探索。很自然,这种需求由画报来满足是最合适的。有必要比较一下这份杂志和它的晚清先驱《点石斋画报》,后者是此类传媒大众化的先声。在晚清的知识语境里,全部由传统画(没有照片)组成的《点石斋画报》在内容上要更"奇幻",但它也是以"描画"世界奇迹的方式达到传递新知识和启蒙目的。《良友》画报创办之际,知识上的任务已由商务完成。至少在

---

❶ 《良友》,第2期,1926年3月25日。

上海,现代性正如它的译音"摩登"所示,已成了风行的都会生活方式。因此《良友》画报开创了画报业的第二阶段,反映出"摩登"生活的都市口味,因此,三十年代早期起大量电影杂志得以变得更加魅力四射。因为有这些联系,我更为关注《良友》中的女性和儿童专栏,因我相信它们讲述了有关中国现代性的另一个故事。

女性和儿童

女性和儿童不仅为《良友》的封面平添魅力,她们也占据了杂志内容的中心位置。《良友》的前后几页全是照片,其他的照片或插图、漫画则和文字交织一处。我们可以想象当时一个读者拿到一本《良友》的阅读程序:先看封面,接着在读文章前把画页浏览一遍。这样就在心里轻易地将这些画面串在一起。封面女子显然是引领读者的:她的表情和穿着建立了最初的表面印象,这印象是和杂志里的其他图片相联的。可以想见,里面的很多照片和画面也是以女性为主的,有些可能还是封面女子以她的其他照片或图画,展示不同季节时尚的变奏。比如第四期(1926年5月15日)的封面是杨爱立小姐着春夏装的照片,但杂志里则是她的冬装照片:穿大衣围着大毛皮。而当读者打量着其他照片时,看到下面署了一行英文"supplied by A. L. Varges, International Newsreel Corp. of New York"(由纽约国际新闻图片社瓦格斯提供),就会注意到不同的服装风格。在同一期里,其中有一页是六幅穿不同衣服的女性照片,其中有些因为在封面上露过面已为大家熟悉。这样读者就被带入了不同季节的时尚"畅想",里面的梦幻女性有着各个不同的社交生活,室内着普通服装,去舞厅穿上披肩等等,而更多的"变奏"还可见诸把女性分成

《良友》第 4 期(1926 年 5 月)，封面女郎是杨爱立女士，值得注意的是相片边上的西式花纹图案。在《良友》(1926—1945)的历史中，有各种各样的封面设计风格。

杨爱立女士和另五位女士作为模特儿拍摄的冬季时装。上面二幅为便装,宽袄加长裤,短衣长裙/宽裤为上海妇女的时髦装束;中间二幅长旗袍为大家闺秀春冬所好;下面斗篷为上海妇女跳舞前后多穿之围衣。这些有名有姓的女士不是职业模特儿,可能是社交界女士。(《良友》第4期,1926年5月)

时装表演。时装模特儿大多数是电影明星:谈瑛女士,露露女士,朱丽女士,黄白英女士,胡蝶女士。图中可见,她们的时装较前面七年前图片中的时装更为现代。(《良友》第82期,1933年11月)

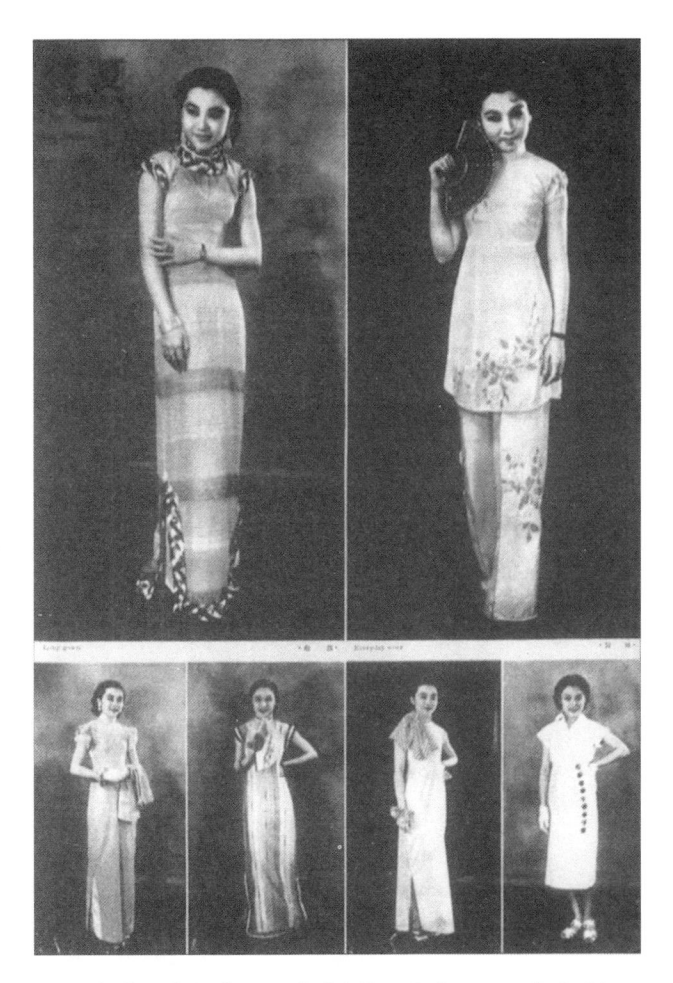

现代旗袍和便装。(《良友》第 107 期,1935 年 7 月)

西式日装和晚装。(《良友》第 107 期,1935 年 7 月)

不同社会类型的时候：一种源于传统中国文化的意识形态印记。比如，像"妙龄女郎""闺女""大家闺秀"和"艳装少妇"这些称呼都经常会题写于那些女性照片旁。

同时，我却认为时尚意识只在有关女性时髦的照片和图片中起很小的作用。当时还没有时装模特儿这种职业，相反，这是一种对穿着本身的意识，它提供了进入中上阶层都会女性生活的新感知领域的线索。我相信它描画出了一系列的家居和公共空间，而那些"穿着美丽的女性"类型就在这些空间里生活：从卧室到舞厅，从客厅到电影院到百货公司。因此也就不奇怪，穿着意识演进到一九三〇年就会带来室内装潢概念。在第50期(1930)上，我们就发现穿着美丽的女子坐在了"典型现代居室"的不同房间里(《申报》供照)：两张带现代家居的客厅照片；两张卧室，尤为强调墙纸的颜色和情调；一张儿童房，有床、椅子，墙上还有巨幅的动物画。

从这些照片看，女性的世界依然是在家和孩子在一起，虽然这个家已是一个现代空间。事实上，这种女性和她们孩子的家庭关系几乎是所有的广告中最为常见的图像了。乍一看，这些家居照片似乎是和早期的"五四"话语相矛盾的，因为"五四"鼓励的是被解放了的娜拉形象。娜拉是走出传统家庭去开创独立生活的独立女性。不过，我还是认为这并不一定说明了它是一个从前期的激进主义的保守后退。从《良友》画报我们可以看出，它是围绕女性的新角色进行"叙述"的，这些新型女性居于一个现代婚姻家庭里，而她们的家庭又总交织地演绎着都会资产阶级生活方式的方方面面。不过，诚如这些广告所示，女性的新角色依然是在家庭里，而她的家庭已被形形色色的现代便利和内部设计处理得面目一新。家庭内景至此已完全"公开化"，而其本身也成了一个公共议题。

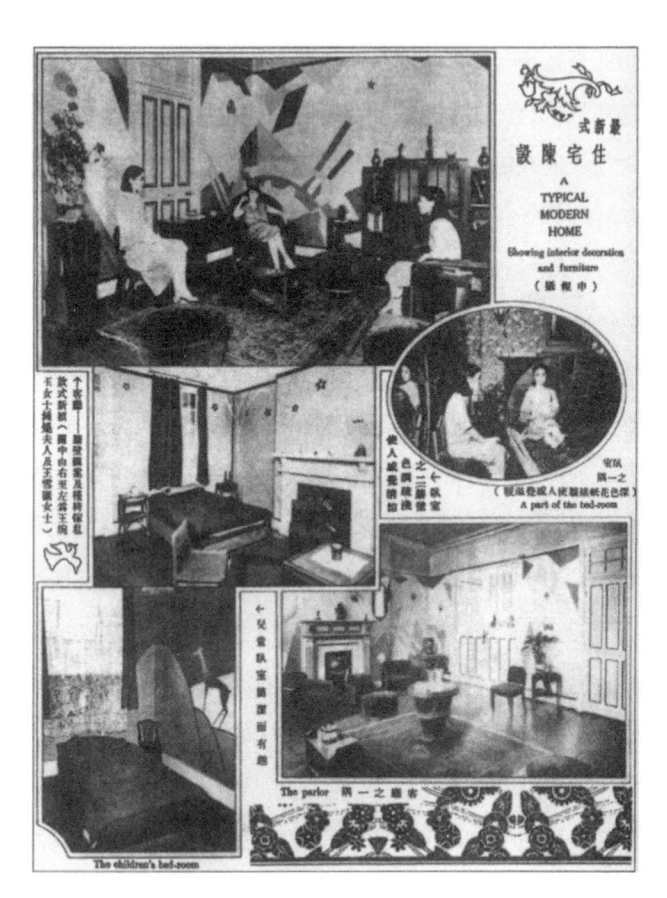

典型现代居室。图中可见西式的家具,客厅中的壁炉、沙发、地毯。(《良友》第50期,1930年9—10月)

如《良友》画报上无数的照片和文章所示,新家庭生活的公共话语开始大力关注身体健康和家庭卫生。有些药品广告在这方面尤有揭示性。❶ 黄克武对《申报》上的医药广告作了很有洞见的分析,他概括说,上海的社会生活问题表现在传染病和性病、吸鸦片和禁烟,以及妇女生活的某些重要转变上,比如解放缠足就是一大现象。我自己对《东方杂志》和《良友》画报上的广告的初步考察表明了还有其他问题值得研究。比如"韦廉士大医生红色补丸"的广告就常用一幅家庭插图来表现这种药物的良好作用。在我看到的几则有关该药物的广告中,每一则都画着一幅现代婚姻家庭的一夫一妻,有时出现一两个孩子,时或还有祖父或祖母。在我看来,这些广告讲述了一个想象性的现代夫妻故事。对他们而言,基于健康的幸福婚姻已是生活的要素。如果加上黄克武的分析一起来看,它们便共同投射出某种都市生活方式,其中那在外的丈夫似更可能传染外面的性病,但在家的妻子则是健康的。自然,如果他安分在家和妻子在一起,他是能保持健康的。相比那被暗示了"邪恶"的外界,家被描画成一个安全清洁的地方,诚如其中的一则广告所示:一女子正用高露洁牙膏刷牙,或者她就是在用高露洁洗衣粉轻巧地洗涤污垢。在另一则广告中,她把她的孩子放在美国宝华公司的宝华干牛奶罐头上,旁边另有文字描述乳母育婴的害处,以一种可以想见的方式把它说成是性病和其他传染病的传播者。❷ 即使是在无所不在的香烟广告上,也可看到家居享乐图:精心打扮过的妻子,她的穿着和前引的封面女郎风格一样,拿着一听白金龙香烟送到坐在沙发上的丈夫身边。而一旁的被框

---

❶ 黄克武《从〈申报〉医药广告看民初上海的医疗文化与社会生活》,见《"中央研究院"近代史研究所季刊》,第 17 期,1988 年 12 月,页 141—194。
❷ 《良友》,第 6 期,1926 年 7 月 15 日,页 18。

白金龙牌香烟广告。(《良友》第 1 期,1926 年 2 月)

起来的四行字则更是传达了某种古怪但明显带剥削意味的信息:"美人可爱/香烟亦可爱/香烟而为国货/则尤可爱。"

也许最有揭示性的是桂格麦片的一组广告,此组广告三个变奏讲述的是同一个故事。在第一个广告中,一个系着围裙的妻子把一碗桂格麦片端给坐着读报的丈夫,报上写着"理想早餐";第二个广告是,母亲正用桂格麦片喂她抱着的小宝宝;第三个上面没有直接的麦片显示,画上是一男一女两个年轻人,背着书包上学去。而这幅画面的潜在信息即是:"提供能量,哺育心灵。年轻人在学校里需消耗大量的能量,而他们的身心成长则消耗更多。就营养言,这是最理想的食品。"

从这三则广告里,我们可以很容易地拼凑出一个桂格麦片的故事:夫妻的健康生活造就了一个健康的家庭,健康的家庭使孩子身心强健。因此这种美国产品参与了一个民族的健康教育。另一则的宝华干牛奶广告上的两行字,则使这个粗略的教育故事带上了民族主义的色彩:"强国必先强民;强民必先强儿。"❶对儿童的重视更是见诸该期杂志上的大量裸体婴儿照片。在一九二六年下半年,《良友》画报和宝华干牛奶公司联合举办了一次婴儿健康大赛,共设四百元来奖励前三十名儿童!成百张的参赛照片陆续被刊登出来。这整个活动不过是美国选美的一个"健康"回声,对美国选美,《良友》画报也在第二十期上作了报道。选美赛被表达为:美人、美女和人体美。

人体美这称呼后来还成了一组展现越来越暴露的女性身体的照片主题。一九二六年的杂志主题是西方裸体雕塑和画像,以及穿浴衣的日本女子照片。相杂在一起的是当时中国艺术家的画作,比如第十五期上

---

❶ 《良友》,第 14 期,1926 年 12 月 15 日。

宝华干牛奶广告。图片中间写着四字"美国制造",旁边却写着:"强国必先强民,强民必先强儿。"(《良友》第 14 期,1927 年 4 月)

有万籁鸣的作品。在第三十期(1928)上有一组"裸体造型",旁有万籁鸣的一本画册的广告,该期还第一次刊登了一个中国模特的四张裸体照,虽然只见其背影。在第四十期(1929)上,张建文谈摄影的一篇文章里也有一张整页的裸女揽镜照,旁注赞叹了她身体的自然之美:"健康的身体是美的首要原则。"在第五十一期(1930)上,另一张正面的裸女像也占了一整页,下有英文标题 Under the shade of a willow tree(a photo by P. C. Chen)(《蒲柳之姿》,P. C. 陈摄),并列的中文标题再次赞叹了裸女"健而美的体格"。要在中国的现代文化语境里探讨女性身体的公开展示,无论是否艺术,都是需要长篇大论的。把它视为一种西方文化和美学的入侵会相对容易得多,这种侵入在中国人的头脑里印下了一个西方人体的漫长历史。马克·艾尔文(Mark Elvin)在他的长篇论文中提到,传统中国文化中的身体话语是非常复杂的。中文的"身"被艾尔文译为 body-person(身—人),因为它经常会和超身体的人、自身、生命或生命时间这些因素相联。❶ 自然,儒家和道家都对人体的生理性一面也颇为着迷,但在艾尔文看来,他们注重的首先是长寿:"传统中国人到晚年都是忧郁症患者,他们通常操心饮食、药物和健康。"❷ 这些都是为着长寿。我们也得注意到这些忧郁症患者几乎都是男性。艾尔文也提到了:

> "身—人"也是"心—意"的唯一重要的来源。(显然)它是身体之美的载体,不管男女。它的"面子",不管是全有或全无意义上的社会信用,还是上升或下降意义上的名誉。甚至其财富也如身体特

---

❶ 马克·艾尔文(Mark Elvin)《身和心的故事:身—人和心—意在中国的过去150年》,《地带:人类身体历史的片断》,第二部分,1989,页275。

❷ 马克·艾尔文(Mark Elvin)《身和心的故事:身—人和心—意在中国的过去150年》,《地带:人类身体历史的片断》,第二部分,1989,页277。

质般紧随其身,而且也影响着别人如何看他。富人子女可期待的陪嫁与遗产和他们的容貌与行为一样受人议论。女性身体有一个严格的市场价。当然这是就年轻女子而言的,比起社会上那些最不幸的人她们要好得多;在她们年少时被那些欢场的鸨母买走,然后再卖给那些富商当妾;而鸨母早已很机巧地暗示了富商将来颠倒的肉欲之欢。❶

上述结论和我的论述的相关性在于,最后的一种情形可能一直都留存于《良友》画报读者的文化记忆里。我曾提到,这份杂志致力于保持一种健康的可敬性和"良友"气氛,可能是源于他们意识到有无数的流行小报蝇刊定位于声色犬马。叶文心已论证了在晚清的此类名妓杂志上,就举办过选美比赛;每位"名花"都各有其文士名号。❷ 据叶文心的臆测,这种时尚在电影杂志取代这些杂志后就从出版界消失了。但实际上,名妓文化并没有从现代中国文学里退隐:只是她们的"公众形象"被更现代更令人尊敬的女性照片和画像代替了。因此不管是把女性身体置换成一件西式的艺术品,还是把她转换成健康的载体并标志着一种新话语的开始,这新话语正因为其源头是早期的名妓杂志而变得复杂,因为其时的女性身体确实是有一个市场价的。像《良友》画报这样的杂志因为塑造的完全是新女性,所以应该在女性身体上倾入了全新的涵义和伦理价值。这些画中或照片上的女性并不贫穷,或说至少她们不是来自贫穷家庭。而当她们出现在一个现代家庭的内景里时,她们体现的是完全不同

---

❶ 马克·艾尔文(Mark Elvin)《身和心的故事:身——人和心——意在中国的过去 150 年》,《地带:人类身体历史的片断》,第二部分,1989,页 295。

❷ 系出哈佛大学费正清中心的关于中国文化研究的讨论会,1995 年 3 月 9 日。

的一种生活方式。因此她们的身体是依附于一个新"人"的:按艾尔文的逻辑,她们的新居室是她们可以安身的地方,就像她们的"出身"和"身份"一样被有意赋予了一层资产阶级的财富和可敬性的"糖衣"。因此时髦的穿着风格成了文化中的现代因素,而中国文化其实向无这类传统,除了偶有某种形式,艾尔文说"看来主要是发型和化妆"。❶

从一个时髦女性画像到一个裸体女郎的转换,对于"过渡"时期的读者来说,自然会引发他们更深层的焦虑,因为裸女身体画像在传统中国文化中只有在春宫画里才会大量出现。春宫画的发明和现代报刊对它的采用另有一个摹仿的维度:裸体人像就像是真人。这种新的认识上的"震惊",在当时普通的读者那里引起各种各样的"误读",那几乎都是出于一种男性注视和欲望,因此也导致了对女性身体的物化和商品化。这是当下的女性主义和后殖民理论的一个常见视野。如果有些读者是女性,甚至多数都是女性,那又会怎样呢?如果杂志里的裸体女像和中外领袖、体育大事和好莱坞明星照片相杂一处,那又如何呢?这里的问题就不止是女性身体问题了。我认为这里的女性身体展示已成了和日常现代性相关的一种新的公众话语。

广而告之

现代性日常生活中的问题,在文化研究领域里已受到了相当的理论

---

❶ 马克·艾尔文《身和心的故事:身一人和心一意在中国的过去150年》,页268。

关注,首先,因为它直接诉诸现代性和后现代性的西方文化问题。❶ 前面提到,在二十世纪早期的中文语境里,这个主题因出版媒介的介入,而逐渐成了一种"被想象出来的现实"。里面所塑造的日常生活因此又现代又都会,不再是传统的、不变的了。如果审视一下这种新的日常生活方式的基本内容,我们就会发现它在很大程度是由物质文化"征候学"所营建且控驭的。这个物质世界的轮廓可以再次借着杂志中的广告而被描画出来。在前面我提到了桂格麦片、宝华干牛奶、高露洁牙膏和高露洁肥皂粉。这些产品早已功用性地填满了一个家庭的早晨运作:用牙膏刷牙,麦片和牛奶当早餐,昨日的衣服用肥皂粉洗涤。由此我们从广告所得,轻易地为一个现代家庭的日用和享受列出一张表:东方贸易有限公司出产的煮饭电炉;上海煤气有限公司的自来火炉,广告上表明了近来中国家庭已多以自来火炉取代煤炉,因这种自来火炉尤适中国家庭冬日之用,以达"全家卫生";照相机、摄影店、阿克发和柯达胶卷(一家杂志以用此摄影为荣)、电池(Even Ready 牌)、留声机和录音机(Pathé 和 RCA 牌)、钢笔,尽管还没电话。第七期上的永安百货香港分店的广告是一个简洁的镶拼画面:康克令钢笔,一个着西服的男士在使用它;各种棉纱布匹;天鹅牌丝袜线袜;啤酒(Pilsner Art Export),以及一份《良友》画报。对一个现代家庭的内内外外日常享用来说,这些东西可说是齐全了。

到三十年代早期,《良友》画报上已营建了关于都会现代性的一整套"想象"。有越来越多的照片来展现这个都会的各种迷人之处。一九三

---

❶ 亨利·里夫布(Henri Lefebvre)《现代世界的日常生活》(*Everyday Life in the Modern World*),莎查·拉宾诺维奇(Sacha Rabinovitch)译,伦敦:执行出版社,1990。但里夫布的诠释方式对本书所处理的中国材料来说太当代也太西化。

四年第八十七期上有两页的上海照片,以英文标题名 *Outline of Shanghai*(上海轮廓),而其中文标题则更明显:"这就是上海:声、光和电。"另有照片呈现上海著名的百货大楼、饭店、舞厅、影院以及著名影星和女性。一九三四年第八十五期上还登载了一个照片镶拼图,上有中英文标题:*Intoxicated Shanghai* 和"都会的刺激",图上有爵士乐队,一幢新的二十二层摩天大楼、赛马和赛狗场景、电影海报,还有两幅并列的场景是表现一队裸足女郎运动式的姿势和卡巴莱舞姿。❶ 居中的是一个年轻中国女子,穿着时髦的开衩很高的旗袍,坐姿诱人。因恐这些照片会被认为太具挑逗性,《良友》画报很有自我批评意识地在后来的一期中刊登了另一组照片,取名"人行道上的上海"以表现这个都市的另外几面:旧书刊摊子,价格平和的为文盲读写书信的职业代笔,四个在街上呆看女子像的男人,报摊,一捆低廉的钢笔,两个男人和一个男孩在读一本旧的连环画,而乞丐把一封信打开放在地上给路人看。❷ 这些照片组合在一起产生了一种很有意思的自我指涉:这份杂志所赖以存身的城市先是被赞赏一番,然后又被批评一顿,似乎要借此表明,包藏在这些照片里的想象性的现代性不过是以一种巧妙的排印拼凑出来的梦幻;但同时,这些照片的摹仿意图似乎又暗示了这个梦幻也是取材于现实的。不管《良友》画报多么煞费苦心地来呈现上海的另一面,需要指出的是,正是这种现代梦幻开始作用于读者的流行想象。而有必要讲述《良友》画报的故事也正是在于它有意识地为现代性作广告,借此帮助了上海都会文化的

---

❶ 《良友》,第 85 期,1934,页 14—15。
❷ 《良友》,第 103 期,1935,页 34—35。我要感谢我的学生艾兹拉·布劳克(Ezra Block)向我提供这些照片,他在哈佛的学年论文(1996 年 6 月)也是做的《良友》画报:《模拟现代性:30 年代的〈良友〉画报》(*Modeling Modernity: The Liangyou huabao in the 1930s*)。

刺激的上海。这是由《良友》(第85期,1934年2月)画报图片拼合而成的,标题为《都会的刺激》:穿着旗袍的姑娘由爵士乐队、二十二层楼高的摩天大楼、跑马场和看台以及《金刚》电影海报围绕着。

刺激的上海。《良友》第85期，1934年2月。歌舞团表演：冶荡的歌声，冶荡的舞姿。图中的评论文字说："这，便是都会刺激所引出的恶果、资本主义的文明。在这些刺激里面有多少叹息，多少惨叫与哀号！如其说中国有个巴黎第二，我们不知该庆幸还是悲痛……"

构建。由此它不仅标志了现代中国报刊史上意义深远的一章,也在呈现中国现代性本身的进程上迈出了历史性的一步。

月份牌

在一系列的有关现代性的商业广告中,我最后要讨论的一种,而且或许是最重要的一种,是为日常运作提供重要计时方式的商业月份牌。

商业月份牌最初是从西方资本主义引入的一种广告噱头,主要是英美烟草、药物、化妆品、织物和石油公司。早在一九一〇年代,英美烟草公司就率先引进了胶版印刷机,成立了他们自己的广告部,并创办了一所纯粹培养商业艺术家的美术学校。但其优势立即受到了本土企业家的挑战,尤其是中法药房和大世界游乐场创办人黄楚九。黄楚九以独到的眼光发现了杭州画家郑曼陀的艺术天才,便提拔了郑曼陀。❶ 由此郑曼陀和他的弟子所绘的月份牌成了人们竞相追逐的东西,而从此一种融合传统中国画技法和现代设计,有时以艺饰风作框架及用品的新的商业美术传统就这样确立了。在二三十年代,月份牌广告画达到了其鼎盛期。

商业月份牌的基本组成是一样的:长方形的类似传统中国画的框架,最底下是日历;月份牌的最上面印着广告产品的生产商:主要是香烟和药物。在某种程度上,月份牌是我在本章所讨论过的一些主要因素的完美总和:不光是广告上所见的现代性之外表,还有和画中女性相关的附属意义。事实上,《良友》画报的封面女子和月份牌女郎在时尚、姿势、脸部和背景特征上都惊人地相似。它们也揭示了其绘画技法,虽然显然

---

❶　张燕风《老月份牌广告画》,台北:汉声杂志,上卷,1994,页65。

和传统毛笔画及民间艺术比如年画有关,但已染上了某些创新色彩。这种新时尚因郑曼陀、他的朋友和弟子而得以流行起来。郑曼陀的一种特殊技法是在人物的面部先擦上一点"炭精粉",然后敷染水彩,以此达到柔和的墨韵。这种"时装仕女图"成了最具代表性的"月份牌"广告画,而敏感的观众和收藏者甚而会感到"曼陀画里的人,眼睛会跟人走"。❶

且让我试图来解读我自己拥有的一张月份牌上的这样一个"女子"。❷ 这张月份牌属于相对传统的那种类型,做的是哈德门香烟的广告。其绘画技法是一九三〇年的特殊"擦笔淡彩画",这种技法由民初画家郑曼陀最早使用。❸ 在这个特殊的例子里,这个女郎的身体没有像有些月份牌因长画面的需要而被拉长。她临水而坐,水上有一对天鹅游过;画的右上方和右下方画着传统风格的青草和枝桠。这整个画面似乎是要把我们引离开现代现实。在我看来,它也令人想起"鸳蝴派"小说的情境;而那对天鹅则更是一种视觉参照,隐喻性地指涉"鸳鸯"。这种常见的"传统"风格对香烟的明显英国出身是一种低调处理。不过,为了突出商品,这香烟的包装是红色的。

当我们注视着这画中的女郎,她穿着简单而有品位的浅色旗袍,是当时相当流行的"满族裁式",我们发现尽管她的服饰是传统的,她身上带着的现代特质,还是使她区别于那些杂志封面上的无数传统女子。比如,她别在襟上的一朵花既大又触目的粉红,不仅和她旗袍的浅色湖绿

---

❶ 蔡振华、范振家《月份牌》,见叶树平、郑祖安编《百年上海滩》,上海:上海画报出版社,1990,页120—122。

❷ 此系郑树森送给我的礼物,他在香港购得此画。这张月份牌的照片收在《老月份牌广告画》里,上卷,页18。很显然,一种对旧艺术品的大规模怀旧正席卷香港、台湾和大陆。

❸ 《老月份牌广告画》,上卷,页10。

哈德门香烟广告月份牌。

（相间了很细的金色条子）形成对照，而且也同时带出并低调处理了常见的红和绿美学原色的关联。那花的醒目位置自然也指涉了她本人，由此令人想起那熟稔的对女性的诗性比喻——"一枝花"，一朵孤寂的褪了芬芳的花，带着模糊的激情，因可怜和悲哀而变得酸苦的激情。到底她佩戴的是什么花？玫瑰、牡丹，还是令人想起诗句"梨花一枝春带雨"的梨花？我可能有倾向性地重读了花的联想，因为我发觉她的脸令人忆及著名影星阮玲玉，她在一九三〇年左右声名赫赫，造就了一个伟大偶像和一个激情女子的传奇，她最终因爱自杀。事实上，电影女星在当时经常是这些商业月份牌的模特。另一个著名影星的例子是李丽华，她为女性常用的"阴丹士林布"的广告画摆了姿势。❶ 电影女星在屏幕上是被展示的客体，但她们无疑在单独的观看者身上激起了"主体性"的视觉冲击。使好月份牌区别于平庸之作的正是在于套路和新奇、真实和梦幻的组合。我猜测月份牌上的女子是决定顾客选择的关键因素，就像当时和现在的习俗一样，如果这选择不是由公司作为新年礼物给出的话。而烟草公司的"传奇"声誉也许也会和他们所招贴、所设的偶像女子有关。因此画中的女子就像香烟一样成了商品。❷

但这张月份牌的真正作用，也就是其中"文本"的真正"内容"是日历本身。它被安排在下方，用极其艺饰化的风格镶饰边框。而这张月份牌和我的论述直接相关还在于它使用了两种现代纪元法：左边是西历的一

---

❶ 《老月份牌广告画》，上卷，页 42。
❷ 纽约大学的弗兰西斯卡·拉果（Francesca Dal Lago）的硕士论文也是做的这个题目。和我的"保守"平和的解读相反，她说这个月份牌上的女子是个"新女性"，她看上去似乎道德松懈；因此她的形象是和妾或高等妓女相联的。见她的论文《摩登之表和表摩登：30 年代上海月份牌里作为商品的"新女性"》，论文在纽约艺术学院的"中日的视觉艺术和现代性"座谈会上宣读，1996 年 10 月 26 日。

九三〇年,右边写着"中华民国十九年"。整个年度以月份计,另用星期分。这样传统的农历也进入了月份牌。我未能确定这种月份纪年法是何时通用的,但其文化意蕴却是如何强调都不为过的。不光是因为这种通用日历同时引入了两种纪年,中国的和西方的,显然都是现代的;而且这两种纪年结合起来用一种现代的时间表表达了传统的时间。月、星期、日这种分期,显然是又西方又现代的,它规范了中国市民的日常生活;农历中的有些节气标志在月份栏上,也许是为着提醒人们仍需执行某些重要的仪式,或是表明有些仍在使用的仪式;这样它以一种"运期预告"的形式警示了现代的都会市民要把他们的现代日期等同于神圣的运期表:哪一天适宜哪种仪式?所有这些都成了我们今天使用的中国日历的基本特征。但其创制应该得到恰切的评价,因我认为时间以及日历系统,正是现代性所赖以构建的基础。这也是安德森书中的内在命题,即民族主义只有在时间观念根本变更后才能被想象:民族的"想象性社区"起源于"同构的、架空的时间观念,其同时性如其所显示的,即为横亘的交叉的时间,这时间不是由预计和满足,而是由时间的巧合来标记的,以钟表和日历来计算"。❶ 把安德森的理论用于都会上海,我们几乎可以说,我所描述的"想象性社区"的日常生活,也是由钟表,那个在上海海关大楼上很大的钟和日历来计算的。

在本章中,我一直在一组相关意象的意义上使用"想象"这个词,这组意象共同表征了一个理想,此处是"中国现代性"这个意象。我之所以强调构建的过程而非接受的过程,其理由至此也该清楚了。因我认为早期的共和国,主要是在上海的都会文化里,还继续着这种现代性想象。

---

❶ 安德森《想象的社区》,页30。

用安德森的思路,我进一步提出了这种想象和首先作为"想象性社区"出现的现代中国国族的构造是相关的。良友出版公司在一九三四年出版过一部重大的《中华景象》画册,可资证明一个想象性社区如何成为现实。❶ 关于文化事业和国家政策及制度之间的关系,尤其是在教育方面,还有待进一步的研究。比如,商务出版的哪些教科书被采纳了?印了多少册?不过,这已超出了本书的研究范畴。更有意味的问题可能还是编者和读者、生产者和消费者之间的互动关系。是哪些人组成了城市和乡村的读者群?他们之间的差距有多大?不同的读者对不同的杂志会有不同的反应吗?

当我试图从杂志本身所刊印的广告来推测读者的范围和数量时,我至今只能止于一些文本证据,而且这些广告都可能带有自我夸张的成分。我不知道是否能对这个领域做完全的研究,也不知道这种研究是否完全可信。不过,我的目的不是在实证研究中去得出什么最终结论,而是希图用一个新视角来探索文化历史研究的可能性。我希望自己至少是另辟了这样一条小径:从精英化的宏伟理念和宏大叙述的阵营,转到有关都会出版文化的一个更大众的领域。

下一章将显示,此类出版文化的风行将直接冲击另一种、也许是更流行的媒介:现代中国电影。

---

❶ 《良友》第 87 期(1934 年 4 月)上有该书二版的广告。第一次印刷三千册很快即告罄。

第三章　上海电影的都会语境

上一章,我论述了上海出现的"出版资本主义"的两个重要方面:商务印书馆野心勃勃出版新教科书和大量的简写本的启蒙事业;以及由商品广告掀起的现代新生活运动。我对城市文化这些"人为"方面的强调,不光是出于一个文化历史学者对日常生活的专业性关注;也是由于我认为,城市现代性的方方面面进入文化母体后,会培养人们对文学艺术的特殊体认方式。说起来,电影院既是风行的活动场所,也是一种新的视听媒介所在地,电影与报刊、书籍和另外的出版种类一起构成了上海特殊的文化母体。它也是我将在本书探讨的某些文本的重要灵感来源。因此电影院很值得全面研究。我会在这一章集中描述电影的城市语境和它的中国观众以及它与出版文化的关系。此外,我将对关于中国现代电影的一些正统阐释提出不同的看法。

电影院

关于中国电影工业的一个最好研究线索可以在"专家部电影主任致美国商业部"的报告中找到。该报告是从"美国商业部海外代表"的报告中总结出来的。一九二七年一个报告就提供了关于中国电影环境的重大信息。其中提到"中国目前有一百零六家电影院,共六万八千个座位。它们分布于十八个大城市",这些大城市主要是通商口岸,而在一百零六家影院中,上海占了二十六家。❶ 据该报告,当时最豪华的影院是奥登,有一千四百二十个座位:底楼的座位按现代影院的风格来设计,包厢里的则都是皮套座椅。在上海,好的座位永远在包厢里,便宜的在底楼。❷一九三〇年的一个文件上还摘引了豪华影院的门票价格,"从两毛到三元(合美金零点零七元到一元)"。该报告上还提到了"欧美所有的大制片公司都在上海有代理和发行人"。为了吸引上海的电影观众,"电影院几乎用尽了所有的广告策略,尤其是那些首轮影院。广告的主要媒介是中外日报,在城市各处、电车和公共汽车上张贴的海报和宣传画、霓虹灯以及其他的电招牌、新片预告邮件",再加上电影院出售的一系列电影杂志。❸

这些"官方"报道让我们得以一瞥上海当时兴旺的电影业,自然这一瞥是令人神往的。事实上,自二十年代晚期起,一些老戏院就开始革新,而新电影院也开始动工。在《良友》画报上连载了好几期的奥登戏院的英文广告上是这样写的:"奥登是东方最宽敞最华美的电影宫殿。完美的构造和设计。一切为观众的舒适和健康着想。奥登首家为您提供最

---

❶ C. J. 诺斯(C. J. North)《中国的电影市场》(*The Chinese Motion Picture Market*),见《贸易信息公报》,第 467 期,美国商业部,内外务商业办公厅,1927,页 13—14。我尤要感谢哥伦比亚大学的安德鲁·菲尔德(Andrew Field)先生向我提供了这个和其他一些同样珍贵的资料。

❷ C. J. 诺斯(C. J. North)《中国的电影市场》(*The Chinese Motion Picture Market*),见《贸易信息公报》,第 467 期,美国商业部,内外务商业办公厅,1927,页 15。

❸ 《电影在中国》(*Motion Picture in China*),《贸易信息公报》,第 722 期,美国商业部,华盛顿:美国政府印刷局,1930,页 7。

佳影像。"而奥登亦不过是上海十二家有殖民英文名的影院中的一个,其余还有卡尔登 Carlton,恩派亚 Empire,夏令配克 Embassy(奥林匹克 Olympic 的前身),中央 Palace,维多利亚 Victoria,巴黎 Paris,上海 Isis,美琪 Majestic,等等。在这些影院,好莱坞的八大电影公司均享有放映他们首轮影片的绝对权利。不过,奥登的豪华魅力迅速被革新了的大光明影院所盖过。大光明于一九三三年开张,配有空调,由著名的捷克建筑师邬达克(Ladislaus Hudec)设计,计有两千个沙发座,一九三九年后还配备了"译意风",也即当地的一家英文报纸所谓的"中国风"Sinophone❶,可资同步翻译。宽敞的艺饰风格的大堂,三座喷泉、霓虹闪烁的巨幅遮帘以及淡绿色的盥洗室。❷ 尽管这些新近革新的电影宫是外国影片的天下,却并不影响中国民族电影业的蓬勃发展。相反,电影院同时在物质和文化上给城市生活带来了一种新习惯——看电影去。而如果没有这种文化气候,本土电影业的迅速发展是难以想象的。

中国早期电影史的记载是很详尽的,这里还值得一提的是,尽管早期电影制作环境简陋,但中国电影制作者还是力争跟上西方电影的潮流。早期电影业的一大赞助商实际上是商务印书馆。❸ 到二十年代,从流行小说和戏剧中取材的中国无声电影已经有了相当的观众。一九二七年,世界上第一部"会讲话"的电影在好莱坞首映的第二年,上海的首轮

---

❶ 《大美沪报》和《水星》为"大光明的新发明"登了这样的标题——《中国风:给本土影迷的大恩惠》(1939 年 11 月 18 日,1,第三部分)。

❷ 叶树平、郑祖安编《百年上海滩》,上海:上海画报出版社,1990,页 119。参见曹水福《上海大光明电影院概况》,见《上海电影史料》,上海市电影局史志办公室,第 1 期,1992 年 10 月,页 207—211。在此谨向上海图书馆的张伟致谢,他向我提供了这个杂志。

❸ 杜云之《中国电影史》,台北:商务印书馆,1972,第 1 卷,页 17—24。

上海的影戏院。上中的戏院(新光大戏院)门口有哈洛德·李奥德(Harold Lloyd)的海报,他是好莱坞默片时代的喜剧明星。中间的大光明电影院(椭圆形图片)在做"有声电影"的广告。中右(圆形图片)的巴黎大戏院是施蛰存一个短篇的背景。(《良友》第 62 期,1931 年 10 月)

影院就开始播映有声片了。一九三一年,中国制作了第一部有声电影。❶中国观众因之而蜂拥前往电影院,情形和当年外国公园对华人开放时一样。❷ 三十年代末,上海已经有了三十二到三十六家影院,《电通画报》甚至在一张上海地图上把所有这些影院的照片都贴了上去,并醒目地宣称:"每日百万人消纳之所!"❸新电影院的兴隆发展可能导致了一九三一年起的游乐场的衰落。❹

前面提过,绝大多数的豪华影院是放映好莱坞首轮影片的;国产电影常常只在不那么华美的二轮戏院里放映。这种情形后来因中国电影公司的一些事业性举措而得以改善,中方公司或是买下老的首轮戏院,或是组成院线来公映他们自己的影片,这种发行模式是直接从好莱坞照搬过来的。❺

三十年代早期,中国影人曾发动过一场电影运动,鼓励用严肃的、高质量的国产影片来对抗好莱坞制作。联华公司是带头人,接着明星和其他公司也跟进。一九三二年一月二十八日,日本战斗机轰炸上海后,不

---

❶ 上海研究中心编《上海 700 年》,上海:上海人民出版社,1991,页 360。

❷ 魏白蒂(Betty Peh-T'i Wei)《老上海》(*Old Shanghai*),香港:牛津大学出版社,1993,页 31。

❸ 《上海电影院的发展》,见上海通社编《上海研究资料续集》,上海:中华书局,1939,页 532。该文也详细罗列了五十家影院和十一家露天戏院,页 541—551;还对其中首席三家影院的建筑和设备做了番介绍,它们是南京、大光明和大上海戏院,页 553—554。

❹ 杨村《中国电影三十年》,香港:世界出版社,1954,页 168。按杨的说法,1932 年 1 月日本轰炸上海造成了衰退。他也列了上海的约四十家影院:八家在中国城区,二十四家在公共租界区,十二家在法租界,娱乐场的戏院没有计算在内。

❺ 比如,由六大公司组成的"团体"在其他城市建新影院,并控制了上海的中央院线五家影院(中央、恩派亚、沪光、星光、金城)。杨村《中国电影三十年》,页 21。《新华画报》1940 年第二期上有一整页的关于这些影院的广告。我要感谢傅葆石教授向我提供了用在本文中的这期和其他一些电影杂志。

少报纸杂志的电影专栏也开始提倡国产电影,恰好和"买卖国货"的运动同期展开。自此国产片的年产量大增。❶ 可以说,一个可观的中国影坛到三十年代,真正建立起来了。

电影杂志和电影指南

和电影同步风行的还有电影杂志以及流行期刊上的电影专栏和专文。近期研究表明,电影专栏最早出现在报纸杂志上是在一九二一年,即上海的《申报》开始发行《影戏丛报》的那年。差不多同时,第一家独立的电影杂志《影戏杂志》开始发行。值得注意的是影和戏的组合。自一九二一到一九四九年,先后出版过的电影杂志包括电影月刊、周刊、专刊,共计二百零六份。❷ 有些是电影公司出版的,比如《电影月报》就是六大中影公司的商业刊物。❸ 而其他的出版社也提倡办电影杂志,其中最大最雄心勃勃的就是良友出版公司,他们不仅在他们最为畅销的头号刊物《良友》画报上刊登著名影星的照片,还于一九三四年出版了一期《良友》电影专号和一份纯电影刊物《银星》,由卢梦殊主编。卢梦殊还主编了一本论电影和文学的书,收有著名作家像田汉、张若谷和傅彦长的文章。

---

❶ 据杨村的统计,在 1932 至 1934 年间,联华出品的电影有 25 部,明星 19 部,天一 21 部,艺华 10 部,页 169。
❷ 张伟等《中国现代电影出版物总目提要》,见《上海电影史料》,第 1 期,1992 年 10 月,页 212—234;第 2/3 期,1993 年 5 月,页 289—344。
❸ 杨村《中国电影三十年》,页 9、24。

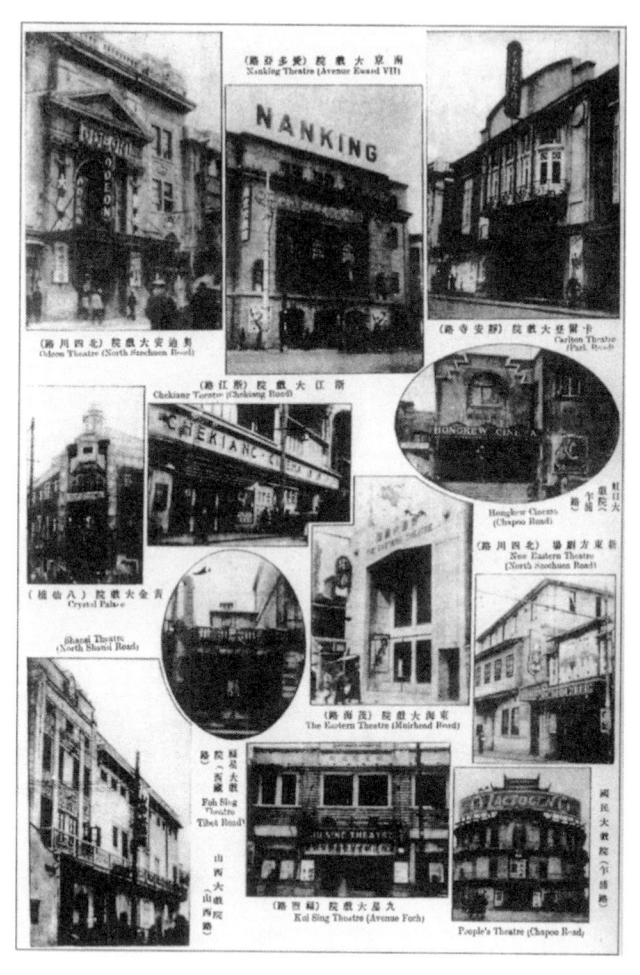

上海的影戏院。(上右)卡尔登大戏院同时以电影和话剧闻名;(上左)奥登戏院以奢华著称。(《良友》第62期,1931年10月)

这份《银星》杂志后来和《体育世界》合并成一份月刊,其销量和该公司的另两份杂志《中国学生》和《近代妇女》一样。当时,在雨后春笋般的妇女期刊上登载关于电影和影星的新闻与照片也渐渐成为一种定式。在这些新近产生的"现代女性"形象和生活方式上,对电影的兴趣成了某种必不可少的礼仪。其他妇女杂志和画报也在各个方向上推动这股潮流,它们通过向它们的订阅人赠送中外影星的照片来促销。

举个绝对典型的例子,我注意到有一份迷你开本的流行妇女周刊叫《玲珑妇女图画杂志》,它自带的英文标题是 *Lin Loon Lady's Magazine*,由一位名陈珍玲的女士主编,里面刊载了数不胜数的年轻女性的照片。❶ 而该杂志最有创意的地方是它的左页成了电影增页,题名 *Movies*,这个英文标题夹在带上海口音的中文译名"幕味"两字中,很显然这个"幕味"是一个指电影趣"味"的双关语。该杂志的广告词是"全国唯一电影周刊"。除了刊登好莱坞影星的耀眼照片,每期杂志也会从另一份《妇女日报》上转载对正在上海上映的影片的评估。比如,第三卷第四十三期(1933 年 12 月 6 日)的《玲珑》封底(该期封面成了"幕味"页)是穿着优雅美丽旗袍的著名影星阮玲玉(阮玲玉两年后自杀身亡)。在蔻丹、跑狗场和柯达胶卷的广告,在葛丽泰·嘉宝、阿·乔尔圣的趣闻和希特勒把所有德国影星召回德国的轶事之间,是下面的这个《过去两周中外新电影评估表》:

1. 良缘巧合　　　　　　B—
2. 龙马精神　　　　　　C+

---

❶ 我要向天津的冯骥才先生致谢,他是著名的作家,亦热衷于收集早期的流行刊物。这份杂志是私人礼物。

3. 丰年	B
4. 四十二号街	B
5. 为谁辛苦为谁忙	B—
6. 金刚歌女	B
7. 香草美人(明星公司)	B—
8. 健美的女性	B
9. 粉腻脂香	B
10. 禁苑春浓	B

很显然,这张表里只有一部国产影片《香草美人》,而且相对而言评估较低。但另一方面,好莱坞的电影也很少能得 A,该年度只有两部影片得过 A:*My Weakness*(该影片被选为大光明新开张的首映片)和 *Don Quixote*。在《玲珑》以后的期刊里,只有"平均和高于平均"的电影被列入评估表,而且也不再计等级,这也许是中国人对好莱坞大公司制片系统所造就的电影质量的一个总体评估。

自然,每期有相当多的篇幅属女影星天地。第四卷第五期(1934 年 1 月 31 日)是一个好莱坞影星专号,封面封底另加十一页都是她们的照片,像凯瑟琳·赫本(Katharine Hepburn)、玛琳·黛德丽(Marlene Dietrich)、海伦·海耶丝(Helen Hayes)、珍妮特·盖娜(Janet Gaynor)、克劳黛特·考尔白(Claudette Colbert)、凯·弗朗西丝(Kay Francis)、米娜·洛(Myrna Loy)、多洛斯·丽奥(Dolores del Rio),以及无所不在的葛丽泰·嘉宝。大量的光彩夺目的好莱坞影星照的流入可能是好莱坞"八大"公司驻上海分支机构的行为。但它们更可能是从形形色色的美国电影杂志上被翻印下来的。《玲珑》除了刊登中国影评人的"打分"表,也转载美国影评人在诸如《经典电影》(*Film Classics*)或《影镜》(*Film*

Mirror)这样的杂志上的打分表。就中国人对西方文学的接受而言(详见下章),主要的信息来源还是美国的流行期刊,因这些杂志很容易在西文书店像 Kelly & Walsh、图书馆包括商务的外文图书馆找到,甚至可以直接订阅。

出版和电影这两大文化类型是以什么方式结合起来共同塑造中国电影观众的趣味的?我们应该如何来看待这种看电影习惯?在这种"看电影去"的仪式里,我们可以发现什么样的社会和文化意味?关于去看电影的一个很生动的描述可以在一本畅销的城市指南手册《上海门径》(1932年出版)中找到,在电影一节中,其开场白是这样的:

> 电影本是外国的一种玩艺。自此流入中国以后,因电影非但是娱乐品,并且有艺术上的真义,辅助社会教育的利器。所以智识阶级中人首先欢迎……现在一般仕女,对电影都有相当认识了,所以"看电影"算是一句摩登的口号。学校中的青年男女固如此,便是老年翁姑也都光顾电影院。所以近年来国产电影业未见勃兴。但电影院合着大众的需要,先后成立的不下二十余所。其势蒸蒸,大有傲视舞台,打倒游艺场的气概。❶

作者王定九在开篇就承认了,"看电影不是媚外。中国片终不及外国片来得好。这在产业落后的中国是毋庸讳言的……国产片耗二三万元钱拍成的,已说是巨片。世界电影大本营的美国好莱坞,每有耗百十万金方成一部的。资力既相去那么的大,成绩便相去这般的远了"❷。作者列举了共十八家"现代影院",而且对每家做了简要评估,格外赞美

---

❶ 王定九《上海门径》,见《看的门径》,上海:中央书店,1932,页14。
❷ 王定九《上海门径》,见《看的门径》,上海:中央书店,1932,页20。

了下列几家——卡尔登、大光明、南京和新光,不过同时他也认为这些影院的票价实在太昂贵了,要一至二元不等,几乎是二轮三轮戏院最便宜的日场票价的十倍。因此作者提醒人们事先选准好影片,透彻地掌握主演影星的声誉和能力,以及导演和剧本作者的过去业绩。他还教人一些小门径,比如在电影院外面买好零食以免跑到里面买太贵,带些书报可以在开演前阅览,如果是约会就选楼上座位。最重要的是,他教观众仔细阅读双语的"说明书",如果懂英文的话,就读原文,因为翻译经常会丢三落四了意思。而且,他说"倘能把每次所看电影的说明书积面成帙,倒是绝妙的小说集哩"❶。

从中我们可以一瞥上海这个万花筒般休闲和娱乐世界的一个重要侧面。这本指南还包括了"如何"选食物、衣服、住宿、购物和娱乐,告诉你去哪家饭店、游艺场、当地戏院、百货公司、宾馆,甚至哪家妓院好。指南手册的性质表明了其作者不管是什么背景,一定是个内行,他对上海生活细节的把握和了解使他的这本指南既权威又可靠。他本人肯定深深迷恋首轮影院放映的好莱坞电影,因为在他看来国产影片比起它们来要差一大截。他所告诫人们的"如何在电影院举措"就可被视为一种新的社会礼仪之线索。他叫观众保留双语的电影说明书以资"小说集"用的论调尤有揭示性,因为它可能指出了电影和流行小说之间的某种联系,即电影情节可当小说读。有意思的是,从我所得到的很少的几份说

❶ 王定九《上海门径》,见《看的门径》,上海:中央书店,1932,页 15—22。

明书上看，它们的语言不是白话文，而是简单的文言。❶

如此看来，"半文言"的风格和鸳蝴派的小说美学，对说明书的语言以及好莱坞电影片名的翻译还是深有影响。❷ 当时，绝大多数的外国电影都罩着一个古典的中文译名，常常是四个字，很容易令人联想到中国的古诗词。比如上面评分表里的 One Winter Afternoon（《冬日午后》）译成《良缘巧合》；Her Highness Commands（《女王手谕》）译成《禁苑春浓》。最有意思的是，伯克莱（Busby Berkeley）的一出音乐剧 The Gold Diggers of 1933（一九三三年的淘金者）极巧妙地被译为《歌舞升平》。因此，外国电影的陌生性就这样被中文伪装得很亲近。另外，因为很多西片是据西洋小说改编的，而不少西洋小说早被林纾（1852—1924）、周瘦鹃等人译成了中文，这些偶然性加在一起，使外国电影就更受欢迎

---

❶ 我手头有一份国泰电影院的双语情节说明书，是洛丽泰·扬（Loretta Young）和大卫·尼文（David Niven）主演的《天造地合》（The Perfect Marriage）。封面印有电影的中英文片名。里面是中英对照的情节说明，但内容不是完全一致的。说明书上下都是广告——香烟（Million）、白兰地（Joseph Guy）、棉布和其他织物。另一部由罗纳尔德·可门（Ronald Colman）和格里尔·加森（Greer Garson）主演的《无意的丰收》则只有中文说明，但情节的介绍却详细得多，文笔也更优雅。说明书的下方有一则短闻，讲洛丽泰·扬是如何成为明星的。这两份说明书可能是同一家戏院在同时印发给观众的。第三个例子是美琪大戏院为《忠贞女神》（查尔斯·鲍育 Charles Boyer 和琼·芳登 Joan Fontaine 主演）发行的三页说明书，最后一页是致谢名单；该说明书也为下列东西作了广告：雨衣，电影杂志和另一部叫《我和鸡蛋》的电影。据这些电影首轮发行的时间推断，这些说明书应该是四十年代发行的。我尤要感谢沈昌文先生和沈双小姐向我提供了这么难得的资料。

❷ 据公孙鲁说，那些为无声片写情节说明书的人大多是文学功底深厚的人，包括鸳蝴派的姚苏凤、范烟桥、郑逸梅和郑正秋。但杜宇甚而用一般观众很难理解的极高雅的古文来写。见公孙鲁《中国电影史话》，香港：南田书业公司，1961，页 219—220。鸳蝴派的著名作家周瘦鹃（1894—1968）在他自己的杂志上开了电影专栏，甚至还担任了有些影院的广告顾问。

了。比如,福尔摩斯的故事,以及因林纾的翻译而变得不朽的小仲马的爱情小说《巴黎茶花女逸事》,都几乎是家喻户晓的。❶ 因此,对当时的中国电影观众来说,花几小时看场好莱坞的电影,即意味着双重享受:一边让自己沉浸在奇幻的异域世界里,一边也觉得合乎自己的口味。这口味是被无数流行的浪漫传奇和豪侠故事,包括那些被译成文言的读本培养出来,经电影这种新的传媒而得到强化的。

电影谈

当然,电影和出版文化之间的紧密关联并不仅见于那些敏于传统的读者身上。看电影的习惯对新文学的很多作家,尤其是上海作家来说,都是重要消遣。鲁迅本人喜欢苏联电影,从他开始到施蛰存、徐迟、刘呐鸥、穆时英、张若谷和叶灵凤,还包括左翼作家像田汉、洪深和夏衍都是电影爱好者。诗人徐迟跟我说他几乎看了在上海上映的所有西片,❷ 施蛰存更写了一篇背景设在巴黎大戏院的性爱小说;而这两位作家都还经常光顾豪华戏院像大光明、大上海、国泰、美琪和卡尔登(卡尔登亦上演戏剧)。他们最喜欢去的消遣场所有三:电影院、书店和咖啡馆。而对刘呐鸥和穆时英来说,电影院和舞厅基本是可以互换的,就像在他们的小说和真实人生中一样,这两个地方是他们足迹常至之地。刘呐鸥是一个电影迷,他写了大量的电影评论和关于电影美学的文章,刊登在《妇人画

---

❶ 关于林纾翻译小仲马和狄更斯的详细论述参见拙著《中国现代作家中浪漫的一代》(*The Romantic Generation of Modern Chinese Writers*),麻省剑桥:哈佛大学出版社,1973,第三章。

❷ 1984 年 10 月 22 日访谈。

报》和《现代电影》这样的杂志上,他的话题包括电影写作、电影节奏以及从摄影角度谈对葛丽泰·嘉宝(Greta Garbo)和琼·克劳馥(Joan Crawford)美丽的脸庞的欣赏。❶ 而且,在三十年代晚期,也即他被杀的一九四〇年之前的一段时间,他还积极参加了电影制作。

刘呐鸥的电影谈展示了他令人震惊的现代电影感。尽管在中国左翼电影史家那里他是受压制的,原因是他居然提倡"软性电影"。❷ 对刘呐鸥的指责自然是带有意识形态色彩的,因为对当时中国所有的左翼作家和电影人来说,他们都深信艺术作品必须是社会现实的反映。而刘呐鸥却是极少数的那些为艺术美学所激动的人,他们认为在这种新的艺术中,形式美学和社会内容是相对的。在一篇用法文 Ecranesque 作为标题的很有启发性的文章中,刘呐鸥把电影定义为一种"运动的艺术",说电影融合了"艺术的感觉和科学的理智","就像建筑最纯粹地体现着机械文明底合理主义一般地,最能够性格地描写着机械文明底社会的环境的,就是电影"。❸

对刘呐鸥来说,这种新文明的基本源泉就在于"动","在于速度、方向和能量的变化,从而创造节奏"。刘呐鸥对电影的这种相当奇特的褒扬和他对西方现代性的迷恋是分不开的,他认为后者就是品质的标准,而时间和速度就是现代生活的核心。这种看法也直接决定了他的美学观,也即他所标榜的"新感觉派"之核心,现代艺术和文学旨在捕获和描

---

❶ 见《现代电影》,1卷2期,1卷5期,1卷6期,1卷7期(1933—1934)。这几期都是我在上海作研究时找到的。刘呐鸥对嘉宝和克劳馥的赞美要参见《妇人画报》,第18期,1934年5月,页16。关于电影和刘呐鸥的文学创作的关系,见第六章。

❷ 事情的始末,包括对刘呐鸥的攻击,参见中国电影艺术研究中心编《中国左翼电影运动》,北京:中国电影出版社,1993。

❸ 《现代电影》,1卷2期,1934。

述因速度引起的人类情感的喧嚣波动,用刘呐鸥的话,就是"快感"。一种在驾驶一辆 Roadster 车或看一部电影时所能体验到的那种感觉。电影,就像所有其他艺术一样,It's the form that counts(只有形式才是重要的),这句话是用英文写的。"艺术作品之所以成为艺术作品是形式的关系;内容是形式之一个出现,艺术的内容只存在艺术形式里。"❶

到本书第六章我会谈到,在刘呐鸥以及穆时英的不少小说中,其语言与形式很显然受惠于他们所看的外国电影。因此书画文学和出版文化,尤其是流行杂志和小说,不仅辅助了电影这种新的视听媒介,而且在创造新的、流行的、关于都市现代性的文化想象中,它们都成了主要媒介。我在前面一章中谈到了在中国现代性的构建中出版文化所扮演的角色,看电影很自然属于这种新生活方式的范畴,正如电影院、戏院,还有咖啡馆、舞厅以及百货公司都在新的都市空间中成了休闲和消费的主要场所。而接着要探讨的就是一个复杂的问题了,也即这些新的都市电影观众在现代想象和中国本土小说的建构中扮演了什么角色。因为这个主题关乎好莱坞电影对中国城市文化的冲击。在中国上演的外国戏中,百分之七十五是美国制造,❷所以我的论述也会涉及美国电影所提供的理论支持。

流行口味:电影和观众

在最近的美国电影研究中,有一些论述试图对电影观众做理论分

---

❶ 刘呐鸥《电影形式美的探求》,见《万象》,1934 年 1 期。自然,刘呐鸥的观点受到了当时左翼批评家的严厉抨击。典型例子可见尘无《清算刘呐鸥的理论》,见《中国左翼电影运动》,页 162—167。

❷ 诺斯《中国电影市场》,页 2。

析,很值得注意。米瑞姆·汉森(Miriam Hansen)在分析无声电影时期的美国观众时,指出电影院"提供了营造一个截然不同的全新的公共空间的可能性,一个弥合高雅文化和消费主义之间沟壑的机会"❶。为了创造这样一种公共空间,好莱坞的电影工业千方百计地去迎合女性消费者的口味,"他们以一种东拉西扯的方式展开,不是围绕着电影文本作文章,而是,比如在那些影迷杂志上,全盘刊登女性所着迷的影星照、流光溢彩之物以及流言蜚语和各式时髦"❷。在我自己对城市流行报刊的调查研究中,诚如前面一章所示,我也发现类似的对女性消费者的迎合,比如为她们刊登一整套的家用现代物品广告。在现代女性的这个新世界里,服饰和时髦似乎占了主流,而中国的电影女明星则是其化身。

而同时,我们也应注意到上海,这个新兴的消费和商品世界,其中电影扮演了重要角色,并没有全盘复制美国的发达资本主义时期的文化。一个显著差别就是,由中国电影杂志上的照片所展示的"流行女性气质"并没有好莱坞影星的那种大胆性感。从《玲珑》杂志的范例看来,那些亮丽的好莱坞明星照无一例外地展现着对身体的狂热崇拜,她们浓妆艳抹的脸庞,半遮半掩的身体以及最经常裸露着的双腿。相比之下,中国著名影星像胡蝶、阮玲玉等的照片除了露着双臂之外,身体都藏在长长的旗袍里。这种根本性的区别表达了一种不同的女性美学。事实上,这种美学自世纪之交以来,就常见诸杂志封面的女性肖像和照片,而那个年

---

❶ 米瑞姆·汉森(Miriam Hansen)《巴别和巴比伦:美国无声电影时代的观众》(*Babel and Babylon: Spectatorship in American Silent Film*),麻省剑桥:哈佛大学出版社,1991,页15。

❷ 米瑞姆·汉森(Miriam Hansen)《巴别和巴比伦:美国无声电影时代的观众》(*Babel and Babylon: Spectatorship in American Silent Film*),麻省剑桥:哈佛大学出版社,1991,页123。

代也因之被永远地保存在无数的月份牌上,至于那些明星照总含着令人惊讶的"内在系谱"相似性。❶

这些封面照并没有或者说除了在一个父系社会里成为男性的观照物,它们也帮助设计着中国女性的新形象,拥有新品质的"现代"女性将不再羞于当众展示她的性格。诚如《玲珑》杂志上一篇很有启示性的文章所评论的,现代女性应当并不仅仅只体现在时髦的外表上,"烫发、粉脸、涂唇、细眉"是远远不够的;一个真正的"现代"女性必须具备下列品质"丰富的学识,高超的思想,及坚强的意志",这些品质都来自于"多多读书"。❷

换言之,在她们的身体中需贯穿着某种精神内核,这会使她们有"德行"。自然,你也可以说所有这些书面"闺训"是新的商业文化制造者所有意灌输给读者的一种"错误意识",但我们所见的可视读物也确实传达着某种相似的东西。如果细读阮玲玉的各类照片,我们会发现她是一个带着哀愁的传统女性形象;这并不光是因为她穿着传统服饰,当然旗袍也可以很性感;或是因为我们知道她于一九三五年自杀身亡。相反,一个更可信的原因可能是,在观众的心里,阮玲玉的公众形象和她所扮演的角色是紧紧相联的,其中最著名的角色就是《神女》(1934)中那个善良的妓女。事实上,我发现杂志上的中国影星照和前章所述的商业月份牌

---

❶ 女性上封面的传统是因晚清名妓报刊的风行而确立的,而 30 年代女影星上封面可以被视为是一种商业和美学行为。电影史家杰·莱达也谈道:"只有在中国月份牌的现代美人身上,才能找到 30 年代那些'进化'到吸引通商口岸电影观众的女性影子,这种美学标准后来甚少变化。"见杰·莱达《电影:中国电影和电影观众之观察》,麻省剑桥:麻省理工学院出版社,1972,页 86。

❷ 《从摩登说到现代年轻妇女》,见《玲珑》,3 卷 44 期,1933 年 12 月 13 日,页 2439—2442。

上的女性肖像,在穿着和神情上是非常相似的。而这只不过是出版文化和电影之间的另一种关联,它为流行的观众口味和欣赏习惯做了铺垫。著名的电影史家杰·莱达(Jay Leyda)说:"中国观众喜爱传统,喜爱传统所代表的所有安全感和宁静感。"❶ 他所谓的传统指的是像"京戏、神话、传奇和传说",而二十年代的中国电影则从这些旧的传统资源里汲取了不少养料。莱达指出:"这些旧题材在当时是那样受电影观众的欢迎,以至于我们都被迫关注逃避主义表层下的东西;为着买票者的意愿,我们得在两小时里遗忘那些重大的政治问题以及正降临到上海的巨大变动。"❷ 也许买票看戏者的心愿并不光在于逃避现实,但至少存在着这样一个问题:为什么观众会被这么程式化的情节吸引住? 一个中国电影学者认为这完全是出于"民族性格",它可追溯至叙述艺术中的传统美学口味。这样的叙述模式强调"故事性",倾向于制造浪漫或传奇的魔咒。这类传奇魔咒可上溯到明戏剧,如果不说唐传奇的话;它更被进一步定义为一种传统中国小说和戏剧的显要而正统的特色,从而使中国小说和戏剧显得"丰富、新奇、峰回路转而情节曲折"。❸ 此类的情节架构很容易糅巧合和邂逅于一炉,从而展开或披露各种"冲突"。我们甚至可以更大胆地认为,某些外国电影比其他电影流行是因为它们采用了传统中国小说的那种程式化的情节曲折的叙述模式:诸如善良的男主人公或女主人公的情感故事,他们总饱受种种磨难或是和高于他们的力量较量,此类情节屡屡出现在晚清小说和翻译文学中,比如吴沃尧的《恨海》和林纾翻

---

❶ 杰·莱达《电影:中国电影和电影观众之观察》,页49。
❷ 杰·莱达《电影:中国电影和电影观众之观察》,页49—50。
❸ 徐昌霖《早期中国银幕上的民族特色》,见《中国电影研究》,第1卷,1983年12月,页20—21。

译的《黑奴吁天录》,后者还被改编成一出戏,但也仅节选了女主人公逃亡的几段。这种叙事方式对本土的电影观众是有很大吸引力的,尤其是在无声电影时期,因为故事的情节都须"写在"屏幕上以此来"激起"阅读流行小说的经验。我有一些证据可以表明电影和出版文化之间的关联被相当有意识地表现在"电影情节说明书"上,这些说明书很显然是分发给入场观众的。❶ 有时候,情节简介还会直接打在屏幕上。在周瘦鹃主编的鸳蝴派杂志《半月》上,曾有一篇文章抱怨说,电影院在放映一出好莱坞影片《红粉骷髅》时,一开头就打出了内容简介,破坏了观众在欣赏悬念和曲折情节时的乐趣。❷

中国电影叙述:好莱坞影响与本土美学

上述部分是为了说明中国电影观众的欣赏口味和习惯可能在很大程度上受了出版文化的潜移默化,尤其是流行小说的影响。除了本土文化的决定因素,我们还需考虑上述的好莱坞电影的盛行,它们无疑对中国的电影观众和制片人都有巨大冲击。如是观之,技术和意识形态的问题显得更为复杂了,而我们就有必要先了解好莱坞电影的一些基本特色,从而才能把握它们可能造成的影响。这样前面引用的官方贸易报告又可以成为一个很好的论述起点。"在中国,美国电影比任何其他国家

---

❶ 参见第 123 页注释❶。
❷ 树滋《风雨斋影戏谈》,《半月》,2 卷 4 期,1922,页 3—4。我要感谢陈建华先生向我提供了这个资料。该文表明了看西片不仅是西化的上层阶级的爱好,而且也受那些所谓传统派的作者和读者的热烈欢迎。在同期杂志上,主编周瘦鹃(他本人系西文小说译者)在编者按里还大肆嘲讽了另一部影片《天启书的四骑兵》;在接着的一期里,他语带双关地谈论了电影题目的翻译。见《半月》,3 卷 2 期,1923,页 13。

的电影都受中国人的欢迎。除了美国电影的奢华铺张、高妙的导演和技术,中国人也喜欢我们绝大多数电影结尾的'永恒幸福'和'邪不压正',这和许多欧洲电影的悲剧性结尾恰成对照。"❶在《中国人的影视口味》一节中,报告的评论就更详尽了:

> 有一段时间,不少美国出品人的策略是把一些在美国永无可能首轮上映的基调阴惨的影片带到中国去……比如那些早期的相当伤感的西部片,它们很快就在中国观众那儿引起了轰动……接着进入的是社会片,其本质和"西部片"一样,它们在中国观众那儿受到了更热烈的欢迎。据报道,在北京剧院上映某场戏时,剧院不得不把警察请来保护"恶棍"和屏幕免受损害。而现代电影所处理的"永恒的三角"这样的社会问题,似不能有效地打动中国观众,并且有可能降低外国人的声望;爵士时代的电影情形相仿,尤其是如果影片还牵涉到家长和孩子的冲突。对有祖先崇拜的中国人来说,他们对老人怀有深沉的敬意,无法理解别种态度。另外,历史影片总是能够吸引大量的观众;而爱情故事,尤其是田园牧歌式的,总能打动观众。不过,总而观之,在中国受欢迎的是喜剧和次等的讲孩子的影片……❷

上述评论是美国的一个政府贸易官员基于"实地报告"所得出的结论,应该说它是很有启发性的。撇开它的服务对象不论,这篇报告确实以一种粗浅的方式证实了在好莱坞的叙事传统和传统中国流行小说中的永恒的程式之间是有某种亲合性的:"大团圆"结尾和"邪不压正"的通

---

❶ 诺斯《中国的电影市场》,页2。

❷ 诺斯《中国的电影市场》,页3—4。

俗剧之必要性。另一方面,这篇报告在评论好莱坞的经典影片时用了系谱论的策略。阴惨的"西部片"和"社会片"代表着早期无声电影系列,而"永恒三角"类的社会讽刺片和喜剧则成了三十年代后"有声"片的亚类型。所谓的"历史影片"广受欢迎是很容易解释的,因为它们和莱达提到的中国观众喜爱的传说和历史传奇有某种相关性。但报道的作者似乎没有注意到好莱坞喜剧中"永恒三角"的现代程式总是在一女两男之间展开,也就是说,一个女主人公有两个男性追求者;而传统中国小说和戏剧中的"永恒三角"则是相反的:一男两女,男的常为一个天才学者,而为两女缠绕。最经典的例子自然是《红楼梦》。不过,现代三角也进入了中国现代小说,比如老舍写的著名小说《黑白李》即为一例。而好莱坞制作的那些复杂得多的所谓"浪漫奇人喜剧",则显然对四十年代像张爱玲这样更复杂的中国作家来说,是有直接的冲击力的。张爱玲后来还把百老汇的《温柔的陷阱》这出戏改编成了中文剧本《情场如战场》,并在香港拍成电影。❶

所有这些信息都使我们对好莱坞本身的美学传统进行重新检讨。在前面提到的米瑞姆·汉森的书中,她提出在一九〇七至一九一七这十年中,从早期到经典的美国电影之间有一个范式的转移,它见诸"对叙事方式的推敲使得通过特殊的文本策略来预测观众成为可能,从而可以规范经验性的差异,甚而在某种程度上,规范无法预计的接受行为"。❷ 汉森没有继续谈这种"经验性的接受差异"是否可以推至对其他文化和国

---

❶ 见郑树森《从现代到当代》,台北:三民书局,1994,页64—65,页77—78,页83—84。*The Tender Trap* 的中文译名是《情场如战场》,见张爱玲《惘然记》,台北:皇冠出版公司,1991,页171—239。

❷ 米瑞姆·汉森(Miriam Hansen)《巴别和巴比伦:美国无声电影时代的观众》,页16。

家的论述。但她确乎在一种新的"美国象形文字"的基础上定义了好莱坞的主流叙述模式,这种"美国象形文字"是把"电影的暧昧转喻为一种新的世界语"。❶ 那么,这种被假设为适合全球经验各异之观众的欣赏习惯的"新世界语",其规则是什么呢?汉森先是这样写的:"电影工业越来越关注角色的动力,个人心理以及明星的个人魅力",因为"自从一九一〇年明星制度的兴盛,到一九一六年,明星的培养已经不光是一种普遍的广告策略"。❷ 从中还发展出了后来成为好莱坞经典电影之品质保障的叙述模式:"多股力量交织着推进,达至结局,环绕着角色的个人心理织出一张有充分动机的网,相伴的效应是,从一个最理想的视角向观众提供一个自主的虚构世界。"❸

那么,这种叙述模式是以何种方式直接或间接地对经典的中国电影产生影响?我这里说的中国电影指的是三四十年代制作的电影,包括无声和有声电影。另一方面,毕克伟(Paul Pickowicz)已经证明了,"像格里菲斯和卓别林这些举世公认的大师所拍摄的电影在二十年代早期就在中国广为人知了"❹。而我们可以假设,中国的电影制作人一定在观摩他们以及好莱坞其他影片中获益良多。此外,我们也应意识到中国的实践者都出自中国背景。最近,香港电影学家按背景把他们区分为两类:"文人电影",或说受"五四"文学洗礼者所拍摄的电影,比如田汉、夏

---

❶ 米瑞姆·汉森《巴别和巴比伦:美国无声电影时代的观众》,页15。
❷ 米瑞姆·汉森《巴别和巴比伦:美国无声电影时代的观众》,页161。
❸ 米瑞姆·汉森《巴别和巴比伦:美国无声电影时代的观众》,页141。按米瑞姆·汉森的说法,格里菲斯在他的电影里对这种现代叙事贡献良多,但他后来又弃之不用了。
❹ 毕克伟(Paul Pickowicz)《通俗样式和中国电影的"五四"传统》(*Melodramatic Representation and the May Fourth Tradition of Chinese Cinema*),麻省剑桥:哈佛大学出版社,1993,页298。

衍、洪深以及在三十年代"侵入"电影圈的一些左翼作家;另一类是"戏人电影",即由艺人导演的电影,他们从传统中国戏,尤其是"文明戏"这种传统戏剧加些现代内容的混合体的习俗中,发展出他们的美学。❶ 内地电影史家的一贯看法是,"文人电影"在三十年代早期就开始占领电影世界,因此全盘改造了"戏人电影",并且把中国电影从轻浮的取乐改造成了有质量的含社会批评的严肃艺术,从而为推进革命事业做出了贡献。❷

某种程度上,如果从以上的观点出发,这种说法听上去是可信的。以那个时期的一系列流行杂志为准,我发现人们对本土中国电影是越来越关注。比如,《新上海》杂志从一九三三年创刊就设了电影专栏,并且编辑声明这一栏只谈中国电影,中国电影能经受住好莱坞电影的猛攻主要靠了联华和明星两个本土电影公司的努力。❸ 有一篇文章褒奖说,像田汉、鲁迅和茅盾这样的文艺界中心人物走进了电影界后,是给中国电影"打了一下吗啡针":"我敢武断地说一句,联华出品的成功,并不是导演卜万苍、孙瑜、蔡楚生和摄影演员等的成功,却是文艺界跑进电影界贡献的成功。他们不过在电影专门学识上帮一些忙罢了。"❹ 该文说的不完全对,因为像鲁迅和茅盾并没有个人性地卷入电影。导演程步高被单列出来作为明星公司"最有希望和思想最新"的导演,而他和文坛很有关联。另外有一篇文章赞扬了联华的导演,像费穆(1906—1951)、卜万苍

---

❶ 见《早期中国电影:探索的年代》,《三十年代电影节目录》,由香港艺术中心和香港中国电影协会主持,1984,页3。这些目录最初是由香港学者黄继持着手编的。

❷ 程季华、李少白和邢祖安《中国电影发展史》,北京:中国电影出版社,1963。此篇论文收在卷一,第三章,尤见页171—244。

❸ 《新上海》,1卷1期,1933,页67。

❹ 《新上海》,1卷1期,1933,页68。

和蔡楚生等把"劳苦群众们的痛苦"这个新主题引入电影。但费穆和卜万苍并不是左翼人士。文章也赞扬了明星公司,不是说他们有启蒙意识,而是赞扬了其明智的市场举措:等到"天凉"时候,才在中央戏院上映《香草美人》(该影片后来在《玲珑》评分表上得了个 B—)和《春蚕》(据茅盾同名小说改编),因为"他们晓得有钱的朋友,在很热的暑天,不肯跑进没有冷气设备的中央戏院"❶。

而另一方面,毕克伟也质疑了这篇持左翼立场的文章。他批评说大陆的绝大多数电影史家都不愿看到"三十年代的'五四'电影和二十年代的流行通俗剧之间是有紧密联系的"❷。事实上,他重新定义了左翼电影是"经典通俗剧和初级马克思主义的联姻"❸。

他所说的初级马克思主义指的是劳动大众和同情劳动大众的新主题。但感伤的力量之源却是"经典通俗剧",关于这点,电影理论家布朗尼(Nick Browne)认为"最复杂、最有力的流行形式总包含传统伦理体系和新国族意识形态之间的相互妥协,这种形式能整合这两者之间情感冲突的范围和力量"。❹ 布朗尼因之是这样定义"通俗剧"的,那是"描述社会悲剧的戏,其中个人品德会受到挑战,或藏匿不显,不被注意,或是受到损害;这种戏的形式一般在关于旧社会的狭隘但常具反抗性的参数中变动,并以此重建资本主义时代所需的伦理关系,且将这种伦理放置在

---

❶ 《新上海》,1 卷 1 期,1933,页 67—73。
❷ 毕克伟《通俗样式和中国电影的"五四"传统》,页 304—305。
❸ 毕克伟《通俗样式和中国电影的"五四"传统》,页 324。
❹ 尼克·布朗尼(Nick Browne)《社会和主体:论中国通俗剧的政治经济》,见尼克·布朗尼、毕克伟、维维安·索查克(Vivian Sobchack)和艾舍(Esther Yau)编《中国新电影:形式、身份和政治》(*New Chinese Cinemas: Forms, Identities, Politics*),剑桥:剑桥大学出版社,1994,页 40。

中心位置上"。❶ 用布朗尼的思路,毕克伟发现,现代中国电影体现着一个通俗剧传统,这可以从"修辞的过度,夸张的表演和道德上的强调"等方面看出来,它"不是为了针砭单调的日常生活。相反,它试图把一群多是非的观众带入善恶的基本冲突中去,这冲突就发生在日常生活的表层之下"。因此,"通俗剧表演在混乱的共和国早期,因为它向难缠的问题提供了清晰的答案,对于趣味不高非知识分子的城市流行文化消费者来说特别有吸引力"。❷ 这对长期以来意识形态的阐释问题来讲,确乎是非常必要的一种中和物。我的个人论点很显然更接近于毕克伟的观点,尽管我不太愿意使用"通俗剧"这个名称来界定我前面所引用的那些材料。

在我看来,中国电影的质量在三十年代确实有很大提高,也因此它们在城市观众中树立了更坚实的信誉,并且也更能和西方电影一较高下。这些,自然不能全然归功于左翼文学运动的影响。从夏衍回忆录看来,我们得知他其实是因为和明星公司经理的私谊才应邀成了一个"剧本顾问"。❸ 明星公司的经理和一些资深导演像张石川和郑正秋,意识

---

❶ 尼克·布朗尼(Nick Browne)《社会和主体:论中国通俗剧的政治经济》,见尼克·布朗尼、毕克伟、维维安·索查克(Vivian Sobchack)和艾舍·尧(Esther Yau)编《中国新电影:形式、身份和政治》(*New Chinese Cinemas: Forms, Identities, Politics*),剑桥:剑桥大学出版社,1994,页 41。

❷ 毕克伟《通俗样式和中国电影的"五四"传统》,页 301—303。布朗尼和毕克伟的文章都引自彼得·布洛克(Peter Brook)的书《通俗剧象征》(*The Melodramatic Imagination*),纽约:哥伦比亚大学出版社,1985。此书是研究巴尔扎克和亨利·詹姆斯小说的专著。

❸ 夏衍《懒寻旧梦录》,北京:生活·读书·新知三联书店,1985,页 224—231。夏的朋友钱杏邨和明星的经理周剑云是很好的朋友,他们和明星的当家导演张石川、郑正秋的第一次见面就约在法租界著名的 D.D. 咖啡馆里。张是旧派人物,但郑对洪深很是佩服,而且郑的影响力也更大。

到日本侵占满洲里和轰炸上海,使上海观众的情绪为之一变,新激起的爱国热忱使他们不再对刀光剑影或伤感的伦理片感兴趣。这种爱国激情,使左翼知识分子立足电影圈成为可能,不过他们最初是通过新闻业进入电影圈的,也就是说,在他们自己的剧本打入电影圈前,他们先在所有大报的电影副刊上发表大量的影评。换言之,他们可以非常有意识地操纵现有的城市"出版公共空间"之机制,其方式和其他新闻记者、出版商用于提高和塑造观众口味的策略一样。而出版和电影这两种媒介的联手必然给他们带来好处。不过,因为那些主要人物,像夏衍、田汉和阳翰笙这些作家和剧作家,都出自话剧背景,所以他们最初的顾问任务,事实上是写一个"剧情说明书"的雏形,然后导演再据此创作一幕幕具体的脚本。❶

此外,据夏衍的回忆录,左翼剧作家一般不把他们的意识形态观点强加给和他们共事的导演,相反,他们在起草剧情时,总是很尊重导演的意图,而且渐渐地他们之间也产生了友谊。这也可以解释为什么导演程步高在思想上变得越来越"进步"。另一方面,导演们也对故事"质量的提高"感到由衷的高兴,而他们也不曾知觉到某些左翼观点,用毕克伟的话说就是"初级马克思主义",已经"渗透"进来。❷ 因此,我们有理由认为左翼剧作家对中国观众的思想影响不是通过直截了当地向他们灌输明显的政治意识形态(因为审片制度),而是在故事层面上带给观众一种新的叙事模式,描写那些活在有限的城市空间中的小市民,以此来折射社会等级,并用善、恶世界之间的比较来隐喻城市和乡村。在这种新的叙事结构中,影射上海的城市越来越染上灰暗的色调,成为反面形象;而

---

❶ 夏衍《懒寻旧梦录》,北京:生活·读书·新知三联书店,1985,页 232—233。
❷ 夏衍《懒寻旧梦录》,北京:生活·读书·新知三联书店,1985,页 233。

同时乡村则日益成为电影自我指涉的城市模式的理想"他者"。简言之,电影开始表现乡村出身或乡村的小人物,讲述他们的经历,讲他们如何不断成为城市环境的牺牲品。

从我们读到的电影剧本看,有些剧本很显然就是一个短篇小说:其文学价值是很明显的。我在以前的一篇文章中曾谈到过,这些电影剧本详尽的描述"使得电影的情节丰富、角色丰满,但在蒙太奇序列的运用上却还是单薄"❶。虽然剧本提供了一部电影的内容,但要靠"蒙太奇序列"和其他电影手段才能创造出电影本身的画面风格。这里,我想说,撇开意识形态背景,中国的电影导演了一小部分例外,绝大多数都开始使用中国电影制作的一种基本技术"语言",这种语言是通过摹仿和创新演变而来的。那么,到底是什么组成了这套基本的电影语汇,它和电影观众的欣赏习惯之间构成了什么样的关系?事实上,一旦触及这个话题,就会发现其中问题非常复杂。下述评论是一些初期探讨的结晶。

香港电影理论家,已故的林年同,把本土的电影语言定义为"蒙太奇"和"长镜头"两种不同的电影美学原理的结合。前者来自苏联,后者是美、法的电影制片传统。用林年同的说法,"长镜头"原理是为了强调时空的绵延和连续性,而"蒙太奇"之法就是把不连贯非连续的镜头接合在一起,以此来强调冲突和张力。"长镜深焦"的技巧经常由中景和远景拍摄来完成,它们能容纳更广阔的空间和更长的时限,因此一方面它们可以把人放置在一个更开阔的环境里,去构造新的整体,另一方面也可

---

❶ 李欧梵《中国现代电影的传统:一些初期探索和假设》,见克里斯·贝瑞(Chris Berry)编《中国电影管窥》(*Perspectives on Chinese Cinema*),伦敦:英国电影协会,1991,页12。具有讽喻性的是,无声片的剧本在技巧暗示,包括对场景和场景、镜头和镜头之间的指示都相对地要详细一点。

表现他们在同一时空中的"冲突"。❶ 在从前的文章中,我认为这种运用在中国电影中的技巧是"对话剧习俗的直接移植",显示在"电影中的对等技巧"。❷ 受林年同的启发,我现在意识到我的这种断言还需再斟酌。

汉森在她的著作《巴别和巴比伦》中谈到,经典好莱坞"总向它的观众提供最理想的视角,这个视角只属于观众,影片虚构幻象世界里的任何人物都不可能分享此视角"。❸ 尽管好莱坞常号称要反映"现实",但其摄制的影片总有一个自给自足的世界,一个"现实的幻象",它在整个电影放映过程中,给每个观众套了一道魔咒。

本着这个目的,"电影的话语资源、框架、剪辑和舞台布置都越来越和叙事目的相融合"❹。这种最佳视点就是旨在取得好莱坞所向往的自然效果:"摄影机一定要像观众那样,去观察所发生的一切,但摄影机一定要使所拍摄的东西显得真实而自然,千万不能打上赝品的烙印。"❺受此启发,我们可以说中国的电影作家和导演,尤其是那些左翼的,就是想取得这种"真实"的效果。但同时,和格里菲斯开始的好莱坞制片相比,因为很显见的制度原因,中国电影还远不能取得那样的整体效果。仅举一例,经典的好莱坞电影就不能说是只受了"长镜头"传统的滋养。❻ 电

---

❶ 林年同《镜游》,香港:素叶出版社,1985,页 3—6。
❷ 李欧梵《中国现代电影的传统:一些初期探索和假设》,页 14。
❸ 米瑞姆·汉森《巴别和巴比伦:美国无声电影时代的观众》,页 23。
❹ 米瑞姆·汉森《巴别和巴比伦:美国无声电影时代的观众》,页 79。
❺ 米瑞姆·汉森《巴别和巴比伦:美国无声电影时代的观众》,页 82。引自评论家弗兰克·沃兹(Frank Woods)。
❻ 自安德鲁·巴赞的著名论述后,长镜美学就更被视为是欧洲传统的一个特色,从意大利的新写实贯穿到戈达尔和阿克尔曼的电影。李陀则巧妙地把巴赞的"纪实性"理论用在分析中国电影上,尽管李分析的不是三十年代的电影。见李陀《长镜头和电影的纪实性》,载《电影美学》,1982,北京:中国文艺联合出版公司,1983,页 94—131。

影学家伯奇(Noel Burch)就提出好莱坞视觉效果的形成是因为他们遵循了下面的基本原理:"镜头对镜头——在整个摄制中,观众的不在/在场一直被放在中心位置上,这样,观众就成了包围他/她的两种注视、两种话语之间的隐形中间人,居于理想的隐形窥视者之地位。"❶从这个基本的镜头对镜头组合中,引申出了远景、中景和特写一系列的摄影手法,来操纵观众的反应。就此而言,中国的电影人很简单地因为资金有限,根本无力制作那样精细的连续镜头。不过,尽管如此,当我们观赏三十年代的中国电影时,还是不难看出它们处处受好莱坞电影的影响,这是因为好莱坞电影占据了上海的电影市场,而中国的电影人,尤其是那些"戏人"背景的,也无从自他处获得灵感。他们就直接地模仿好莱坞电影的表演风格、灯光设计和摄影机的移动。甚至,他们电影中的有些故事也来自外国电影。

不过,近来的一些国内电影学家,追随着林年同,开始煞费苦心地在理论上证明中国的电影人已经超越或撇开好莱坞的影响而发展出了自己的传统。香港电影学家黄爱玲,在她的一篇学术论文中非常有力地提出,把观众的视点放在"叙事空间最理想的角度"上,而摄影机实际上就被隐匿起来了,这种好莱坞风格的视觉效果,并不是中国的电影人所想取得的效果。在黄爱玲看来,中国导演倾向于用"长镜深焦"主要是受了传统中国美学原则的影响,比如说传统画,这种美学不是把观赏者置于任何所谓的最佳视角上,而是让他们自行其是。因此"中国的电影制造者都希图在观众和(包含在电影中的)戏剧间维持间距,并极力粉碎屏幕

---

❶ 诺尔·伯奇(Noel Burch)《叙述/视点:开端和局限》(*Narrative/Diegesis-Thresholds, Limits*),《屏幕》,第23期,1982年7—8月,页22。

上所呈现的现实幻象"❶。按林年同的思路,黄爱玲继续指出,中国电影人对苏联的蒙太奇理论非常熟悉。事实上,田汉在一九二六年就组织首映了爱森斯坦(Eisenstein)的《战舰波将金号》,而夏衍和郑伯奇还翻译了普多夫金(V. I. Pudovkin,1893—1953)的文章。他们认为这些文章是进步的,但他们依然喜欢用"长镜"来表达一种时空的绵延感。

因此,他们试图用其他的方式在一个大体相关的框架中取得蒙太奇的效果。❷ 这确乎是一篇相当"民族主义"的论文。不过在我看来,黄爱玲似乎过于溢美中国电影导演的创造力和创新力,仿佛他们能丝毫不差地把握他们的选择在美学和技巧上意味着什么。她没有继续论述为什么中国电影在叙述缓慢,甚至是悠闲的节奏中,蒙太奇的使用是那么罕见。她也不曾论及电影表演,也许是因为表演对思考电影美学来说总是无关紧要的。而我认为,中国电影的叙事力量很大程度上是由表演和其他因素带来的,而电影理论家以为这些无关电影质量,倾向于对此视而不见。

到目前为止,大陆电影学家马宁对左翼电影的研究是最有洞见的,他的文章《激进在文本和批评上的差异:重构 30 年代的中国左翼电影》提出了一个与以往论述相对的"激进"观点。通过细读电影《马路天使》(1937),马宁提出电影的左翼模式深受好莱坞通俗剧影响,且比它们走得更远,因为左翼模式包含了"超视角侵入和明确的社会指涉"❸。此外,它还合并了两种不同的话语,马宁称之为"新闻"话语和"流行"话语。

---

❶ 黄爱玲《试论三十年代中国电影单镜头的性质》,见《中国电影研究》,第一卷,页 47。
❷ 黄爱玲《试论三十年代中国电影单镜头的性质》,见《中国电影研究》,第一卷,页 44、49。
❸ 马宁《激进在文本和批评上的差异:重构 30 年代的中国左翼电影》,见《广角》,11 卷 2 期,1989,页 23。

这些电影中的新闻话语以新闻的形式出现,比如报纸标题和历史画面,因为它们的准客观性质和对个人权利及法律至上的强调,可以被视为是中国式资本主义的产物。另一方面,流行话语则通过流行民歌、皮影戏、双关语和魔术表演这些文化形式表现出来,这种话语因为它的大众性以及对激进行为的倡导,可以被视为是无产阶级的。❶

在马宁看来,正是这些本土的不重要的因素改造了好莱坞的习俗,帮助提供了"一个更易被理解的系统,并给予了文本一个寓言性结构"。某种意义上,你可以在"资产阶级"和"无产阶级"的口味间区分阶级的不同。但这种本土口味经常和那个时期城市观众的生活方式混杂在一起。在我看来,马宁的论述事实上是证实了书面、口语和电影这些文化类型之间是互相关联的,它们共同塑造了流行口味。尤其是报纸标题进入电影叙述,比如《马路天使》,更进一步暴露了左翼电影工作者原来从事出版业的背景。鲁迅在那个时期写的很多杂文中也同样采取了对新闻报道不信任的策略。而同时,我们需要注意到,三十年代的中国电影,无论是不是左翼的,不管它们的电影技巧有多么辉煌,它们依然最重视情节的发展,这和当时流行小说对情节的重视是一致的。而马宁所说的像唱民歌这样的"无产阶级"因素更进一步加深了这种印象,即某些场景是带"舞台演出"性质的,从而凸显了表演。

---

❶ 马宁《激进在文本和批评上的差异:重构 30 年代的中国左翼电影》,见《广角》,11 卷 2 期,1989,页 26。

《马路天使》《桃李劫》和《十字街头》三剧研究

前面马宁所论述的"文本"是袁牧之导演的《马路天使》,据同名的美国电影改编(1928)。❶ 杰·莱达也高度赞扬了这部经典电影:"撇开它的来源,袁以自己的风格拍摄了这部电影,他的人物入木三分,对话极少,他对音响的使用一直非常警觉,故事关键都通过手势和摄影机的移动来表达;故事开头就用了一长串的摄影机移动,从上海的最高屋顶一直拍到最肮脏的水沟。"❷事实上,这部电影一开头就用了节奏很快的整个城市的蒙太奇组合,包括角度奇特的上海摩天大楼、轿车街车拥挤的街道、娱乐区闪烁的霓虹招牌,尤其是咖啡馆和舞厅。除了这些精彩的组合,马宁甚至还统计了前面的五十二个镜头,其中三十六个拍的是旁观者,他们那被动的神情令人想起鲁迅对中国庸众的著名批判。另一方面,在马宁看来,那些演员都被赋予了特殊视野,而这些城市景观序列则会令观众把它们视为"中国封建主义和外国势力之间的隐喻性强行联姻"❸。

---

❶ 此片由珍尼特(Janet Gaynor)主演,弗兰克·伯扎格(Frank Borzage)导演,他那伤感的导演风格可能会令中国观众备感亲切。我找不到这部影片的录像带。下述的情节概要和评价是从如今的电视节目对老电影之引介上截来的:"从警察局出逃的意大利姑娘加入了一个流浪马戏团,遇上并爱上了一个视她为灵感的年轻画家。该剧的成功几近《七重天》,事实上,这是一个更好、更细腻、摄影更美的罗曼史。"李奥·马尔顿(Leonard Malton)编,《1979—1980 电视电影》(*1979-1980 TV Movies*),纽约:圆章出版社,1980,页 669。*Seventh Heaven* 译作《七重天》,很显然在上海也创了票房纪录。

❷ 杰·莱达《电影:中国电影和电影观众之观察》,页 106。

❸ 马宁《激进在文本和批评上的差异:重构 30 年代的中国左翼电影》,见《广角》,11 卷 2 期,1989,页 24。

不过,纵使开首的镜头如此辉煌,当主要情节展开时,电影就切换到一个不同的"现实主义"模式上去了,由一系列相当内视的镜头组成,其中的那些喜剧性插曲和伤感的邂逅总是交织着苦难、牺牲和折磨,直至最后的结局。有意思的是,在临近结尾的时候,叙事速度逐渐变缓而伤感的气氛也越来越浓厚。当然,因为后来的观众习惯于快一些的节奏,我们便不可能完全复现当时观众的欣赏习惯,他们很可能就因为影片的慢节奏而被故事的伤感情节俘获住。另一方面,如果对比一下中国版和好莱坞原版《马路天使》的叙述策略和节奏一定会非常有意思。是不是好莱坞版的也一样有很多唱歌场景?而且当唱歌、跳舞和喜剧已然成为好莱坞歌舞片之要素的时候,比如伯克莱(Busby Berkeley)的影片场景和早期阿斯戴尔(Fred Astaire)主演的影片,同期的中国电影却很少有什么跳舞场面。倒是演唱不仅在上海的夜总会里相当流行,而且在刚兴起的电台节目中也很受欢迎。因此,唱歌就更是一种城市娱乐的现代形式,而不是什么唱民歌的"无产阶级"方式。因此中国的有声电影利用了这种广受欢迎的娱乐形式,推出了像周璇和白光这样的歌星,并由此开创了电影带插曲的传统。其中聂耳作曲的《义勇军进行曲》曾是电影《风云儿女》(1935)的插曲,以后则成了中华人民共和国国歌。在《马路天使》中,当周璇唱歌的时候,情节就停顿下来,这种情形在无数的好莱坞歌舞片中也可看到。但就本质而言,这部影片既不是什么歌舞片,也不是喜剧,而是带喜剧色彩的社会伦理剧,其喜剧性主要是由赵丹和一群和他配戏的演员渲染的。因此中国电影并没有很严格地追随好莱坞类型片(比如歌舞片、闹剧、西部片和黑色电影等等)所创立的传统。相反,它们倒是有效地利用类型片中的某些策略来达到其自身的目的。我们因此可以总结说,当时的中国电影观众不一定期望中国电影有好莱坞风格的那种流畅而自然的节奏。中国电影的叙事速度有跳跃正是因为中国电影包含了各种电影和文化类型的不同要素。慢节奏也同时表现在演员的说话方式上,有些人讲的普通话还不甚标准。以今天的标准来衡量,他们的表演风格应该说是相当"过火"的,夸张的脸部表情,以及令人想起好莱坞无声片时代那些明星的手势动作;但我依然想说,这种表演风格是带着话剧痕迹的。而外国无声电影可能是他们灵感的另一个来源,包括在上海上映的弗里兹·朗(Fritz Lang)的《大都会》(*Metropolis*)这样的德国印象主义作品。借鉴德国印象主义最明显的例子就是在拍摄特写时,脸部灯光从下往上打,以此来渲染角色或表现某种邪恶行为。

在另一部由袁牧之编剧的电影《桃李劫》中,袁牧之和导演应云卫(应云卫以前也是演员)合作,使表演推动了整部影片的发展。《桃李劫》可能不是三十年代拍摄的最好影片,但就主题和内容而言,它在很多方面是颇具代表性的。故事讲的是一对受过教育的知识分子夫妇,被城市环境逼迫至穷困潦倒而去行窃。有意思的是,我们在两位西方批评家那儿发现了他们当年对应云卫导演风格的评价,他们是奥登(W. H. Auden)和伊舍伍德(Christopher Isherwood),他俩于一九三八年赴汉口旅行,领略了人们蜂拥去观看由应云卫导演的一部战争片的热潮。"制片(应云卫)对配置的把握有令人震惊的敏感;他的弱点在于对演员本身的指导,他太经常地沉溺于中国人的做鬼脸天赋。所有这些神情,激情也好,愤怒也好,悲伤也好,都不过是对西方的一种戏仿。而一个真正有天赋的导演终会在某一天,形成一种真正更具民族性的表演风格,这种风格将基于中国人之安宁表情的美和尊严。"❶很遗憾,奥登和伊舍伍德从

---

❶ 杰·莱达《电影:中国电影和电影观众之观察》,页117。

没看过费穆的影片,尤其是他的代表作《小城之春》。❶ 不过,他们的评论依然是有道理的,因为应云卫的导演风格确乎不是很有特色的,倒是和其他导演有很多共同点。不管是不是直接地受了话剧的影响,中国电影总是把表演放在首位,尤其是像阮玲玉、赵丹和石挥这些有表演天赋的大牌明星的表演。自三十年代起,明星和其他的一些中国电影公司都相继采用了好莱坞的明星制。❷

从纯技术的观点看,黄爱玲认为《桃李劫》的悲剧力量来自"摄影机的移动和长镜拍摄,因为长镜可以使摄影机持续地盯住演员"❸。为什么摄影机要持续地"盯住"演员?黄爱玲在谈到"受压制人物无人怜悯的困境"时,她的理论赋予了摄影机角色独一无二的关注。在影片开始时,"广角长镜"的摄影机跟踪着校训引入了主人公,以及三个把他投入到牢房角落的狱卒,主人公是背对着镜头的。这样故事就闪回到过去。黄爱玲也评论了影片的一个关键场景,其中,生育后极其虚弱的主人公妻子拎着一桶水上楼,她越来越走近镜头,脸也越来越变形,这种张力持续到她终于从楼梯上摔下去晕倒为止。整组镜头中,摄影机都是静止的。❹但在黄爱玲的全部论述中,她并没有提到袁牧之和陈波儿的表演,他们分别出演了主人公和主人公之妻。如果独立地看,也就是说,撇开故事

---

❶ 《小城之春》摄于四十年代,是一部令人肃然起敬的杰作。在我看来,该片和三十年代的电影很不相同,且完全超越了三十年代的作品,其对形式的把握完美地表现了人物在伦理冲突和性压抑下的深沉的心理状态。杰·莱达在书中简要地介绍了费穆,但只字未提该片。因为我只在香港看过一次《小城之春》,也未能找到录像,所以不能做详细分析。

❷ 杰·莱达《电影:中国电影和电影观众之观察》,页86。

❸ 黄爱玲《试论三十年代中国电影单镜头的性质》,页42。

❹ 黄爱玲《试论三十年代中国电影单镜头的性质》,页43。

看这部影片,演员的表演尽管很有表现力,还是印证了奥登和伊舍伍德的说法;但影片的情感力量却正是来自于像楼梯片断那样的插曲,因为它既是故事的高潮点,也是这对夫妻生活的最低点。因此,就叙事而言,应云卫似乎想用电影手段来"强调"主人公受到的多重折磨,以此把影片情节的重点堆积起来,在观众身上造成巨大的情感冲击。有意思的是,因为对这些通俗片断的强调,影片对两位主人公的塑造有可能偏离剧本原本的意图。至少在当时的某个评论者看来,男主人公作为一个诚实的人,他本应该是全片的聚焦点,但影片对他的刻画并不成功,他的形象被他苦难的妻子的形象所遮盖,而后者的死,在"素朴的观众"看来,则是献祭给了她丈夫憨直的个性。[1]

观众的角色

事实上,在三十年代的影评中经常会提到观众,以及他们在决定,有时是妥协电影制片人上所扮演的重要角色。我会在档案资料的庞大库藏中挑选两例。一是《渔光曲》(1934,现在渐渐被认为是一部杰作)的导演蔡楚生在《渔》片首映不久后所作的自述:

> 在看了几部生产影片未能收到良好的效果以后,我更坚决地相信,一部好的影片的最主要的前提,是使观众发生兴趣,因为几部生产片,就其意识的倾向论都是正确或接近正确的,但是为什么不能收到完美的效果呢?那却在于都嫌太沉闷了一些,以致使观众得不到兴趣,所以,为了使观众容易接受作者的意见起见,在正确的意识

---

[1] 《中国左翼电影运动》,页555。

外面,不得不包上一层糖衣……很可惜的,现在的工人和农民能够有机会观电影的很少很少,而观众中最多数的,则还是都市的市民层分子。

他为电影最后那美满巧合的结尾辩护,说这是因为他关注"戏剧性",而且也因为一般的观众都喜欢"多一些的情节"。❶

另外一篇是著名的左翼剧作家宋之的于一九三五年写的论电影欣赏和观众心理的文章。他从一个观众的角度出发,提出一个导演在拍片前应该仔细考虑主题和表现方式的选择:

> 普通观众的眼睛是相当昏懵的。我们只能看到事件的大致框架,这个框架要不是激动人心,就很难激起我们的反应。因此,电影向我们展示的应该,且必须是那些隐藏在现象之核中的最尖锐的部分。导演思考、分析、组织,然后再利用它们来刺激并打动我们。但我们并不是木偶。题材的直接呈现只会是浪费。镜头的组合和剪辑应该简单、清楚而生动,以此造成一种情感节奏来联结整部戏,来控制戏的脉搏。但仅关注相关镜头的情感联系依然可被视为是一种浪费。所要作的不仅是要把整部电影的戏剧情感维持到结束,还得让它喷涌而出,像大河激流一般。

宋所说的那些"最尖锐的部分"到底指的是什么?还有他说的大河激流般喷涌而出的持续的"情感节奏"又指的是什么?他用词的艰涩使我们在把他的意思转换成现代电影理论时,自然很不轻松。他可能是在谈论"蒙太奇"的必要性,因为它被认为是可以增强电影的情感冲击力;

---

❶ 蔡楚生《八十四日之后:给〈渔光曲〉的观众们》,《中国左翼电影运动》,页364—365。

或者,更有可能的是,他在谈论一种好莱坞类型的节奏,煞费苦心地通过运用电影"技巧"来取得一种"戏剧化"节奏。宋还仔细区分了"技巧"和"技术",认为后者指的是一种机械状况。宋的这篇陈述,再加上蔡楚生论"戏剧性"之必要和观众对"多一些情节"的爱好,会使我们清楚意识到,对两位导演来说,电影技术(此术语不是在任何机械的意义上被使用)是用来制造戏剧性的,甚至通俗剧化的曲折情节。因为叙事性,也即讲故事的必要,依然被现代中国电影放在首位,我认为维持慢节奏正是为了凸显戏剧场景,以满足观众对"多一些情节"的渴求。换言之,这也是为了创造一种中国式的影视效果。也许正是在此意义上,我们可以同意林年同认为中国电影是"蒙太奇"和"长镜"传统相结合的说法。但这是不是意味着它们代表一种纯粹的本土创新?我倒是更倾向于认为这是一种风格化的"杂交",其理由如下。

首先,我们必须把三十年代的客观电影制作条件考虑进去。关于当时简陋的制片条件,《十字街头》(1937)的导演沈西苓曾有很感人的叙述,他几乎是哽咽地讲了下面这番话:

> 中国的电影界,既没有很完整的机器,也没有充分的资本,在整个的制作的物质条件上已达到了十二分贫弱的地步,音乐与对白的不能不顾此失彼;收一个镜头的音,又不能不加上几条的棉被(因为有机器的声音)。在这样困难的状况中制作,我们不能不说已是受尽了苦痛了。但是比这个还要感到沉痛的,便是我们握不到创作的自由权。在租界上,我们不能说一句收复失地;我们也不能挂一张东北的地图……我们……不再说下去了,我们眼泪只有往肚子

里流。❶

《十字街头》的当年及后来的观众一定会惊异于该影片以相当机智的方式,通过利用报纸标题的出版文化的镜头,让社会和爱国的信息"潜进"了电影。同时,影片用非常罗曼蒂克的曲折情节讲述了两个贫穷的都市栖居者同住在一间租赁的屋里,中间只隔了一层很薄的墙,最后他们终于互相见面并且坠入爱河。❷ 影片开头有一个致谢名单,背景是一组蒙太奇画面,从很低的角度拍摄的倾斜的上海摩天大楼,用"淡出"连接起来。这组蒙太奇比起《马路天使》开头那组要逊色些,后者那种更"超现实"的风格令人感到上海确实是一座带域外风的充满速度、能量和颓废的大都会。❸ 在那个时期,有那么多电影在开头都把都市拍成这个样子!接着是一组极美的外景镜头,然后是一个男人准备跳河的特写镜头,就像爱森斯坦无声片中的一幕,但紧接着故事就转入了典型的叙述节奏。这组镜头当然也有技术处理问题,完全印证了前面沈西苓的抱怨,即对话、背景音乐无法同步发生。播完西比柳斯、柴可夫斯基和柏辽兹的音调不稳的交响乐后,就是弹得很糟的大提琴。不过,这些粗陋的设备因为对灯光的天才运用而得到了补偿。但这部电影中那组女主人公荡秋千的梦想镜头很显然是借鉴了好莱坞的歌舞剧。

当然,也就不必提里面的表演总带着通常的夸张风格。如果说有必

---

❶ 沈西苓《怎样制作〈十字街头〉》,《中国左翼电影运动》,页395。
❷ 香港导演徐克后来在他自己的一部影片里戏仿了这个故事,他把"两人行"篡改成了"三人行"。
❸ 我们甚至可以把这些镜头和茅盾《子夜》的开头几页做内在关联性比较,因为《子夜》开头也营造了一种"冲突性"气氛,(茅盾用英文原文写的)LIGHT, HEAT, POWER 所渲染的欢快的现代性和放纵的邪恶之间的矛盾。

要强调一下形式上的创新,那可举的电影基本上都是非左翼导演的作品,他们有些人确乎在某些作品中达到了意想不到的艺术巅峰。比如吴永刚导演的无声电影《神女》就是一部真正的巨作,❶不光是因为里面阮玲玉的表演出色,更是因为导演自始至终使影片处于一种抒情的氛围里,令观众想起法国大师布勒逊(Robert Bresson)的作品。而吴永刚的有声片就更是不同寻常了,联华出品的《浪淘沙》(1936)成功地在影片的结尾,于人性的情节里织进了处于几近存在主义式境遇的罪犯和警察,这两个人同时被困于一个荒凉的岛上。我们有必要提醒自己,吴永刚来自于"戏人"背景。吴永刚作品的艺术价值直到最近才受到海外电影学家的肯定,陈辉扬尤其赞赏影片开头的一组镜头,由一系列的"画卷镜头"组成的表现"套中有套"的"环型蒙太奇",这是基于中国传统美学和哲学的一种形式上的形而上学。❷

另一个特例是马徐维邦的《夜半歌声》(1937),这部影片现在被认为是"中国第一部明显受印象主义影响的电影"❸。影片开头的半小时和它的结尾参照了好莱坞电影《剧院魅影》的一个情节,《剧院魅影》是对德

---

❶ 简明扼要的分析可参见周蕾《原始激情:视像、性、人种志和当代中国电影》(*Primitive Passions: Visuality, Sexuality, Ethnography, and Contemporary Chinese Cinema*),纽约:哥伦比亚大学出版社,1995,页23—26。在本片中,如周蕾所说:"语词,如果被使用的话,也是用得相当节制,这样观众就将试图从我们习惯叫意象的画面组合中去理解这部影片。"(页25)正是这一点使得这部影片相当特殊。周从中看出了现代文学里的作家和学者对视像的精英化抵抗。我自己的立场是试图在视像和书面文字之间找到某种关联性和互相渗透。

❷ 陈辉扬《梦影集》,台北:允晨文化出版社,1990,页77—79。陈辉扬另有《梦影录》,香港:三联书店,1992。

❸ 这段评论和其他的信息引自《早期中国电影:探索的年代》,见《三十年代电影节目目录》,由香港艺术中心和香港中国电影协会主持,1984,页3。这些目录最初是由香港学者黄继持着手编的。

国印象主义电影的杰出改编。我们有理由相信这部影片在票房上的成功并不在于它那外加的且不可信的爱国主义和革命性的政治寓意(可能是田汉的主意),而是来自于导演独一无二的电影观和作为中国首席"恐怖电影大师"的技巧。❶

这批在三十年代电影工业刚萌芽时就开始拍片的非凡的导演们为中国电影开拓了一个风格化的维度,他们丰富了中国电影的主题和内容,但至今没有受到应有的重视。杰·莱达著的《电影:中国电影和电影观众之观察》后面附有一个"中国电影艺术和历史的功臣"名单,里面既没有吴永刚也不见马徐维邦。可想而知,他俩在程季华主编的《中国电影发展史》里都受到了严厉的意识形态上的批判。❷

电影与城市

本章我论述了中国电影是一种流行的"杂交"模式,由相异的文化因素构成,这些因素有旧有新,来自视觉和出版文化,它们似乎折射着,或吸引着在性别和阶级上同样"混杂"的中国电影观众。对这样一群可观的群体做详尽的研究还有待后来者,本文无法继续展开。不过,我依然想在本章就电影观众和三十年代上海的现代性文化之间的关系做一些

---

❶ 这部影片连映34天,共吸引了超过十万的观众。见罗苏文《石库门:寻常人家》,上海:上海人民出版社,1991,页235。此片广受欢迎"很大程度上也得益于制片人在报纸上煽动性地说它是'中国第一恐怖巨片',而在剧院外面,又用触目的海报加上怪诞的灯光来刺激路过的行人"。我要向张英进致谢,他在论文初稿的编者按语里提醒了我上面这点。参见金山《忆往事念亡友》,刊《大众电影》,第139期,1956,页25。

❷ 程季华《中国电影发展史》,卷一,页460—461、490。《浪淘沙》被认为是反动保守的,而程发现《夜半歌声》的一个缺陷是导演"直接抄袭"了《剧院魅影》。

结论性的梳理。

电影学家布儒娜(Giuliana Bruno)把本雅明对"都市漫游者"的描述推广到了电影观众身上,她说:"都市漫游者到处闲看,这种闲荡的方式令人想到电影观众。"事实上,这些"游荡的城市观众已历史性地被大都会的生活所凌驾,所以他们被改换、重造或寄生在电影观众的身上。现代的都市漫游者就是电影观众。最完美的都市漫游者就是最热情的电影观众"❶。她也提到,因为"都市漫游者的传统形象都是男性,所以看电影扳动了'女性观看'的解放运动",而且,看电影和橱窗购物之间具有相似性,因为电影院就像是百货大楼,"提供了一个进入公共空间的形式,一次交际机会,一个出门理由",这样,"她就能够在一个新的主体互动地带,重新平衡私人和公共的组合"。❷ 她的这些观察相当合乎上海的中国情形,就像她所研究的一九〇〇年至一九三〇年间的那不勒斯,我们可以就这两座城市的情形做一个有趣的比较。

在那不勒斯,最初吸引电影观众的主要公共场所是该城的中心拱廊,即 Galleria Umberto I,那不勒斯人天天到那儿的电影院 Salone Margherita 去看电影,而在拱廊的入口,也有露天屏幕。❸ 上海没有中心拱廊,而在世纪末放电影最早是在茶馆和娱乐园里,甚至在一个溜冰场和

---

❶ 裘里安娜·布儒娜(Giuliana Bruno)《漫步废地图:文化理论和 Elvira Notari 的城市电影》(*Streetwalking on a Ruined Map*:*Cultural Theory and the City Films of Elvira Notari*),普林斯顿大学出版社,1993,页 48—49。

❷ 裘里安娜·布儒娜(Giuliana Bruno)《漫步废地图:文化理论和 Elvira Notari 的城市电影》(*Streetwalking on a Ruined Map*:*Cultural Theory and the City Films of Elvira Notari*),普林斯顿大学出版社,1993,页 50—51。

❸ 裘里安娜·布儒娜(Giuliana Bruno)《漫步废地图:文化理论和 Elvira Notari 的城市电影》(*Streetwalking on a Ruined Map*:*Cultural Theory and the City Films of Elvira Notari*),普林斯顿大学出版社,1993,页 38。

一家餐馆都放过。❶ 因此,在新的视听媒介进入的最初日子里,它是和老的流行娱乐形式共享空间的。渐渐地,电影开始强占传统舞台以争取大众的关注。莱达的书里引用了《申报》(1921 年 7 月 29 日)上的一则电影广告,登的是在夏令配克大戏院放映的《阎瑞生》广告,内容如下:

> 这出戏,谁不爱看?
>
> 这个玩意,谁不喜欢?各舞台上所演《阎瑞生》这本戏,都是敷延时刻,要连看二三夜功夫,才能看完,看客坐得腰酸腿麻,看了还不到一半,我们用最经济的"法子"来做这出戏,只费一次功夫,可以看完;而且座位舒服,定能使看客绝口称好。这出戏共分十大本,是我们费了六个月的经营,几万元的资本,合了一百万余人的心血的结晶,扮演的明星,都受过高等教育的青年……各种背景……都是实地背景,和画出来的假背景不同。❷

这是一个很说明问题的广告。广告边缘的装饰词是"影戏","影戏"是电影在中国的最早名称,清楚地传达了它和传统"皮影戏"的亲缘关系。其他资料显示这出《阎瑞生》原系"文明戏",故事出自一则社会丑闻,讲的是一个叫阎瑞生的洋行买办为了钱财谋害了一个妓女。这出戏是一九二〇年由中国影戏研究社租商务印书馆的一块地拍成的,后又租了西班牙商人安东尼奥·拉莫(Antonio Ramos)开的夏令配克大戏院放映,这个西班牙人的公司掌握着上海一半的影院。❸ 诚如广告所示,电影和舞

---

❶ 杰·莱达《电影:中国电影和电影观众之观察》,页 2—3。

❷ 杰·莱达《电影:中国电影和电影观众之观察》,页 23。我修正了英译的一些小错误。

❸ 杰·莱达《电影:中国电影和电影观众之观察》,页 22。杜云之《中国电影史》,第 1 卷,页 28—29。

台剧之间的真正区别就在于剧院的不同,前者为观众提供了更舒适的环境。广告没有特别提及电影本身,除了强调它节省观众时间的"经济性",以及"各种背景,都是实地背景";接着它也提到了几处真实的地名,像高等妓女的住处"百花里"和"福裕里",还有王德昌茶馆、跑马场、一品香饭馆、麦田、佘山烟水、徐州车站、上海地方检察厅、龙华护军使署等等。看上去,所有这些真实地名的吸引力并不光在于电影,比如说摄影,有能力呈现真实的场景,更是因为它们在私人和公共之间架起了桥梁,它们把外面的世界带到了电影屏幕上,或者说,把戏院里的单个观众带到了外部世界中去。在这两个过程中,电影的幻象效果并没有得到重视,而且,电影和电影观众之间那种更"私人性"的关系(某些西方理论家会提醒我们注意这一点)也不见提及。上海的早期影院本身就是公共的社区,观众在那儿庆贺他们所共享的公共空间和城市所带来的奇观,而且,很可能他们的欣赏习惯和他们观看地方戏的习惯并不是那么不同;在那些岁月里,要想在黑暗中"独自"体验观看一部电影的经历不是太有可能性。后来,上海新建了电影宫,它们那大理石铺的大堂以及艺术装饰风,更不用提那些舒适无比的座位,成了著名的景观,令观众眼花缭乱,带他们进入了一个无论是在私人还是公共场所都不曾经验过的世界。这个新奇的世界给看电影本身增加了无与伦比的乐趣。因此看电影对上海的男男女女来说,就成了一种新的社会仪式——去电影院。上面提到过,放映首轮外国片的电影宫都坐落在租界;二轮影院和放映国产片的影院经常是坐落在北边的日本"租界区"。外国人是很少光顾这些二轮影院的,不过中国的电影观众填满了那儿的位置。❶ 所以,撇开这些影院很显眼的等级划分,在三十年代越来越多的中国电影观众身上体现着,在这个城市的公共空间里是有界限交错地带以及本土占据部分的;而这些公共地带本来是按着殖民势力划分为外国租界区和本土城区的。❷ "在一个公共建筑里,作为一种可见的空间占据,"布儒娜提出,"电影又一次和我们对拱廊、咖啡馆、铁路终点和到达的列车这些事物的感知和接受联系起来。"❸在这一系列的现代性城市公共地带,还可以加上百货大楼,而某种意义上,看电影就像是一种橱窗购物形式。❹

换言之,看电影已经在都会的现代生活模式中扮演了部分的角色。那么我们能不能因此推论,上海电影院里的中国观众对上演影片的反应方式和那不勒斯、巴黎或纽约的观众是一样的?前面几页我谈到了中国观众的反应可能会受出版文化所培养的阅读习惯的操纵,这样我们就能

---

❶ 我几次拜访过魏绍昌先生,他是研究鸳蝴派小说的著名学者,本人也是影迷,上海地方戏的赞助人。在我们的谈话中我发现似乎那只在票价上有区别,即包厢座贵一倍。那些外国人可能是坐在包厢里,但也有记载表明中国夫妻也在包厢里体验浪漫。施蛰存的小说《在巴黎大戏院》即是一个好例,我将在第五章进行论述。

❷ 不过,对电影院里的位置在当时是否真有隔离别类的安排,还是很值得探讨。据说,在跑马场,中国观众只能占据低一点的平台,而上层位置是留给外国人的;但中国人也以同样的热情参与了这个殖民者游戏,和外国人一起赌马。在电车上,头等车厢经常是外国人占据的,二等车厢才是中国乘客。不同于美国南部的种族隔离,中国的这些殖民分隔不是强制性的(跑马场除外)。在我看来,那更多地反映了地位和金钱的等级。

❸ 裘里安娜·布儒娜《漫步废地图:文化理论和 Elvira Notari 的城市电影》,普林斯顿大学出版社,1993,页 49。火车尤其可被视为"电影器械的机械复制",它们都"以可视的机器让观众一路旅游赏玩景观。在电影院里就像是在火车上,你一个人和他人相处,在时空中旅行,从一个静止的角度,透过移动的框架,观赏万象"。页 50。

❹ 裘里安娜·布儒娜《漫步废地图:文化理论和 Elvira Notari 的城市电影》,普林斯顿大学出版社,1993,页 50。布儒娜此处引自玛丽·安·多尼(Mary Ann Doane)。

在布儒娜描述那不勒斯观众对早期意大利电影,尤其是女性导演诺塔丽(Elvira Notari)的作品的接受上,找到某些共通点。因为两者都表明了早期电影都试图从畅销新闻中汲取养料,不同的是适应和消化过程。本土观众弥合他们自身的欣赏观和"异国性"之间差异的方式,包括作品、影院和场所,因为绝大多数的外国电影都是在外国租界放映的。那不勒斯很显然缺乏可资比较的例子,要有,就得是在一个完全为美国占据的"租界"里,那不勒斯的一家影院在放映美国电影。因此,上海的中国观众能够克服这三重障碍,并把看电影当成他们自身的新习惯和爱好是相当了不起的。

这个适应过程,像中国的电影人大大方方借鉴好莱坞电影一样,并没有产生什么殖民摹仿的效果,倒是在不同的程度上使之"中国化"了。通过像通俗剧的程式"误读"叙事上的亲缘性,到由出版操纵的"重写"剧情简介和影迷杂志的文章,用中式的价值观来重评外国电影。没有这样一个背景,本土的中国电影永无可能真正建立起来。如果出版文化在这个视听的适应过程中扮演了至关重要的角色,那么,这个可视媒介的流行迅速导致了一个逆反过程,视听进入了书写,电影成了小说技巧的主要源泉。也就不用提,那些尤擅此类电影化新模式进行小说创作的作家特别是刘呐鸥和穆时英,他们自身都是贪婪的影迷。

第四章　文本置换
书刊里发现的文学现代主义

对上海的作家来说,最重要的休闲除了看电影,就是逛书店了。这是上海的都会空间所提供的一个独特机缘:百分之八十以上的中国书店集中在一个区域里,即福州路(也以"四马路"闻名)的南北方向的两三个街区,长久以来一直被称为"文化街"。在一九三二年一月二十八日日军突然轰炸上海前,这里有新旧书肆三百余家。❶ 其中最大的两家是商务印书馆和中华书局,它们的办公大楼在福州路和河南路交叉路口并峙一地,构成激烈竞争,❷ 酷似南京路上的先施和永安两家百货公司。它们附近有很多小一点的书店,有些书店因为和新文学期刊或作家有关而声名远扬,比如"群益"是率先出版了陈独秀编的《新青年》,"北新"是鲁迅作品的出版社,"开明"以编青年读者之教科书而著称,"生活"因了邹韬奋主编的同名进步刊物而得名,而"现代"则是施蛰存的《现代》杂志和叶灵凤的《现代小说》的后台。至于由书店主办的期刊,如果包括下面的杂志,那就更多了:商务出的《东方杂志》和《小说月报》,良友图书公司的《良友》画报,新月书店的《新月》,北新的《语丝》,以及邵洵美那迷人的金

---

❶ 上海研究中心编《上海 700 年》,上海:上海人民出版社,1991,页 334。
❷ 谢菊曾《十里洋场的侧影》,广州:花城出版社,1983,页 84。

屋书店出的《金屋月刊》，它摹仿了英国的《黄面志》（Yellow Book）；这还没算那些数目惊人的画报、妇女杂志和电影杂志。光一家上海书店就在三十年代中期号称出了约二十份杂志，而且其出版速度是一天一份！

福州路这一地带还有一些老字号的传统文具店、饭馆、茶室、饭店和妓院，往南一直伸抵老城厢，这里是鸳蝴派文人和报人的"生活世界"，像包天笑、陈蝶衣、狄楚青和周瘦鹃这些人就常在书店、茶室和妓院消磨闲暇。一直到汽车和电影明星开始出来抢风头的二十年代，载着名妓的马车飞驰过街去赴饭馆的叫局，还是老世界的固定风景。但四马路的鼎盛商风让位给大马路（南京路）却是不可避免的了。不过即使如此，福州路依然是新派作家和现代派人士最常涉足的地方，其声誉历久不衰。诗人徐迟曾很激动地回忆过他当年作为一个写作新手是如何被施蛰存领着逛那些书店的：先去中华书局和商务印书馆（它有自己的外文图书馆），然后上南京路的别发书店（Kelly & Walsh）及大中华旧书店，接着去喝下午茶。❶ 这几乎也是很多其他作家的日常行踪。在中文书店里，他们不仅能找到他们的作家朋友新出版的作品和译作，还能看到书店自己最近发行的期刊。在南京路附近的西文书店，他们可以买到外文书，还能以"货到付款"的方式预订。此外，如施蛰存在我的几次访谈中所告诉我的，在一些旧书店和书摊可以轻易地找到西文旧书，主要是小说，其中不少是外国游客的航海读物，等他们到了上海后就贱卖掉了。在这样的一家旧书店，施蛰存甚至幸运地买到了一册波德莱尔的诗全集。❷

正是在这样的一种"嗜书"环境里，西方文学带着其所有"物质性"的西方现代主义文本，被上海的文坛边吸收边加以再创造。做西方作家或

---

❶ 徐迟《江南小镇》，北京：作家出版社，1993，页104。
❷ 系我在1985、1986和1994年在施蛰存家对他的访谈。

作品对中国现代文学之"影响研究"的学者,通常会忽略这个物质语境,书或杂志中的西方作家和作品是如何被阅读、被翻译或以某种时尚的方式被改编成中文,然后被中国作家吸纳进他们自身的写作中去。这个复杂的"文本置换"过程,揭示了正在浮现的上海现代文化的另一面;在某种方式上,它协助创造了上海新文化。

从书刊进入"美丽的新世界"

徐迟的回忆录最生动地见证了这个都会书刊世界的力量和魅力。当徐迟还是燕京大学的学生时,他就和英文系的系主任士比亚小姐(Ms. Spear)成了朋友,她送了徐迟一年的美国文学季刊《猎犬与号角》(*Hound and Horn*)四册,它们真正开了他眼界:"它给我展开了一个奇异的世界文学和崭新的心灵世界。我直接接触到了二十世纪三十年代的现代派的美术作品。记不得是哪一位艺术大师的作品,可能就是马蒂斯(Matisse),也许就是亨利·摩尔(Henry Moore),线条真是美极了。可是巨大的腿子,巨大的臀部,夸张了的人体美,又叫我这从江南小镇上来到古老京城的后生小子瞠目结舌……表现形式尤其新颖。我是见所未见,闻所未闻,人间竟有这样大胆的裸露而毫不猥亵的素描,这样美的性感的艺术流派。"而在一九三二年春季号的《猎犬与号角》上,他还发现了斯坦因(Gertrude Stein)的《风景与华盛顿》,他将它翻译成中文,但发现自己还是没法弄懂它,可这篇文章"仍给人一种美感,一种欣赏和一种享受"❶。单是这一份刊物就成了徐迟的现代文学入门书。

---

❶ 徐迟《江南小镇》,北京:作家出版社,1993,页115。

徐迟一直都不曾修完他在燕京的学业,尽管他似乎极大地受惠于燕京英国文学的精良师资,比如他听过后成为著名外交官的叶公超讲艾略特的长诗《荒原》。后来,他回到了江南,在苏州附近谋了个教职,并用他的第一个月十五元钱的薪水,向上海的中美图书公司用货到付款的方式邮购了一本艾略特的论文选集,该书定价是十二先令六便士(一英镑合十八元)。❶ 论文选集的第一篇就是《论传统与个人才能》。此外,徐迟也提到过英国的那家别发书店,该社在亚洲有五个分支机构(分布于上海、香港、汉口、新加坡和横滨),以及商务印书馆的外文书和他任教过的苏州大学的图书馆和他朋友们的私人藏书。当他所敬重的诗人朋友戴望舒一九三五年自法国回来时,戴望舒顺道带了几千册的法文和西班牙文的书回来。他的另一个朋友,富有的纨绔子邵洵美把他的个人西文书收藏随意地让他圈子里的作家和艺术家们分享。自然,如今不可能再去追索他们的收藏目录,但一九九四年我在上海和一个书商的意外相遇,却让我购得施蛰存多年积藏的西文书中的一小部分(三十余册)。这些书不仅让我确切地掌握了施蛰存的购书情形,也帮我重建了一种直接的、尽管片面而有限的,和西方文学材料之获取和"再造"之间的关联:也即是说,在检索施蛰存的个人收藏的基础上,我将试图论证他所买所读的书不光点燃了他的文学想象,它们也被他引用在他自己的创作中。施蛰存的个案可能也会转而在中西现代性的"文本"关系上投上一束新的光亮。

施蛰存的绝大多数西文书系伦敦、纽约和巴黎出版的英法文书籍。其中有些施蛰存是买的旧书,购自"大中华旧书店"这种地方,该店位于

---

❶ 徐迟《江南小镇》,北京:作家出版社,1993,页 134。1930 年的上海外汇比率参见韦科曼(Frederic Wakeman)《掌管上海,1927—1937》(*Policing Shanghai*, *1927-1937*),xi。

九江路429弄116—7号(店址是印在封底的)。有些是某个外国人送给另一个人的礼物,这可从赠送者的题签中看出来,比如,在艾米尔·维合壬(Emile Verhaeren)著的《下午》(*Afternoon*)扉页写着:"给我亲爱的表妹(姐),艾茨拉,汤姆,3/13/23"(To My Dear Cousin, Ezra, from Tom, 3/13/23),该书是穆菲(Charles R. Murphy)翻译的(纽约:约翰道公司,1917)。施蛰存的许多新书都是纽约的麦克米兰公司(Macmillan Company)出的"现代图书馆"(Modern Library)版本。施蛰存告诉我麦克米兰公司为他提供了他买得起的现代经典之最重要的资源。在这样的一本书的书皮背页上有一个广告如是说:"现代图书馆系列至今已有二百四十五册。收有几乎每个现代一流作家的至少一本代表作。醒目地陈列于美国和加拿大的任何一家书店,在读英文书的世界每个角落都有授权代理处。"❶上海的中美图书公司和别发书店显然是这样的两家代理。但施蛰存也买著名的出版社,比如伦敦的法波法波(Faber & Faber)和巴黎和伽里玛(Gallimard)出版的其他有价值的新旧书,像艾略特的《诗1909—1925》(*Poems, 1909-1925*),奥登的《诗选》(*Selected Poems*, 1938),马拉美(Stéphane Mallarmé)翻译的《爱伦·坡诗集》(*Les Poèms d'Edgar Poe*),保尔·艾吕雅的《恋歌》(*L'Amour la Poésie*)。施蛰存对蔼理斯的浓厚兴趣可能源于他的一本《散文集》(*Selected Essays*)(人人图书馆,第930号,1936)。显尼支勒(Arthur Schnitzler)是施蛰存最喜欢的另一位作家,我发现施蛰存买了他的两本德文原著:《爱尔赛小姐》(*Fräulein Else*, 1926)和《上尉哥斯脱尔》(*Leutnant Gustl*, 1919)及一册英译本《破晓》(*Daybreak*, 1927)。施蛰存一定曾拥有这个奥地利作家更

---

❶ 这个书皮是汤姆斯·布芬奇(Thomas Bulfinch)所著《布芬奇神话集》(*Bulfinch's Mythology*)的,纽约:"现代图书馆"系列。

多的书,他还把有些书译成了中文。

上面所举的例子是为了说明,当时上海的书籍资源不仅可供找到西方文学作品的最新原著或英译本,也可以让施蛰存这样的文学编辑建立起他的有个人选择的收藏。施蛰存以传统中国人的习惯在外文书的首页上盖上他的私章,后来还用中文和拉丁文设计了他自己的藏书票:Ex-Libris C. Z. Sze(施蛰存藏书)。我们很可以想象,他是如何借着英汉或法汉词典的帮助,艰难地去弄懂那些原著,从中他亦渐渐地养成了他自己在西方现代主义文学上的趣味。当我问他是如何学用法文和英文来阅读时,他跟我讲起了一桩令人陶然的轶事:他在上海法租界的震旦大学读书时,教他和戴望舒读法文的是一位牧师,教材是雨果(Victor Hugo)和法朗士(Anatole France)的"道德昂扬"的作品,但他们却在私下里贪看波德莱尔、魏尔伦和兰波的"不道德"又颓废的作品——由此他们也爱上了法国的象征主义诗歌!自然,一开始他们得掌握一些语法书:其中最著名的英文语法书是纳斯菲尔德(J. C. Nesfield)写的"纳氏中国读者的英文语法系列"(English Grammar Series for Chinese Readers),这是从印度的英殖民教科书移植来的通用课本,由伦敦的麦克米兰公司出版,该公司在孟买、加尔各答和马德拉斯有分支机构。❶ 相应的法文语法是P. L. Tsang, S. J的《中国学生实用法文语法初阶》,一九二四年印刷(七版),此系上海徐家汇地区天主教的传教任务。❷ 在这本双语的语法书里,中文例句和解释都是用文言写的。

西方文学信息的另一个更重要的来源是文学期刊。施蛰存和徐迟

---

❶ 见我所购得的施蛰存藏书。下卷《简易文法分析和讲解》(1928)是为"中等学校的低年级而设计"的。

❷ 据我在1994年6月购得此书的那家店的店主说,此系戴望舒用过的第一本语法书。

都在谈话中告诉我,他们曾读过或接触过的杂志有美国的《名利场》《老爷杂志》《纽约客》《哈泼氏》《星期六评论》《星期六晚报》,英国的《当代》《日晷》《标准》《读书人》;报纸有《纽约时报》《泰晤士报》《世界报》《人道报》(周刊)。这还不算上海的英文报刊像《北华捷报》《大美沪报》和《水星》。美国的读者可能会把《名利场》或《纽约客》这样的杂志当消闲读物,但三十年代的上海读者却不那样随便地对待它们,因为这些杂志成了他们瞭望西方文学、艺术设计和高等都会生活风格的窗口。这些杂志的水平越高,比如《标准》《读书人》和《日晷》,里面的文章、诗歌和评论的文学质量也越高。毕竟,艾略特的《荒原》是首刊在《标准》创刊号上的(一九二二年十月),艾略特在《标准》做了十七年的编辑。《日晷》的执行编辑是诗人莫尔(Marianne Moore),这份杂志刊载大量的书评和名人诗作,像庞德(Ezra Pound)、劳伦斯(D. H. Lawrence)、瓦雷里(Paul Valéry)、柏克(Kenneth Burke)和温特斯(Yvor Winters)的作品(这只不过是一九二九年的几个例子)。除了激动过徐迟的马蒂斯(Matisse)和亨利·摩尔(Henry Moore)的现代艺术,它们也刊登艾略特、肯明斯(E. E. Cummings)等众多人的诗作。

英美都各自有《读书人》(*The Bookman*)杂志,美国的《读书人》要比英国的在知识层次上高一些;很可能两种都在上海有售。如果施蛰存真是浏览过一九二九至一九三〇年的目录,他一定会发现在美国的一九三〇年三月号上有切斯特顿(G. K. Chesterton)的《小说中的魔术和幻象》,以及瓦里斯(Edgar Wallace)在英国的一九二九年圣诞特刊上的《文学中的魔术、幽灵、侦探和神秘》。这些都可能启发他在他自己的小说中实验魔幻和神秘(见本书第五章)。如要继续追踪文学关联,中国"新感觉派"们喜欢的另一个作家,由刘呐鸥最早从日语译介进来的法国人保尔·穆杭,也是《名利场》(Vanity Fair)的固定撰稿人,该杂志显然是最魅力四射的刊物,也是施蛰存的个人最爱。❶ 穆杭的异域游记和故事,包括一组《神秘的中国》,在《名利场》上发表,给这份纽约风的杂志平添了对上海的中国读者的特殊吸引力。除了用大量的篇幅刊登文学、戏剧和电影评论,这份杂志的艺饰设计也体现了纽约市民的"时髦而通世故"的生活风格,而其旨在塑造一九三一年阴郁的大萧条后的"生活中更有光彩的一面"。杂志上琳琅满目的衣服、香水、珠宝、饭店和汽车广告正是构成摩登意象的神话般的商品,它们是上海富有市民希图逐猎的东西。

可能就是在这样的一些期刊和另外的一些他买得起的书籍上,徐迟得以接触到这些作家和他们的作品,比如海明威的《永别了,武器》,他还翻译过海明威,当时海明威只为很少的像徐迟和叶灵凤等几个中国作家所知,庞德、洛威尔(Amy Lowell)、陶立德尔(Hilda Doolittle,施蛰存翻译过她的作品)等其他很多作家也是如此。❷ 在美国杂志《读书人》上,徐迟发现了一篇论土耳其诗人希克梅特(Nazim Hikmet)的文章,后来他自己写了篇半是翻译半是改写的论文——这是当时上海作家中很常见的写作练习,投给了上海杂志《矛盾》("弱小民族文学专号")的一九三四年六月特刊号。❸ 在我对他的访谈中,他给了我一串他所熟悉的,并作为一个"二十岁人"(这是他自己的一本诗集名)喜欢过的作家和艺术家名单:乔伊斯(James Joyce,《都柏林人》《一个青年艺术家的肖像》)、萨拉扬(William Saroyan)、帕索斯(John Dos Passos)、弗兰克(Waldo Frank)、

---

❶ 半个世纪后,当我第一次见到施蛰存时,他还问起了《名利场》,并让我给他寄几册这份杂志的最近面世刊,但他读后觉得失望。
❷ 徐迟《江南小镇》,北京:作家出版社,1993,页 124、182。
❸ 徐迟《江南小镇》,北京:作家出版社,1993,页 126。

马斯特斯(Edgar Lee Master)、肯明斯(E. E. Cummings)、豪斯曼(A. E. Houseman)、阿拉贡(Louis Aragon)、艾吕雅(Paul Eluard)、聂鲁达(Pablo Neruda)、里尔克(Rainer Maria Rilke)、弗洛伊德(Sigmund Freud)、蔼理斯(Havelock Ellis)。而从我对徐迟的良师益友施蛰存的访谈和他所收藏的书来看,那名单就更长了。

施蛰存对带超现实和超自然印记,他所谓的怪异、色情和"黑魔术"的作家和作品有特殊的爱好:爱伦·坡(Edgar Allan Poe)、奥雷维尔(Barbey d'Aurevilly)、叶芝(W. B. Yeats)、麦克里奥德(Fiona McLeod)、勒发努(J. Sheridan Le Fanu,1814—1873)、弗雷泽(James Frazer)、显尼支勒(因施蛰存不懂德语,便从英译本翻译了他的《毗亚特丽斯》《爱尔赛小姐》和《蓓尔达·迦兰》,以此构成了一个女性三部曲;此外他还译有《上尉哥斯脱尔》和《特丽莎》)、德·昆西(Thomas de Quincey,《一个瘾君子的忏悔》)和萨德侯爵(the Marquis de Sade,被他的魔力笼罩,施蛰存把中国古典小说《水浒传》的一章改写成了一个憎女的性虐待小说)。施蛰存和他的同学戴望舒——戴望舒曾留学欧洲,熟谙法文和西班牙文——翻译了相当可观的法、西现代诗歌,包括法国的雨果、魏尔伦、古尔蒙(Rémy de Gourmont)、福尔(Paul Fort)、杰姆斯(Francis Jammes)、耶麦(Pierre Reverdy)、苏佩维艾(Jules Supervielle)、瓦雷里、阿波里奈尔、艾吕雅和波德莱尔(《恶之花》节选),以及沙里纳斯(Pedro Salinas)、狄戈(Gerard Diego)、阿尔倍谛(Rafael Alberti)、阿尔陀拉季雷(Manuel Altolaguirre)、亚力山大(Vicente Aleixandre)、洛尔迦(Federico Garcia Lorca)以及西班牙内战时期的一些民谣。❶ 如果我们再来看一下邵洵美

---

❶ 它们收在戴的好朋友施蛰存编的《戴望舒译诗集》中,长沙:湖南人民出版社,1983。

的个人图书馆,这个富家子的西文书收藏那就更为惊人,自然它们包括萨福(Sappho)、波德莱尔(邵洵美翻译了《恶之花》节选,该诗选后来为邵自己的一本诗集作了示范)、斯温本(Swinburne)、比亚斯莱和布卢姆斯伯里的所有作品。

自然这些名字和书单并不能说明全部的问题。上海作家是否读了所有的这些作品,还是他们不过借此炫耀自己的常识?他们的翻译准确性有多大,还是他们仅仅以翻译的名义做了改写、节选或重写?在三十年代的上海文坛,互相指责翻译错误的论争曾相当激烈,卷入了大批的自成风格的权威译者像赵景深、邵洵美、叶灵凤、张若谷,这还没算创造社的那一班好斗者:郭沫若、郁达夫、成仿吾;以及鲁迅的左翼阵营、他支持的人和他的敌人,他们自日文再译了许多苏联的革命理论。

施蛰存把上海的新作家按他们的教育背景分成了三大类:一、英文团体:系在英美或著名的教会大学像燕京、清华或圣约翰受教育的人;二、法德文团体:像施蛰存本人那样在震旦这样的天主教大学受教育(更法国化些),或像戴望舒那样在欧洲留学游历过;三、日文团体:主要是左翼人士,像鲁迅、冯雪峰和很多在日本留过学的人。❶ 因此他们之间的论争既是他们就西语的掌握之争,也是同侪之间在"文化资本"之不同资源上的冲突。不过,在我的论述架构中看,这不断地在一个名字或一个术语上的吹毛求疵(比如,关于 Manon 的兄弟是否该叫作 Lescaut)揭示了他们对庞大的整体的外国文学的真正迷恋,他们都希冀能直接接触这些外国文学,而他们也成了外国文学在中国的主要代言人。那些有能力且幸运的就能和他们最喜欢的外国作家鸿雁往来,并炫示他们亲自翻译

---

❶ 系出对施蛰存的访谈,1986 年 10 月和 1994 年 6 月。

的偶像来函;有时当外国作家来华时,就能见到他们本人——鲁迅笔下的那幅萧伯纳来华漫画就是一个经典例子,不过萧伯纳也和林语堂、邵洵美等其他作家见了面,还会见了宋庆龄、蔡元培这些著名人士。

事实上,在三十年代,不断地有外国作家、游客来到上海:奥尼尔(Eugene O'Neill)、考厄德(Noël Coward,他在上海染上感冒,住在著名的沙逊大厦里写了一出戏剧)、奥登(W. H. Auden)、伊舍伍德(Christopher Isherwood)、穆杭(Paul Morand)、皮尔内克(Boris Pilnak),以及像卓别林(Charlie Chaplin)和璧克馥(Mary Pickford)这样的电影明星,❶这还不提从邻近的日本来的大批作家(像横光利一等)。文旅来往还是一个有待全面研究的课题,其对上海文坛的影响是无论如何不可忽视的。

在这样一个都市书业兴盛、外国书刊容易获得的背景下,绝大多数的中国作家,包括施蛰存和他的朋友们,会想着自己动手"搞"文学也是很自然的。一开始,他们总是以几篇习作或译作向资深的《小说月报》投稿,一旦得以出版,他们就被鼓舞着想办自己的杂志了。不过有时候,他们也会先去创办自己的杂志以展示他们自己的文学天赋或炫示他们新近获得的外国文学知识。这其中的一个出版创业故事讲的就是,一小圈上海震旦大学的朋友,一俟毕业就着手办起了他们自己的书店和杂志,并最终在《现代》杂志上建立了他们的文学声名;而现在,在他们被忽略了半个世纪后的今天,《现代》杂志被认为标志着中国文学现代主义的开始。

我们有必要回顾一下这份杂志,因为本书要探讨的绝大部分作家(除了张爱玲)都在这个重要的杂志上发表作品。下面的描述很大程度上是基于施蛰存最近发表的回忆录以及我对他的访谈。

---

❶ 哈莉特·萨琼特(Harriet Sergeant)《上海:文化碰撞,1918—1939》(*Shanghai: Collision Point of Cultures,1918-1939*),纽约:Crown Publishers,页4—5。

《现代》杂志

　　一九三二年一月日本轰炸上海,极大地毁坏了商务印书馆的印刷设备,轰毁了他们极有价值的中西文图书馆,商务的书业霸权暂时陷入了危机。出版天才张静庐,亦即小得多的现代书局的老板,当即决定抓住时机出版一种综合文学期刊,来填补流行杂志《小说月报》的停刊所造成的空白。因为其时创造社及其相关团体中的左翼分子所挑动的论争引起了民族主义政府的怀疑,张静庐就决定要为他的杂志找一个在意识形态上没有明显倾向的人,最后就定了施蛰存。❶ 张静庐、施蛰存两人协议了施蛰存全权决定新杂志的编务,该期刊定名为《现代》(施蛰存把它译为法文 *Les Contemporains*)。另一位文坛人士叶灵凤则不久成了该公司另一份刊物《现代小说》的主编,叶灵凤还在张静庐的总体指导下主管该公司的文学书籍的出版。

　　杂志办公室坐落在一个小巷里,系公共租界戈登路(今江宁路)边上

---

❶ 施蛰存《〈现代〉杂忆》,见《新文学史料》,第 1 期,1980,页 213—220;第 2 期,1981,页 158—163;第 3 期,1981,页 220—223。施蛰存后来承认他其实是一个私下的左翼分子,且是一段时期的共青团团员。尽管他不曾公开地宣扬他的政治立场,但他拒绝发表国民党作家的作品。而同时,在三十年代早期,他和左派团体及鲁迅起了纷争,因为他提倡读《庄子》和《昭明文选》,这唤起了鲁迅的反传统的愤怒。这个插曲自此成了施蛰存政治背景上的一根刺,也因此他在"文革"中备受迫害,因为在红卫兵的激进主义登峰造极的年代,凡是鲁迅在三十年代批评过的人都据此成为"阶级敌人"。"文革"后,施蛰存得以完全恢复名誉,并开始写他的关于《现代》杂志的回忆录,一半也是因为新一代的学者和批评家受西方的"现代主义"新潮的影响,突然发现了施蛰存的文学业绩,并宣称他是中国现代主义的先驱。我在 1981 至 1986 年间每次访中都得以和施蛰存先生会谈,那些幸福的时刻我是深深感激施蛰存先生的,最近的一次是 1994 年 6 月。

的一个典型"弄堂",当时编辑施蛰存的月薪是一百元(约合三十七美金)。再加上他在这个杂志上的文章并译文稿费一百元,他的二百元月收入足以使他支付房租(十六元一个月,后来一九三八年,当他和家人迁入愚园路上的一幢西式楼房的第三层楼后,房租就是五十元一个月,他至今还住在那儿)。在他的余暇时间,他会常去首轮影院看电影,门票一元,或去他最喜欢的咖啡馆或饭馆。D. D. 或沙利文巧克力店的咖啡是两杯一元多,蛋糕则更贵,约五元;而三元钱就够他在喜爱的中国餐馆吃上两菜一汤的常规中餐。前面提过,他最大的热情是投在书籍上了:他喜爱跑书店,也养成了买书的爱好,旧的外文书一元一本,新的则要七到八元。他不喜欢跳舞,但他告诉我,在日本租界像"蓝鸟"这样的舞厅里,一元钱可以买三张舞票,外加一杯茶水。很偶尔地,他也会和朋友们一起去玩回力球或看赛马。而另一方面,西服则要贵得多:四十元一套,裤子七八元一条;帽子八元,皮鞋一双五六元。❶ 在很多方面,施蛰存似乎都在领导着典型的上海作家的生活方式;而且他因编辑《现代》杂志获得了更多的"文化资本",从而迅速地在上海文坛成了名。施蛰存能得到这个享有声望的职位也是因为他从前有些出版经历。一九二五年,他还在震旦大学读书的时候,就创办了一个叫《璎珞》的杂志,共出过四期。一九二八年,他和朋友戴望舒、杜衡和冯雪峰一起办起了另一个杂志《文学工场》,但办了两期就停刊了,可能是因为出这份杂志的那个小出版公司被刊物的左翼目录吓怕了。❷ 接着,他在震旦的同学刘呐鸥邀请施蛰存和戴望舒与其一起从事出版事业。刘呐鸥在中国台湾出生,日本长大,

---

❶ 所有这些资料都是我最近一次访问施蛰存而获得的,那是 1994 年 6 月 7 日在他家。

❷ 应国靖《施蛰存年表》,见应国靖编《中国现代作家选集:施蛰存》,香港:三联书店,1988,页 313—314。我第一次去上海的时候,很感谢应先生向我提供了不少研究协助。

并在日本修了文学,回上海在震旦学法语。一九二八年刘呐鸥创立了他的"第一线书店",并创办了《无轨列车》杂志,但这份期刊出了六期后就被禁掉了,原因是它宣扬"赤色"意识形态。第二年,刘呐鸥又办起了水沫书店和另一份杂志《新文艺》。《新文艺》原本是法文标题 La Nouvelle Littérature,自一九二九年九月到一九三〇年四月共出过八期。在这些短命的期刊上,施蛰存这些文学新手有了他们作为作者和译者的最初经历。❶

翻阅后两份杂志,我们会发现他们的作品和译作中已带上了明显的政治和艺术的双重激进主义。《无轨列车》这个标题指代了都会的"机器化",它最初几期有戴望舒和徐霞村翻译的瓦雷里和保尔·福尔(Paul Fort)的诗,刘呐鸥和郭建英翻译的日本"新感觉派"的一些小说,以及约翰·里德(John Reed)和亨利·巴彪斯(Henry Barbusse)采访高尔基的文章。但该杂志的中心人物却是保尔·穆杭,里面有很长的一篇文章谈他,外加他的两篇小说的译文。❷ 自然,操纵这些的是刘呐鸥,据说他本人对这个法国外交家和作家有点过于崇拜,也是因了后者在异域他乡和

---

❶ 详见施蛰存《我们经营过三个书店》,见《新文学史料》,第 1 期,1985 年,页 184—190。
❷ 穆杭(1888—1976)是个外交家、旅行家,二三十年代风行欧美的畅销作家。后来他成了维希傀儡政府下的通敌卖国者,但最终还是在 1968 年被选入了法兰西学院。他的文学声名是由两本小说集奠定的:《温柔货》(1921)和《夜开着》(1922),它们被像庞德这样的十足现代派诗人译成了英文,普鲁斯特给《温柔货》写了序。但英译本一直未能出版,因为译者庞德和出版商不和。而最后到 1984 年,书以《幻想货;夜开着》(Fancy Goods;Open All Night)这个标题得以出版(纽约:新方向,1984)。参见布莱·米歇尔(Breon Mitchell)的简介,vii-xxiv。那两篇被译成中文的小说《新朋友》和《懒惰病》显然都不是选自上面的集子。1921 年 9 月,《日晷》杂志上刊载了穆杭的《土耳其之夜》的英译,施蛰存和他的朋友们可能读到过这篇小说。穆杭,在英国牛津受的教育,也为《名利场》撰写散文和小说;而《名利场》,前面提过,是施蛰存最喜欢的一本美国杂志。由此穆杭的例子又一次说明了通过文学期刊的传播,文本交流的重要性。

妓女的邂逅故事对有尤物梦的刘本人很有吸引力（见本书第六章）。我们也发现其中有一篇施蛰存写的荒诞故事《追》，一篇明显摹仿苏联革命小说的习作；❶以及戴望舒自己写的一些诗歌和刘呐鸥写的一组电影漫谈。此外，还有冯雪峰写的《革命与知识阶级》，冯雪峰当时是坚定的共产主义者，而且据说还负责在水沫书店出版一些有关马克思文艺理论的译作。❷

这个非同寻常的组合包括法国的象征主义诗歌、日本小说和苏联革命启发下的革命小说，揭示了撰稿人在知识和美学上的偏好：刘呐鸥迷恋穆杭和日本"新感觉派"小说中的颓废感；戴望舒则是早已倾心法国诗歌；而从施蛰存很少的几篇文章看，他的个人兴趣还不明显。如果说他模仿的革命小说是一个失败，那他的另一篇小说《妮侬》，被声称是模仿爱伦·坡的散文之作，却是他实验用第一人称独白的迷人之作。❸ 施蛰存的创作天赋在后办的杂志《新文艺》上更为明显。该杂志的创刊号首篇就是施蛰存的小说《鸠摩罗什》，一篇对高僧鸠摩罗什所受诱惑的惊人想象之作，这篇小说可能受了阿纳托尔·法朗士的一篇主题类似的小说《泰绮思》的启发。❹ 这篇小说是施蛰存的一系列非传统的历史幻想曲

---

❶ 按施蛰存自己的说法，这个故事所摹仿的苏联小说叫 *Flying Osip*，载自他在上海一家西文书店买的一册英文本的苏联短篇小说选。见《我的创作生活之经历》，黄家墨编《创作的经验》，上海：现代书局，1933，页78—79。

❷ 这在绝大多数的中国研究中都有提到，但我至今没找到这样的一本书。而且《文学工场》这份杂志如今也无从找到。《无轨列车》杂志可以在上海华东师大找到，《新文艺》全套可在上海图书馆找到。

❸ 施蛰存《我的创作生活之经历》，页79。

❹ 见爱伦娜·海蒂尤亚（Elena Hidveghyova）对这两篇小说的研究《颓废的缠绕：施蛰存和法朗士作品中的爱欲和独身》，见《亚非研究》(*Asian and African Studies*)，Bratislava，4.1.1995，页47—70。

的第一部,它们为施蛰存建立了他作为小说家的声誉。他的另一篇小说《凤阳女》开创了另一种或可称为哥特小说的实验模式。这模式是施蛰存后期创作的真正标记(见本书第五章)。施蛰存也贡献了一篇很长的论现代法国诗人的译文和几篇散文。但稿件主要还是来自于施蛰存的朋友们——刘呐鸥、徐霞村的几篇小说和穆时英的处女作,一篇以虚拟的无产阶级口吻写成的《咱们的世界》。此外,著名的左翼小说家茅盾也为杂志撰写了三篇散文。但这份期刊的"特殊魅力"还在于外国文学,不光是大量的翻译,也是角度广泛的关于作家、作品的新闻,关注的焦点是法国诗歌(马拉美、弗朗西斯·杰姆斯、保尔·福尔)和小说(柯莱特的系列之作)。该杂志的前四期还辟有世界文坛的信息专栏,里面的新闻谈片主题纷呈,包括歌德的房子、柯莱特的活动、皮兰德娄(Pirandello)对有声电影的兴趣、托马斯·罗获诺贝尔文学奖、美国上流杂志《日晷》的突然停刊,以及雷马克(E. M. Remarque)的小说出了中译本《西部前线平静无事》(即《西线无战事》)。

这两份杂志无疑为《现代》杂志做了铺垫,不光是他们所共享的那群撰稿人,还在于他们对欧洲现代文学的强烈兴趣有了接续。值得注意的是,这两份早期杂志也包含了更具锋芒的艺术和政治的激进主义,某种程度上折射了二十年代后期中国作家的激进情绪,其时创造社和太阳社的年轻人正大声呼吁"革命文学"。但刘呐鸥—戴望舒—施蛰存的圈子,却和其他的中国左翼团体不同,他们拒绝组建力量派系,而是出于相似的教育背景和语言专业所培养的强烈的艺术感性走在一起的。当几乎所有的左翼作家都受日本无产阶级运动的影响,从日本寻求他们全部的资源时,施蛰存和他的朋友们却更是世界主义者,更为"前卫"。按施蛰存的说法,"前卫"这个词是在一九二六至二八年左右,由日本的论苏联文学的文章而第一次被译介进中国的。施蛰存和他的朋友最初很为这个激进的革命喻像所吸引,因为他们相信二十年代苏联的最好作家,比如马雅可夫斯基、巴别尔等都属于前卫派,他们当时把"前卫"等同于欧洲文学艺术中的"现代"潮流。❶ 换言之,他们视自己为世界"第一线"上的革命和美学的双重叛逆。这个姿态显然在《现代》杂志上还继续着,虽然他们并不炫耀自成风格的激进姿态,这一半是因为施蛰存希望杂志在政治上保持"中立",一半也是因了"前卫"这个词在中国很短命:只很短暂地,从二十年代后期到三十年代早期,在中国的左翼圈子里时髦了一阵,后来新组建的左翼作家联盟就抛弃了它,换上了"社会主义现实主义",这显然是艺术上的倒退,为施蛰存所不喜。

当施蛰存从边缘的两份前卫小杂志开始,成为一份主流的文学刊物的主编时,他发现自己一夜之间被推到了争论不息的上海文坛前沿。《现代》杂志创刊时,严肃的文学刊物就已有了好几十种,❷这还不算当时的几百家流行报刊,所以施蛰存不得不和他们竞争读者。这样他要保持他早期的文学光彩就得相当小心地行事。一九三二年五月大开本的《现代》杂志创刊号发行时,引起了相当的轰动。该杂志共一九八页,三角一份。第一次印刷三千册在五天内很快售罄;然后又加印了二千册。

---

❶ 系施蛰存给我的私人信件,1993 年 1 月 13 日。
❷ 经常刊登西方文学之译文的刊物有:《小说月报》(1921—1931)、《文学周报》、《文学旬刊》、《文学》(1921—1929)、《现代小说》(1928—1930)、《金屋月刊》(1929—1930)、《北新》(1926—1930)、《幻洲》(1926—1928)、《文学》(1933—1937)、《现代文学》(1930)、《一般》(1926—1929)、《中国文学》(1934)、《新小说》(1935)、《奔流》(1928—1929)、《文艺月刊》(1930—1937)和《新月》(1928—1933)。在《现代》杂志停刊后,施蛰存自己后来又编过两本短命的刊物:《文艺风景》(1934)和《文饭小品》(1935)。这个刊物表见史书美的论文《现代性在中国》,UCLA,1993,页 3—4。

最高印数的记录是二卷一号,计一万册。❶ 这个杂志的封面,套印了黑色和红色,上半部分是中法文并列的杂志标题,中间有一颗红星(第一期一颗星,第二期两颗,以后类推),明显带有现代主义印象风。中文标题下的红白艺饰很像是法国超现实主义和俄国未来主义的结合。在后来几期的刊物上,其封面图饰更具风格。杂志第二页印着一个简短的创刊宣言,那是施蛰存在杂志付印前夕匆忙写就的。以一种非正式但有力的语调,施蛰存说明了这个杂志是一个"普通的文学杂志",而"不是同人杂志";又申明说这个杂志不预备造成任何一种文学上的思潮、主义或党派,而且编辑声明他希望能"得到中国全体作家的协助,给全体的文学嗜好者一个适合的贡献"。接着,施蛰存又特别加了一段他的个人申明:"本志所刊载的文章,只依照着编者个人的主观为标准。至于这个标准,当然是属于文学作品的本身价值方面的。"❷

施蛰存对"不是同人杂志"的强调,是为了把他的编辑方针和流行的编辑法区别开来:当时几乎所有的文学期刊的实际操纵者都是小"党派",在一个文学社团里的几个志同道合的朋友,持他们自己所提倡的文学和意识形态立场。甚至最大的文学刊物《小说月报》据说也是文学研究会的喉舌,并由文研会的一个创始人茅盾主编。但因为上海文坛的政治气氛是越来越浓,要继续保持中立的立场已然不可能。该杂志迅速卷入了由施蛰存的朋友兼合作编辑杜衡(他用的是笔名苏汶)所挑起的关于"第三种人"的论争,杜衡本意是想在共产党领导的左翼和国民党统治的右翼之间为政治上无倾向的作家争取创作自由,以反抗任何形式的意识形态控制。但不知怎的,这个立场引起了双方的怀疑,并导致了左翼

---

❶ 施蛰存《〈现代〉杂忆》,见《新文学史料》,第 3 期,1987,页 221。
❷ 《现代》杂志,1 卷 1 期,1932 年 5 月,页 2。

作家联盟成员对"第三种人"的讥谤。因为鲁迅和施蛰存从前的朋友冯雪峰都开始激烈地攻击"第三种人",施蛰存似乎别无选择只好给杜衡以沉默的支持,他提出即使是进步作家也不一定非要和政治取得直接的联系,他的真实意图是,像他那样的作家就不必非要成为共产党员。施蛰存也为作家的独立性辩护,他说"每个人都至少要有一些 egotism(自大)"。他用的 egotism 这个词可能不合适,不过施蛰存后来在他的回忆录里承认,他所说的 egotism 其实是指作家"个人自由"感。❶

这种个人 egotism 倒是更符合施蛰存作为一个主要文学杂志的主编的气质。这个刊物带异域风的法文标题 *Les Contemporains* 显然是相当精英化的,同时也带着点先锋派意味:它是施蛰存这个团体的集体自我意象,这些人自觉很"现代",并声称自己是世界文学的"同代人",是关注世界各地最新、最先锋的文学动态的人。在这方面,施蛰存和戴望舒是无可争议的领袖,他们身边大大小小的朋友都追随着他们。不久,戴望舒便前往法国和西班牙,亲身去体验第一线的欧洲现代主义;施蛰存则留在上海,期望通过和戴的通信来获得一些知识,但他主要还是靠阅读他能在上海书店买到的英美文学期刊和西文书来把握世界文学,这在本章前面部分已经提过。在我对他的访谈中,他对世界文学动态之了解不断地让我惊讶不已。他告诉我,除了读《名利场》和前面提到的一些杂志,他和他的朋友也读《纽约时报》和伦敦的《泰晤士报》文学副刊。他了解了毕加索的画和艺术史家里德(Herbert Read)的作品。他首次读到了在美国解禁的乔伊斯的《尤利西斯》(*Ulysses*),后来他的朋友叶灵凤在《现代小说》上大力宣传了这部作品。因此,尽管施蛰存在"创刊宣言"里

---

❶ 施蛰存《〈现代〉杂忆》,见《新文学史料》,第 1 期,页 217。

声称他并不预备"造成任何一种文学上的思潮、主义",但杂志上刊登的外国文学的作品清楚地映照出了他本人对欧洲现代主义的文学偏好,虽然他并没有意识到这是一个现代主义运动。

面向一个"现代"文学

施蛰存自己的阅读面和世界文学思潮带给他的世界主义感极大地影响了他在引介外国文学上的编辑方针。《现代》杂志最初三年(1932—1934)——其时施蛰存单独掌管该杂志——的目录显示了它比当时的其他文学期刊的视野更世界化。除了翻译,施蛰存还开设了"艺文情报"专栏,借此让读者跟踪世界文坛的著名人物和大事。在一卷四期(1932年8月)的"编辑座谈"里,他宣称他想另设一个外国文坛通信,先拟定了六个国家:英国、法国、德国、美国、苏联和日本。接下来的几期事实上就有专文,尽管不是来自他自己通信员的报道,而是翻译了那些声名显赫的欧洲作家和批评家的文章,谈各地文坛,包括意大利的普拉兹(Mario Praz)和路易吉·皮兰德娄(Luigi Pirandello)、苏联的李却特·莱温桑(Richard Lewinsohn)、英国的普里切特(V. S. Pritchett)和休·沃波尔(Hugh Walpole),以及谈战后法国文学的文章,谈最近的诺贝尔得主高尔斯华绥(John Galsworthy),还谈新浪漫主义、达达主义、超现实主义、未来主义和美国意象主义这些思潮。翻译的工作最初是由施蛰存和戴望舒承担的,但不久赵家璧、赵景深等其他朋友也加入进来。戴望舒赴法后也继续翻译法文和西班牙文的作品,一边还报道他的欧洲之旅,包括和意大利未来主义者马林奈梯(Marinetti)的会面,后者公开为自己对墨索里尼的同情做了辩护;同时,施蛰存则开始翻译赫胥黎(Aldous

Huxley)和朱利安·格林(Julian Green)的作品,并逐渐地受美国现代诗歌的吸引。在一卷三期上,施蛰存翻译了三位美国女诗人的七首意象派诗歌,他还用晚清的称法叫他们"女史":陶立德尔、史考德和罗慧儿。在三卷一期(1933年5月)上,他和徐霞村一起翻译了桑德堡的八首诗。在四卷二期(1933年12月)上,年轻的诗人徐迟翻译了林德赛(Vachel Lindsay)的诗《圣达飞之旅程》。这些努力累积的结果,就是五卷六号的美国文学扩大专号,这个专号也同时展示了施蛰存的勃勃雄心。

该专号包括四篇很长的关于美国文学现状的综论,分小说、戏剧、诗歌和批评四类;接下来是十一篇作家专论:杰克·伦敦(Jack London)、辛克莱(Upton Sinclair)、德来塞(Theodore Dreiser)、凯漱(Willa Cather)、刘易士(Sinclair Lewis)、奥尼尔(Eugene O'Neill)、安得生(Maxwell Anderson)、邦德(庞德,Ezra Pound)、海敏威(海明威,Ernest Hemingway)、帕索斯(John Dos Passos)和福尔克奈(福克纳,William Faulkner)。此外,还有十六个短篇译作,主要是上述作家的作品,也有亨利(O. Henry)、华顿(Edith Wharton)、爱肯(Conrad Aiken)、波以尔(Kay Boyle)等的作品,一个戏剧(奥尼尔的《绳子》),施蛰存自己翻译的三十首诗,包括弗罗斯特(Robert Frost)、劳威耳(Amy Lowell)、爱肯、桑德堡(Carl Sandburg)、邦德、陶立德尔(Hilda Doolittle)等人的诗。接下来是五篇散文,一份战后美国文学杂志编目,一个很长的现代美国作家小传和十二则现代美国文艺杂话,其中一则是关于斯坦因夫人的,及四页三十六张照片。在《编后记》里,施蛰存说本来是应该选伟大的诗人爱里特(艾略特)的,但他已经在一九二七年入了英国籍;而选梁实秋谈白璧德的那篇专论是特意为了反驳左翼分子的批评的。而施蛰存决定编这辑美国文学专号的主要原因,如他在"导言"中所讲,是他认为,"除了苏联文学之外,便只有美国是可以十足的被称为'现代'的。其他的民族,正因为在过去有着一部光荣的历史,是无意中让这部悠久的历史所牵累住"了,而他认为美国文学的灵魂是自由而有创造力的,而且,"现在的美国,是在供给直到二十世纪还可能发展出一个独立的民族文学来的例子了。这例子,对于我们的这个割断了一切过去的传统,而在独立创造中的新文学,应该是怎样有力的一个鼓励啊"。❶

在四篇综论中,尤其值得注意的是邵洵美写的谈美国诗歌的《诗坛概观》,他在里面引用了下列诗人的诗作:肯明斯、格雷夫斯(Robert Graves)、庞德、斯坦因夫人和艾略特。邵洵美深有洞见地分析了艾略特的《荒原》,认为它是最伟大的体现"文学上的国际主义"的诗作。❷ 赵家璧的谈美国小说的综论基于一组美国报刊资源,包括美国的《读书人》杂志,他指出了作家在文字和风格上的创新使美国小说区别于英国文学背景。在文章的结尾部分,他相当吝啬地赞扬了海明威和福克纳的艺术,说当他俩"合唱着哀歌"的时候,他们作为"新悲观主义者"的文学声名正受到"一颗明亮的晓星"的挑战,他是社会写实主义作家帕索斯。❸ 不过,叶灵凤这位自成风格的海明威中国追随者,在谈海明威的文章中,肯定了海明威的作品,认为海明威的小说聚焦在人物和行动上,这是对乔伊斯的《尤利西斯》那"阴郁的心理主义"的一种新鲜的反拨。最有洞见的文章是凌昌言论福克纳的那篇。这个中国批评家认为福克纳的小说尽管技巧新,却是一个"不健全的时代"的产品:"福尔克奈所能给予的不是常态的社会或是人生的表现;他所给予的只是刺激,一种不平常的感

---

❶ 《现代》杂志,5 卷 6 期,1934 年 10 月,页 834—837。
❷ 邵洵美《现代美国诗坛概观》,《现代》杂志,5 卷 6 期,1934 年 10 月,页 886。
❸ 赵家璧《美国小说之成长》,《现代》杂志,5 卷 6 期,1934 年 10 月,页 854—858。

官上的刺激。而现代人所要求的……也正是瞬间的刺激。"就此而言,福克纳的作品,凌昌言推断说,是非永久性的。❶ 对海明威和福克纳的这些评价,表明了中国评论家对美国现代派作家所持的某种显见的暧昧态度:他们一边为他们的新技巧吸引,但一边也拒斥他们悲观的人生观。❷ 这种否定的态度尤其能引起中国左翼分子的共鸣,左翼作家其时正准备在意识形态上转向社会现实主义,施蛰存可能会认为这是一种倒退。比如,创造社的成员穆木天就在较早的一期(4卷6期)上警告,读者要提防像印象主义、心理主义和神秘主义这些最近的西方思潮,他认为这些思潮在根本上是颓废的是逃避主义,因此不适合这个时代的社会和现实需要。❸ 但同时,另外的作家则更受美国现代主义的吸引,因为它标志着一个断裂,二十世纪和十九世纪的尖锐断裂;但同时他们也困惑于他们所生存的这个时代,这个存有巨大冲突的时代。在前面所谈的那篇评论福克纳的文章中,凌昌言表达了他面对美国艺术家的"现代心"时的个人困惑:

> 文明是一件不可思议的东西;它有时候引导人类前进,有时候却反把人类带回到原始时代的野蛮去。不,甚至在原始时代都不会

---

❶ 凌昌言《福尔克奈:一个新作风的尝试者》,《现代》杂志,5卷6期,1934年10月,页1009。

❷ 这和60年代早期台湾《现代文学》的编辑对两位作家毫无保留的崇拜是形成强烈对照的。《现代文学》的编辑凭着年轻的热忱和浮夸把西方的现代主义引介到了台湾,他们的创刊号就是论卡夫卡。有意思的是,这两个杂志都发表介绍性文章、小说和诗歌的原著翻译。30年代的《现代》杂志主要自一般的文学期刊取材,而《现代文学》则要更学术化,他们刊登像菲利浦・拉黑(Philip Rahv)和罗伯特・沃伦(Robert Penn Warren)这些著名评论家的文章。就我所知,后来的那些年轻编辑对前辈刊物是一无所知的。

❸ 穆木天《心境主义的文学》,《现代》杂志,4卷6期,1934年4月,页936—938。

看到像在我们这个时代所能看到的那许多不合理的东西的。文明，一方面用道德和宗教这些东西来防止人类的恶，但同时也正因为文明的发展，道德和宗教是终于失去了它们的约束的力量，而让人类的野性，像逃出了樊笼的猛兽似的，用加倍的力量来横行无忌了；而这么许多出柙的猛兽所造成的世界便成为——一个混沌，一个疯狂的混沌。

二十世纪，文明达到了它的最高峰的时代，而同时也是一个疯狂的时代！

二十世纪的美利坚合众国，现代文明的集中点，疯狂的国家！❶

上面这些话可以被视为一个中国作家的典型夸张法，他可能在他的朋友赵景深叫他看的美国文学里，发现过类似的夸张表达。不过，这表面的陈词还是揭示了一种震惊感，这个新世界就他自身的感觉而言太陌生了，无法令他感到深沉的激动：他所用的"刺激"这个合成词可以同时表达感官的"震惊"和知识上的"激动"。而凌昌言发现在美国文化中尤其叫人疯狂的是爵士乐，他认为里面的"色士风"，"蠢得像驴子叫似的"，它替代了"曼陀琳的纤弱的音调"；而正是这同样的爵士乐，在穆时英听来却最是令人激动。穆时英的小说，尤其是《夜总会里的五个人》（见本书第六章），常描画都会夜景里因爵士乐所产生的迷醉的气氛，那既是穆时英的小说世界背景，也是他的"常态"世界氛围。在这篇论文中，作者潜在的同情心不是倾向于城市，而是在乡村。因此凌昌言感到福克纳的小说古怪而令人困惑，因为其背景是美国南部乡村，"一位典型的代表现

---

❶ 凌昌言《福尔克奈：一个新作风的尝试者》，《现代》杂志，5卷6期，1934年10月，页1002。

代生活的作家,却不是一位都市作家,而是一位乡村作家"。不过,他接着通过分析福克纳的作品,来使自己的思路"合理化",他说:"福尔克奈描写了在文明与野蛮的边境上出入的人物,描写残暴,描写罪恶,描写原始的性欲,他便很自然的成为同样的被要求刺激的都市的读者所爱好,因为他写的……只是最适当的罪恶和残暴的背景的蛮荒僻境。"❶

　　施蛰存的家庭背景也是江南的乡村(扬子江下游),看一下施蛰存自己是如何对现代冲击做出反应的,应该会有启发性。在四卷一期(1933年11月)的编者按里,他又一次响应了读者的抱怨,读者认为期刊里的诗歌太难太艰涩❷,施蛰存的编者按应该放在当时的语境里去读,不过他的话倒是表明了他自己是个地道的都会人:

> 《现代》中的诗是诗,而且是纯然的现代的诗。它们是现代人在现代生活中所感受的现代的情绪,用现代的词藻排列成的现代的诗形。所谓现代生活,这里面包含着各式各样独特的形态:汇集着大船舶的港湾,轰响着噪音的工厂,深入地下的矿坑,奏着Jazz乐的舞场,摩天楼的百货店,飞机的空中战,广大的竞马场……甚至连自然景物也与前代的不同了。这种生活所给与我们的诗人的感情,难道会与上代诗人们从他们的生活中所得到的感情相同的吗?❸

　　很显然,施蛰存所描绘的"现代生活"场地只能是他自己的城市上

---

❶ 凌昌言《福尔克奈:一个新作风的尝试者》,《现代》杂志,5卷6期,1934年10月,页1003。

❷ 有反讽意味的是,半个世纪后,在80年代的后期,历史又重演了——有些老诗人批评年轻一代的诗人写诗太"晦涩"。和他早期的原则相一贯,施蛰存并没有站在那些老诗人这边。而正是这些年轻诗人和作家"发现"了施蛰存是他们的现代主义先驱。

❸ 施蛰存《又关于本刊中的诗》,《现代》杂志,4卷1期,1933年11月,页6—7。

海,包括他提到的一年前日本空袭上海。他笔下的都会景观是激动人心的,而且这景观直接地诉诸他同代人的情绪和感觉。因此施蛰存的现代主义无疑是都会的,他甚至还把杂志中的"纯然的现代的诗"和纯然田园化的中国古典诗相比较。就此而言,他会喜欢桑德堡(Carl Sandburg)的都市和现代技术的颂歌也就不足为奇了。在桑德堡的《支加哥》《钢的祈祷》和《特等快车》这些诗中,火车总是飞掠美国大草原。施蛰存在介绍桑德堡时,也表达了他自己对芝加哥的赞美:"这资本主义发展到极度的大都会。在它的中心,有高耸入云的摩天楼,人们乘着电梯在这里面上升又下降。有大的银行、现金、票据在那里乱流着。有纵横交错的望不尽的平坦的大路。"[1]施蛰存所赞赏的这种横溢的都会性回荡在他所庇护的年轻诗人徐迟和路易士(他的老朋友戴望舒却不是)的有些诗作中。《现代》杂志五卷一期(1934年5月,页186)上刊登的徐迟的《都会的满月》可为一例:

> 写着罗马字的 I Ⅱ Ⅲ Ⅳ Ⅴ Ⅵ Ⅶ Ⅷ Ⅸ Ⅹ Ⅺ Ⅻ 代表的十二个星;
> 绕着一圈齿轮。
> 夜夜的满月,立体的平面的机件。
> 贴在摩天楼的塔上的满月。
> 另一座摩天楼低俯下的都会的满月。
> 短针一样的人,
> 长针一样的影子,
> 偶或望一望都会的满月的表面。
> 知道了都会的满月的浮载的哲理,

---

[1] 施蛰存《支加哥诗人卡尔·桑德堡》,《现代》杂志,3卷1期,1933年5月,页115。

> 知道了时刻之分,
>
> 明月与灯与钟的兼有了。

这是一个二十岁新手的一篇练笔之作。也许,诗歌试图通过并置两物来抓住都会之月的意象:满月在中西诗歌里都是流行的诗歌符号,而摩天楼上的钟则是指代现代时间的最好载体。至于诗中的西式大钟在徐迟的真实生活中确有原型也就无足为怪,那是上海南京路跑马厅建筑物上面一只大时钟。❶ 像施蛰存一样,徐迟绝望地迷恋上海城,原因如他对我说的,很简单:在中国再没有像上海那样的都市了。在我们的谈话中,隔着半个世纪,他几次流露了赤裸的激动,他说在他最终定居上海前,他在苏州附近的一个学校教书时,周末他会坐火车去上海,看一场电影,或听场著名的上海交响乐团的音乐会,指挥是意大利人马里奥(Mario Paci);要不就在周日下午去哪个公园听乐队演奏。❷

中国人的接受:翻译作为文化斡旋

我希望上述的材料已经充分证明了《现代》杂志比任何其他文学刊物都更像不断演进的上海都会文化的产物。如果没有都市的物理环境

---

❶ 徐迟《江南小镇》,北京:作家出版社,1993,页125。
❷ 1982—1984年,我分别在中国和美国对徐迟作过访谈。当徐作为爱荷华大学国际写作计划的营客来美时,我把他带到芝加哥旅游。在来自中国的作家中,他是唯一为芝加哥的摩天大楼欢呼的人,而其他的作家都更喜欢爱荷华的田园风光,而且有不少还认为芝加哥的建筑很丑陋。徐迟也属于那些最早认为文艺中的现代主义最完美地体现了国家新政策"四个现代化"中的"上层建筑",那还是在80年代早期,这种观点是非常及时,虽然在理论上有含糊处。1996年,他从他在武汉的住所跳楼自杀,据说是出于老年倦怠。

和设施,那对施蛰存和他的同代人来说,是不可能创造甚至是想象一个他们自己的现代文学的。但同时,尽管和欧洲现代主义有所有这些表面上的相似之处,中国现代性的都会文化产物,就时空而言,也同时受着中国人的个性影响。在施蛰存和他的朋友们生活和工作的外国租界里,如前面几章所言,居住的多数是中国人;而几乎所有的中国作家,除个别例外如邵洵美,和城市里的外国人接触很少。倒是上海的通商口岸环境使他们能够借以营造文学层面上的一系列意象和风格,并以此建构所谓的对现代主义的文化"想象"。虽然可资借鉴的资源基本上都是西方的,但所有的文化建构行为都是用书面中文操作的。因此最关键的任务就是翻译,这不光是把西文文本译成中文的技术行为,更重要的是,它是一个文化"斡旋"过程。

从文化史的角度来看这个问题,本雅明的名言是值得记取的:"翻译原著,不是要翻出它的现世,而是要译出它的来世。"也即是指,原著在后来几代人中所享的声名。❶ 本雅明虽然相当含蓄,其实一直还是依赖原著的。而我们则有必要从本雅明的"来世"概念里,进一步抽取原著的"芬芳",以便理解中国文学杂志上的翻译所扮演的斡旋角色。如果按本雅明的说法,这样一种"来世"声名是借译者而永恒的,那要是译者是来自一个文化和语言截然不同于西方传统的语境,事情会怎样呢?原著势必经受巨大的变形。施蛰存和他的朋友尽管对西方文学很有了解,但绝对谈不上熟谙西方"艺术巨著史",尤其是这个历史还被想象成是被现代性打断了的。而且,对普遍的中国读者来说,他们对原著是什么样根本没有概念。所以到底什么是西方作品在中国的"来世"? 相反,这些原著

---

❶ 本雅明《翻译的任务》,见《启迪》(*Illuminations*),哈里·祖(Harry Zohn)译,纽约:Schocken Books,1969,页71。

被它们的译者赋予了一个彻底的"新生",以及在文化接受中的一系列文化意蕴。换言之,是译者赋予了原著一个"来世",译者本人的声名就足以让读者信任原著的艺术价值。实际上,这价值是被创造出来的,而且可能和原著关系很小。

就施蛰存的刊物而言,他们能在上海找到西文书刊这些"材料",在某种程度上便利了他们的翻译任务。而此类文化交换又反过来塑造了他们的知识面。这种交换代表着在出版文化上,产品和消费领域的不断扩大。有些人可能会将它视为西方文化殖民的一种形式。但关键的问题是,那些在文化上"被殖民"的是如何接受如何对待它的呢?或者说,这种接受是否可以被视为,用霍米·巴巴(Homi Bhabha)的话来说,一种未采用殖民语言的"戏仿"?中国的情形因下面的事实而变得更为复杂:本书所研究的那段时期,西方的文学现代主义,就像好莱坞电影一样,是作为一种"流行"产品被接纳的,因此在任何意义上都不能算是精英分子的课堂教程。新教会大学里的英文课程,像北京的燕京和清华、上海的圣约翰,都还在模仿哈佛的"经典"学制,其中并不包括现代派文学。易言之,西方现代文学不是通过公认的经典巨著史而被接受的。因此,对施蛰存和他的朋友们而言,翻译是一种真正的"创作"行为,无须担忧他们可能会"背叛"原著的意思和价值;他们翻译是为了创建一种新的文学范式,以此来挑战中国文学中过去和现在(即"五四")的所有惯例。

我们可以在施蛰存为他自己杂志里的诗所作的辩护中看出这点。他骄傲地认为,虽然这些新诗作"大多是没有韵的,句子也很不整齐,但它们都有相当完美的'肌理',它们是现代的诗形,是诗"❶。施蛰存的这

---

❶ 《现代》杂志,4卷1期,1933年11月,页7。

番话指的是自由体诗歌,而自从他翻译了叶芝、洛威尔和其他的意象派诗人的诗后,他就深受自由体的吸引。这种形式是对"五四"早期"新诗"的反动,因"新诗"在相当程度上依然在用古典诗歌的押韵方式。简言之,施蛰存的关于诗歌"肌理"的说法指的只能是诗歌语言本身,以此来反对他发现的"五四"诗歌中的"耽于社会现实或溺于个人哀愁"。

施蛰存的"现代主义"以何种方式,和我们所知道的二三十年代的欧洲现代主义相似或相区别呢？一方面,如前所言,中国"现代派"对世界文坛上的作家和思潮一直并不隔膜。同时,他们的热切接受并不意味着他们希望完全复制他们所知道的西方。卡林内斯库(Matei Calinescu)在他享有盛名的著述中提到,欧洲语境里的现代性已经分裂为互相尖锐对立的两支:在十九世纪前半叶的某个时刻,"在西方文明史的舞台上,现代性出现了不可逆转的断裂;文明史是科技发展、是工业革命、是资本主义带来的席卷全球的经济和社会变更的产物,而现代性是其中的一个美学概念"。另一种现代性,"则是带来先锋性的那种,从其浪漫的源头开始就倾向于激烈地反对资产阶级。它厌恶中产阶级的等级和价值观……而界定它是文化上的现代性就在于它直截地拒斥资产阶级的现代性,在于它毁灭性的否定激情",这种激情源于它对虚伪的资产阶级社会的深刻幻灭。[1]

如果我们看一下二三十年代的中国文坛,当时各种美学现代主义在欧洲达到了巅峰,但在中国很显然没有出现此类美学上的敌对或否定态度,也没有确定的资产阶级阵营可以攻击。事实上,"资产阶级"音译为

---

[1] 卡林内斯库(Matei Calinescu)《现代性的几副面孔:先锋、颓废和媚俗》(*Faces of Modernity: Avant-Garde, Decadence, Kitsch*),布鲁明顿:印第安纳大学出版社,1977,页41—42。

"布尔乔亚",这个概念本身也是不久前由中国的左派"革命"作家引介进一个马克思主义框架中的。不像欧洲的现代派,他们还不明白工业革命,以及因之而来的发育完全的"发达资本主义"的全部冲击,甚至在上海都不可能明白。换言之,现代性可以成为一种文学时尚,一种理想,但它不是一个可确证的"客观现实"。当中国知识分子和作家在急于跟上西方的同时,他们没有条件借后视来采取一个对现代性完全敌意的姿态。前面提过,他们对西方的文学现代性态度是相当复杂的,既充满焦虑和矛盾,又感到震惊和激动。

在更艺术的层面上,一个值得注意的现象是,西方现代主义的一个中心知识根源,并没有在中国引起相同的效果。❶ 这是一个根本性地改变了西方艺术家和作家观察现实之方式的理论。弗洛伊德的理论,虽然早在一九一三年就已被介绍到中国来了,却没有扎根于中国文学思想和实践中。在《现代》杂志上,也没有弗洛伊德专号或有关他的翻译。施蛰存倒是翻译了显尼支勒的一些小说,显尼支勒是和弗洛伊德同代的维也纳人,弗洛伊德亦视之为一个灵魂相通的人,尽管显尼支勒对弗洛伊德理论一无所知。除了施蛰存,绝大多数的中国作家也都并不准备拥抱弗洛伊德的无意识理论,不像他们中的有些人非常热烈地拥抱马克思的关于社会各阶级和历史唯物主义的理论,认为那是控制客观现实的科学原理。事实上,弗洛伊德的释梦理论最初也是被当作科学接受的。相应地,西方现代派文学最值得注意的思潮,在中国也是相当暧昧地被接受的。它以一种比较碎裂的语言不断地探索人的内在的、片断的心理,如

---

❶ 有关弗洛伊德在中国的被接受,参见张英进《心理分析在中国:文学变形,1919—1949》(*Psycholoanalysis in China: Literary Transformations, 1919-1949*), Ithaca, N. Y.: Cornell University Press,1992。

乔伊斯和福克纳的小说。以后的章节会详细讨论,施蛰存又是例外:他所谓的追求色情和怪异的小说实验成了一个很有价值的个案,因为他大胆地把弗洛伊德、蔼理斯、萨德的性欲理论,以及大量的有关病态心理、神秘主义和神话学的西方作品用于他的小说实验。但也正是他的小说实验,在三十年代日益政治化的上海文坛上毁了他。

一个政治化的跋

施蛰存和中国左翼人士的关系一向很微妙。一方面,尽管施蛰存并不愿意得罪左派,他的杂志也保持表面的中立。因此施蛰存的杂志能够刊登除了国民党人外的左派和非左派的一些主要作家的佳作,像鲁迅、茅盾、老舍、张天翼、巴金、沈从文,以及他自己的朋友和受他提携的人,像在《现代》杂志上成名的穆时英,都为他的杂志撰稿。而另一方面,他似乎很受来自左派敌对批评的伤害,并使他最终放弃了用弗氏的无意识理论进行他的小说实验。导致施蛰存在意识形态上蒙受灾难的背后原因,是国民党政府和共产党领导下的左翼作家联盟都开始在三十年代中期加强控制:前者通过检察制度和随意逮捕,后者通过论争以期取得对上海文坛的统治。到一九三四年年底,施蛰存的出版商也向他施加了压力,原因也许是张静庐的离开造成了现代书店的财务问题。结果《现代》杂志的美国文学专号似乎成了一个盛大的告别号,尽管最初他们是打算以此为后面的苏联文学专号鸣锣开道的。杜衡挑起的有关"第三种人"的论争所造成的紧张气氛,最终使得施蛰存和杜衡都在六卷一期(1934年 11 月)的《现代》出版后离职。自六卷二期(1935 年 3 月)起,据说是国民党的安排,编委就换了两个其他作家来接编《现代》杂志,但他们也只不过接办了两期而已。四月,杂志就正式封刊了。

应该说,施蛰存在理智上的左翼主义,是合于当时文坛的意识形态大气候的。这种左翼主义,又因中国作家反日侵和因西班牙内战欧洲作家反法西斯情绪而得以加强,因此形成了某种非正式的国际同志情谊。法国作家巴比塞(Henri Barbusse)是这个运动的领袖,但他不克亲自前来中国,所以另一法国作家古久列(Vaillant-Couturier),即法国左派报纸《人道报》的编辑,代替他来到中国。施蛰存和杜衡到他下榻的饭店去拜访了他,并在《现代》杂志四卷一期(1933年11月)发表了他专门为中国读者写的《告中国智识阶级》。在同一期上,还有周扬写的一篇《关于"社会主义的现实主义与革命的浪漫主义"》的文章,周扬是左翼阵营的后起理论家,他后来成了新中国的文艺部部长。周扬就为《现代》杂志(三卷一期,1933年5月)写过一篇很长的《文学的真实性》。有意思的是,周扬在《现代》上的文章口气并不专横。他在报道被一九三二年后期新成立的全苏作家同盟采用的新的社会主义的现实主义的信条时,还引用了苏联理论家吉尔波丁(V. Kirpotin)和古浪斯基(J. M. Gronski)的话,说社会主义的现实主义不能被当作"一般的应用的万灵药",它也"不是凝固的圣典,不是空想出来的死规矩",它是苏联作家所面对的具体社会现实的体现。❶ 因此周扬继续为文学现实主义的必要性辩护,并提出"社会主义的现实主义"是更向前进的一步,而借此可以再拥抱"革命的浪漫主义"。不久之后,周扬的政治运数就盖过了施蛰存。

施蛰存在这三年里处身文学—意识形态前沿所取得的微妙平衡,到

---

❶ 周起应(周扬)《关于"社会主义的现实主义与革命的浪漫主义"》,《现代》杂志,4卷1期,1933年11月,页27—28。这可能第一个中国人自己的口号,后来在1958年,由毛主席将它推广开来。

一九三六年就维持不下去了,当时的左翼分子认为他们的意识形态任务,应该是唤起中国人的抗日爱国情绪。一个反帝国主义敌人的民族主义,迅速取代了施蛰存的都会世界主义的旗号。当密布的战争乌云终于导致了一九三七年炮火时,上海的整个"现代派"建构都被毁掉了。施蛰存撤到了大后方,而他的战时作品已完全是另一个模式,很少再试过去笔墨;对他和他的朋友而言,他们的时代已经终结。一九四九年以后,他任教于华东师范大学,一头扎进了他的古典文学研究和教学;尽管后来他在"文革"中备受折磨,他还是成了中国古典诗歌的权威学者。但一直要到二十世纪八十年代早期,他才被"重新发现",被年轻一代的作家和学者拥戴为中国现代主义的奠基人。

第二部分　现代文学的想象：作家和文本

第五章 色,幻,魔

施蛰存的实验小说

在本书第一部分我描述了上海的都市文化语境,接下来我想讨论几位作家以及他们的作品。研究者对某些文本的情有独钟,一直是文学理论无法满意解答的一个问题。在下面的章节里,我将用一种比较传统的做法,集中论述被公认的"都市现代派"的一些深有意味的作品,这些人在前面的章节里大多被提到过。我选择的作家有:施蛰存、刘呐鸥、穆时英、叶灵凤、邵洵美和张爱玲。当然,选择他们有一个很明显的标准是,作为现代派作家,他们都和上海城渊源很深。为西方现代派学者所公认的"城市感性",在中国的现代文学研究中却是一个很"新"的课题,其原因在本书结束时会呈现出来。❶

现实之外

前面一章提到,施蛰存在接任主编《现代》杂志这份有影响的刊物

---

❶ 应国靖编《施蛰存年表》,见《中国现代作家选集:施蛰存》,香港:三联书店,1988。

后,成了一个重要文人。作为一个有原创性的作家,他是一个先锋,一个拓荒人,因为他敢于探入全然陌生的人的内心世界,并大胆地回眸那无理性的力量。他可能是中国第一个真正意义上的现代派作家,在他的小说世界里,他很有意识地征用弗洛伊德的理论来描述性压抑的潜流,一个既现实又是超现实的世界。他的绝大部分实验小说不仅受他所阅读的西方作品的启发,有些还是借原文进行构思的。因此,他的短篇小说就提供了很有意思的互文研究。在本章中,我不打算厘清施蛰存小说中的西方影响,我关注的是施蛰存如何想象性地征用西方的文学素材。就此而言,尽管构架会有出人意料处,文本还是相当能体现作者与文化背景的。

施蛰存在中学就开始了文学创作,据说尤擅古典诗词。他晚年是负有盛名的唐诗学者。一九二一年,他十六岁的时候,开始鸳蝴派杂志投稿。一九二二年,他的第一篇小说发表在鸳蝴派最重要的杂志《礼拜六》上。到十八岁时,自费出版了他的第一个小说集。

一九二六年,他和同学共同创办的杂志《璎珞》发表了他的两篇小说,但是未受注意。一九二八年,他在享有声望的《小说月报》上发表了另一篇小说,终于因此登上"五四"文坛,当时他二十三岁,被认可为"新文学"作家。除了他文学上的早熟,他早年的创作经历其实不足为怪,那在"五四"作家中是非常典型的。他作为作家的突出之处在于他的实验技巧,它们使他作为现代派的先锋而闻名。因此,撇开正统的中国学者对施蛰存小说的评价,他们总是更注重他早期带传统乡村背景的小说中的现实主义,❶我将专门论述他的带城市背景的实验小说,他写作这些

---

❶ 这些小说收入《娟子姑娘》,上海:亚细亚书局,1928;以及《上元灯》(修订版),上海:新中国书局,1932。

小说的年代,恰逢他在编辑三个文学杂志《无轨列车》《新文艺》和《现代》杂志的一九二八至一九三五年。很显然,他作品中的艺术感性受到他一直钟爱的现代西方文学的滋养。施蛰存写于一九二八年之前的早期小说大都发生在乡村,田园般的背景是他童年时代的松江(上海近郊)的写照。小说充满着扬子江下游地区抒情而慵懒的气息,那些久远的恋情常带着一丝怀旧被缓缓忆起。❶

一般说来,这类小说容易受鲁迅和郁达夫的影响,过往岁月总带着点精神创伤,从而和改变了的现在形成对照。但不管小说多么抒情,在回忆中却乏有惊心动魄处,除了像在《周夫人》这样的小说中偶有对压抑激情的状写。描写这些忧伤的情状时,施蛰存很经常地从古典诗词那儿汲取意象,那很自然也是他童年教育的关系。但这些早期小说只能被看作是"乡村风尚"时代的习作,他还得寻找他自己的小说方式。他所要探求的东西,在当时乡村现实主义的典型作品中是不大容易见到的,那是一种不正常的心理,一个古怪的事件,或和神秘人物的奇特邂逅。他要借此把他的读者带到一个"异常"世界里去。很显然,他是决定了要超离这个现实主义世界。他的这种不凡的努力在《凤阳女》这篇小说中初露端倪,小说描写了一个男人如何难于排遣他对一个风骚的杂耍女人的欲望。那女人便是最初的尤物,施蛰存还是第一次在他的小说中用这个词。但尽管施蛰存极力想把小说写得逼真一点,他给小说安排真正的中国地名,外国文学的影响还是显而易见的。那个成为欲望对象的中心人物,那个类似吉卜赛马戏团女人或歌舞团女歌手的人,酷似欧洲小说中的常见人物。把西方的心理压抑母题,放在扬子江下游田园牧歌似的环

---

❶ 见《上元灯》,上海:水沫书店,1929。参见陈国球《从惘然到惆怅:试论〈上元灯〉中的感旧篇章》,见《中国现代文学研究丛刊》,第 4 期,1993,页 83—95。

施蛰存

境里展开,那个有小桥流水还有乡村风味客栈的地方,必然使语调和气氛显得有点不和谐。而使这个不可信的故事吸引人的也唯有施蛰存的叙述策略。他把情节安排在失踪了的主人公的八封信里展开,在最后一封信里,我们得知主人公加入了那个杂技团。这种叙述架构令人想起鲁迅的著名小说《狂人日记》(1918),但没有《狂人日记》中所罕见的知识分子的洞察力。相反,施蛰存的小说是作为一个传奇展开的,故事慢慢展现主人公渐渐生长的性压抑。但这篇小说并不成功,因为施蛰存写到尤物后,就无力状写她的魅惑力。在故事的结尾,作为叙述者的隐形作者不得不对读者解释说,他的朋友也即故事的主人公,有些奇怪的脾性。仿佛此时施蛰存对自己笔下人物的可信性也有些把握不了了。虽然他想给他"非现实"的品格,但终究自己也怀疑他是不是"真实的人"。也正是施蛰存的这种犹豫束缚了施蛰存天才的想象力,他还不敢使他的人物完全超乎现实主义的范畴。一直要等他再写了一些实验小说后,施蛰存才会意识到,那蕴藏在主人公身上的爱欲力量,是无法被他自身所驾驭,也不是常情所能诠释的。

历史小说

一直到施蛰存开始写历史故事,他才最终找到他自己的艺术方向。其中四个故事后来收入小说集《将军底头》,这个集子应该引起我们的注意,因为施蛰存在其中创造了一种小说的亚类型,使他能够追溯爱欲的主题而不必受现实主义或道德检查的牵制。他的人物都来自遥远的过去,而且绝大多数的人,像那个著名的印度高僧鸠摩罗什,还都不是中国人。在集子的序言里,施蛰存说道,他试图在《鸠摩罗什》这个故事中表现道和爱的冲突,在《将军底头》中表现爱和种族的矛盾,在《石秀》中展现性欲的一种极端类型(性虐待)。《石秀》是对古典名著《水浒传》其中一章的重写。❶ 其实,对任何短篇小说作家来说,这些都是基本的母题。其他的"五四"作家也都多少触及过一些历史题材:鲁迅写了整整一本《故事新编》;郭沫若和田汉写了一系列的历史剧。但他们谁都没有像施蛰存那样,用弗洛伊德的理论去深入挖掘人物的变态心理。因为施蛰存希图在一个更宏大的场面里写他的历史小说,他对弗洛伊德理论的运用就带着更大胆的意图。问题是,在中国的文化传统中,经典文本没有为爱、宗教和种族的冲突这些母题提供铺垫,他如何去描写这些冲突呢?可是,尽管施蛰存没有读过弗洛伊德的经典著作《文明和它的不足》,他的野心是堪比弗洛伊德的,也就是说,他要挖掘被文明的超我所压抑了的力比多力量。

《鸠摩罗什》中的宗教无疑是佛教,在六朝时传入中国,并逐渐成为在中国最流行的一大宗教。但施蛰存并不想追踪佛教对中国的影响问题,他感兴趣的是那个最著名的改宗者、印度僧人鸠摩罗什。他要用鸠摩罗什来体现爱欲和宗教的冲突。根据对这篇小说的新近研究,施蛰存有可能读过法朗士(Anatole France)的《泰绮思》(*Thaïs*),那也是一篇描写爱和宗教相冲突的小说,但施蛰存解决冲突的方式与法朗士截然不同。他利用了当时的历史事实,即唐朝是中国历代最具大同气象的一个朝代。尽管儒教的影响早已非常强大,但还需假以时日使之成为帝国意识形态的"超我"。因此施蛰存就能恣意地在小说中渲染他想象中的唐朝的"东方"魅力。但同时文化身份的问题也呈现出来:在鸠摩罗什经历

---

❶ 施蛰存《自序》,见《将军底头》,上海:新中国书局,1932,页1。

他痛苦的爱欲磨炼的路途上,哪种文化——中国的还是印度佛教的——代表了"自身",哪个又是"他者"?

在这个故事中,施蛰存选择在鸠摩罗什自身的性欲上展开文化和种族身份的问题,这个问题后来在小说《将军底头》中成了主题。作为一个僧人,他需要过理想的独身生活,但他先是发现自己屈服于对他妻子的爱,她在故事的开头部分为了帮鸠摩罗什完成他的赎罪,陪他去大唐首都而死在路上。描写这个插曲的语言充满了爱欲想象。但僧人受到的真正磨难是在他抵达大唐后开始的:他在大唐宫廷里感到越来越自在,有一天他在一次公开的布道上,感到自己被一个有点像泰绮思的美丽妓女诱惑了,而且在想象中把她当成了他死去的妻子。结果是高僧又一次屈服于欲望的力量,在宫廷里和大唐皇帝赐给他的许多宫女度过一个又一个夜晚。最后,鸠摩罗什没有得到超脱,他的身体像常人一样湮灭了,但是他的舌头却留存下来,那是他妻子死前吻过的。诚如小说结尾时所说:"他的尸体是和凡人一样地枯烂了,只留着那个舌头没有焦朽,替代了舍利子,留给他的信徒。"因为爱欲的胜利,故事并没有展现和宗教之间的强烈冲突,那显然不是法朗士在《泰绮思》中所描绘的和天主教信仰之间的那种冲突,《泰绮思》中的神甫永恒地在灵魂中经历和爱欲的抗争。在施蛰存小说中,因为没有超我的压力,自我就有相当的自由度。这样,他就把弗洛伊德的"未满足"转换成了"文明"本身的问题,而且某种程度上,它代表了施蛰存个人对"五四""性解放"的回应。当然,他走得还要远一点。实验小说,就像爱欲一样,把他的天才从中国文学传统中解放出来,并向他提供了一个自由驰骋的空间。他不必受当代社会现实的束缚,可以天马行空般地在想象世界里写作。

施蛰存的著名小说《将军底头》标志着他艺术创作上的另一个突破,

他在种族的冲突中描写受压抑的欲望。主人公,那个唐朝将军,是吐蕃人种。当他受命在四川边境去指挥一场汉军对"野蛮"吐蕃的突袭时,他感受到了"忠诚"的冲突。他为他肆意抢掠的部下感到羞耻,觉得他们是汉民族"堕落和不义"的天性。施蛰存一定是当时极少几个对汉人民族性持批判的作家之一!但是在一个偶然的机会里,他又发现自己无望地爱上了一个年轻的汉人姑娘,这个故事很容易让人联想到他的早期小说《凤阳女》。但将军对性欲的追求导致了一个相当血腥的结局。在格斗中,他的脑子里老是缠绕着那姑娘的影子,突然他看到一个吐蕃将军(他的另一个自我)从他背后包抄上来,把他的头砍掉了。现在,这个无头将军,他的身体依然直立着,依然想方设法要去砍掉那吐蕃将军的头,他就这样回了营地。路上他发现他爱恋的那个汉人姑娘,正在溪边洗碗。当将军下马蹲到溪边去洗他的脸时,他发现在这泥污的水中,他再也找不到自己的倒影了。那女孩打趣他说:"喂!打了败仗了吗?头也给人家砍掉了,还要洗什么呢?还不快快地死了,想干什么呢?无头鬼还想做人么?呸!"将军突然就感到一阵空虚了,他随即就倒了下来,而"这时候,将军手里的吐蕃人的头露出了笑容。同时,在远处,倒在地下的吐蕃人手里提着的将军的头,却流着眼泪了"❶。

在这个"神秘而现实"的结尾里,施蛰存非常简练地把故事的几个中心主题并置一处:性、身份、爱欲和死。故事里的每一个动作都是意味深长的,都带着飘忽的性意味。他让那个吐蕃将军砍掉了主人公的头,使得将军只剩下了他的身体。这是他另一个自我对他自身的惩罚形式。而他那直立的身体,象征着仅仅被性欲支撑着的生理欲望,就因而成了

---

❶ 施蛰存《将军底头》,页104。

超现实的阳具象征,它骑马大胆驰骋寻找它的欲望对象。没有比这更生动的对男性力比多的生理描述了! 将军的头被砍掉还可以被读成是一种阉割,而在此弗洛伊德式的含义就更丰富了。诚如评论者张京媛所说,这个故事"携带着一个哲学意味,也就是当人的身体和他的大脑分离时会发生什么。尽管大脑—身体的关系问题已是一个相当古老的议题,但施蛰存的讲述方式却是相当现代派的,因为心理分析告诉我们身体有它自身的意志和生命,但无法通过语言的修辞和规则得到充分表达。这里,在这个怪诞的时刻,死者回来了,只剩了一个丧失了头的躯体。作为弗洛伊德的一个寓言,这个故事戏剧化了这样一种情形,即躯体有时会出人意料地摆脱大脑的有意识驾驭去赢得独立"❶。同样,这个故事也可被读解成一个"死亡本能"的展开,因为小说前面已伏笔了一个情节:将军在处死一个犯奸淫罪的骑兵后,想到他对士兵的处决是不是出于他个人的爱欲。就此而言,死亡既是爱欲的升华,也是爱欲的后果,还是将军人间身份的最终逻辑。这样,他那带着纳西索斯(Narcissus)色彩的临水自照,水里并没有他的倒影,预示着他最终将丧失他的自我身份,并在身体上被击败。年轻姑娘的嘲笑,只不过是对将军延搁了的死亡的最后一个打击。这个结尾非常怪诞,在中国的文化语境里进行读解实在是有深长的意味。

从以上的例子里,可以看出施蛰存对性的身体格外关注。他成功地状写了文化传统中的对身体的扭曲和对某些部位的崇拜,如《鸠摩罗什》的舌头、《将军底头》中的头和躯体。在这个传统中,身(被马克·艾尔文译为"身体—人")并不仅仅被视为一个物理存在或一个性器官,而是和

---

❶ 张京媛《心理分析在中国:文学变形,1919—1949》(*Psycholoanalysis in China: Literary Transformations,1919-1949*),伊萨卡:康奈尔大学出版社,1992,页112—113。

超身体的人、自我,以及生命的品质和含义相联。❶ 当然,在儒教和道教中都有关乎身体的大量话语,但总以长生不老为旨归。即使是性行为本身,就像在道教传统里,也不过是男性获得身体滋养的一个途径。当人的身体成了文学作品的描写对象,比如在著名小说《金瓶梅》的某些春宫场景中,它就成了独立的客体,讽刺性地被删减为人的性欲。性交则被处理为一场军事行动,男女的性器官在纠结中,就像两个士兵,或两个将军在搏斗中。尽管施蛰存肯定是读过《金瓶梅》,《将军底头》却没有直接受《金瓶梅》的影响。而他在肯定身体的时候,也同时翻转了一个传统,他先把身体从传统的文化组合中抽离出来,然后象征性地将它和人的爱欲和性欲联系起来。这样,性别问题就呈现出来了。

在《鸠摩罗什》和《将军底头》中,身体都是男性的,除了对女性的面容有些陈俗的描写,施蛰存对女性的身体几乎未曾触及。即使在《凤阳女》中,施蛰存第一次提及了"尤物",他看来也无力恰当地表现她的身体;而相应的男主人公就承载着他更多的个人情感和他的求爱之旅。直到施蛰存写《石秀》之时,他才开始把女性的身体放在男性的注视下进行焦点注视。有意思的是,施蛰存是从一部厌恶女人的小说《水浒传》中截取一章作为主题,用萨德侯爵的理论,将之作为变态的心理研究进行重写,比如,男性对女性的性虐待。施蛰存可能是唯一深受萨德侯爵影响的中国作家,并用他的理论来创作一篇小说。❷

为什么是萨德呢?施蛰存自己没有解释,我们也无从了解他是否知

---

❶ 马克·艾尔文(Mark Elvin)《身和心的故事:身—人和心—意在中国的过去150年》,见《地带:人类身体历史的片断》第二部分,页275。

❷ 当我第一次在上海见到施蛰存先生,问他有什么书需要我在美国帮他找时,让我惊讶的是,他毫不犹豫地说,要一本新的《名利场》杂志(后来他读后觉得失望),以及萨德的任何一本书。

道萨德侯爵在法国文化史和性史中的地位。但用性虐待来解释《水浒传》中男性的憎女情结是再恰当不过了。❶《水浒传》中通篇的暴力,再加上男性英雄的显赫威风,加诸女性的压力几乎是天罗地网一般。施蛰存非常巧妙地把第四十五和四十六章中有关杨雄的结义兄弟石秀的片段联接起来。在《水浒传》中,杨雄的妻子潘巧云,被石秀发现和一个好色的和尚有染,石秀遂杀了和尚,并将此事告知了杨雄。为了洗清自己,潘巧云向她的丈夫诬告石秀企图引诱她。但在施蛰存的现代文本中,潘巧云所捏造的引诱被放大为一个非常详细而真实的但对潘巧云而言是不成功的引诱,它撩开了石秀对他的义兄之妻所怀的欲望。小说对石秀的心理苦痛有非常细节化的描述,他的有意识思量和他的无意识兴奋,短语"在下意识中"被用了好多次。

光就主题而言,加诸石秀身上的压抑源于中国式的男性江湖义气,这在《水浒传》中是被推崇备至的,也说明了赛珍珠(Pearl S. Buck)的英译《水浒传》名为什么是"四海之内皆兄弟"。但在施蛰存的现代文本中,真正的意旨却是男主人公的色欲。当石秀向杨雄报告潘巧云和和尚偷欢一事时,它被一种憎女的复仇情绪所替代。在《水浒传》中,这是中心情节;小说不曾提到石秀的心理状况。但施蛰存却聪明地征用了这个旧故事,来演绎他从性虐待的原创人萨德那儿借来的概念。他对英雄的变态心理进行分析,描述其扭曲的心态,并以此揭示那被压抑的欲望通过他嗜血的性虐待而得到释放。所以最后的对魅惑者和她的侍儿的处决,既是情节的高潮点,也是石秀欲望的顶点:

---

❶ 关于小说中的憎女情结,可参见孙述宇《〈水浒传〉的来历、心态与艺术》,台北:时报出版公司,1981,尤见第三章。

> 石秀对潘巧云多情地看着。杨雄一步向前,把刀尖只一旋,先拖出了一个舌头。鲜血从两片薄薄的嘴唇间直洒出来,接着杨雄一边骂,一边将那妇人又一刀从心窝里直割下去到小肚子。伸手进去取出了心肝五脏。石秀一一的看着,每剜一刀,只觉得一阵爽快。只是看到杨雄破着潘巧云的肚子倒反而觉得有些厌恶起来:蠢人,到底是刽子手出身,会做出这种事来。随后看杨雄把潘巧云的四肢,和两个乳房都割了下来,看着这些泛着最后的桃红色的肢体,石秀重又觉得一阵满足的愉快了。真是个奇观啊!分析下来,每一个肢体都是极美丽的。如果这些肢体合并拢来,能够再成为一个活着的女人,我是会得不顾着杨雄而抱持着她的呢。❶

这个血腥的场面表面上看是在惩罚那个放荡不义的"坏女人",并显示男人间的江湖义气。但事实上它成了传统小说所暗示的憎女情节的"逻辑"结果。很显然,石秀的狂喜源于角色的转换:旁观者成了行刑人,而借着这种方式的观看,他最终获得了性高潮。有人问:当《石秀》最初于一九三一年在《小说月报》上刊登时,有多少读者曾被它激怒了?从这篇小说开始,施蛰存凭着他强大的天赋和非凡的美学感悟力,迈向了成为一个大作家的路途。

通过在想象或再想象的历史领域中追溯欲望和性的母题,施蛰存自然把他的小说推出了现实的常规界限之外。不过,他在出版现代诗歌时所写的编者按中说,他非常希望通过小说来"表达现代人在他们的当代生活中所经历所体会到的情感"。当然,毫无疑问,他所描述的现代人的

---

❶ 施蛰存《石秀》,见李欧梵编《新感觉派小说选》,台北:允晨文化出版社,1988,页84—85。

情感经历的背景是上海。他的历史小说作为一种特殊的亚类型,曲折地为他于一九三〇年后开始写上海故事铺垫了道路。在这个新的都市类型中,表面上,他的故事都发生在真实的上海背景下,但他只不过是用这个城市环境作为框架来探讨他笔下城市人的内心思绪和狂想,借此施蛰存在真实和幻想之间做出了微妙的协调。施蛰存笔下的上海城市背景包括我们很熟悉的一些公共交通、娱乐和消费场所,诸如火车和电车站、百货公司、饭店、旅馆、咖啡馆,当然,最主要的是电影院。❶ 事实上,在施蛰存的有些小说中,他让他的主人公,像城市生活的日常仪式似的,接连地走过这些地方,以此幻想性地重构这个城市。这令我们想起乔伊斯在他神秘的《尤利西斯》中,重构了他深深爱恋的都柏林的河流、银行、街道和旅店。但是,比较之下,我们会发现施蛰存的野心没那么大,他也没那么"现代"。乔伊斯让他的两个男性主人公像外来者一样在一天中穿梭一个被神秘地符码化的城市,并借此将时间"空间化";施蛰存不一样,他征用上海的熟悉场地和大楼,仅仅是将它们当作路标,以此为他的背景增添一点现实主义的色彩,他的主人公的心路历程就是植根在这样的背景中。而且,施蛰存也不使用他所熟谙的乔伊斯的著名的"意识流"技巧,他更多地实验另两种手法:独白和"自由间接引语"。

---

❶ 这些地方,当它们进入施蛰存的小说世界时,是否还和现实中一致?这是一个需要在理论上继续追问的题目。当然,从技术上看,那是绝无可能一致的,但真实的上海确实像原材料一样进入了小说来创造文本,或成为"角色",或成为小说世界里的路标。在对施蛰存的小说进行文化研究时,我不太赞成把这两个世界割裂开来,尽管我在理论上明晓它们之间的区别。施蛰存有一次告诉我他的小说背景是真实的上海,而刘呐鸥的小说世界与其说是像上海,不如说更像东京。

内心独白和阿瑟·显尼支勒

施蛰存的早期小说《妮侬》,至今还是为多数学者忽略,❶但它事实上提供了施蛰存实验独白式叙事技巧的一个很好例子。和他以前的小说截然不同,这是一篇纯想象之作,一篇风格化的虚构作品,无现实可索。事实上,第一次读《妮侬》,你会觉得这像是一篇法国小说的译文。书名是一个女人的名字,很法文化,她是叙述人的倾诉对象,而且这种法文化更被小说中穿插的法文 hlas 和 non("唉"和"不")强化了。而 non 的发音几乎与上海话中"侬"的发音一模一样,这"侬"也就是"你"。因此这个古怪的题目《妮侬》也许无意识中包含了对倾听者的两重所指,国语中的"你"和上海话的"侬",而两者又古怪地在法文 non 中合在一起。叙述者长长的倾诉一开始,他就费力地想重新唤起因为他所深爱的女人妮侬之死而引起的强烈的痛楚,但他不停地被 non 这个词间断了他的独白。因此,当叙述者反复呼唤"妮侬"这个名字时,就产生了一种奇特的催眠般的节奏,比如像下面的句子:"我看着,我看着,我看看妮侬,啊!不!啊!我底妮侬,non!她不是妮侬,她不是妮侬!啊妮侬,我所曾爱过的,不啊,不是这个人呀!"如果说内心独白应该是言说的主体形式,也即是说,头脑中的某个声音,它以"意识流"的方式叙述(乔伊斯的《尤利西斯》结尾时,莫莉的独语可能会使施蛰存猛然想到,可以用这种方式讲故事),那这个故事在心理和语言上所取得的效果在当时的一般小说中已是十分罕见的了。甚至连鲁迅的《伤逝》也没有取得这种效果,尽管鲁迅

---

❶ 这篇小说未曾收入施蛰存的任何一个小说集,也许是因为这篇小说和施蛰存当时辑集成书的小说之内容不相称。

也部分地采用了内心独白的方式,并且涉及了"五四"妇女解放的主流话语。为了让读者对施蛰存的语言有个印象,我在下面引用小说的最初一段。

> 黄昏了,依着许多年,不,好几百年,啊不!我该当如何说?我是忘却了悠久的岁月,在我所能记忆的时间之前,前,啊!依着这似乎已成为古代的不计数的年月以来的老例,我将疲乏的、销沉的、孱弱的、瘦小的躯体,渐渐地沉埋下这——啊!这些当我底残烛上的微光似的眼波瞥见着它们的时候,我底心,不,甚至我底每一小缕皮肤,都感受到是百倍重的战栗的柔软的圈椅。

上面这一段是故事的开头,有人或许会说,作者为了取得抒情效果,叙述者的内心独白语调被处理得相当粗糙。它只是抒情诗的小说化。事实上,当叙述者在回忆他的情人衰竭死亡的情形时,构成独白的"句子"(小说中只有两处引用了倾诉对象的话)从波德莱尔、魏尔伦和其他法国意象派诗人那儿借用了大量的诗歌意象:死叶、森林中的黑月亮和猫头鹰的刺耳叫声、鬼火、红唇里的滴滴鲜血等等。这个抒情意象世界与施蛰存的同代人、被推举为是中国第一个"意象派"诗人李金发的早期作品奇怪地相似,也许还会令人想起波德莱尔和梅特林克的作品。但真正的灵感泉源,却是显尼支勒(Arthur Schnitzler)这位世纪转换时期的奥地利小说家。施蛰存对他的小说特别推崇。

其实不难理解为什么施蛰存特别钟爱显尼支勒。下面这段话节选自施蛰存所译的显尼支勒的小说《薄命的戴丽莎》的译者序中——

> 显尼支勒的作品可以说是完全由性爱这个主题形成,因为性爱对人生的方方面面都至关重要。但他并没有把性爱仅仅写成事实

或行为,而是着重在性心理的分析上。我们可以说他在这上头的成功堪比他的同族人弗洛伊德,有人说他是有意识地受了弗洛伊德的影响。不过,把弗洛伊德的理论带入实践,为现代欧洲文学开辟一条新路,为英国的心理大师劳伦斯和乔伊斯的出现铺垫道路——这些都应归功于他,显尼支勒。乔伊斯在著名小说《尤利西斯》里用的内心独白,显尼支勒早就在他的两部小说里用过了,那是《爱尔赛小姐》和《中尉哥斯脱尔》。❶

在这个序的结尾,施蛰存附录了显尼支勒的小说和戏剧的著作目录,以及中文译本目录,包括施蛰存自己所译的四本:《爱尔赛小姐》《中尉哥斯脱尔》《蓓尔达·迦兰》和《毗亚特丽思》。在施蛰存译的另一本显尼支勒的《爱尔赛之死》的序言中,施蛰存特别提及了显尼支勒小说中的两个显要主题:性爱和死。而且施蛰存再次强调了显尼支勒独创的内心独白方式,乔伊斯在这方面是借了显尼支勒的手法的。然后施蛰存承认:"有一段时间,我极热衷于显尼支勒的小说。我不懂德文,但英法译本我是一本都没错过。"他提到他还另外译过显尼支勒的三本小说,但没机会出版,而手稿也在战乱中丢失了。❷

很显然,显尼支勒的作品解释了施蛰存作为小说家的追求。施蛰存的小说技巧也许可归纳为主观叙述,即如何把角色的主体声音和视角放进叙述框架中,也就是说,置换成叙述人的声音,使之能够显示他或她的

---

❶ 显尼支勒《薄命的戴丽莎》,施蛰存译,上海:中华书局,1937。施蛰存亦在其中提及了显尼支勒的同国人,戏剧家雨果·冯·霍夫曼斯坦(Hugo von Hofmannsthal),认为他的作品"充满了神秘的色彩",而显尼支勒就显得更像是"新浪漫主义者",他的小说回荡着南欧风味的现实主义。

❷ 施蛰存《前言》,《爱尔赛之死》,上海:复兴书局,1945,页1—2。

心理历程。其实早在一九一三年左右,弗洛伊德的理论就广为人知了,而"五四"作家,包括鲁迅和郭沫若,都开始在他们的小说中实验弗氏理论,尤其是关于梦的理论。但施蛰存之前却没有作家实验过用一种新文体来挖掘人的性欲心理的深度。施蛰存希望通过他的人物或叙述者来描述一种主观"现实",并且用第三和第一人称写作,这种写作比我们所看到的,比如说鲁迅的短篇小说,要更主观化。除了实验显尼支勒的内心独白,这种独白见诸所有的对话、角色造型和内心叙事的构造,施蛰存还探索了叙述人称的转换。他的另一叙述"戏法"就是,在小说开始时,他用第三人称讲故事,然后,不知不觉地,故事已换成第一人称叙述来展示主人公他或她的心理过程,接着,他又转回第三人称叙述。这种"戏法"就包含了所谓的"自由间接引语"。最近有两篇论文用这个概念来讲中国现代文学,其中一篇论述对象是刘呐鸥和穆时英。❶ 不过,在我看来,施蛰存的小说应该是更好的例子。简言之,"自由间接引语"一般出现在一个主观叙述中,其时,叙述者依然在场,但叙述者的洞察力间接地转换成了其中一个人物的洞察力。❷

因为在中文中并没有严格的时态和清晰的时态标志,没有主语和谓语间的严格搭配规则,因此给"自由间接引语"的使用留了更自由的天

---

❶ 艾丽·哈格那(Elly Hagenaar)《意识流和中国现代文学中的自由间接话语》(*Stream of Consciousness and Free Indirect Speech in Modern Chinese Literature*),雷丁:雷丁大学出版社,1992;安东尼·白(Anthony Pak)《三十年代的新感觉派:论刘呐鸥和穆时英的小说》(*The School of New Sensibilities in the 1930s: A Study of Liu Na'ou and Mu Siying's Fiction*),多伦多大学博士论文,1995,尤见第三章。我很感谢这两位作者所寄赠的论文。

❷ 安东尼·白(Anthony Pak)《三十年代的新感觉派:论刘呐鸥和穆时英的小说》,页126。

地。这种手法被施蛰存用来刻画一系列摩登或半摩登女郎的心理肖像，比如《善女人行品》。这些故事亦受了显尼支勒的启发，因为显尼支勒小说中最有魅力的总是女人，尤其是施蛰存所翻译的那几部小说，像《爱尔赛之死》《毗亚特丽思》《薄命的戴丽莎》，这三部小说后来辑集出版，重新命名为"妇女三部曲"。显尼支勒的小说里，世纪末维也纳的那些资产阶级上流社会中的女性，她们或压抑着情欲，或在日常生活中偷情，最终却一样是悲剧，这种命运无疑回荡在施蛰存的小说中，只是她们如今成了中国的城市女性，活在二十世纪三十年代的上海。

"善"女人肖像

《善女人行品》作为一个集子的题目，是很有目的地针对中国传统对节妇的"神圣"宣扬的。当然故事的讽刺性在于，里面的所谓一个个节妇，就内心的思绪而言，没有一个是真正可以被称为"节妇"的，而其中有些人还真的怀藏了"不贞"的念头。施蛰存的目的是，用他从显尼支勒那里学来的主体叙述技巧，来状写这些"不贞"的念头在"贞妇"日常生活中的活跃。这其实是施蛰存一向关注的主题，从他的早期乡村小说和历史小说中也可见出。而现在，他要淋漓尽致地发挥他的天才了。

这些城市女性是怎么想，如何感受的呢？这些简单的问题无疑对一个不想步"五四"妇女解放思潮之后尘的男性作家构成了极大的挑战。施蛰存的女主人公，尽管是现代城市人，但都不是解放了的女性：这个是寡妇，那个是老处女，但绝大多数是家庭妇女，从不曾想过要离开丈夫，脱离家庭。似乎是对"五四"小说中"解放了的娜拉"之综合症的一种反动，施蛰存存心让他的那些潜在的"娜拉"选择待在家里。而同时，如果预想一下四十年代早期张爱玲的那些更加成熟的小说,我们就会发现施蛰存有意地选择描写资产阶级日常生活中的那些微妙诱惑力。对施蛰存来说,用显尼支勒的方式,来揭示她们那在受人尊敬的虚饰下所压抑的力比多和神经质,应该是很有诱惑力的,而且那也会使施蛰存的小说成为中国式的描写"资产阶级之刺激"的现代文本。但读完施蛰存的小说,你不一定会有这些感触,因为他的叙述语调一直是很温柔、充满同情的,尽管也带着一点点反讽。像张爱玲一样,施蛰存太迷恋他的女主人公,不愿让她们受太大伤害。和他历史小说中人物的不羁的情欲相比,这些故事里的女性心理被描述得更细致也更感伤。

在《港内小景》这个故事中,施蛰存描写了一个患肺病在床的妻子,而同时她的丈夫却想为了另一个女人而离开她,不过最终他是失败了。在另一个叫《狮子座流星》的故事里,妻子想怀孕,并秘密地把她的欲望寄托在一种报道中的流星来临的天文现象上,但她麻木不仁而肥胖的丈夫却在一旁嘲弄她。另一篇《羹》,看上去像是一篇自传小说,那隐形的作者的妻子,很温柔地要求她丈夫去做一道特殊的蔬菜汤,而他却忙于读一本格林(Julian Green)的小说,忙于翻译艾丁顿(Richard Aldington)的一组诗歌。这里提到的这些西方文本,我们有理由相信它们是施蛰存当时正在读的文本,而且施蛰存很聪明地将艾丁顿的几句诗写进结尾,借此表明他对妻子的爱:

缕缕的青烟升起,
像回翔的群鸟那样消失,
我的爱情也这样飘浮向你,

消失了,又重新升起。❶

在这么温柔的浪漫主义氛围里,施蛰存还能描写女性的欲望和性爱吗?如果维多利亚社会生活的中国版并不是被描绘得非常压抑,施蛰存还会觉得弗洛伊德的理论很有效吗?

这个集子里的另两篇小说《雾》和《春阳》描写了两个把欲望转换成罗曼蒂克幻想的女性人物。在《雾》中,一个年轻的寡妇在去上海的火车上,邂逅了一个面容柔和的青年绅士,她幻想和他约会,最终却发现他是一个很著名的影星。这个故事是直接用第三人称讲述的,主人公的幻想和感受都描写得很"客观",她的幻灭源于她把一个电影明星等同于传统社会里的下层戏子。接着,在小说结束前,叙述召回了那场火车上的罗曼蒂克的邂逅,在电影般的氛围里,那个电影明星,像真正的演员那样,发现自己是在扮演一个角色(十年后,这个梦幻般的场景在张爱玲的小说《封锁》中,从头至尾全部演了一遍)。小说的题目《雾》很容易让人想到传统的文学意象,像"雾里看花"等等,只是这里的"看"有双重的反讽:当女主人公看着那电影明星的时候,同时她也看到了自己沉湎于对他的罗曼蒂克的幻想中。在这个双重蒙骗的框架里,女主人公很不聪明地被演员所蒙骗,读者又为这个电影似的情节所骗,我们便被作者引领着目睹了女主人公的性欲是如何温柔地上升,但最终因为意识到对方不过是一个"戏子"而幻灭了。因此小说的结尾也就是一种压抑行为,它是传统中国文学里无数贞节寡妇的最终守节故事的一个现代版本,她们确乎是扮演了"善女人"的角色。

在小说《春阳》中,我们能读到一个类似的故事。女主人公的感受通

---

❶ 施蛰存《善女人行品》,上海:良友出版公司,1933,页87。

过"自由间接话语"很微妙地传达出来,同时叙述人的评点也不动声色地混入了角色自身的视角里:

> 这二月下旬的,好久不照到上海来的太阳,你别忽略了,倒真有一些魅力呢……今天,扑上脸的乃是一股热气,一片晃眼的亮,这使她平空添出许多兴致。她摸出十年前的爱尔琴金表。十二点还差十分。这样早。还好在马路上走走呢。
>
> 于是,昆山的婵阿姨,独自走到了春阳和煦的上海的南京路上。来来往往的女人男人,都穿得那么样轻,那么样美丽,又那么样小玲玲的,这使她感觉到自己的绒线围巾和驼绒旗袍的累赘。早知天会这样热,可就穿了那件雁翎绉衬绒旗袍来了。她心里划算着,手却把那绒线围巾除下来,折叠了搭在手腕上。❶

在这段叙述里,因为没有明确的动词时态,而且主语常被省略,所以给暧昧留了更多的空间,也使第一人称在向第三人称转换时更加方便。施蛰存利用了中文句式中的内在自由度,发展出一种利于描述他的主人公心理变化的文体。此外,这个故事也是表达女性欲望和遐想的文本,最后在惆怅里结束。这个故事的情节跟随女主人公某天在街上闲逛而发展:一下火车,她先是去了银行和一家百货公司,然后在一家餐馆里吃了一顿孤寂的中饭,在那儿,她留意到一个英俊的男人,就幻想着去接近他,但后来她还是又回到银行,在那里见到一个更年轻的职员,但那年轻男人并不注意她,他关注的是另一个更年轻的小姐。这样,小说的女主人公,心里感着怨恼,就在下午搭了早班火车回家了。自然,她绝不是都

---

❶ 施蛰存《善女人行品》,上海:良友出版公司,1933,页 98—99。

市漫游者,她在上海城里的活动不过是个人消遣。但温暖的春阳释放了她的欲望,使她在餐馆里,温柔地凝视一个陌生男人,把他当成了欲望的对象。在随之而起的她所遐想的对话里,她罗曼蒂克的梦想得到了满足,但很快,当她设想到他会说"哦,敝姓张,我是在上海银行做事的……"时,她绮丽的思绪就转到了她在银行看到的那个更年轻的职员身上去了。她欲望对象的转换也破坏了她的欲望,而她亦因此被带回到现实中。这样,尽管在表面上什么都没有发生,她却是感受到了内心的欲望。只是爱欲的温柔觉醒和迅速消散,并没有像石秀那样在她的凝视中,到达一个欲望的高潮。这是一个隐约的性欲"亚文本",但施蛰存的主观叙述是更加成熟了。

前面提到,施蛰存可以被视为中国第一个弗洛伊德论作家,因为他的有些故事完全是在弗洛伊德的范畴里建构的。不过,上面论述的几篇小说也可让我们看出,施蛰存并没有把他的弗洛伊德精神分析推得太远,尤其是在他描画女性人物时。在《善女人行品》这个集子里,施蛰存看上去是对女主人公的心理,而不是身体更感兴趣。在这个集子里,没有什么"不正常"的症状,比如那种可以引向弗洛伊德对女性欲望之分析的歇斯底里症。也许,正如小说的题目所显示的,她们毕竟都是"善女人",而且施蛰存也不愿剥夺她们新近获得的"现代"中国女性的社会地位。当然,这些小说在任何意义上,都不可能是"女性主义"文本,因为所有的女主人公的身份都不能脱离她们的丈夫而独立,而且,施蛰存对她们心理的探讨也根本没有展示她们有什么女性意识。即使不用今天西方女性主义的角度看她们,也不难看出施蛰存的"善女人"在她们的价值观、行为,甚至穿戴上,都表明了她们是半传统的女子。她们绝对不是刘呐鸥或穆时英笔下的那些洋气又异域化的女主人公。也因此,她们不会成为现代城市本身的"商品化"或"物化"象征。她们看上去似乎只居住在"内闱",不受城市生活声光化电的干扰,即使像《春阳》中的女主人公也能全身而退。这样,她们就和现代家庭形象构成了有意思的对照。她们是在婚姻的舒适的物质环境里,作为现代女性中的妻子和母亲而存在的,我们可以在本书第二章所讨论的当时的商业广告里找到她们的形象。对这些女性的物质形象,施蛰存赋予了她们人性知觉力和心理深度。对现代读者来说,和她们相联要比和施蛰存的其他小说中那些更古怪神秘的女性相联更容易些。❶

色,幻,奇

作为一个先锋实验小说家,在我看来,施蛰存无意于制造像詹姆斯(Henry James)《贵妇肖像》那样的中国版。从他的序里,我们可以看出,施蛰存一直想另辟蹊径。在《善女人行品》出版的同年(1933),他的另一小说集《梅雨之夕》也问世了。这是一本杂集,收了十篇不同主题的小说。在他自己的序言里,他承认它们有技巧上的局限,但他也披露了,至少在一部分小说里,他尝试在找一条新路子,但在不断的努力之后,他发现这新路子是走歪了。❷

他的自我否定一方面是诚实的交待,一方面却也是虚饰的欺骗。我们知道他的"自我批评"是为了应付来自左翼阵营的对他的批判,认为他过火的风格离社会现实主义太远了,所以他做了这么谦虚的回应。但在

---

❶ 我从哈佛大学的图书馆找到的《善女人行品》是 1940 年普及本的重印本。它可能是一本畅销书。

❷ 施蛰存《跋》,《梅雨之夕》,上海:新中国书局,1933,页 1—2。

字里行间他也向我们暗示了他的实验冲动。因为尽管这个集子里的技巧运用很不均衡,但这些故事证实了它们是施蛰存更大胆的小说实验,施蛰存在其中继续他的对"非常心理"的探讨,这些探讨在他的历史小说写作中就开始了,现在则回到了当代场景中。

显尼支勒的影响在这个集子开始的两个故事里还有痕迹,施蛰存在这两个故事中依然采取了内心独白的方式作为叙述框架,借着一个相当主观化的男性口吻进行讲述,以此来描写男性的欲望和压抑。

男性的性压抑是《在巴黎大戏院》的核心母题。故事描写了叙述者在一个年轻女子的陪同下,在巴黎大戏院看电影的心理历程。诚如叙述者所言,巴黎大戏院在上海,不是像大光明、卡尔登或南京大戏院那样舒适豪华的场所,所以对约会来说倒是更适合。巴黎大戏院提供了一个很现实的场所,使去电影院看戏的整个仪式可以从头至尾演上一遍:买票、走上狭小的扶梯、坐在"花楼"里、读情节简介、在中场间歇吃冰淇淋、看完卡通看影片(德国乌发电影公司出品)、品评明星(比较俄国大明星伊凡·摩犹金和好莱坞的范伦铁诺)。而另一方面,电影院里的这些现实主义细节只不过给一个描写心理压抑的文本提供了场景,施蛰存通过男主人公持续的内心独白,细密而深入地探讨了男性的性压抑,其脉络酷肖显尼支勒的《中尉哥斯脱尔》和《爱尔赛小姐》。小说中,第一人称的叙述者也铺叙了大量的细节,讲他作为一个已婚男人去电影院赴约的"主观"心理历程。从头至尾这个叙述者"我"都在不停地揣摩他同伴的每一个举措,而他亦觉得这些行为越来越充满诱惑。其实这只是他自己性冲动的一个过程。当吃了巧克力冰淇淋后,他的同伴把她自己的手帕借给他擦时,他的性冲动达到了"高潮":

哦,好香,这的确是她的香味。这里一定是混合着香水和她的汗的香味。我很想舔舔看,这香气的滋味是怎样的,想必是很有意思的吧? 我可以把这手帕从左嘴唇角擦到右嘴唇角,在这手帕经过的时候,我可以把舌头伸出来舔着了。甚至就是吮吸一下也不会被人家发现的。这岂不是很妙? 好,电灯一齐熄了,影戏继续了。这时机倒很不错,让我尽量地吮吸一下吧。……这里很咸,这是她的汗的味道吧? ……但这里是什么呢,这样地腥辣? ……恐怕痰和鼻涕吧? 是的,确是痰和鼻涕,怪黏腻的。这真是新发明的美味啊! 我舌尖上好像起了一种微妙的麻颤。奇怪,我好像有了抱着她的裸体的感觉了……❶

男主人公在这个不寻常的段落里,所表现的那种多少有点"怪僻"的恋物倾向,是可以和《石秀》里的施蛰存虐窥淫倾向做比较的。它也可能有意识地和郁达夫的一篇小说形成了互文关系,因为郁达夫小说中的男主人公也有类似的趣味。两篇小说都极其大胆而赤裸地隐喻了口交。但即使如此,男主人公对女同伴的"真实"的爱的意图是无力把握的。分手的时候,他似乎觉得那女子,尽管他是已婚男人,对他还是有兴趣的,可他自己内心的罪感却纠结一团。这恰好又是这个集子里最好的小说《梅雨之夕》的主题。

乍一看,《梅雨之夕》就像戴望舒最初于一九二八年发表的名诗《雨巷》一样,是一篇心情故事。在戴望舒诗中,诗人走在"雨巷"里,邂逅了一个撑油纸伞的"丁香少女",一个勾起诗人无限柔情和憧憬的抒情形象。在施蛰存的小说里,气氛一样抒情,但更浓烈。故事的开头是第一

---

❶ 施蛰存《在巴黎大戏院》,见《梅雨之夕》,页 36。

人称的男主人公,在滂沱的大雨中沿着上海熟悉的马路在走。但这常见的一幕,因为他无意中遇到的一个年轻女子而微妙地转换成了一个梦似的场景。叙述者看着那年轻女子从电车上下来,因为没伞,就在街角等雨停,他当时的内心独白披露了他心底难以控驭的恋慕之情。他随后很谨慎地提出和她共一把伞,并伴着她走向不确定的去处,其时他心头欲望和罪感纠杂,因为年轻女人让他想起了他的初恋女友和他现在的妻子。就像显尼支勒的《中尉哥斯脱尔》一样,此时幻觉开始扰乱他的知觉。"我偶然向道旁一望,有一个女子倚在一家店里的柜上。用着忧郁的眼光,看着我,或者也许是看着她。我忽然好像发现这是我的妻,她为什么在这里?我奇怪。"❶在小说的结尾,叙述者走回家,敲门,他听见的应门声却不是他妻子的声音,是那雨中少女的声音!而他进门看见的,却又不是那少女,是那个倚着柜台的女孩,背对着光,立着。"我惝恍地走进门。在灯下,我很奇怪,为什么从我妻的脸色上再也找不出那个女子的幻影来。"❷这个小说可以被读成是一个写心理转换的故事,其中,那少女勾起了欲望和罪感,最终它们又降落在那少女和柜台边的女子身上。但柜台女子的进入依然是个谜:为什么叙述人只在街上偶然瞟到一眼的女子竟然会在结尾的时候重现?用现实的眼光看,她的存在是完全偶然的,而最后的情节亦是"悬而未了"的。此外,她似乎也不像是叙述者妻子的"副本",因为那妻子的形象是非常明确的。相反,她看上去就像是一个神秘的人物,只有她回视了主人公,她是那种幻觉里的人物,为了制造不安和紧张而出现的。就是这样一些不可解释的女性人物后来在施蛰存的小说重新露面,那时她们是更神秘更恐怖了,领着施蛰存的

---

❶ 施蛰存《在巴黎大戏院》,见《梅雨之夕》,页 15。
❷ 施蛰存《在巴黎大戏院》,见《梅雨之夕》,页 15。

男性主人公走向巫魔之路。

在小说《魔道》里,可信性终于彻底决堤,整篇小说由一系列荒诞的情节组成,既是叙述者"我"在"现实"中的遭遇,也是"我"狂乱的幻觉。小说开篇是叙述主人公"我"在一个周末,坐火车从上海出发去乡间看他的朋友。在车厢里,一个穿黑衣的老妇人让他感到很不自在。以后,他抵达了他朋友在某州(可能是杭州)乡间的西式住宅。然而,当他面向着大玻璃窗,预备欣赏烟雨竹林时,却再次看到了那穿黑衣的老妇人,他忍不住恐怖地叫出了声。终于,他感到十分疲乏,"好像经过了一次战争",就打了个盹。醒来时已经是傍晚,他出去散了一圈步。至此,他的叙述开始和幻觉掺杂起来,仿佛他已迷失在鸦片引起的梦魇里,而且他开始不停地提到鸦片。在一个绿水的古潭边,他看到村姑在那儿洗衣服,脑海中浮起了一句古谣,然而,突然间,他又看见了那个老妖妇在竹林里走动。他回到了他朋友的家,和友人及其美丽的夫人坐在园子里。当他吃着陈君园里的一片番茄的时候,他突然从陈夫人身上感到一重意欲,那番茄就仿佛她的红唇,并且他把她的关心视为一种诱引。第二天早晨,当她和他打招呼时,他看见她抱着一只碧眼的大黑猫,就觉着她就是那妖妇了。因为他心里的疑虑和恐惧愈来愈甚,他就匆匆搭火车回上海了。当晚,为了松弛一下神经,他就去奥迪安戏院看电影。在买票处,他发现"上下客满"四个大黑字,接着他看见最后一位客人走进戏院,而这个客人是穿着黑衣服的,一个老妇人!"一切穿黑的老妇人都是不吉的!Anyone! Everyone!"他心里叫着,最后的那两句用的是英文。他转去一家咖啡馆,看到了他熟识的女招待,那咖啡女给了他一杯黑啤酒,这使得他又发生了一系列的幻觉,在他的幻觉中,那咖啡女,他朋友的妻子,还有那老妇人都成了一个他吻过的妖妇。二十分钟后,他回了家,侍役送来一个电报,说是他的三岁的女儿死了。他起身走向露台,看见一个穿了黑衣裳的老妇人孤独地踅进小巷里去。

这个故事让人想起爱伦·坡小说中的一些主要意象和母题,坡是施蛰存深爱的另一个作家。比如,黑色在这篇小说里占了醒目的地位:穿黑衣的老妇人,玻璃窗上的黑点,黑啤酒,尤其是叙述者看见他朋友的妻子抱着的那个大黑猫。甚至主人公女儿原因不明的突然死亡都可被视为是外加的带坡风格的神秘因素,但那依然显得太离奇了点。另外小说里还有一些悬而未决的地方。因此,这篇小说似乎就不仅仅是讲男人的非常态心理,它更像是施蛰存对一个全新的"幻象般"领地超自然力量的突入,那是无法被理性所诠释的。

施蛰存的另一篇小说《夜叉》是《魔道》的姊妹篇,但更受欢迎,它首次发表在畅销的《东方杂志》上,他在其中继续玩弄他的魔幻术。《夜叉》的情节得之意外,那是有一天,施蛰存看到一个女人将头伸出火车车厢外面,"她迎着风,张着嘴,俨然像一个正在被扼死的女人"❶。因此他设计了让他的男主人公坐船到一个古庵附近时,有另一艘船驶过,而他瞥见了那船上有个浑身白色的女子。因此他就被蛊惑了,误认她为"夜叉",并在月夜追踪她直到在一个墓地找到她。"夜叉"是佛教里流传的那种可以像巫婆一样飞翔的魔鬼。在他热病般的状态下,他企图窒息她,但最后却发现她不过是一个天真的村姑。诚如纪一新在他那篇很有洞见的文章里所指出的,带着死亡般色情的女子是"直接从坡的小说里下来的"。❷ 施蛰存一定也从坡那著名的小说《厄舍府的倒塌》(*The Fall*

---

❶ 施蛰存《跋》,《梅雨之夕》,页2。

❷ 纪一新《毋庸说:论坡的哥特小说和施蛰存》,未发表论文,哈佛大学。我很感谢纪一新的这篇论文,纪一新是我的学生,我在他的很多洞见上发展了自己的观点。

of the House of Usher)里获得了特殊的灵感,因为在《夜叉》里,女妖魅也同样是因两幅画而被唤起,并被主人公刚巧在读的一本当地传奇故事而召唤出来。事实上,患有偏执狂的主人公的持续阅读很让人想起鲁迅先生的《狂人日记》,但和鲁迅的知识分子型的狂人不一样,施蛰存的主人公在意识上并不反传统。❶ 不过,在这两篇小说中,主人公的阅读都是有特殊意义的。当《魔道》里的主人公踏上周末的假日旅途,并第一次在车厢里看到那穿黑衣的老妇人时,他就试图借看书安下心来:

> 我还是看书罢,我的小皮箱里带着书。啊,不错,那本 *The Romance of Sorcery* 倒不能拿出来了。难道是因为我这两天多看了些关于妖术的书,所以受了它的影响么?虽然,也许有点,但是这个老妇人是无疑地她本身也有着可怪的地方,即使我未曾看那些书,我也一定会同样地感觉到的。我该拿哪一本书出来看呢:Le Fanu 的《奇异故事集》?《波斯宗教诗歌》?《性欲犯罪档案》?《英诗残珍》?好像全没看这些书的心情呢。还有些什么书在行箧里?……没有了,只带了这五本书。……还有一本《心理学杂志》,那没有意思。❷

这个书单曾经受到过一个中国学者的尖锐批评——"问题是:这是一个受过现代教育的知识分子。他怎么可能信旧书上的那一档子迷信?"❸很显然答案恰恰相反:这个粗糙的误读是因为把小说中的主人公理解成了"五四"理性主义的一个信徒。这里书单别有意味:纪一新认为

---

❶ 张京媛《心理分析在中国:文学变形,1919—1949》,伊萨卡:康奈尔大学出版社,1992,页113。张京媛亦很详尽地分析了施蛰存的这篇小说是对亨利·詹姆斯小说《螺旋之旋》的戏仿,认为这是施蛰存在有意识地戏仿文学和心理学。

❷ 施蛰存《魔道》,页46。

❸ 严家炎《论现代小说与文艺思潮》,长沙:湖南人民出版社,1987,页164。

"其意义不主要在互文上,它应被视为文化资本的一个索引"❶。纪一新还注意到小说里提到的第一本书 *The Romance of Sorcery* 和 Le Fanu(粗体印刷)在中文本中用的都是原文;这种外文字不仅给文本的客观视觉增加了"异域"风,还能"使叙述人、作者和懂这些文字的读者积累更多的文化资本"。❷ 如果施蛰存果真是要炫耀他西学的资本,那他并不就止于这个书单;小说剩下的篇幅里密集地引用了大量的西学:古埃及木乃伊、地下墓穴、巫婆、丽达和传奇的天鹅,就像叙述人惊呼的:"啊,超现实主义的色情!"即使是 fantastical(神奇)和 grotesque(古怪)这样的词也是用英文拼写的。正如另一学者张京媛所言,所有这些征引都可被视为在"一个深入地自我分析的文本"中的"那许多交错的能指"。"其所指就是现代感性,对如用威廉·詹姆斯描述意识流的纷涌混乱的拥抱,而同时又无望地渴求秩序。"❸如果是这样的话,其中的有些"能指"就不能直接降落在"所指"上,而如果"能指"确实降落在"所指"上了,那也必然是通过了另一系列的上下文媒介进行了传递。比如,为什么施蛰存小说中的 Le Fanu 要用粗体的罗马字母印刷?这是一个含糊的姓名,像法语,其实是爱尔兰语。他炫耀这样一个名字意在何为?

约瑟夫·谢尔丹·勒发努(Joseph Sheridan Le Fanu,1814—1873)是维多利亚中叶的一个作家,他的幽灵故事,按普里西特(V. S. Pritchett)的话说,像是"浮上脑海的点点无意识水珠";有时它是猴子的幽灵,会突然间"在牧师布道的时候蹲上他的圣经,然后在街角,在马车里,甚

---

❶ 纪一新《毋庸说:论坡的哥特小说和施蛰存》,未发表论文,哈佛大学,页 50。
❷ 纪一新《毋庸说:论坡的哥特小说和施蛰存》,未发表论文,哈佛大学,页 51。
❸ 张京媛《心理分析在中国:文学变形,1919—1949》,伊萨卡:康奈尔大学出版社,1992,页 114—115。

至在他的房间里等他。这是一种非常弗洛伊德化的动物"。❶ 勒发努的小说后来成了一位小说心理学家的研究对象,那心理学家的"理论准确地指出了这些致命的来访是在精神破碎之际降临的,那时,内心世界可以通过这些漏洞与外界交谈。一点点科学,甚至是伪科学也会使这迷信故事增加力度"❷。是不是也可以这样认为,事实上《魔道》这个篇名在文本中就是一个表征,指示着施蛰存希图通过西方次等的"幽灵—作家",来探讨一条通向超自然的新的小说道路?他们的文学声名被"那些热切追求正常的文体华美的大作家埋进了废墟"。在我和施蛰存先生的交谈中,他不仅告诉我,他让他的主人公在火车上带的书是他自己当时真实拥有的,而且在这些作家之外,他还告诉了我一串他所深爱的作家的名单:爱伦·坡(Edgar Allan Poe)、奥雷维尔(Barbey d'Aurevilly)、詹姆斯·弗雷泽(James Frazer)、安德鲁·朗(Andrew Lang)和费奥那·麦克里奥(Fiona McLeod)、威廉·夏普(William Sharp)。读了这些作家的结果是他自己渐渐地对魔法、巫术、召亡灵和妖法等等东西染上了浓厚的兴趣。《魔道》是施蛰存第一篇把他读过的这些小说"召集"起来"帮助他侦察"的小说文本。就此而言,这些超自然主义的外国文学不仅使他积累了外国和"异域"的知识,它们事实上向他提供了一个文学想象的背景。这些西方小说和中国传统的"志怪"小说,还有流传更广的佛道故事一起成了他的小说创作泉源。他的《夜叉》故事很显然就是从传统中获得了灵感。自然,中西"迷信"知识的结合对一个典型的"五四"知识分子

---

❶ 普里西特(V. S. Pritchett)《爱尔兰幽灵》,见《活着的小说》(*The Living Novel*),牛津:牛津大学出版社,1944,页96—97。

❷ 普里西特(V. S. Pritchett)《爱尔兰幽灵》,见《活着的小说》(*The Living Novel*),牛津:牛津大学出版社,1944,页96。

来说是不合适的,因为对科学和理性的信仰应该使他或她弃绝任何形式的迷信。这样通过在他自己的小说里事先展示他从另外文本中获得的灵感,施蛰存似乎决定了要以此来传达一个重要信息,表明他要走一条新的创作道路。

《夜叉》里的男主人公在某种"受蛊惑"的状态下,纵容自己沉浸在古怪的异域幻象里:他突然之间感到要和一个女夜叉做爱,"于是,我的心骤然燃烧着一种荒诞的欲望。我企图经验古代神怪小说中所记载的事实。我要替人类的恋爱扩大领域。我要从一种不自然的事宜中寻找出自然的美艳来。我真的完全抛撇了理智"❶。小说中的这一段自白可以被视为是作者本人的文学宣言——他要在狂喜的瞬间或叙述空间里抓住和统一这些异域的、荒诞的和神奇的力。而这诚如男主人公所言是可以做到的,他又引用了他的"古书",说"文字的力量能够打破时间和空间的隔阂"。❷ 自然,文字的力量——他的小说语言——是最终蛊惑他自己和读者,小说内外人们的力量。

这种"书写"倾向使施蛰存处在这样一种情形里:他不仅从"五四"多数作家所提倡的实验现实主义中完全游离出来,而且越来越倾向于后现代的文学自涉。随着他的阅读成为他创作的泉源,其他文本构成了他的文本,而且他的主人公也像他本人一样成了读者。作为施蛰存小说的真正读者,我们被期待去经历同样的阅读过程,去从文本发现中获得双重的快乐。换言之,施蛰存邀请我们去扮演读者和发现者双重角色。也就是说,我们既是他玩弄那些文本资源的观众,也是侦探出这些资源的学者。他在他小说中开列的其他书单和作者至少可以部分地被读成是,他

---

❶ 施蛰存《夜叉》,见《梅雨之夕》,页152。
❷ 施蛰存《夜叉》,见《梅雨之夕》,页147。

在他所编辑的文学杂志上介绍西洋文学双重文化事业的扩展。事实上，收在《梅雨之夕》这个集子里的小说有些是在《现代》杂志上首发的。

都市的怪诞

看上去，施蛰存小说中所引用的西方文学资源有某种奇妙的"血统"，其特征可以被称为"怪诞"。就施蛰存对弗洛伊德明显的征用而言，也许我的论述有必要以弗氏关于"怪诞"(*das Unheimliche* 或 Unhomeliness, 1919)的著名文学论著作为起点。艺术史家威得勒(Anthony Vidler)从建筑上的怪诞主题引发的一个很有洞见的分析是，弗洛伊德关于怪诞的概念来自"那些曾经看上去司空见惯的变得离奇突兀，也就是说，从家园感滑向了非家园感"。它以后演变成了一种现代焦虑，而怪诞"最终亦成了大都会最常见的东西"。"从十九世纪七十年代起，都市怪诞便不断地被都市之恶所充塞，而这种病状因为环境的关系一直没有脱离短篇小说的堡垒。"怪诞，"在十九世纪末作为许多现代病的一个特例而出现，它从恐惧症发展到神经病，心理医师、心理学家和哲学家对它有不同的定义，主因是现实将他们逼得远离现实。它依然发生在内心世界，但现在我们知道了其投射的阴影是没有疆域的，其症状是对空间的恐惧导致行动的瘫痪，或是间歇性恐惧导致历史性的健忘症"。威得勒还提出："因真实或想象的'非家园'感而引起的焦虑和害怕，在欧洲的整个'家园'——西方文明的摇篮和堡垒——因一战而受践踏时，显得尤其

如此。"❶

如果把威得勒和弗洛伊德的洞见置换在一个不同的文化环境里使用,其实这个环境一度非常接近弗氏的语境,我们会发现有些理论是非常有效的。不管中国的知识分子有没有受欧洲战争创伤的影响,上海绝对是中国唯一的可能让像施蛰存这样的作家体验到"怪诞"的现代都市,这怪诞如果不是在真实生活中被体验到,必然会在文学中被体验到。施蛰存不太有可能读过弗氏的论怪诞的文章,但他一定很熟悉那些最初包容了弗氏理论的文学作品:霍夫曼和爱伦·坡。

如前所述,在施蛰存的《魔道》和《夜叉》里有很多地方显示出他受了爱伦·坡的影响。在我们前面讨论过的施蛰存的两个集子《善女人行品》和《梅雨之夕》里,城市和乡村,西化的都会和传统的带田园风味的中国风光,构成了主人公旅途的空间模型:主人公或者是抵达城市,受刺激力比多变得亢奋;或者是去乡间做一次短暂旅行,并且在那儿经历令人惊恐万状的异乡着魔。焦虑和恐惧的主题正是施蛰存所试图在他的小说里呈现的东西。诚如他的小说所示,中国的都会怪诞还没有"脱离短篇小说的堡垒",它才刚刚进入。那种真实的或想象的"非家园"感是在乡村封建文化的汪洋中,在都市之"岛"上体验了资本主义的繁华之后而产生的感受。我们可以回想一下,在小说《魔道》里,城市出身的主人公在乡村时,即使是在他朋友的西方房子里也感到很不自在。小说《旅舍》里的另一个城市旅人则在抱怨他所借宿的旅馆的拙陋后,陷入了鬼鬼魔魔的梦魇中。对施蛰存的那些城市人来说,乡村成了一个魔鬼般的"他

---

❶ 安东尼·威得勒(Anthony Vidler)《建筑中的怪诞:论现代的非家园》(*The Architectural Uncanny: Essays in the Modern Unhomely*),麻省剑桥:麻省理工学院出版社,1994,页6—7。

者",随时准备折磨甚或瓦解他们业已纷乱不安的神经。

威得勒那本珍贵的关于《建筑中的怪诞》的著述,也提醒了我们在上海外国租界区的那些大楼和空间,是孕育都会怪诞的绝好背景。如果施蛰存对巫魔的爱好可以纵情展开,《魔道》里的叙述主人公不是在乡间丧魂落魄,而是进了上海法租界的一间闹鬼的房子里,在那里邂逅了自然的或超自然的"外国鬼",不知又会怎样。

施蛰存的《凶宅》基本上就是这样一篇小说,其背景是上海公共租界戈登路上一座荷兰风的小别墅。这也是施蛰存唯一的一篇人物全是外国人的小说。我在第一章谈到过上海的那些豪华的住宅和大楼是西洋阔人独占的领地,而且通常不是普通中国人可以进去的。《凶宅》故事似乎属于西方流行的怪诞的哥特罗曼史文类。

菲德勒(Leslie Fiedler)认为哥特小说首先是"一种先锋文类,也许是现代意义上的第一种先锋艺术"❶。它主要是以其对邪恶和恐怖的描绘,对非理性力量的确认来使它的资产阶级读者感到震惊或刺激。菲德勒还提出了侦探小说、鬼故事和科幻小说都是哥特小说的现代传承。心里装着爱伦·坡小说的施蛰存,很可以通过《凶宅》来写一部都市哥特罗曼史的中国变奏,这种哥特罗曼史就是都会之"非家园"感的想象性家园。但施蛰存并没有在这个异己的领地走得太远。故事的情节是,在上海市郊的一幢"闹鬼"的西式别墅里,神秘地死了三个女人。因为小说很显然是仿西洋侦探小说而作,施蛰存在里面列举了一串外国侦探小说作家来帮助叙事,他们包括亚瑟·多勒(Arthur Conan Doyle),阿森尼·鲁品(Arsene Lupin)和爱德加·沃里斯(Edgar Wallace)。

---

❶ 莱斯利·菲德勒(Leslie Fiedler)《美国小说中的爱和死》(*Love and Death in the American Novel*),纽约:锚书屋,1992,页135。从纪一新处转引,页19。

事实上，叙述人煞费苦心地又是引用主人公的信和日记，包括从法文再译本又译回中文的部分，又是从一份据称是上海英文报的新闻报道里进行摘引。但整篇小说最终是令人失望的，因为小说太多的篇幅被用来讲述谋杀案的处理，驱散了罩在"凶宅"上空的符咒以及小说最初的悬念。

另一篇有个外国主角的是《四喜子的生意》，小说传达了另一种在色情的、反殖民的目光注视下的怪诞因素，它可以在性别、种族和性这些范畴里进行更深入的讨论。按施蛰存本人的说法，他写这个故事是费了很大的力，但却是一个灰色败笔，而且是"坏到不可言说"❶。然而，对于受过后殖民熏陶的后来读者而言，这或许可以被视为他最有深意的一部作品，因为它以一种大胆的方式涉及了中国下层阶级所受的殖民压迫这个主题。这是施蛰存第一次试图用下层工人的口吻讲故事，主人公是个车夫，小说就是他讲述他拉一个外国女人在上海街上穿行的经历。施蛰存精心地在小说中画了一张上海主要场所和街道的文化地图，但这些地点都是通过一个苏北（江苏北部，上海的工人阶级多来自此地）车夫的眼睛看的。这个叫四喜子的车夫拉着他的空黄包车从上海北部摆渡到公共租界，兜了几圈发现自己到了"上海最阔气的大马路"南京路然后就朝着祸路上走了。

他先在一家车行打量一辆崭新的包车（施蛰存也许借此在对另一个作家老舍表示敬意，老舍写的《骆驼祥子》背景是北京），接着走过了三家大百货公司：新新、永安和先施；他看完橱窗里的时装模特儿，就诅咒那些抢了他生意的汽车和电车。然后他走到照相馆间壁的珠宝铺。最后

---

❶ 施蛰存《跋》，《梅雨之夕》，页 2。

他看到了"站在江西路口的大招牌底下"的一个外国女人,"那招牌画的是一个外国男人,跨着大步子赶路"(Johnny Walker)。后来她就坐上了他的车,之后发生的就是一出被强化了的种族和性相冲突的戏剧。那白种女人,开初是用她尖尖的皮鞋头踢他,过了跑马场和大世界后,她更用光脚趾踹他的肩,指示他往法租界的霞飞路上拉。随着她不停地踹他叫他快点拉,他的欲望也越来越升级,因为他把她的行为当成了一种刺激。最后他把她从车上拽下来,试图强奸她,她尖叫,然后两个外国巡捕过来把他抓了。这故事表面上是典型的施蛰存式的对男性性欲之探讨,但在上海这个殖民环境里,主人公的欲望对象也是他的"殖民主子"。在这个形象的主子—奴隶关系的再组里,四喜子被阻的欲望,正因为不是孤立地呈现出来,而是在一个完全受西洋统治的都会背景下展开的,就演变成了某种阶级性的愤恨。

施蛰存苦心织就的这张交杂种族欲望和性压抑的网,是以一个没文化的叙述主人公的内心意识为中心展开的,这对他的写作技巧亦构成了极大的挑战。第一人称的独白建立了这个中国叙述人的主体性,而且小说开始便铺垫了他后来对白种女人的欲望。但他的欲望是被这个女人一个极侮辱性的动作所唤起的,而这个动作恰好就是"殖民主子"践踏服侍他们的中国人的意象。那天确乎是四喜子"不喜"的一天,他最后的欲望的发作在殖民者看来是一次强奸企图,但在他失去理智的情形下,这也是一种原始的种族复仇行为,讽刺性地试图去掀掉"白种人的压力"。如果这个故事里的性别再互换一下,比如说一个白人去占有一个中国的吧女,那就会完全沦为种族主义的陈腔滥调。

其实,写到《四喜子的生意》,我实在已可以休矣。但我没有肯承认,我还想利用一段老旧的新闻写出一点新的刺激的东西来。这

就是《凶宅》。读者或许也会看得出我从《魔道》写到《凶宅》,实在是已经写到魔道里去了。❶

看施蛰存这篇附在他的一个小说集后的《自跋》,这个自白性的段落里似乎藏有谜一样的东西。他说他"实在是已经写到魔道里去了",这话是什么意思?这句话听上去像是故意围着《魔道》制造一个双关语,既表达魔鬼的道术,也表示一条朝向巫魔怪诞的邪道,恰如成语"走火入魔"所示。前者暗含了一种玩弄妖法魔术的特殊道行,这大概也是小说的题旨;后者则主要是一种自我检讨,似乎是向公众承认他确实被他自己对魔道的兴趣引入了歧途。我们现在知道他被迫放弃这种超现实主义的小说实践主要是因为来自左翼的排山倒海的批评。但是,"魔道"这个合成词所含的双重性,还是暗示了小说创作的两种姿态。一方面,他承认他走错了非现实主义方向;另一方面,他看上去似乎还是喜欢被小说魔法所蛊惑。其实,我在本章的所有论述就是为了说明,正当施蛰存完美地"玩弄"着他的"魔幻现实主义"时,他的实践却被突然中止了。

施蛰存的最后一本小说集《小珍集》,一九三六年由良友出版公司出版,共收小说八篇。小说用的都是带一点人性论色彩的现实主义创作手法,彻底扫荡了魔幻怪异因素。他显得像是已经完全屈服于左翼的压力,从他早期小说的都市哥特方向上被完全拨转过来。这个集子里的人物,尽管都还是小市民,却全被塑造成了都会的可怜牺牲品。举个小例子,《鸥》这篇小说写一个上海银行职员对他海边村庄的乡愁。一个晚上,他散步走到了上海最好的大光明电影院前,走过正在放映的广告牌时,突然看见了一个摩登妇人和他的同事,一个西化的纨绔子,走在一

---

❶ 施蛰存《跋》,《梅雨之夕》,页 2。

起,而那艳服女郎恰好是他在乡下时初恋的同村女孩。❶ 这种现代都市对乡村纯朴的腐蚀主题,正如小说所清楚表明的,盛行在那个时代的左翼文学和电影中。是不是这个故事,以及这最后一个集子里的其他作品,表明了施蛰存最终回到了左翼阵营,跟上了社会现实主义的大潮?如果真是这样,我们就不得不总结说,对一个真正的都市作家来说,他萌发中的写怪力乱神的天赋,如此迅速地被掐灭无异于一个大悲剧。但是在这个集子的《编后记》里,我们可以看到施蛰存对他的那些左翼批评家表示了温和而具讽刺性的拒斥:

> 我的小说,据说是一些不伟大的东西。当今是需要着伟大的东西的时代。我常常看了别的伟大"作家"的伟大作品而自愧,于是思想不免有点复古,仍旧把我的这些小说认为是卑卑不足道的"小家珍说"之流了。
>
> "小"是"小家","珍"是"敝帚自珍"之意。作品尽管不伟大,不为"大众"所珍,但"自珍"的权利想来还不至于被剥夺掉。所以我把这些小说题名为"小珍集",聊以见近来没落之感云耳。❷

施蛰存并置"伟大"和"小"这两个词,在今天的读者看来还是意味深长的。像鲁迅一样,施蛰存自然不会听从革命文学的号角,但他也不会追随鲁迅成为伟大的左翼先锋。事实上,他向学生提倡"从古典文学那里取经"还招致了鲁迅的激烈批评。所以尽管他们俩都看不起革命文学的幼稚口号,这两位作家对他们的时代很自然还是各持己见。不过,即使没有鲁迅的责难,施蛰存所承受的外界压力也足以迫使他中止创

---

❶ 施蛰存《鸥》,见《小珍集》,上海:良友出版公司,1936,页 90。
❷ 施蛰存《编后记》,见《小珍集》,上海:良友出版公司,页 193—194。

作了。

继《现代》杂志停刊后,施蛰存又编辑了另一个短命的杂志《文饭小品》,该杂志方向已明显面向文学鉴赏;另外他也出版过一本学术性的明代小品选。其时,施蛰存似乎已完全把他的现代魔鬼抛在了身后,安然藏身于前现代的中国文学世界里。战争年代,施蛰存从创作走向了学术。他发表了大量的散文,但没有小说。然后,在一九三七年六月,日战前夕,另一家有声望的杂志《文学杂志》刊载了施蛰存于是年三月写的一篇小说《黄心大师》,这是他最后一批小说创作中的一篇,像他的第一篇小说《妮侬》一样,《黄心大师》没有被收入任何一个集子。

这篇小说的主题是古典的,风格优雅,征引了很多古代诗文,却没有一处引到西洋文学。在故事中,潜在的作者和一个不是他妻子的女性出游,在一座尼庵里发现了一口废弃的铜钟。和钟相关的传奇引起了他稽考的兴趣。然后在一本清代典籍中,他发现了一个与此相关的宋朝女子的故事,讲的是那女子在经历两次婚姻后,沦为妓女,后来又皈依了佛门。最后在尼庵炼钟时,跳入锅炉终使得大钟铸成。她的故事经由隐形作者的多方钩稽,并排比先后,揣摩其情状,略加一点渲染而转述出来。施蛰存也许是听说过或读过一些文学作品中的某些传奇,毕竟,如他在小说中清楚表明的,这故事和其他传奇并无太多不同,"铸剑的良工,牺牲了自己的生命,他的剑便能斩铁如泥;冶镜的名师,牺牲了自己的生命,他的镜便能洞鉴魑魅"❶。但他为什么要这么源源本本地去讲一个曾为妓女的尼姑献身铸钟的故事?一次重讲《泰绮思》(Thaïs)的失败尝试?在她法名"黄心"的深处,在她最终的献身仪式后,到底潜藏着怎样

---

❶ 施蛰存《黄心大师》,见《文学杂志》,1卷2期,1937年6月,页58。

的秘密?她所铸的钟到底是要驱逐或吓退什么样的魑魅?在小说的考证部分和作者的间接转述中都没有提到这些,这个学者型的作者甚至还附了这么一段道德箴言:"我虽然并不佞佛,但我相信当外道来侵的时候,一个道德高深的比丘尼不能不牺牲自己的生命去护卫她的大法,这正是与儒家的杀身成仁一样的精神,而这事实也是在情理中的。"❶

从施蛰存先前所说"小说叙述不可信"的专家意见看,这种否定是不能光看字面意思的。作者这么说,自然是想维持他学者外表,而且他对传奇的重述根本没有涉及主人公经历与性格中的奇幻母题,只提到她是一个美丽女子,经常无故"抑郁",却性喜音乐。然而,我们越是细想文本中这些故事的"揶揄处",我们就越能感到其中有和作者隐含主题趋向相反的东西:施蛰存在这里不是要写另一个关于好女人履行佛门誓约的德行故事,他也许是要借着这最后的一个故事来提醒他的读者,自始至终,弗洛伊德的怪诞幽灵就没有离开过他。

---

❶ 施蛰存《黄心大师》,见《文学杂志》,1卷2期,1937年6月,页58。

第六章　脸、身体和城市

刘呐鸥和穆时英的小说

雷蒙·威廉斯(Raymond Williams)在其经典著述《乡村与城市》中,以英语文学为代表,追溯了从田园般的"可认知的社区"到"光暗交织的城市"之变迁。❶ 不过,要在中国现代文学中做一番相似的追溯看来是不容易的。在二十世纪开头的五十年,城市和乡村倒是作为相对的形象和价值体系,并存于现代中国人的意识中的。一九四九年新中国成立后,起码有四十年,城市的重要性被乡村平民主义的意识形态所盖过。直到八十年代晚期,"城市意识"才恢复成为现代性新话语中的一个中心词。因此,不像巴黎、维也纳、柏林和纽约,这些主要都会是西方现代主义的土壤和象征性世界——就像威廉斯和其他学者所认为的那样,上海在现代中国的文学想象中,扮演着一个不那么显要但更暧昧的角色。以鲁迅和其他作家为代表的"五四"文学中的小说风景线,勾画的主要还是乡村或小镇。只在很少一些小说里,比如茅盾的《子夜》,上海才作为一个"光暗交织的都市"浮现出来。

---

❶ 雷蒙·威廉斯(Raymond Williams)《乡村和城市》(*The Country and the City*),伦敦:查道和温德斯出版社,1973。

第六章　脸、身体和城市:刘呐鸥和穆时英的小说

就此而言,本章所要论述的两位作家刘呐鸥和穆时英,都是相当特殊的。因为对他们而言,城市是他们唯一的生存世界,是创作想象的关键资源。作为中国"新感觉派"的领袖,他们尝试用一种实验技巧来表达他们的都市情结,这种技巧既和"五四"传统的现实主义大相径庭,也不同于施蛰存的风格。他们对中国文学,尤其是对文学现代主义发展的重要贡献,在被学界遗忘了半个世纪后,近来重新得到了关注。❶

刘呐鸥(1905—1940)生于中国台湾长于日本,之后到上海进震旦大学修读法文,在二十年代后期创办了两份重要先锋刊物——《无轨列车》和《新文艺》,为他的朋友和同学施蛰存、戴望舒等提供了最初的榜样。不过,当他的朋友们一个个成了知名作家和编辑时,他的书店却毁于一九三二年一月日本对上海的轰炸。以后,他去日本旅行,且从此绝迹于上海文坛。在他的兴趣从创作转向电影评论后,他还编了本电影杂志《现代电影》,并就电影美学写了一些深有洞见但充满悖论的文章。一九三九年,也即全面抗战爆发后的第三年,刘呐鸥成了"汪伪集团"控制下的一份报纸的头目;而同时,他也监制过一部电影;然而,他的生命却突然被一场暗杀中止了,有说是国民党特务干的,也有说是与臭名昭著的

---

❶ 在美国,这起码成了两篇博士论文的主题——斯坦福的冉迪·特姆伯(Randy Trumball)和多伦多的安东尼·白(Anthony Wan-hoi Pak),亦是加州洛杉矶分校的史书美的部分论题,张英进最近的一本书《中国现代文学与电影中的城市:空间、时间和性别的构造》(帕洛阿尔托:斯坦福大学出版社,1996)也谈到了他们。在中国,这个领域的先锋学者是严家炎,他编了一本《新感觉派小说选》(北京:人民文学出版社,1985),并全面论述了这个流派,虽然他的评价是明显基于道德现实主义的立场的。我在80年代早期,和严教授差不多同时对这些作家进行研究,而且也编了一些基本资料供美国学者研究,比如《刘呐鸥小说集》。此外,我还编了一本新感觉派选集以飨海外读者,用了一些我在中国找到的资料,包括严的选集(见下页注❶)。我非常感谢上述的学者们,我对他们的观点都有所参照,但希望不是完全重复。

青帮相关的地下黑手党干的。❶

穆时英(1912—1940)于一九三〇年在刘呐鸥创办的《新文艺》上第一次作为早熟的小说家出现,那年他才十八岁。他的早期作品,后来收在《南北极》(1932)里,在左翼分子那里激起了很大反响,因为他所描述的是河上强盗和失业工人这些"乏阶级意识的无产阶级者"的世界,虽然他对自己所写的东西毫无个人经验,而且他所关注的也就是"应该怎么写"这个问题。❷ 不过,他因此立即受到了施蛰存的看重,在施蛰存的《现代》杂志上发表了一系列的小说,全面陈列了城市生活的所有辉煌和颓废。作为一个有创造力的作家,穆时英其实比刘呐鸥更有天赋、更多产:在一个相当短的时期内,自他登上文坛开始,不到十年的时间里,他就写了约五十篇小说(包括一篇本打算写得更长的小说),分收在几个集子里。

穆时英模仿过刘呐鸥的作品但超越了他,不过和刘呐鸥一样,他也成了一个根深蒂固的、"堕落"的都市客。他公开地炫耀他的私人生活——舞厅的狂热顾客,据说他把所有的钱财都挥霍在夜生活上了。他单相思地迷恋一个舞女,从上海追踪她到香港并最终娶了她,也因此在上海文坛制造了某种传奇(见本书第一章)。穆时英生命中的最后几年似乎又走上了刘呐鸥同样的路:他从香港回上海准备接管"汪伪集团"治

---

❶ 关于刘呐鸥和穆时英的生平资料依然很少。对刘呐鸥和这个流派其他作家的开拓性研究,见严家炎《新感觉派小说选》的序,这个序也见诸他的《中国现代小说流派史》,北京:人民文学出版社,1989,页125—174。最近台湾学者彭小妍又发现了刘呐鸥的日记,她准备将它出版。

❷ 穆时英《前言》,《南北极》改订本,上海:现代书局,1934,页1。

下的一份报纸时,于一九四〇年据报道说被国民党秘密特务暗杀了。❶

对与他同代和后来的批评家来说,穆时英流星般的一生是一个道德上日益退步的过程,从一个无产阶级的写实主义者变成了一个都市颓废者。在三十年代早期,左翼批评家曾指责他的小说完全和真实的"活生生的社会"脱节,因为这个社会"充斥着工农大众,为利益努力着,为明天奋斗着"。在穆时英的一本小说集的序里,他无比坦诚地说他选择生活在他笔下所描写的那种社会里:"也许是我在梦里过着这种生活,因为我们的批评家说这是偶然,这是与社会隔离的,这是我的潜意识。是梦也好,是偶然也好,是潜意识也好,总之,我不愿意自己的作品受误解,受曲解,受政治策略的排斥。"❷我希望近来又兴起的对穆时英作品的学术兴趣能够厘清某些对他的误解,矫正那些因狭隘的政治评价所造成的不公。❸ 而我在本章中的研究,无疑是追随了近来"修正主义"的学术思潮。

因为他们作品的风格和内容有很多共同点,我想把他俩的作品放在一起讨论,以此来形成以一个以"现代尤物"为代表的都市辞藻序列。刘呐鸥是中国第一个建立这个意象的现代作家,而更富天才的穆时英则将之变得活色生香。我将从刘呐鸥的小说入手来建立我个人的论述体系。

---

❶ 严家炎《论三十年代新感觉派小说》,见李欧梵编《新感觉派小说选》,台北:允晨出版公司,1988,页348—349。严文还有一个资料表明穆时英是被冤杀的,因为他本人是个国民党地下特务。

❷ 穆时英《自序》,见《公墓》,页2—3。

❸ 重建穆时英地位的努力最早见诸香港杂志《四季》,1972年,里面有香港作家刘以鬯(他本人亦是现代派)写的一篇含蓄的文章,谈到了穆时英的"双重人格";还有一篇对穆时英的朋友——叶灵凤的访谈录以及其他几篇研究文章。

刘呐鸥

刘呐鸥唯一的短篇小说集《都市风景线》(1930)的封面上有一个艺饰法文字"scène",这个字从远处被投射了三道强光。其隐约的艺饰设计倒是敏锐地抓住了该书的主题:里面的八篇小说都聚焦在都市风景系列上,每篇都有一处上海都市生活的熟悉场所——舞厅("探戈宫"),高速行驶的火车,电影院,一条街和一家花店,跑马场的看台和永安百货公司,等等。所有这些熟悉的场所,因为刘呐鸥用袭自(他最喜欢的)电影艺术的某些技巧来表现,就显得有点陌生;叙述"开麦拉"(摄影机)似乎是随意游走的,由此形成了令人迷乱的"镜头"组合,有时还能产生蒙太奇似的效果。不过同时,几乎所有的故事也经由电影般的"画外音"来叙述,借此在一种松散的情节里串联起各种镜头和场景。这个第一或第三人称叙述者总是一位男性,每当他邂逅激动人心的女主人公时,他似乎总处于偷窥者的位置;而那尤物般的她总是先引诱他,再控制他,最终离开他。她仿佛是从天而降,但总比那男性叙述人/主人公在城市里更显得如鱼得水。总之,她炫耀着一种自由大胆不羁的生活,这种生活让他既迷乱又胆怯。

　　这种人物肖像是非常奇特的,没什么可信性,由此也引出了一个不可避免的问题:这些小说是在什么样的都市文化背景里产生的?在我看来,刘呐鸥的小说既非全然虚构,亦不是简单地照搬日本的新感觉派。相反,这些小说属于同一个文化语境里的文学工程,它和上海出版文化的其他类型都有直接的联系。这本集子里的小说,有些在刘呐鸥自己的杂志上发表,有些刊登在施蛰存的《现代》杂志上,不过刘呐鸥和他的朋友们也常为更流行的更畅销的杂志撰稿,比如《良友》和《妇人画报》。因此,他们既不摆什么文学先锋主义的精英姿态,也没有当时左翼作品中常见的教诲式的政治姿态。刘呐鸥的小说有某种城市画面感,一定让他的读者有读"连环画"般的快乐。❶ 因此他的小说和可视读物之间有某种相似形。尤其是刘呐鸥所塑造的女主角肖像,就真的像是从照片、杂志封面或月份牌的女性像上直接剪取的,这还不提电影。要更深入地探讨小说和流行文化之间的复杂关系,也许我们有必要研究一番刘呐鸥小说中一些现代女性的外貌细部。

摩登女郎的脸和身体

摩登女郎在刘呐鸥小说集的第一个故事《游戏》中就戏剧性地登上了舞台。她在她男同伴的眼里是这样的:她有"一对很容易受惊的明眸,这个理智的前额,和在它上面随风飘动的短发,这个瘦小而隆直的希腊式的鼻子,这一个圆形的嘴型和它上下若离若合的丰腻的嘴唇"。❷ 这个男性叙述者还兴奋地评价了她"那高耸起来的胸脯,那柔滑的鳗鱼式的下节"。她走在街上时,她的行动矫健而敏捷。而在接下来的小说《风景》中,里面的女主角也有类似的娇小的肢体,"男孩似的断发","理智的"前额和直线的鼻子,但她的眼睛是"敏活而不容易受惊的"。而且,她有"一颗小小的,过于成熟而破开了的石榴一样的神经质的嘴唇"。❸ 在第三个故事《流》里,女主人公是个革命者,她被描绘成一个"男性化"的现代女子。肌肤是浅黑的,发育了的四肢像是母兽一样的粗大而有弹力。断了发,但是不曾搽过"司丹康"——一种流行的男性发油。❹ 在第

---

❶ 彭小妍《新感觉派与上海都市文化》,未发表论文,台北:"中国学院",页20。
❷ 刘呐鸥《游戏》,见《都市风景线》,上海:水沫书店,1930,页6—7。
❸ 刘呐鸥《游戏》,见《都市风景线》,上海:水沫书店,1930,页23。
❹ 刘呐鸥《游戏》,见《都市风景线》,上海:水沫书店,1930,页47。

五个故事《两个时间的不感症者》中,她出现在跑马场的大看台上:"一位 sportive 的近代型女性。透亮的法国绸下,有弹力的肌肉好像跟着轻微运动一块儿颤动着",不过,她也一样有小小的"樱桃儿似的唇"。❶

这个肉感的"游戏的"现代女子短发,有"理智"的前额、樱桃嘴、一双受惊的或不容易受惊的眼睛、隆直的希腊鼻、浅黑的肌肤、高耸的胸脯和"柔滑的鳗鱼式的"身体,从中我们可以看出点什么来呢?其实刘呐鸥人物肖像中的某些特点是一目了然的。似乎脸比身体带着更多的色情。在刘呐鸥的情欲主义的勾画中,嘴和唇总受格外关注,它们是刘呐鸥笔力的焦点,也方便他作各种比喻:嘴就像可以被吞食的水果,但同时嘴也可以贪婪到吞食掉她的欲望对象。至于那"希腊鼻"很显然是西方的,而樱桃嘴却是传统的女性美的理想特征。女主人公的眼睛和嘴唇,或张或合,都可能有现代渊源——袭自好莱坞影星,尤其是刘呐鸥最钟爱的琼·克劳馥(Joan Crawford)和嘉宝(Greta Garbo)。主人公的短发可能是基于当时的时髦:那是当时都市年轻女子的流行发型,尤其是大学生,其时她们已不爱"电烫发"。主人公的"浅黑肤色"又是当时的另一个时髦标记,女性教育中日渐风行的女子体育运动的一个副产品。❷ 而健康的肤色被认为是应该有点黑的,和古典的中国女性肌肤赛雪形成了强烈对比。自然,刘呐鸥有时也赞颂那雪白的肤色,但那可以被视为是一种

---

❶ 刘呐鸥《游戏》,见《都市风景线》,上海:水沫书店,1930,页93。
❷ 这种时髦甚至还进入了电影,见影片《体育皇后》,孙瑜导演,1934。

种族幻想。❶ 不过,肤色在刘呐鸥的女主人公肖像画中似乎不像她们敏捷的行动所象征的"游戏"本性那样引人注目。显然,这些脸是由一些同时从现实和幻想中抽取的悖反元素构成的。如果说,女主人公的脸和那些月份牌上的女子形象有些共同点,比如第二章讲到的电影明星阮玲玉的樱桃嘴和一九三〇年的月份牌女郎很相似,那她们的身体就会让人想起《良友》杂志上的无数健美女郎的照片,穿泳装或着运动衣的学生、电影明星,她们或划船,或打球,或骑自行车。在月份牌上也能看到同样的姿势。总之,所有这些身体特征都是为了表示一种新的、健美的现代女性形象已经浮出地表。

一九三四年刘呐鸥在《妇人画报》上发表了一篇名曰《现代表情美造型》的文章,他很有洞见地写道:

> 这个新型可以拿电影明星嘉宝、克劳馥或谈瑛做代表。她们的行动及感情的内动方式是大胆、直接、无羁束,但是在未发的当儿却自动地把它抑制着。克劳馥的张大眼睛,紧闭着嘴唇,向男子凝视的一个表情型恰好是说明着这般心理。内心是热情在奔流着,然而这奔流却找不着出路,被绞杀而停滞于眼睛和嘴唇间。男子由这表情所受的心理反动是:这孩子似乎恨不能一口儿吞下去一般地爱着我,但是她却怪可怜地不敢说出来。这里她有着双重的心理享受。

---

❶ 在弗兰兹·范农(Frantz Fanon)的著名论著《黑肤白面》(*Black Skin, White Masks*,1952)中,有力地论证了这种带着殖民意味的幻想。但在刘呐鸥的小说中,我不认为种族是什么关键因素,他的小说也没有对黑人表示什么特别的种族歧视。当《游戏》里的女主人公要求她的旧情人给她买一辆"飞扑",和雇两个"黑脸的车夫"时,那并不一定是指黑人;如果他真是指的黑人,那这意象也是从好莱坞电影中来的。要说有一个脸部特征表明了刘呐鸥显然是喜欢西方类型的,那就是"隆直的希腊鼻"。下一章会讲到颓废诗人邵洵美对他的希腊鼻是多么引以为傲,他还自绘了一张鼻子像作为个人签章。

现代的男子是爱着这样一个不时都热热地寻找着一个男人来爱,能似乎永远地找不到的女子。把这心理无停地表露于脸上,于是女子在男子的心目中便现出是最美、最摩登。❶

这种有癖好的性压抑"理论",很明显地带有男性视角的印记。其男性主导前提——"这孩子爱着我……但不敢说出来"——伴随着一种古怪的"维多利亚"式的性欲"窒息"气氛("热情找不着出路"),似乎和女主人公"大胆,直接,无羁束"的个性形成很大反差。尽管刘呐鸥的言论很大胆,他依然不敢把现代女性的身体作为她们性感的焦点。他其实可以不参照克劳馥的脸,而描摹玛琳·黛德丽(Marlene Dietrich)的腿,也即黛德丽在她最著名的影片《蓝天使》中频频亮相的那两条腿,此片当年在上海备受欢迎。刘呐鸥对克劳馥脸庞的"重读"也令人想起罗兰·巴特(Roland Barthes)对"嘉宝之脸"的现象分析:"嘉宝的脸依然属于电影中会令观众欣喜的时刻。人会在人的影像中迷失,有如迷药一般。脸庞代表一种血肉的具体呈现,既难以触及又难以抛弃。"❷刘呐鸥的时代,恰逢嘉宝的脸在世界影坛成为绝对偶像的时候。因为在三十年代早期,好莱坞影星的脸在好莱坞工场的大规模广告营销之下,已成了"全球"商品。每年,好莱坞工场向世界各地的报纸杂志提供超过一百万张的影星照。但刘呐鸥并不仅仅是个消费者和电影观众,他是第一个大胆拥抱这种形象,并把她们带入他自己的以上海都会为小说背景的现代中国作家。因此他不仅让我们一睹女主人公的带"异域风"的面貌,而且也给了

---

❶ 刘呐鸥《现代表情美造型》,见《妇人画报》,第 18 期,1934 年 5 月,页 16。

❷ 引自玛丽·安·多尼(Mary Ann Doane)《尤物:女性主义,电影理论,心理分析》(*Femmes Fatales*: *Feminism*, *Film Theory*, *Psychoanalysis*),纽约:鹿特爵出版社,1991,页 47;罗兰·巴特《嘉宝之脸》,见《神话学》,纽约:希尔和王出版社,1972,页 56。

我们一种如何看她们的方式。他的小说因此提供了一个男性偷窥的永久个案——欲望的快乐来自对女性的窥看。

女性喻体作为男性偷窥的客体，以及其中包含的性别和欲望的含义，在目前的美国电影理论中是被广泛探讨的一个课题。诚如穆尔维（Laura Mulvey）在她经典的论文《视觉快乐和叙事电影》中提出的："看的快乐被分割成两部分——主动/男性和被动/女性。决定性的男性注视把他的幻想投射在女性身体上，而后者亦被相应地风格化。"❶布洛克斯（Peter Brooks）还进一步论述说，在西方现实主义小说中，偷窥欲是和"认知欲"——认知的快乐——相环相生的。"视沉领域中的身体同时是认知和欲望的最好客体。认知即欲望，欲望即认知。"❷就此而言，"男人作为认知的主体，他把女人的身体放置在认知的客体位置上，通过视觉观看行为来声称揭示真实——或者就把客体推入了终极谜面"❸。如果

---

❶ 劳拉·穆尔维（Laura Mulvey）《视觉快乐和叙事电影》，见《视觉的和其他的快乐》(*Visual and Other Pleasures*)，伦敦：麦克米兰出版社，1989，页 19。窥看欲的定义来自彼得·布洛克斯（Peter Brooks）的《身体作品》(*Body Work*)，麻省剑桥：哈佛大学出版社，1993，页 98。在这些理论话语中，脸和身体是紧密相关的，因为在电影的特写停顿中，脸就成了观众的注意力焦点。尽管脸"属于身体中不易受主体注视影响的部分"，它依然是身体中"最具阐释性，最值得关注的部分"。如苏珊·斯图亚特（Susan Stewart）所言："如果是脸部揭示了身体所无法揭示的深度和复杂性，那是因为眼睛，有时还有嘴唇是朝向深不可测处的开口……脸成了文本，这是一个需要被阅读需要诠释才能获得存在的空间。"见《论渴望：微型、巨型、纪念、集体的叙述》(*On Longing: Narratives of the Miniature, the Gigantic, the Souvenir, the Collection*)，巴尔的摩：约翰·霍普金斯大学出版社，1984，页 125—127。引自多尼《尤物：女性主义，电影理论，心理分析》，纽约：鹿特爵出版社，1991，页 47。但斯图亚特的论述似乎不适用于刘呐鸥的小说，因为刘呐鸥的女主人公的脸并无多少深度和复杂性。

❷ 彼得·布洛克斯《身体作品》，麻省剑桥：哈佛大学出版社，1993，页 99。

❸ 彼得·布洛克斯《身体作品》，麻省剑桥：哈佛大学出版社，1993，页 97。

把这种西方性别模型套在刘呐鸥的小说上,我们很快会发现,刘呐鸥小说中的男性注视者并不是为了偷窥或认知。刘呐鸥小说世界中,性的不平衡,并不是因为男性的主动,相反,是男性的被动造成的。由此最终才会抽空通过不停的男性注视女性堆积起来的性欲能量。因为,如前面所说,刘呐鸥小说中的女性,作为视觉观看客体的身体,其实是不完全的。所以被动的男性所追求的,事实上是一个幻象,一个穿戴着所有外国服饰的异域理想人物,有两处资料特别值得关注,它们显然是刘呐鸥在构造他的现代女主人公时汲取过灵感的。

摩登女,穆杭,异域风

除了好莱坞的影星,刘呐鸥的都会女郎系谱,还可追溯到二十年代流行于日本都市的"摩登女"(modan gaaru,缩略为 moga)形象。按斯维伯格(Miriam Silverberg)和其他学者的说法,"摩登女"也是短发,着"薄袜,高跟鞋,经常穿美国电影偶像——像克拉拉·波(Clara Bow)、南格(Pola Negri)、璧克馥(Mary Pickford)和斯万森(Gloria Swanson)——所着的时髦浅色单衣";"她属于珠光宝气的、颓废的中产阶级消费者,在二十年代后期的都会享乐背景里,她通过穿着、吸烟、喝酒对传统表示藐视"。❶ 一九二九年,刘呐鸥的杂志《新文艺》上刊登了徐霞村的一篇小说,里面的主人公是一个"摩登女郎",事实上是一个日本侍女。其实,一年前,"摩登女"就已被《北华捷报》确认为是"中国的奇装异服轻浮女

---

❶ 史书美《性别,种族和半殖民主义:刘呐鸥的上海都会景观》,见《亚洲研究》杂志,55 卷 4 期,1996 年 11 月,页 947—948。引自巴巴拉·佐藤(Barbara Hamill Sato)和米莱阿姆·斯维伯格(Miriam Silverberg)的研究。

子",报道上说"穿着半洋化,短发……短裙……脂粉脸"的年轻女子"已经出现了"。❶ 不管这些"中国的奇装异服轻浮女子"是否直接地进入了刘呐鸥的小说,我们还是可以设想,他的小说主人公并不是纯粹想象的产物;她们也以同样的方式出现在出版界的广告画面中,成了"公众"形象。

除了与出版和电影文化相关,刘呐鸥的女主人公也可说承继了一个更文学化的遗产,正如"摩登女"形象本身可能就借自法国作家兼外交家穆杭(Paul Morand)的作品,而刘呐鸥是第一个把穆杭介绍到中国来的人。刘呐鸥可能是先读了穆杭的日译本,然后又读了他的法文本。穆杭的小说,诸如《温柔货》(Tendres Stocks,1921)、《夜开着》(Ouvert la Nuit,1922)和《夜闭着》(Fermé la Nuit),据说对日本的"新感觉派"很有影响。❷ 史书美在法国异域风的传统里,从福楼拜(Flaubert)到皮埃尔·罗蒂(Pierre Loti),一路追溯了穆杭书中的女性形象。这种传统被爱德华·萨伊德(Edward Said)称为是一个明显的东方主义例子,一种西方统治形式,试图来规范东方,尤其是把东方女性纳入"亚人类他者"的地位。❸ 穆杭本人对中国和亚洲并不陌生,因为作为一个外交家,他曾周游世界。一九二五年夏,他到了亚洲,访问了日本、泰国、越南(印度支那,他在那儿得病住院,安德烈·马尔罗探访了他)和中国(但写上海的篇章还有待寻找)。他用法文和英文写了很多游记,有些后来刊在《名利

---

❶ 史书美《性别、种族和半殖民主义:刘呐鸥的上海都会景观》,见《亚洲研究》杂志,55卷4期,1996年11月,页948。史是从《北华捷报》的一则新闻上得到关于中国的异服轻浮女子的资料的。

❷ 史书美《性别、种族和半殖民主义:刘呐鸥的上海都会景观》,见《亚洲研究》杂志,55卷4期,1996年11月,页947。

❸ 爱德华·萨伊德《东方主义》(Orientalism),纽约:上品书店,1979,页184—190。

场》中。❶

在《无轨列车》一九二八年十月号上,刘呐鸥和他的朋友们翻译了穆杭的两个短篇:《懒惰病》(Vague de Paresse)和《新朋友》(Les Amis Nouveaux)。两篇显然都选自穆杭的一九二五年选集《爱时的欧洲》(L'Europe Galante)。尽管两个故事都很短,却是绝对穆杭风格的。在第一个故事中,穆杭讲述了在伦敦和一个生于爪哇的荷兰女子邂逅的浪漫故事。书中那自传般的主人公这样说:"我是有点喜欢这种不意的邂逅而在不热的风景中穿着人家的皮肤的旅行的。"❷尽管故事发生在英国,小说却充满了一种东方式的懒洋洋的气氛。小说中触目的性虐待倾向,在翻译中非常忠实地被传达了出来:

> 她是璨烂的,她的黑色的辫发卷在耳朵上,好像澳洲产的Mrinos羊底角一样。她使我想起了那些市场上的招牌
>
> 原产的女子
>
> 东方的尤物
>
> 美—陶醉—仙境—光明
>
> 为了我的恋爱,我又是一次省见我自己不得不去央求那外国的劳动者了……于是也不再清醒过来,觉得我是在她身旁,她便把我

---

❶ 比如,《中国古玩搜求记》(1926年3月),《一个中国鬼故事》(1926年8月)和《中国幽灵》(1926年9月)。我是很偶然地在《名利场》中发现这些的,时值我在哈佛指导艾兹拉·布劳克(Ezra Block)写《良友》画报的一篇毕业论文。我很感谢他使我注意到这些文章和有关《名利场》的其他资料。

❷ 保罗·穆杭《爱时的欧洲》(Europe at Love),纽约:波尼和里夫莱特出版社,1927,页38。该卷没有注明译者姓名,可能是穆杭自己重写成英文的。

放在她底腿里,立刻用着一种贝类的反射作用的动作,把腿挟紧了。❶

在第二个故事《新朋友》中,两个在饭店相遇的人发现,他们是被同一个女人迷惑了。因此这两人就开始了谈话,并意识到他们是出于同样的原因爱着她。于是他们开始赞美他们共同爱恋着的她的身体:"她底前额露出来了,没有遮盖,温良,佳好。这是另外一个人。她没有短的头发。她的嘴也如此",还有,她的"笑和冰冷的手,她的无常——她说,由于忠实底爱恋,她是忠实于一切人的"。❷ 要在刘呐鸥的小说中追踪穆杭的印记并不难:女主人公同时玩弄着两个男人,她脸上的细部和她的短发。因此《新朋友》中的某些部分很微妙地被移植进了刘呐鸥的《两个时间的不感症者》和《游戏》中。生活对穆杭的女主人公阿涅来说,"就是十二小时的游荡和十二小时的遗忘",而《两个时间的不感症者》中的无名女郎甚至还超过阿涅的记录,"她从不和同一个男人在一起待上三小时"!在穆杭的故事里,那摩登女的不在,倒让她的两个追求者同病相怜起来;而刘呐鸥笔下尤物的离去,却让她的两个男人六神无主说不出话来。

模仿归模仿,刘呐鸥其实很明白穆杭小说中东方主义的殖民意味。在《热情之骨》和《礼仪与卫生》这两篇小说里,刘呐鸥事实上讽刺了西方对东方女性的幻想,他让两个西洋人(都是法国人)为他们的幻想付出了代价。第一篇小说里的法国男主人公爱上了一个日本女子,她是罗蒂

---

❶ 保罗·穆杭《爱时的欧洲》(*Europe at Love*),纽约:波尼和里夫莱特出版社,1927,页37。中文译文见《无轨列车》,1928 年 10 月 25 日,页 161—162。

❷ 保罗·穆杭《爱时的欧洲》(*Europe at Love*),纽约:波尼和里夫莱特出版社,1927,页47、49。中文译文见《无轨列车》,1928 年 10 月 25 日,页 163—175。

(Loti)的"菊花夫人"的镜像,甚至他的名字比也尔或说 Pierre 也是指称罗蒂小说里的人物,但最后比也尔却因为她让他付五百元钱时而完全幻灭了。在第二个故事中,另一个原系法国外交官的古董商,在长篇大论地比较了中国画和西洋画后,又比较了中外女人,最后承认说:"但是这或许是我的东方醉吧。"❶但同一个故事里的中国主人公却显得要更种族主义化,他认为"斯拉夫女倒也不错。她们那像高加索的羊肉炙一样的野味倒是很值得鉴赏的"❷。这番带点贬义的评价自然指的是那些在布尔什维克革命后,涌入上海的大批赤贫的俄国难民中的白俄妓女。刘呐鸥的中国主人公是个放荡的"妓女"鉴赏家,一个卑劣的角色。因此在一个意外的转折时,他的妻子离开了他,跟她的受法国教育的情人走了。而且,为了最后再加点讽刺色彩,他妻子还把自己沉默寡言的妹妹介绍给了他以策"卫生",换言之,以防他染上性病。

在穆杭的东方主义背后,是异域主义这个复杂的问题。在同期的《无轨列车》上,和穆杭的两个短篇同时刊出的,还有刘呐鸥翻译的一篇论穆杭的更长的文章,系法国批评家克莱缪(Benjamin Crémieux)所写。克莱缪的文章相当冗长,以刘呐鸥的法文功底阅读相信有些吃力,但那篇文章确实有不少不俗的见解。作为穆杭的同时代人,克莱缪非常清楚"异域主义"(其时还没有"东方主义"这个概念)的意味,他论述说穆杭的小说似不同此类:"他的异国情调是用绵密的用意防备着浪漫思想的侵入,直接与外国接触,对于人类不抱任何敬意,大胆地尽使秘密暴露出来

---

❶ 刘呐鸥《礼仪与卫生》,见《都市风景线》,上海:水沫书店,1930,页131。

❷ 刘呐鸥《礼仪与卫生》,见《都市风景线》,上海:水沫书店,1930,页112。

的对于外国的实际的知识混成起来的。"❶穆杭本人据说也"激烈反对用这种术语来评价他艺术中的这些方面"❷。在当时的另一个批评家勒马特赫(Georges Lemaître)看来,穆杭对诸如此类的异域主义嗤之以鼻,说它是一种"俗艳的装饰品,不过是多多少少为了增加点叙述的花俏"或地方色彩。❸因此在克莱缪看来,穆杭的女性人物,比如克拉丽丝(Clarissa)、德尔芬(Dephine)和他早期小说《幻想货》中的奥鲁尔,揭示了战后欧洲在一种现代阴郁笼罩下的真正精神状况,让"我们马上了解了这酒馆和跳舞场和飞机的现代是什么一个时代"❹。不过,尽管招致了这些异议,穆杭的女性形象确凿地流淌着异国情调,尤其是在他的中国译者眼里,那更是如此。刘呐鸥的小说也可以同样被认为是"俗艳的装饰品",而且他的女主人公比穆杭笔下的荷兰女人是更异域化的动物。事实上,我们可以断言说刘呐鸥的整本集子代表了他对异域情调的追求,在他的小说世界里,他要他的人物尽可能地"异域"化。不过,他们是否揭示了战前上海的精神状态,那还有待阐释。

在中国,exoticism 一般被翻译成"异域情调"或"异国情调",字面意思即"来自异国的情绪和风味",暗示着一个作为"他者"的西方国家。这个词后来成了亲法作家张若谷和李金发分别所著的两本书的题目。弗鲁豪夫(Heinrich Fruehauf)卓有洞见的研究告诉我们,异域情调其实就是城市文化符码,而像张若谷和曾朴这样的作家就以此来指涉上海租界

---

❶ 本雅明·克莱缪(Benjamin Crémieux)《保尔·穆杭论》,刘呐鸥译,见《无轨列车》,1928年10月25日,页153。克莱缪的文章极有可能是在1924年左右发表在《巴黎杂志》上。

❷❸ 乔治·勒马特赫(Georges Lemaître)《法国四作家:普鲁斯特、纪德、吉洛多、穆杭》(*Four French Novelists: Marcel Proust, Andre Gide, Jean Giraudoux, Paul Morand*),伦敦:牛津大学出版社,1938,页385。

❹ 克莱缪《保尔·穆杭论》,页147。

那"西方面貌"下令人陶然的异域氛围,尤其是法国气氛。刘呐鸥的《都市风景线》就是这种"新近流行的都市异域风"的一个突出例子。❶ 其他有类似题目和景观的作品有张若谷的《都会交响曲》(1929)和徐蔚南的《都市的男女》(1929)。在这些作品中,"叙述人一般都担任这样的角色,即通过营造异国氛围使熟悉之物异域化,使上海成为一个金光闪耀、令人屏息,甚而是一个被禁的他者"❷。

因此异域风可以是一道双面镜:一面照着东方的西化形象,一面照着西方的东方比如中国形象。如果穆杭的小说可以被视为是来自西方的带异国色彩的东方主义作品,那么,那些受法国影响的日本和中国作家则把他的作品当作是反光镜,借此把西方异域化。简言之,这是一个文化交叉接受的相互异域化过程。不过,这个可以被称为西方主义的中国现象,❸这种对西方"他者"的营造,并不必然暗示着中国要"控制"西方的努力,一种在知识和权力上对西方进行殖民和帝国主义式的控制规划,就像穆杭等一群西方作家对东方的影响所显示的。相反,作为都市文化现象的异域风,可以被看成是和中国的现代性追求紧密相关的,而且部分地解决了民族主义(一个新的文化身份)和帝国主义之间的矛盾。在傅彦长、朱应鹏和张若谷这群亲法作家的笔下,正如弗鲁豪夫所指出的,上海的特殊地位就在于它的知识价值:"上海,因为它是那么的'异国',和中国的其他地方是那么的不同,就可能成为一个文化实验室,在

---

❶❷ 海恩里奇·弗鲁豪夫(Heinrich Fruehauf)《中国现当代文学中的都市异域风》,1993,页150。

❸ 对当代中国的更详细分析见陈小眉:《西方主义:后毛中国的一个反话语理论》(*Occidentalism: A Theory of Counter-Discourse in Post-Mao China*),纽约:牛津大学出版社,1995。尤见第一章。

那儿,可以尝试中华文明的实验性重建。"[1]对傅彦长和他的朋友们来说,城市就是文明的基础,就是现代文明的中心。

欲望、诡计和城市

上述丰富多样的资料我希望已经为分析刘呐鸥的小说提供了一个更开阔的视角和语境。而且它们也可以帮助我们探讨刘呐鸥小说中的某些寓言维度。

刘呐鸥小说中的典型情节是这样的:一个男性叙述主人公无望地追逐一位外表极其摩登的女子,但总是以失败告终。如果说这是一个"爱的三角",那女人总是能赢那两个男人,并最后抛弃他们俩。所以,小说中的女性不仅是男性欲望和追逐的对象,而且也是故事的绝对的"主体",因为是她的行动和个性推动着情节的发展。《两个时间的不感症者》是为一例。

故事的"三角恋"情节以其中一个名叫 H 的男性角色在马场邂逅摩登女郎开始,对当时的西人和华人来说,马场是上海最受欢迎的娱乐场所,而且也是合法的赌博场所。在那儿,H 刚押对了马赢了钱,由此吸引了一个摩登女郎的注意力。他于是邀请她去一家美国人开的茶店吃冰淇淋,吃冰淇淋是刘呐鸥小说中无处不在的一样道具,然后带她出去散散步,因为他知道"散步在近代的恋爱是个不能缺的要素"。他们漫步过了法租界,其时"残日还抚摩着西洋梧桐新绿的梢头"。在马路的交叉处(很可能是南京路口),一辆 Fontegnac 1929 稍为诱惑了 H 的眼睛,但他

---

[1] 海恩里奇・弗鲁豪夫(Heinrich Fruehauf)《中国现当代文学中的都市异域风》,1993,页 141。

是"不会忘记身边的 fair sex 的",并用"最优雅的动作把她像手杖一般地从左腕搬过了右腕"。接着,"市内三大怪物般的百货店便在眼前了"。❶值得注意的是,情节发展到这里,那男主人公似乎相信他是控制着局面的。他带着他的 fair sex 散这么长的步显然旨在出风头。但他越是摆他的绅士谱,他在那个摩登女郎眼里显得越是矮小。而当另一个男人 T 也加入进来后,两个男人在舞厅里对她的追逐便变得越来越可怜,而那现代女子的态度也变得越来越玩世不恭,一副屈尊样。在布鲁斯和华尔兹的音乐声中,这个典型的"三角恋"场景以女主人公抛弃这两个男人而结束,不过临走前,她还要发布她的最后恩惠辞:

> 啊,真是小孩。谁叫你这样手脚鲁钝。什么吃冰淇淋啦散步啦,一大堆唠苏。你知道 love-making 是应该在汽车上风里干的吗?郊外是有绿荫的呵。我还未曾跟一个 gentleman 一块儿过过三个钟头以上呢。这是破例呵。❷

很显然,在刘呐鸥的小说里,男性比女性明显弱很多。那些男性追求者一而再地被描叙成一个瘦弱苗条的人,他急切的行为总是像"小男孩"一样。很偶然地,他也会有强壮的手臂,有和查理·卓别林那样的滑稽的胡子或是像考尔门那样高贵而文雅的胡子。再次证明了刘呐鸥是多么容易受好莱坞电影工业的影响,但此外就别无"相衬"的描叙来表明他在身体或智力上可以真正和她匹配。尽管他们在情节中占了"内聚

---

❶ 刘呐鸥《两个时间的不感症者》,见《都市风景线》,上海:水沫书店,1930,页 97—99。
❷ 刘呐鸥《两个时间的不感症者》,见《都市风景线》,上海:水沫书店,1930,页 104。

焦"的地位,他们自身的主体地位却是危险的,其努力也总被有意识地抽空。❶ 因此他们不仅不是"智慧的主体",可以把自己的欲望加诸一个对象化的女性身体上,反而成了自信十足的现代女性手中的"玩物"。

在史书美论刘呐鸥的一篇论文中,她敏锐地提出,刘呐鸥的男主人公依然保持着"过时的父系制的道德感性",而他典型的女主人公则是第一批都市"现代性产物":"凝聚在她身上的性格象征着半殖民都市的城市文化,以及速度、商品文化、异域情调和色情的魅惑。由此她在男性主人公身上激起的情感,极端令人迷糊又极端背叛性的,其实复制了这个城市对他的诱惑和疏离。"❷《两个时间的不感症者》无疑完美地体现了这种女性。不过,刘呐鸥笔下的女主人公并不是人人都被描写成现代尤物,不停地追逐体现速度和魅力的都市商品。如果我们比较一下这部小说和《游戏》里的女主人公形象,会发现她们构成了一个很有意思的个案。她们都是欲望和欺骗游戏里的圆满赢家,都疯狂地崇拜汽车。在《两个时间的不感症者》中,"Fontegnac 1929"在男性主人公眼中显然是某种性对象,即女性主人公的物质替代;但当女主人公宣布她喜欢在飞驰的车上做爱时,她再度占有了那汽车。在小说《游戏》中,另一辆车,1929 型号六汽缸的飞扑,在酷爱野游车的女主人公看来,是"真正美丽,身体全部绿的,正和初夏的郊原调和"。❸ 史书美认为刘呐鸥小说中的这种女人和汽车的并置暗示了"这个城市的节奏就是现代女子更换男友的速度,就是现代女子对风驰的赛车的喜爱:一时的场景一时的罗曼史,

---

❶ 以"内聚焦"来表达主体性的方式可参见安东尼·白的博士论文《三十年代的新感觉派:论刘呐鸥和穆时英的小说》,多伦多大学,第四章。

❷ 史书美《性别、种族和半殖民主义:刘呐鸥的上海都会景观》,见《亚洲研究》杂志,55 卷 4 期,1996 年 11 月,页 947。

❸ 刘呐鸥《游戏》,见《都市风景线》,上海:水沫书店,1930,页 10。

一个充满飞车和短暂邂逅的都会"。❶

在这里,时间和速度的关键含义不可能在任何西方现代性的话语里被如此过分强调。汽车,就像火车一样,作为一种速度的商品,显然是现代性的物质表征。所以刘呐鸥在他故事的标题上也强调了它的意义:那两个男性追求者失去了那个摩登女郎正是因为他们是"时间的不感症者"。不过问题是:刘呐鸥的女主人公到底是在追求一种什么样的速度?《游戏》里的女主人公赞扬那辆"飞扑"是因为它有六个汽缸,所以"驰了一大半天,连一点点吁喘的样子都没有";至于《两个时间的不感症者》中的"Fontegnac 1929"则既代表速度又是新潮了,而且还明显象征着财富。

刘呐鸥可能是在上海的中英文报纸或像《名利场》这样的外国杂志所刊登的广告上,找到这些形象特殊而且流光溢彩的汽车牌子的。他对汽车的大肆铺叙,泄露了他对它的物质价值(金钱)和象征价值(速度)的迷恋。与此同时,《流》里的男主人公还把繁忙时间街上拥挤的车辆比作小甲虫,说它们"吞""吐"着人们。从中可以看出来,即使是在颂扬现代便利中最引人注目的东西时,它也同时会引起兴奋和焦虑。

另一个也包含兴奋和焦虑的例子是刘呐鸥对做爱的描述。似乎是为了震慑他的读者,刘呐鸥在集子的开首两篇《游戏》和《风景》里就触目地描写了做爱。事实上,《风景》里男女主人公的做爱场景是带有田园色彩的,他们先是在火车上邂逅,然后在一个小站下车;在他们各奔东西前,在女主人公的挑逗下,他们当即在田野里做起自然之爱来。这个女主人公无疑是现代都市的产物,因为她流泻着"都会的女人特有的对于

---

❶ 史书美《性别,种族和半殖民主义:刘呐鸥的上海都会景观》,见《亚洲研究》杂志,55卷4期,1996年11月,页948。

异性的强烈的、末梢的刺激美感"❶。而他们的做爱场面很简略地被描写成一个惊人的比喻:"在素绢一样光滑的肌肤上,数十条的多恼河正显着碧绿的清流。吊袜带红红地啮着雪白的大腿。"❷刘呐鸥的这两个色情比喻带有赤裸裸的异域色彩,显然是模仿了穆杭和日本的"新感觉派",但他并没有止于模仿。那个穿红色吊袜带的女人是从巴黎来的还是从上海来的?从前面的故事里我们得知,她的颈部和圆小的肩头使她像是"刚从德兰的画布上跳出来的"❸。所以这些色情性描写都是为了引向男主人公最终的"思考",思考人是如何被"机械文明"束缚住了。这种信息在刘呐鸥的文本和角色身上是相当罕见而且相当无力的。

当然,我们不能要求刘呐鸥严格地追随现实主义的教条,来增加作品的可信性和真实性。这个故事里的女主人公确实是个臆想的人物。但在其他的情形下,她似乎不是那样幻想型的人物。《游戏》里的女主人公在故事的开头也一样被写得很异域化,女主人公有一个小而挺直的希腊鼻子。像《两个时间的不感症者》里的女郎一样,她也有两个追求者:她说其中一个有卓别林似的胡子,而她又诱惑另一个"太荒诞,太感伤,太浪漫"的男人。刘呐鸥把她和后者的做爱场面描写得相当详细:

> 鼻头上是两颗火辣辣的眼睛,鼻下是一粒深红色的樱桃。他像触着了电气一样。再想回避也避不得了。
>
> 雪白的大床巾起了波纹了。他在他嘴唇边发现了一排不是他自己的牙齿。他感觉着一阵的热气从他身底下钻将起来,只觉呼吸都困难。一只光闪闪的眼睛在他的眼睛的下面凝视着他,使他感觉

---

❶ 刘呐鸥《风景》,见《都市风景线》,上海:水沫书店,1930,页26。
❷ 刘呐鸥《风景》,见《都市风景线》,上海:水沫书店,1930,页31。
❸ 刘呐鸥《风景》,见《都市风景线》,上海:水沫书店,1930,页23。

着苦痛,但是忽然消失了。贞操的破片同时也像扭碎的白纸一样,一片片,坠到床下去。空中两只小足也随着下列。他觉得一切都消灭了。❶

这是男女性爱描写中很有趣而且带点古怪的片断。虽然这段话是由男主人公叙述的,来自他的体验,也用了他的视角;但行动的发起人却是女性人物,是她诱引了他,而且她光闪闪的眼睛使他"感觉着苦痛"。但女主人公的行为似乎也有和她不相称的地方:一个像她那样自由不羁的女性,怎么可能至此还保持着贞操,而且准备在一夜随意的旅馆约会里,交托给一个她准备抛弃的男人?女主人公性格里的两面性,诱引者和处女,很显然不协调,除非性行为在她对男人的控制策略中不是什么关键因素,又抑或这个叙述男主人公(甚或作者本人),依然怀有不可救药的传统男性性幻想,需要从对女子的贞操占有中获得"快感"。不管理由或效果是什么,这个性场景和身体,对男性和女性来说都一样,是多少有些不协调的。

我们同时也要意识到,并不是刘呐鸥小说中所有的女主人公都可以被方便地纳入自由、大胆,甚或随便的那类现代女性。他的小说中还有这样一类女子:尽管也有现代特性,但她们依然是男人的占有物,男人的附属品。这后一类女性形象,常为学者所忽视,我们可以在《都市风景线》中的末两篇小说《残留》和《方程式》中找到她们。在《残留》中,女主人公是个新寡的女子,在一连串的内心独白中,她说出了她的孤寂和对男人的需求。当她独个儿散步的时候,她让自己被一个外国水手勾引了,并圆了他"A Girl in Every Port!"(一埠一女)的梦。因此她是很愿意

---

❶ 刘呐鸥《游戏》,见《都市风景线》,上海:水沫书店,1930,页14。

献出她作为寡妇的个体性和主体性,而成为交易中的一种商品。在《方程式》中,一个被简易地称为密斯脱 Y 的男人新近丧妻,亡妻总是为他准备午餐的 Salade;他的姑母于是为他介绍了两个现代女子 A 和 W,作为续弦候选;密斯 A 有"纤细的小手",是一个可以"一块儿听马连良"的好伴侣;而有 Permanent Wave(电烫发)的密斯 W,和他约会的地方是看 Talkie(有声电影)的影戏院。但最后他却是和"昨天还不相识的密斯 S"睡在了一张婚床上。因此这个故事就成了一个四人"旋转游戏",一男三女他们都没有自身身份;甚而他们的名字也被化约为一个大写字母,就像数字一样。小说讽刺的是婚姻游戏本身,以及一个都市白领的无人格的日常生活:"谁都知道密斯脱 Y 是个都会产的,细密、明晰而适于处理一切烦琐的事情的数字的脑筋的所有者。"❶ 在这样一个男性主宰的理性世界里,女性只不过是棋盘上的木偶或小卒,不过,男主人公的处境也好不到哪儿去。

《方程式》这篇小说的标题在刘呐鸥的故事中是很具代表性的。我们读着他的小说,从他发表的第一部小说《游戏》(1928)开始,故事所引起的激动慢慢地消解,徒劳的追逐、爱的三角等等,就像方程式变得越来越明晰。而且,不管他所描摹的"都会女郎"多么具有异域色彩和象征意味,她们也越来越像她的男性追求者一样,不过是都会舞台上的一个叙事"人物"。她被写得很浮表,正是因为她要在一个更深的意义上来象征这个城市。把刘呐鸥的故事联结起来的,正是男女角色对这个都市本身的共同的毫不羞愧的迷恋。因此史书美的下述结论是对的:"刘呐鸥显然热衷于描写都市景观,把它们视为他的注视对象并加以色情化。在刘

---

❶ 刘呐鸥《方程式》,见《都市风景线》,上海:水沫书店,1930,页 167。

呐鸥的绝大多数小说中,他会用比喻性的语言来长篇铺叙都市生活的各个方面以及它的物质文化。甚而,这个都市的道德沦丧在这样的语言裱糊之下,也显得相当有魅惑力。"❶

诚如《都市风景线》这本小说集的封面所示,刘呐鸥的本旨是想创造一系列的都市"景观"。小说标题里的法文字可以同时代表,如柏右铭(Yomi Braester)所说的,"风景"和舞台。❷ 在这样的"风景"里最受人注意的角色,就像是一个更大舞台的都会"景观"上的道具。柏右铭认为,"景观"涵盖了刘呐鸥很多小说中的主题和文学技策。"叙述张力经常源于对景观的不同态度。女性角色通过她们对景观虚幻性的适应或从一处滑向另一处的轻松来展示她们的技巧。其结果是,她们由此经常把她们的男性搭档抛在了后面,使他们因为对危险处境的无知而成了牺牲品。"❸而在穆时英的小说里,都市环境下的男女角色之间的叙事安排就显得技巧得多,利落得多,尽管穆时英也同样搁浅在都会本身的景观里。虽然刘呐鸥和穆时英都过着耀眼的摩登生活,穆时英的角色却显得更"不安宁",也因此他的小说比刘呐鸥的故事在心理层面上更具揭示性。

---

❶ 史书美《性别、种族和半殖民主义:刘呐鸥的上海都会景观》,见《亚洲研究》杂志,55卷4期,1996年11月,页943。

❷ 柏右铭(Yomi Braester)《上海的景观经济:刘呐鸥和穆时英小说中的上海跑马场》,见《现代中国文学》,9卷1期,1995年春,页50。

❸ 柏右铭《上海的景观经济:刘呐鸥和穆时英小说中的上海跑马场》,见《现代中国文学》,9卷1期,1995年春,页40。柏右铭也提到,刘呐鸥小说中的男女角色都有点像游手好闲者,他们怀着一种看似轻快的态度,表面上放纵享乐和赌博。而且,那种"游手好闲者的注视"正好把"他的周围空间进行重塑"。不过,在我看来,他们不过是摆一个姿势——没有游手好闲者的注视——以此来展览他们自己:就像《游戏》里的男主人公清楚表明是为了"出风头"。在他们对城市的观察里,罕有什么自我指涉或暧昧意味,因为他们和他们的作者一样都不可能和城市保持那种距离。

也许刘呐鸥是第一个描写都会异域风的中国现代作家,如果说他是一个先锋,那么穆时英可算是一个年轻的艺术大师,他完成了刘呐鸥的"城市规划"。在刘呐鸥之后,他为现代尤物的形象带来了更多的光彩和魅力。他把男女角色之间的邂逅套路推到了一种喜剧化的,甚而滑稽的地步,这在刘呐鸥的小说里总出现得有点古怪。由此变成了一种对商品化现代性的毁灭性讽刺。如果说刘呐鸥对女性的描写暴露了他残留的传统主义,而且他也更集中于刻画女性的脸,那穆时英以女性身体为焦点进行写作,是非常明显而且极其精彩的。还有,穆时英对都市景观的描写是真正的电影技法荟萃:这个城市真正作为声光化电的万象世界而浮现出来。不过,穆时英笔下的景观,是否和本雅明评价波德莱尔的作品一样,可以被称为都市寓言则还有待讨论。

女性身体肖像

对刘呐鸥的现代男性遭遇摩登女情节的模仿,穆时英是既有创造性又有趣的。像刘呐鸥一样,他征用了都会景观里所有的灯红酒绿处,尤其是舞厅。他的情节,也像刘呐鸥一样,也聚焦在男性主人公邂逅摩登女郎或说尤物上。这种邂逅不仅导致了可想象的男性败北的结局,而且其过程也包含了更精妙的形式和细节。标题《骆驼·尼采主义者与女人》的小说,可以令你看到穆时英的独特天赋。在故事的开头,男性主人公引用了尼采的《查拉图斯屈拉如是说》的句子,但又迅速地把尼采的骆驼比喻转换成一种商品名称,他于是燃起了一支"骆驼"牌香烟,闲逛过一个又一个的都市游乐场所:回力球场、舞厅、赌场、酒吧、Beauté Exotique 和 Café Napoli,在咖啡馆他遇到了一个极其异域化的现代女子:"她

穆时英

绘着嘉宝型的眉,有着天鹅绒那么温柔的黑眼珠子,和红腻的嘴唇。"❶他挑逗她的方式是先给她一个挑战:"小姐,我要告诉你,你喝咖啡的方法和抽烟的姿态完全是一种不可容恕的错误。"那女郎一笑,请他共进晚餐,然后在吃饭的时候,"她教了他三百七十种烟的牌子,二十八种咖啡的名目,五千种混合酒的成分配列方式"。❷吃完饭,坐街车回去时,他感到"一阵原始的热情从下部涌上来,他扔了沙色的骆驼,扑了过去,一面朦朦胧胧想:'也许尼采是阳痿症患者吧!'"至此,所有的哲学面具都脱落,而肉体的欢乐则升起来了。

很显然这个故事部分地模仿了刘呐鸥的《游戏》,但同时也是对他们程式化相遇的一种讽刺。穆时英的故事更令人满意,是因为他的男女主人公更旗鼓相当,这样他们随之而起的性爱收场也合情合理。而且穆时英通过把香烟这种最常见的商品的色情去意味"资本化",把文本的意味又往前推进了一步,这种方式是刘呐鸥想象不到的。里面的男主人公一边玩着孤独的抽烟游戏,一边置换掉尼采句子中的换喻和隐喻,这为他以后碰上那个也抽着烟的现代尤物作好铺垫:那显然是一个无可抗拒的性诱引。由此吸烟就混同食物和饮料成了完美的性"揶揄"。而最终,他们在一辆街车上,而不是在刘呐鸥的耀眼的越野车上做了爱,但一样勾魂摄魄。相比于刘呐鸥的《游戏》,穆时英笔下的性爱场面更激动人心,因为他的主人公不再受任何古怪的阻碍。

和刘呐鸥不同,穆时英把他的笔墨集中于女性身体上。其中的"经

---

❶ 穆时英《骆驼·尼采主义者与女人》,见《圣处女的感情》,上海:良友出版公司,1935,页56。

❷ 穆时英《骆驼·尼采主义者与女人》,见《圣处女的感情》,上海:良友出版公司,1935,页59。

典"文本是他最著名的小说《白金的女体塑像》。如标题所暗示的,这个故事讲一个医生对一个女子身体的"探究",该医生过着现代式生活,以准时著称。那个偶然走进他诊所的女子,她的身体最初是被这样描述的:"窄肩膀,丰满的胸脯,脆弱的腰肢,纤细的手腕和脚踝,高度在五尺七寸左右";在她坐下来时,医生注意到她的"脸是一朵惨淡的白莲"。她说她感到衰弱,没胃口而且饱受失眠之苦。医生的诊断(以内心独白的方式呈现在括弧里)是她患着"没成熟的肺痨",要不就是"性欲的过度亢进"。❶ 在病情询问后,他就要她脱下所有的衣服以便对她的身体做检查:

> 把消瘦的脚踝做底盘,一条腿垂直着,一条腿倾斜着,站着一个白金的人体塑像,一个没有羞惭,没有道德观念,也没有人类的欲望似的,无机的人体塑像。金属性的,流线感的,视线在那躯体的线条上面一滑就滑了过去似的。这个没有感觉、也没有感情的塑像站在那儿等着他的命令。❷

这番描述确实精彩绝伦:那身体,就像是艺术躯体雕像,既去除了脸,也和脸风格不一。脸的病态柔弱几乎不曾暗示身体的"性欲过度亢进"。那像无生命之物一样站立的身体,成了医生,以及读者可以偷窥的最好景观。小说对身体白金肤色的特别强调,也给身体增加了一层"混血"意味:一个中国女子有和西方白人女子一样的肤色。那么,她是不是就是刘呐鸥笔下自由、大胆而随便的现代女性的复制品?这个故事对白金女体的个性没做任何描述,这身体似乎可以嫁接到一个相当传统的居

---

❶ 穆时英《白金的女体塑像》,上海:复兴书局,1934,页 3—5。
❷ 穆时英《白金的女体塑像》,上海:复兴书局,1934,页 13。

家女性头上。此外,那身体也不曾被物化为刘呐鸥小说中常见的汽车的喻体。在医生的消毒过的诊所里,那女体似乎是一种自在物,和都会的物质文化没有任何联系。所以她也便成了医生的纯粹观赏"物"。其导致的色情可以说是美学的,就像一个艺术家看着一个模特——线和形的组合,或是一个医生面对病人时所应感到的纯粹解剖学。不过,当医生叫他的病人躺到床上去后,她裸露的躯体无疑激起了他的欲望。其实早在女病人的裸体展露前,医生就已经开始在猜测了:他诊过很多女子的身体,"看到裸着的女人也老是透过了皮肤层,透过了脂肪性的线条直看到她内部的脏腑和骨骼里边去的;怎么今天这位女客人的诱惑性就骨蛆似地钻到我思想里来呢?谜——给她吃些什么药呢……"❶

就像鲁迅《狂人日记》的主人公——也被表达为一个病例研究的个案——对中国文化本质的狂热思索一样,这里的医生的困惑也值得分析。因为这个女病人本人没做出什么性诱惑的动作,因此医生的欲望必然是他自己压抑的性幻想所致。但穆时英对挖掘男性心理深度不感兴趣。相反,他集中笔墨描述医生被语言所唤起的越来越强烈的性欲。和施蛰存小说中的内心独白方式一样,穆时英的医生那混乱的沉思也有意识地经由无标点的句子叙述出来,这是穆时英独创的意识流,其时中国的其他作家还不懂如何在"语言上"组织意识流。这样,当医生注视着那斜躺在床上的裸体时,小说中就出现了下面这段在括弧里的无标点文字:

(屋子里没第三个人那么瑰艳的白金的塑像啊"倒不十分清楚留意"很随便的人性欲的过度亢进朦胧的语音淡淡的眼光诡秘地没

---

❶ 穆时英《白金的女体塑像》,上海:复兴书局,1934,页11。

有感觉似的发射着升发了的热情那么失去了一切障碍物一切抵抗能力地躺在那儿呢……）❶

这种实验以今天的标准来看是相当"原始"的（半个世纪后，台湾作家王文兴在他的小说《背海的人》里写得更圆满）❷。但它的确不仅有助拆解现代中文的句法构造，因为中文的标点规则是依照英文的，古汉语没有标点。而且，因为人称的省略，给重复和自由联想提供了充分的语意空间。由此，当医生最后诉诸祈祷，祈祷本身就明显是个异国仪式，他的内心独白就成了一连串片语的反复："主救我白金的塑像啊主救我白金的塑像啊主救我白金的塑像啊主救我白金的塑像啊主救我……"❸这里，标点的省略轻易地建立了一条平等置换链，使上帝和白金塑像在主人公激动的"意识"流里变得可以互换，仿佛那医生就是在向白金塑像祈祷一般。因此，这错置的向上帝的祈祷，成了对白金女神的迷乱的膜拜。也就不用说，中文里的上帝是不用大写的。对一个把基督教当作现代式生活之一部分的凡俗中国主人公来说，这样的"偶像崇拜"并不导致亵神，倒是会增进情欲的芬芳。

另一方面，在语言层面上，因为主体医生"我"在中文中可以简单地转换成白金女体口吻下的"我"，甚或在所有格里都可以转换，这样问题就出来了：是谁要从谁那儿得到拯救？是医生在为他自己祈祷，祈祷能摆脱女病人的身体诱引得到拯救吗？如果加了标点，字面意思应该是怎样的？还是白金体的主人公，那女病人需要救赎？或是我们推测，那医

---

❶ 穆时英《白金的女体塑像》，上海：复兴书局，1934，页 11。
❷ 英译见耿德华（Edward Gunn）《背海的人》（*Backed against the Sea*），伊萨卡：康奈尔"东亚专论"，1993；参见他论王文兴的文章，载《中国现代文学》，1 卷 1 期。
❸ 穆时英《白金的女体塑像》，上海：复兴书局，1934，页 15。

生其实已经占有了她的身体,因此在同时为他俩的救赎祈祷?在我看来,这些简单的重复和文字游戏正好是一种风格化的策略,以此来制造一种弥漫全文的讽喻性色情效果。因此,这里的女性身体,不仅刺激着男主人公性欲,也推动着作者的行文欲望。不过,除了这些炫目的创意,故事的内容是相当传统而且明显是男性沙文主义的。和这个白金的女体接触之后果是,那单身的男医生最终结了婚:被他女病人的身体所唤起的性欲,现在找到了一个简易的对象,或说,出口——他的新婚妻子,经由婚姻制度而神圣化的一个"占有物"。

在《Craven A》中,女性身体多了一层隐喻的,甚而是寓言的维度。故事开始时,第一人称的男性叙述主人公看到一个坐在歌舞餐厅里的女郎静静地抽着 Craven A 香烟。当那"纯正的郁味从爵士乐里边慢慢儿的飘过来"时,他开始非常专注地阅读起她来,用夸张的比喻来描述她的身体和脸,这样她的身体很快就变成了一张国家地图。他全景似的注视带着我们从那女郎的头发(黑松林地带)看起,到眼睛(湖泊)、嘴(火山,中间颤动着一条火焰)、胸脯(两座孪生的小山),一直往下看到南方"更丰腴的土地"(下体),直到他的视线被桌子挡住,他还要低下脑袋去:

> 在桌子下面的是两条海堤,透过了那网袜,我看见了白汁桂鱼似的泥土。海堤的末端,睡着两只纤细的、黑嘴的白海鸥,沉沉地做着初夏的梦,在那幽静的滩岸旁。
>
> 在那两条海堤的中间的,照地势推测起来,应该是一个三角形的冲积平原,近海的地方一定是个重要的港口,一个大商埠。要不然,为什么造了两条那么精致的海堤呢?大都市的夜景是可爱的——想一想那堤上的晚霞,码头上的波声,大汽船入港时的雄姿,

船头上的浪花,夹岸的高建筑物吧!❶

女性身体的"地貌",显示了一幅非常特殊的"景观",其中积聚着大量的"力比多能量"。里面的每一个"景点"都得到精细的刻画,以激人观赏和诠释。这样,当我们追随着主人公漫游的目光,我们也把自己的理解加诸其中。由此,阅读过程就是游历"文本的快乐",直到我们最终抵达身体地图的港口,并猛然意识到:如果说那两条海堤是她的两腿,海鸥是她的鞋子,那"三角形的冲积平原"只可能是她的"维纳斯三角洲"。那这"港口"如果不是指女性的阴道口,又能是什么呢(在中文中,港口的字面意思就是港湾的嘴)? 相应地,那"大汽船入港时的雄姿"只能是指男性生殖器的挺进! 中国作家中还从来不曾有人这么大胆地做这样的色情幻想! 不过,同时,穆时英对港口夜景和夹岸高楼的描述倒也是真实的:这个海港比喻看来是那么真实,以至于这最后一块女性身体地形可能失去它的幻想维度。他当时的读者很可能实实在在地把它和上海这城市联想在一起。

小说写到这个关键的地方,在这个港口/城市潜在的色情和寓意完全呈现出来之前,在叙述人幻想里推演的欲望却突然停顿了,故事一下又转换到了舞厅的现实中来。那梦幻身体的拥有人是舞厅里的舞女,而随着故事的发展,我们也知道了她是一个寂寞的人,被周围舞男似的一群人既崇拜着,又轻视着;只有里面的男主人公对她表示了真正的怜惜。因此这种习见的情节又抽空了前面由身体地图所滋生的力比多能量。那我们又如何来诠释这种从幻想到现实的逆转呢? 为什么在一个原本相当传统的故事里会出现这样一个奢华的身体比喻,其理由何在? 我们

---

❶ 穆时英《Craven A》,见《公墓》,上海:现代书局,1933,页 110。

很可以想象当代读者面对这样的一幅"地图"会作何想:因为这幅"民族"地图很显然展示了中国地貌,他们可能会觉得那是对可敬的民族主义的污辱。

穆时英的这篇小说出版时,像萧红、萧军这些更具爱国情怀的作家,也同时在把他们遭日军践踏的满洲里比作是女人的身体,❶他们当时已很受以鲁迅为首的上海文坛的赞赏。相形之下,穆时英的这幅色情身体地图就像是跟民族主义老调唱有意的、非政治的反调。又或许这幅地图属于完全不同的一个范畴:把祖国母亲视为魅力无穷的女性神话,借此来压倒"自以为是的男性主体"。如果真是这样的话,那这个故事堪比汉民族的男性祖先传说,就像鲁迅在《补天》里所描绘的,汉民族从女娲——盘古的女性对应者,她有巨大的女神身体——补天的传说里苏醒过来;她这一次是从一个懒洋洋的梦里苏醒过来,并产下了"文明"这个小东西。但鲁迅所描绘的神话女神肖像中,其潜在的色情因他对伪文明人的辛辣讽刺而悬搁了;而在穆时英的小说里,唯有女性身体的色情力量得到了抒发。

是不是光是脸和/或身体的外表特征就足以使一位小说女主人公成为一个尤物? 安·多尼(Ann Doane)认为尤物是:

> 一个散发着某种无边际不安的,预示着认识论创伤的人物。她最令人震撼的特性也许是,她永远不是她所表现的那个人。她所携

---

❶ 刘禾分析萧红的《生死场》的文章,见她的著作《跨语际实践:文学、民族文化和翻译的现代性——中国,1900—1937》(*Translingual Practice: Literature, National Culture, and Translated Modernity—China, 1900-1937*),帕洛阿尔托:斯坦福大学出版社,1995,页 199—213。

带的威胁不是完全易辨的、可预见的或可把握的。❶

换言之,多尼似乎暗示了,尤物是那类带着神秘气息的人物,而她们那难以预见的威胁常常是直接针对男人的。就此而言,穆时英的白金女体里确实含有这种气息和威胁,她确实不是医生所能完全把握和认知的一个女人。我们也同样可以说,《Craven A》里的女主人公也不真正是那个别人眼中的人,或她的身体引导别人以为她是的那种人。如果说穆时英成功地创造了女性那美妙无比的身体,那他似乎难以勾画她们的心理和行为。在一个女性身体不受优待的文化传统里,穆时英的努力比起西方现代社会的作家来,应该说是更具"先锋"意味的。

前面提到,穆时英把刘呐鸥的程式,一两个柔弱善感的男人去追逐一个带异域风的摩登女子,推到了荒谬的极限,《骆驼·尼采主义者与女人》是其中一例。另一例则是一篇更长的小说《被当作消遣品的男子》。里面的女主人公被描绘成一个"在刺激和速度上生存着的姑娘,Jazz,机械,速度,都市文化,美国味,时代美……的产物的集合体"(似乎列举的这些还不足够)。而她的容貌是完全被描画成一只"真正危险的动物"。❷ 到后来,我们得悉那尤物其实是个白天住在宿舍里、晚上泡舞厅的大学生。和刘呐鸥一样,穆时英也尽其所能地征引好莱坞明星:Vilma Bánky 的眼,Nancy Carrol 的笑,Norma Shearer 的脸。❸ 不过,后面的故事,也即男主人公的追求和他最终的失败拖得实在太长,其结局也太一目了然。在《五月》中,穆时英塑造了一个美丽的欧亚混血的女主人公,

---

❶ 玛丽安·多尼《尤物:女性主义,电影理论,心理分析》,纽约:鹿特爵出版社,1991,页1。
❷ 穆时英《被当作消遣品的男子》,见《公墓》,上海:现代书局,1933,页12。
❸ 穆时英《被当作消遣品的男子》,见《公墓》,上海:现代书局,1933,页13。

她有一个复杂的家庭背景,自身受的是西式教育,但她行事则像是一个传统家庭里的端庄少女。她对一连串男人的诱引丝毫不带尤物的信号。在这个明显的反差里,她的身体几乎不被提及;我们不过借着一个模糊的脸的轮廓,看到一幅纯真的肖像,星眸半睁,就像洁净的池塘里的深夜睡莲,而她的鼻子,又是那样挺直!❶

另一个在身体、长相和行为之间有分裂的极端例子,是他的小说《黑牡丹》。穆时英在故事中又塑造了一个极其异域化的女主人公,"高鼻子的长脸",鬓角上有一朵"白的康纳生",耳朵下挂着两串"宝塔形的坠子,直垂到肩上——西班牙风呢"。这个梦幻般的人物是直接从好莱坞的电影上裁剪下来的,即嘉宝演的哈丽(Mata Hari),能射善舞。和男性叙述人狎戏了一阵,再紧跟着和警方展开一场追击后,她最终发现自己逃到了一个富裕的单身男人的隐居别墅。后来,当那叙述人去拜访他的那个单身朋友时,她假装她已是那男人的妻子,并显出一副快乐的样子,让那性欲骚动的叙述人嫉妒不已。❷ 为何这样一个奇妙的女子在一个完全不可信的结尾里会扮演一个这么传统的角色?为什么,这些拥有夺人心魂的身体和相貌的女子(极少例外),会在一个感伤的"温柔乡"上岸,那温柔乡是一个致命的断裂点,并借此消解她们那致命的诱惑?

我们很可以把这个"致命的断裂"归于穆时英作为小说家的技巧局限,虽然他确乎是才华横溢的。但我在穆时英和刘呐鸥的小说里所发现的,他们笔下现代女主人公性格的不均衡和断裂问题,并不能仅仅归于技巧问题。我们需要把这个文学和"文本"问题,放在一个产生这些作品的更大的文化语境里来考察。中国批评家自然会在穆时英的个人生活

---

❶ 穆时英《五月》,见《圣处女的感情》,上海:良友出版公司,1935,页 117—118。
❷ 穆时英《黑牡丹》,见《公墓》,上海:现代书局,1933,页 215—234。

中去找线索,因为现代文学中确实鲜有作家会有这样的创作热情去描写舞厅和舞女。穆时英生前的朋友证实过,说他的确过着和他的男主人公一样的生活,不舍昼夜地去舞厅追逐他心爱的舞女——并最终娶了她。❶ 在诸如此类的记叙中,艺术确乎模仿了生活:穆时英对他的小说女主人公的角色塑造确实,至少部分地,受了他自身和他相识的舞女的影响,他对她们有无法控制的同情和爱。这种同情无疑给他的小说注入了感伤的成分。这种惯常阐释所先见设定的一个重要观点需要重申:如果说穆时英生活中最重要的女人是一个舞女,那他小说中的核心场景就是舞厅本身。如第一章说到的,作为上海夜生活的中心场所,舞厅在所有的小说创作里,都是表现都市的关键所在。穆时英比任何其他的现代中国作家都更善于营造舞厅的情调和气氛,这要归功于他从电影里学来的最合适的表现技法。刘呐鸥是相当随意地把舞厅当作他的女主人公的"首席"场所,而穆时英则把舞厅变成了他的电影小说的中心内景。

舞厅和都市

周蕾在她近期写的一本论现代中国电影的书中提到,绝大多数的中国现代作家,浸淫了他们悠久的书写传统,"蔑视视觉",所以对电影的意义及其全方位的影响没有足够的重视。❷ 穆时英是个罕见的例外,因为他的小说几乎都是可视的而且浸淫了电影文化。他的视觉天赋和电影

---

❶ 见黑婴《我见到的穆时英》,刊《新文学史料》,第 3 期,1989 年 8 月 22 日,页 142—145。参见叶灵凤《三十年代文坛上的一颗彗星:叶灵凤先生谈穆时英》,见《四季》,香港,第 1 期,1972 年 11 月,页 27—30。

❷ 周蕾《原始激情:视像、性、人种志和当代中国电影》,纽约:哥伦比亚大学出版社,1995,页 4—18。

技法,最好不过地呈现在他的两篇最著名的小说《夜总会里的五个人》和《上海的狐步舞》里。两个故事的中心场所不是夜总会就是舞厅,小说的场景依次展现,就仿佛从漫游的摄影机里吐出的一个个涡形全镜头。但印象主义的视觉效果和舞蹈的韵律,却是靠文字和意象的故意反复造成的。比如下面这段:

> 白的台布,白的台布,白的台布,白的台布……白的——白的台布上面放着:黑的啤酒,黑的咖啡……黑的,黑的……
>
> 白的台布旁边坐着的穿晚礼服的男子:黑的和白的一堆:黑头发,白脸,黑眼珠子,白领子,黑领结,白的浆褶衬衫,黑外褂,白背心,黑裤子……黑的和白的……
>
> 白的台布后边站着伺者,白衣服,黑帽子,白裤子上一条黑镶边……
>
> 白人的快乐,黑人的悲哀。非洲黑人吃人典礼的音乐,那大雷和小雷似的鼓声,一只大号角呜呀呜的,中间那片地板上,一排没落的斯拉夫公主们在跳着黑人的踹哒舞,一条白的腿在黑缎裹着的身子下面弹着:——
>
> 得得得——得达!❶

这段有韵律的重复很像是舞厅音乐的节律,它也令人想起西式歌舞餐厅的那些黑白调的视觉意象,这种意象带着《名利场》画页中那些富裕而老练的都会雅痞的影子。《名利场》是施蛰存这群人最喜欢的一本美国杂志。这相似的气氛在《上海的狐步舞》中有更精细的变奏。那段用

---

❶ 穆时英《夜总会里的五个人》,见《公墓》,上海:现代书局,1933,页75。

来描述歌舞餐厅/舞厅的语言更具暗示意味。

> 蔚蓝的黄昏笼罩着全场,一只 saxophone 正伸长了脖子,张着大嘴,呜呜地冲着他们嚷。当中那片光滑的地板上,飘动的裙子,飘动的袍角,精致的鞋跟,鞋跟,鞋跟,鞋跟。蓬松的头发和男子的脸。男子的衬衫的白领和女子的笑脸。伸着的胳膊,翡翠坠子拖到肩上。整齐的圆桌的队伍,椅子却是零乱的。暗角上站着白衣侍者。酒味,香水味,英腿蛋的气味,烟味……独身者坐在角隅里拿黑咖啡刺激着自家儿的神经。❶

跳过几段,我们读到,上面的这一段又出现了,不过是以最后一句为起句:"独身者坐在角隅里拿黑咖啡刺激着自家儿的神经……"因此这两个在语意上等同的段落构成了一支编织精妙的舞,而所有的句子都围绕着文本这"舞池",就像是华尔兹或狐步舞的群舞,进一步,退一步。甚至,它们也可以被比作那以缭乱的镜头组成的电影蒙太奇,摄影机以不停的移动创造一种令人晕眩的效果。不管是像哪一种方式,这些场景都大胆地证明了小说技巧可以借自其他媒介,诸如舞蹈和电影。就像是印象主义的一部电影或一幅画,比如玛斯里尔(Frans Masereel),穆时英的人物都被塑造得像是卡通一样,他们的表情和动作都有意地被变了形。在《上海的狐步舞》中,紧跟着前面所引的那一段,穆时英的"摄影机"开始跟踪舞厅里的两对舞伴,即富裕的主妇和她的继子;中国女影星和假装法国绅士的比利时珠宝掮客。这里的整个场景被"编导"和"拍摄"得酷肖好莱坞的一出奇异喜剧或歌舞剧,里面的每个细节包括对话都是绝

---

❶ 穆时英《上海的狐步舞》,见《公墓》,上海:现代书局,1933,页 201—202。

对风格化的。当这两对舞者声色不动地交换了舞伴后,角色又虚情假意地交换了同样的话语。穆时英就是以这种令人晕眩的"摄影机转换"制造了一个虚构的世界,这个世界表面光怪陆离,内里却是一片虚空。

在这两个故事里,动作的中心场所舞池的场景,都是以城市的场景为框架的。很显然这里的舞池是为了制造一种城市景观的连续性。也正是在这些都会景观上,呈现着穆时英的"新感觉派"散文风格。一幢大楼的前门"呕吐"出了一大堆人,而一部电梯则"用十五秒钟一次的速度把人货物似地抛到屋顶花园去"。❶ 这些超现实主义的模糊手法,对中文读者来说它们是很有争议的,在我看来恰好是迈向一个更暧昧计划的第一步。这计划是要以"漂移的能指"来营造一个语义世界,以此来凸现穆时英的上海景观。比如说,在《夜总会里的五个人》中,这样的一个语义场景是由霓虹灯广告的旋涡和其他广告牌组成的——一只巨大的蓝色高跟鞋,一瓶流着红色葡萄酒的大酒瓶:"请喝白马牌威士忌酒……吉士烟不伤吸者咽喉……""亚力山大鞋店,约翰生酒铺,拉萨罗烟商,德茜音乐铺,朱古力糖果铺,国泰大戏院,汉密而登旅社……"❷

在这个故事里,上述的店铺出现在舞厅之前,似乎正是这些招牌把人群引入了舞厅这个奇幻的世界。在每一个角色被素描过后,他们就在某个星期六的晚上汇集到了一个叫作"皇后"的夜总会,彻夜地跳,并至少暂时地把烦恼抛诸脑后。这个都会"结构"又一次令人想起"景观"这个复杂的概念。柏右铭用"景观"来命名"符合资本主义商品标准的可见的生活之道:该景观允诺你可能获得你所寻求的东西,而且当那允诺无可逃遁地破产时,它又有一套代偿机制出现。该景观通过蕴含在语词心

---

❶ 穆时英《上海的狐步舞》,见《公墓》,上海:现代书局,1933,页 205。
❷ 穆时英《夜总会里的五个人》,见《公墓》,上海:现代书局,1933,页 72—73。

理意味中的'经济'操纵着观众的欲望……从景观中生出的欲望最终又被引回到景观上;意象不是手段,而是目的"。❶ 就此而言,广告牌和舞厅这些都会景观诱引着、迷惑着并最终挫败了观众。穆时英不止让他的女主人公,也让他的一大群角色都受制于景观,而景观才是他最终的小说主人公。

穆时英写《上海的狐步舞》时是有一个更大的计划的,因为他表明了这是他准备写的小说《中国一九三一》中的"一个断片",但这部计划中的小说一直没写。❷ 换言之,他是希望让都会景观承载更多的意义,借此成为民族寓言的一部分。由此,它很可以和茅盾的《子夜》做对照,且《子夜》的副标题是"一九三〇年的一个中国传奇"。穆时英也许也想从一个不同的视角切入,以这部小说直接向茅盾的作品挑战。不过,尽管这两位作家的意识形态观不同,他们的作品在小说设计上却有惊人的相似处:用城市作为在关键岁月里的国家缩图。

作为一个公开的马克思主义者,茅盾的小说自然采用了有关历史发展和阶级矛盾的"宏伟叙事",他的终极关怀和时间及暂时性相关。相形之下,穆时英的片断故事则是在空间的喻体上进行架构的。他的小说之所以是片断,正是因为它是由一系列没有时间变化标记的场景接合的。这些动作应该是在一夜间发生的。《子夜》里也弥漫了这种夜氛围,尽管该小说的时间跨度要长很多,持续了几个月。因此,《上海的狐步舞》是

---

❶ 柏右铭《上海的景观经济:刘呐鸥和穆时英小说中的上海跑马场》,见《现代中国文学》,9卷1期,1995年春,页40。
❷ 穆时英《自序》,见《公墓》,上海:现代书局,1933,页3。小说在《现代》杂志上首次刊登时,这些说明都被编者删掉了。

一次真正的"空间形式"的现代实验。❶ 不过,在一个国家寓言可以通过一个城市的画像而得以实现时,该城市本身首先应作为一个寓言般的形象而得到艺术的表达。穆时英在《上海的狐步舞》这个标题后用括弧加了副标题"一个断片",其字面义即为"一部小说的一个片断",或是一组等待被剪辑进一部电影定本的镜头。它的"叙述"靠的是场景序列,以电影方式透视的都会空间。借此它们共同召唤出了一个都会意象。下面是在这个视像系列里截取的一些光辉片断:

> 上海。造在地狱上面的天空!
>
> 沪西,大月亮爬在天边,照着大原野……原野上,铁轨画着弧线,沿着天空直伸到那边儿的水平线下去……
>
> 嘟的吼了一声儿,一道弧灯的光从水平线底下伸了出来。铁轨隆隆地响着,铁轨上的枕木像蜈蚣似地在光线里向前爬去,电杆木显了出来,马上又隐没在黑暗里边,一列"上海特别快"突着肚子,达达达,用着狐步舞的拍,含着颗夜明珠,龙似地跑了过去,绕着那条弧线……
>
> 上了白漆的街树的腿,电杆木的腿,一切静物的腿……Revue似地,把擦满了粉的大腿交叉地伸出来的姑娘们……白漆的腿的行列。沿着那条静悄的大路,从住宅的窗里,都会的眼珠子似地,透过了窗纱,偷溜了出来淡红的,紫的,绿的,处处的灯光……
>
> Neon Light 伸着颜色的手指在蓝墨水似的夜空里写着大字。

---

❶ "空间形式"这个词自然是取自约瑟夫·弗兰克(Joseph Frank)论西方现代小说的名著。见《空间形式观》(*The Idea of Spatial Form*),新布伦斯维克:路特格斯大学出版社,1991。

一个英国绅士站在前面,穿了红的燕尾服,挟着手杖,那么精神抖擞地在散步。脚下写着:Johnny Walker;Still Going Strong。路旁一小块草地上展开了地产公司的乌托邦,上面一个抽吉士牌的美国人看着,像在说:"可惜这是小人国的乌托邦;那片大草原里还放不下我的一只脚呢?"……

跑马厅的屋顶上,风针上的金马向着红月亮撒开了四蹄。在那片大草地四周泛滥着光的海,罪恶的海浪,慕尔堂浸在黑暗里,跪着,在替这些下地狱的男女祈祷,大世界的塔尖拒绝了忏悔,骄傲地瞧着这位迂牧师,放射着一圈圈的灯光。蔚蓝的黄昏笼罩着全场,一只 saxophone 正伸长了脖子,张着大嘴,呜呜地冲着他们嚷。当中那片光滑的地板上,飘动的裙子,飘动的袍角,精致的鞋跟,鞋跟,鞋跟,鞋跟,鞋跟。蓬松的头发和男子的脸。男子的衬衫的白领和女子的笑脸。伸着的胳膊,翡翠坠子拖到肩上。整齐的圆桌的队伍,椅子却是零乱的。暗角上站着白衣侍者。酒味,香水味,英腿蛋的气味,烟味……独身者坐在角隅里拿黑咖啡刺激着自家儿的神经。❶

接下来的场景就转到了外面,从歌舞厅的玻璃旋转门里出来的人物便被一溜停在街旁的黄包车和汽车包围了:"奥斯汀孩车,爱山克水,福特,别克跑车,别克小九,八汽缸,六汽缸……"❷这一连串车牌名显然是在向刘呐鸥表示敬意。不过穆时英的"舞台场景"要比刘呐鸥的更有野心,他笔下的街景还掠向了都会人流的一组全景式镜头:"坐在黄包车上

---

❶ 穆时英《上海的狐步舞》,见《公墓》,上海:现代书局,1933,页 194—204。
❷ 穆时英《上海的狐步舞》,见《公墓》,上海:现代书局,1933,页 204。

的水兵挤箍着醉眼,瞧准了拉车的屁股踹了一脚便哈哈地笑了","交通灯的柱子和印度巡捕一同垂直在地上",一波波的车和人"全像没了脑袋的苍蝇似的":

> 一个 fashion model 穿了她铺子里的衣服来冒充贵妇人。电梯用十五秒钟一次的速度,把人货物似地抛至屋顶花园去。女秘书站在绸缎铺的橱窗外面瞧着全丝面的法国 crepe,想起了经理的刮得刀痕苍然的嘴上的笑劲儿。主义者和党人挟了一大包传单踱过去,心里想,如果给抓住了便在这里演说一番。蓝眼珠的姑娘穿了窄裙,黑眼珠的姑娘穿了长旗袍儿,腿股间有相同的媚态。❶

这一段人物镶拼,把能量和激情渐渐推向了高潮。当时的读者很容易由这些意象,联想到他们读《良友》画报时所享受的那些照片镶拼。不管是以书面的还是视像的形式,从这些地方呈现出来的城市形象都散发着一种"都会的刺激"之芬芳,诚如报纸杂志的中文标题和相应的小一点的英文标题所示的,这是 Intoxicated Shanghai(上海的刺激)。❷

在这个"电影"般的小说场景里,角色和情节都无关紧要,人物则约化为被这个城市"光、热、力"的旋风所俘虏的纸板人。但这个故事的对称结构的确使结尾又回到了开头:"上海,造在地狱上的天堂。"很显然,它暗示了上海既是天堂也是地狱,这艺术概念恰合雷蒙·威廉斯所概括的西方现代主义的范型——"黑暗和光明的城市"。不过在小说的结尾,一个朦胧的意识形态"信息"潜入进来:一夜的纵情堕落之后,夜总会的这些都会狂欢者醒来发现他们所面对的另一种景观似乎表明了"意象并

---

❶ 穆时英《上海的狐步舞》,见《公墓》,上海:现代书局,1933,页 204—205。
❷ 《良友》画报,第 85 期,1934,页 14—15。

不是手段",也不是它自身的目的。小说的结尾倒似乎是为曹禺于一九三六年写的名剧《日出》的收场做了铺垫。最后几段是说,在浦东响起了一个男子的最高音:"嗳……呀……嗳……",接着便来了雄伟的合唱以及一个别扭暧昧的光明尾声:

> 睡熟了的建筑物站了起来,抬着脑袋,卸了灰色的睡衣,江水又哗啦哗啦的往东流,工厂的汽笛也吼着。歌唱着新的生命,夜总会里的人们的命运!
>
> 醒回来了,上海!
>
> 上海,造在地狱上的天堂。❶

在曹禺的《日出》结尾中,是建筑工地上的工人在合唱,明显暗示了新的无产阶级力量正在壮大,而资产阶级的夜生活狂欢者终将走向他们的宿命,就像女主人公陈白露最后的令人难忘的几句独白:"太阳升起来了,黑暗留在后面。但是太阳不是我们的,我们要睡了。"❷从穆时英以往的作品来看,他在小说集《南北极》里写过"缺乏阶级意识的无产阶级",我们也不能排除他有可能让这篇小说有意识地带点左翼意识形态的色彩。如果他真的完成了他计划中的长篇《中国一九三一》,他会不会像曹禺和茅盾一样,把这个都会掩藏在一个更黑的阴影里?有意思的是,在穆时英的都会小说里,他并不曾在街上的城市"大众"上多花笔墨,只在某些场景里对他们做些素描;他也不像日本的"新感觉派"作家横光利一写《上海》那样,描画政治风云中的大众。在第九章我会论述,横光的主人公们有中国人和日本人,在"五卅"运动的浪潮中丧失了他们的心

---

❶ 穆时英《上海的狐步舞》,见《公墓》,上海:现代书局,1933,页214。
❷ 曹禺《日出》,巴尼斯(A. C. Barnes)译,北京:外文出版社,1960,页187。

理承受力。❶ 要求穆时英的小说有这样的革命情怀,就可能把我们迢迢地引入到社会现实主义中去了。

另一方面,我们却可以尝试在穆时英的小说画布上去辨认那些都市漫游者形象,他们在城市里漂游,观察着大众,同时把其暧昧的回应反刍给他们。柏右铭认为,本雅明概念里的都市漫游者(flâneur)常带着"某种看似轻快的心情,纵情于消费和赌博",作为一种逃避手法来远离"因现代都会对时空的重新界定所产生的压力"。❷ 如果真是这样,那穆时英和刘呐鸥小说中的男女主人公以及他们本人都算得上是都市漫游者,或说,他们是"依附于景观经济的"都市漫游者。确实,刘呐鸥和穆时英小说里的男主人公,像都市漫游者一般地漫步,不过,作为一个罗曼史或一次诱引的前奏,他们经常是有美人相伴。女郎和都会的双重色情总能诱引那些都市漫游者,但在刘呐鸥的故事里,他的都会景观太具压倒性力量,使男人常感无法承受,因此乏有批评性的距离。而在上面讨论过的穆时英的小说里,城市被想象得更复杂也更多彩,而那个更善沉思的都市漫游者,则更有在家的感觉。在《上海的狐步舞》快结尾的时候出现的那个次要角色身上就带着这种人的印记,他是个作家,正试图为他构思中的一部关于上海的巨著找个合适的主题。"(作家心里想:)第一回巡礼赌场,第二回巡礼街头娼妓,第三回巡礼舞场,第四回巡礼……"❸ 不过,当他遇到一个年轻的妓女和她的婆婆时,他又幻想着拿她们作题材并得以文坛扬名,但那念头很快被插入的自我怀疑和自我嘲讽打消

---

❶ 关于横光小说的详细分析,详见第九章。对这部小说中关于城市空间的分析,可参见前田爱(Maeda Ai)《都市空间的文学》,东京,1982,页365—401。

❷ 柏右铭《上海的景观经济:刘呐鸥和穆时英小说中的上海跑马场》,见《现代中国文学》,9卷1期,1995年春,页46。

❸ 穆时英《上海的狐步舞》,见《公墓》,上海:现代书局,1933,页208。

了:"(可不是吗,那么好的题材,技术不成问题。她讲出来的话意识一定正确的不怕人家再说我人道主义咧……)"❶ 这个很有启发性的片断可以读作是穆时英对自己计划要写的关于中国一九三一的小说的"元评论",这《上海的狐步舞》本来应是其中的一个断片。而我们则能从作者在故事中自我解嘲的语气里感到,穆时英是永不可能完成他那个计划中的小说的。所以,与其说穆时英把那个作家塑造成了一个都市漫游者形象,还不如说他给他的角色套了一个不同的面具,一个男丑角面具(Pierrots,即法国哑剧中着白裤及大钮白色短衣而面涂白色之角色)。

作为丑角的作家

在小说集《公墓》的自序里,穆时英提到他已经写的小说包括《黑牡丹》《Craven A》和《夜总会里的五个人》是想"表现一些从生活上跌下来的,一些没落的 Pierrots(丑角)"❷。丑角这个词在文章中用了原文 Pierrot,没有翻译成中文。穆时英可能是从戴望舒那里借的这个词,他称戴望舒是个嘻嘻地笑着的丑角,而且他也把《公墓》这本集子题献给戴望舒。戴望舒则有可能是在十九世纪的法国文学中发现丑角这种戏剧形象的,尤其可能是在他最喜爱的法国诗人拉乏戈(Jules Laforgue)的作品里发现的。不过,在穆时英的小说里,丑角们去掉了他们原有的在意大利喜剧中的小丑色彩,不再是被嘲笑的形象,相反,他们成了被同情的对象。

在斯岛瑞(Robert Storey)看来,丑角形象经历了一番历史变迁。

---

❶ 穆时英《上海的狐步舞》,见《公墓》,上海:现代书局,1933,页210。
❷ 穆时英《自序》,见《公墓》,上海:现代书局,1933,页3—4。

"在后革命时期的法国文学里,"斯岛瑞认为,"浪漫派的同情,无论是真实的还是假装的,都是诉诸那些天真的容易激动的民众。而民众,即是丑角。"一八八五年,拉乏戈的《悲歌》(Complaintes)出版后,"小丑找到了他最初的'现代'唱腔,而几乎整整一代作家都采取了拉乏戈的态度。在所有重大事情上,小丑的唱腔和作家的态度是同一的",因为丑角"经常性地就是他的创造者狂欢的折射。他这种人物的心跳和本能都受分析的伤害,他说服自己纳入一种时而痛苦,时而目空一切的消极的态度中"。❶ 穆时英可能继承了这个法国传统,并用拉乏戈式的丑角形象,来为他的那些被生活挤出来的人们造像,这可以在他的《公墓》自序里看出:"在我们的社会里,有被生活压扁了的人,也有被生活挤出来的人,可是那些人并不一定,或是说,并不必然地要显出反抗,悲愤,仇恨之类的脸来;他们可以在悲哀的脸上戴了快乐的面具的。"❷ 因此,与其说穆时英笔下的丑角是个喜剧人物,不如说他是个孤独的角色,在生活中,他悲哀的脸上戴了个快乐的面具。而且,丑角也不拘男女,因为穆时英的有些尤物似的女主人公,像《黑牡丹》和《Craven A》里的女主人公也带着点丑角倾向。而《上海的狐步舞》和《夜总会里的五个人》中的舞者群像,如果揭掉他们那听天由命的面具,把他们那真实软弱的自身暴露出来的话,也可以被视为是一群丑角。

这些角色的设计和尤物形象之间,造成了一种奇妙的张力:如果说女丑角仅仅是戴了尤物的面具,比如《Craven A》的女主人公,那她何以可能对男人造成"致命"的诱惑?而且,她凭什么符合刘呐鸥所创造的不

---

❶ 罗伯特·斯岛瑞(Robert F. Storey)《丑角:一个面具的重要历史》,普林斯顿大学出版社,1978,页 109、139、153。
❷ 穆时英《自序》,见《公墓》,上海:现代书局,1933,页 4。

朽的时代女郎的形象？穆时英的丑角形象提醒我们，这些角色不管男女，他们首先是带着"面具"的人，这面具是为了引起观众"兴趣"的一种戏剧手段。也因此，我们不必把他们过于严肃地看成是有社会取向的知识分子。在穆时英的小说里，丑角和都市环境的关系也是一个含糊的情节。我们可以把他/她的异域面具，视为其对上海租界中西方殖民文化的一种"戏仿"。如果真是这样，那它的严肃性也被丑角们的"戏剧化"的玩世不恭所消解了，这些丑角的自我嘲讽已经成了他们个性的一部分。我们也可以用史书美的观点，把这些丑角看成是"半殖民都会里精神狂野的人物"，他们被"速度所淘汰"，也即是，被大都会的"速度所淘汰"。❶但穆时英自己的解释是，丑角们是被边缘化的一群都会人；由此他/她的精神狂野与其说是社会性的，不如说是心理性的；不过，穆时英在文本中对他们倾注永恒的人性同情，这些角色的精神痛苦因而得以消解。在穆时英的笔下，他们不过是"演绎"了他们的人生故事，并以此来娱乐都会的观众。所以，我们也可以把穆时英的作品看成是"流行"小说，尽管他以"精英"自许，却是一个被他的批评家所误解的天才洋溢的孤独作家。

如果穆时英把他自己也看成是一个丑角型的人物，他在自己的小说中也戴过一连串的面具，这个自我形象自然也乏有拉乏戈的沉思特性。当他试图做自我解剖时，他就立即变得相当玩世不恭。他那篇相当长的题献给戴望舒的小说《Pierrot》可资一例。故事的主人公潘鹤龄是个作家，也是个孤独的人物。他胁下挟本阿佐林（Azorin）的书，哼着Träumerei的调子，听着贝多芬的 Minuet in G，一边想着他的日本蝴蝶夫人。像"都会夜游者"似的，他走进一家饭店，还和女侍调情。他接着

---

❶ 史书美《性别，种族和半殖民主义：刘呐鸥的上海都会景观》，见《亚洲研究》杂志，55卷4期，1996年11月，页941、945。

对他自己的脾气做了番很长的分析,然后去了一个 party,在一间不十分大的书室里,"充塞了托尔斯泰的石膏像,小型无线电播送器放送着的《春江花月夜》,普洱茶,香蕉皮,烟蒂儿和烟卷上的烟,笑声,唯物史观,美国文化,葛莱泰·嘉宝的八寸全身像,满壁图书,现代主义,沙发,和支持中国文坛的潘鹤龄先生的一伙熏黄了手指和神经的朋友们"❶。在一番谈话,从卓别林的悲哀谈到劳莱与哈代,从劳莱与哈代谈到美国文化,从美国文化谈到美国女人大腿的线条,谈到拉斐尔前派、中古的建筑、莎士比亚、屠格涅夫、马雅可夫斯基的花柳病、穆杭,当然还谈到嘉宝的沙嗓子,以及沙嗓子和性欲亢进,之后,他又对自己、他的读者和批评家做了一番分析。然后他到他的日本情妇家里去,却发现她有一个菲律宾情人,不过他还是原谅了她,但却病倒了。病愈后,他突然就迷恋起了布尔什维克革命,由此他参与了工人运动并被捕。在监狱里蹲了半年后,他回归了城市生活,但再也没人理他了。这个可怜的丑角在上海的这一长长的知识分子式游历,可以被视为一个冗长的讽刺。穆时英也许本打算把它写成一个关于上海作家的讽刺性群像,或是对"五四"姿态的另一种反嘲,一个浪漫主义作家蜕变成了一个革命者。不管是哪一种情况,这个 Pierrot 形象较之那些从生活里堕落的尤物都更像小丑。而这个故事则以一种讽刺的方式折射了"作者的狂欢"。

穆时英不是选择更贵族的颓荡公子,或更具美学意味的都市漫游者,而是有意识地选择丑角,作为他的都会场景的中心人物和作家的自我肖像。可能是因为丑角这种角色和 Picaro(流浪汉)有亲缘性,后者是因查理·卓别林而闻名遐迩的一个淘气人物,一个流浪汉。丑角和流浪

---

❶ 穆时英《丑角》,见《白金的女体塑像》,上海:复兴书局,1934,页 199。

汉这两种角色都属于反英雄型人物,他们可以被视为是都市漫游者和雅痞的下层对应者。除了上述的穆时英的自身原因,这也提醒了我们反过来看穆时英的第一本小说集《南北极》,该集子描述了一个有关乡村骗子和强盗的世界。前面提到,穆时英对"无阶级意识的无产阶级"人物的写实性描写很让左翼作家吃惊,他们后来发现,那都是这个天才新手的杜撰。如果穆时英自己没什么下层阶级的经历,他依然可以把他的乡村流浪汉带进都会,像他同代的另一个作家蒋光慈所做的那样,引起城市无产阶级的同情。❶ 虽然他学刘呐鸥写作,但穆时英成功地创造了一个不同的世界,里面丑角式的人物显得更具自我嘲讽意味,而不是更自怜。而且,像刘呐鸥和施蛰存,甚至茅盾一样,穆时英可能也因为太沉湎于上海的都会享乐,而未能把这个"建在地狱上的天堂"真正描画成一个地狱般的世界。对他们以及下面两章还将论及的几位作家而言,都会依然是创作想象的一个正面来源。

---

❶ 蒋光慈于 1926 年写了篇《少年漂泊者》,里面的另一个丑角在他给一个左翼人士的信里,讲了他从乡村到城市的流浪经历。但蒋的才气不如穆时英,他的主人公常"流于自怜,缺乏信心,显得像个抱怨者,一个思想无条理的受难者,而不是一个傲慢的撒旦般的厌世者"。在此,我要向威廉姆斯(Philip Williams)致谢,他的《现代中国小说里丑角的流浪汉变型》在 AAS 年会(洛杉矶,1993)上宣读,对我有所启发。

第七章　颓废和浮纨

邵洵美和叶灵凤

那是，首先是，因为常常前去大都会，

因为它们之间千丝万缕的关系，

才诞生了这个挥不去的理想。

——波德莱尔《致阿尔塞纳·乌塞》(To Arsène Houssaye)

"颓废"(法文 la décadence)在西方早就是一个相当明确的艺术概念，它可以上溯至犹太—基督教传统里的末世信仰。❶ 而它之所以和我的研究相关，则是因为其现代含义——它是现代性中的一张"脸"，是发展的"另一面"。在卡林内斯库(Matei Calinescu)的悖论性论述中，"发展

---

❶ 卡林内斯库《现代性的几副面孔：先锋、颓废和媚俗》，布鲁明顿：印第安纳大学出版社，1977，页153。

即颓废而反之亦然"❶。换言之,颓废这个概念来自一个"反话语",一种不满十九世纪晚期发展结果的意识;它是"美学现代性"的标记,"它激烈地反对他者,而本质上它却是资产阶级和现代性的;它允诺无限发展、民主和共同分享文明的好处,等等"。❷ 其结果是,以颓废派自居的艺术家和作家,在道德和美学上都有意识地、招摇地培养了一种自我间离风格,以此来对抗多数资产阶级自以为是的人性论和矫饰的庸俗主义。就此而言,"文学上的颓废主义也和文学上的先锋主义紧密相关"❸。戈蒂耶(Théophile Gautier)用艺术颓废风格来分析波德莱尔的《恶之花》(*Fleurs du mal*)曾相当著名,而波德莱尔本人对《恶之花》的感情也是十分矛盾的,他定义他所坚持的风格是"既颓废又崇高,也现代"❹。

如果我们用这种观点来分析现代中国语境,问题很快就出现了,因为线性发展的现代性观念一直受到"五四"知识分子的广泛欢迎,他们还不曾体会到发展的恶果。这样,除了很少的例外(鲁迅是一个),对中国现代派来说,要把握"发展"的悖论,在对"发展"进行美学批评时持"颓废"立场是相当困难的。在现代中文中第一次使用这个术语的人可能是鲁迅,他在翻译厨川白村的《苦闷的象征》(1924),一本论文学美学的日语著作时用了这个词。鲁迅用来翻译这个术语的词是"颓唐",而厨川用的是另一个合成词"颓废"——也是从中国古典文学中借来的,后来则成了通行译名。在一九二五年写的散文诗中,鲁迅用了第三个名词:"颓败"(线的颤动)。这三个词——颓唐、颓废和颓败——都是从"颓"这个

---

❶ 卡林内斯库《现代性的几副面孔:先锋、颓废和媚俗》,布鲁明顿:印第安纳大学出版社,1977,页155。
❷ 卡林内斯库《现代性的几副面孔:先锋、颓废和媚俗》,页162。
❸ 卡林内斯库《现代性的几副面孔:先锋、颓废和媚俗》,页162—163。
❹ 卡林内斯库《现代性的几副面孔:先锋、颓废和媚俗》,页164—165。

词根来的,它挟裹着某种道德沦丧和堕落的基本含义。可能就是因为这个词根的关系,"颓废"一直被视为贬义词。

三十年代早期中国左翼分子严重地打击了这个名词,使这个词的生涯变得更为奇特。❶ 其时,左翼作家同盟基本采取了苏联马克思主义的意识形态立场,他们不断地斥责艺术上的颓废是堕落的,是不健康的,应被社会现实主义驱逐出门。即使是对三十年代文坛的非马克思主义者来说,要公然拥抱颓废也已是很不容易了。对像施蛰存这样的作家来说,虽然他的小说至少部分地显示了一种颓废想象,可他也不欢迎这个词语。在我和他的交谈中,他用了"色情的"和"古怪的"这些词来形容他自己的作品,但从不提"颓废"。第四章里提过,施蛰存和他的朋友刘呐鸥、戴望舒很想把他们自己的文学杂志《无轨列车》以及《文学工场》办成先锋刊物,但他们都不愿将此等同于颓废。因为在三十年代那样的环境里,文学作品早受到了迫在眉睫的战争的威胁,所以艺术和政治的两难,或说矛盾,在美学的愉悦和意识形态的约束之间,不可能轻易得到解决。

当然,像刘呐鸥和穆时英那样的作家是公开声明美学立场的,他们的小说里也明显飘荡着"新感觉派"的风格,由此他们也不停地受到左翼批评家的责难。左翼评论家常引用的是厨川白村的另一本书《出了象牙之塔》,亦系鲁迅翻译,一九二五年首次出版。这本书的标题就已经表明了厨川的中心议题,也即是,"为艺术而艺术"的立场是不能再维持了,艺术家和作家应该从纯美学主义的"象牙塔"中逃出去,回到真实生活里的

---

❶ 《一个名词的奇特生涯》(*Strange life of an epithet*)是李察・基尔曼(Richard Gilman)的一本很有名的书《颓废》(*Decadence*)的副题,纽约:发拉・斯特劳斯和奇罗克斯出版社,1979。此书给本章的写作带来了灵感,尽管在观点和内容上与此无关。

日常关注和战斗中来。❶ 在鲁迅的跋语中,他从厨川的另一篇文章中引了两段,其中他把现代思想界概括为"立在十字街头"❷。"象牙之塔"和"十字路口"这两个片语对鲁迅和他的许多追随者都有深刻的影响。为"无微不至"地追随这部文学"圣经",两个年轻的作家,潘汉年和叶灵凤(后来被鲁迅公开骂过的)还编了一份文学刊物《幻洲》,该刊由两部分组成,第一部分的副题是"象牙塔",第二部分是"十字街头"!

对"颓废"的管制是那么严,似乎它即使是作为一个文学术语也没容身之处,也就更不可能作为一种清晰的美学原则而存在了。不过,我依然认为,在二十年代晚期和三十年代早期的一批文学文本里,包括诗歌和小说,其中还是看得出有某种可称之为"颓废者想象"的维度,这是自翻译波德莱尔以来的,以及与一系列西方作家和文本接触之结果。

翻译波德莱尔

厨川白村的《苦闷的象征》是一本论文学创作和欣赏的半学术性著作。他的"文艺是苦闷的象征"有点简单化,这一论断首次向整整一代中国现代作家介绍了弗洛伊德的心理分析理论。但他提到波德莱尔的方式是相当随意的,都是在他论及其他话题的过渡处,除此之外波德莱尔几乎不被提及。比如,波德莱尔的散文诗《窗户》(*Les Fenêtres*)的译文在"自我发现的欢喜"这节里被引用;另在"文学鉴赏的四阶段"这节中,他

---

❶ 鲁迅译《出了象牙之塔》,见《鲁迅全集》,北京:人民文学出版社,1973,第 13 卷,页 156。

❷ 鲁迅译《出了象牙之塔》,见《鲁迅全集》,北京:人民文学出版社,1973,第 13 卷,页 374。

举例说波德莱尔在"感官诗歌"上达到了极致,而约翰·济慈(John Keats)则是其代表人物。此外,他说不少诗人有极其敏锐的感觉,像波德莱尔那样的颓废派现代诗人,就认为光有视觉和听觉——颜色和音调——还不够充分,所以他们在作品里常诉诸令人不快的嗅觉,但这些都可以被视为是例外。毫无疑问最主要的是音乐所诉诸的听觉因素。❶

诚如前面所言,这可能是波德莱尔的名字第一次和颓废相提并论,但这个术语除了表明它和"令人不快的嗅觉"有某种联系之外,没有其他的解释。只有当厨川在论述文学和道德的关系,波德莱尔的名字被第三次提到时,他作为"恶魔诗人"受到了致敬。厨川说他的《恶之花》是对丑和恶进行文学礼赞的最好例子,那是无关乎道德的。鲁迅的译本似乎更关注这位法国诗人,他在书中加了一张复制得相当好的波德莱尔肖像,并用了一个德文标题——Ch. Baudelaire: Selbstporträt (Im Haschischrausch),译成中文就是"波德莱尔自画像(正吸印度大麻)"。❷

在鲁迅翻译《苦闷的象征》的同时,受英国教育的浪漫诗人徐志摩也为卓有声望的期刊《语丝》翻译了波德莱尔的一首诗,《语丝》是由鲁迅和他的弟弟周作人主编的。徐志摩所翻译的那首诗恰好是《恶之花》中"腐尸"一节。诗中第二段包含了一个惊人的意象,确实能引起强烈的嗅觉刺激:

> *Les jambes en l'air, comme une femme lubrique,*
> *Brûlante et suant les poisons,*

---

❶ 鲁迅译《苦闷的象征》,见《鲁迅全集》,北京:人民文学出版社,1973,第 13 卷,页 86。
❷ 鲁迅译《苦闷的象征》,见《鲁迅全集》,北京:人民文学出版社,1973,第 13 卷,页 76—77、118。加入的肖像在第 86 页上。我比较过厨川的原著初版,里面并没有这张肖像。

> *Ouvrir d'une facon nochalante et cynique*
>
> *son ventre plein d'exhalaison.* ❶

徐志摩的中文译文是这样的：

> 它直开着腿,荡妇似的放肆,
>
> 泄漏着秽气,沾恶腥的粘味,
>
> 它那瘫溃的胸腹也无有遮盖,没忌悼的淫秽。❷

徐志摩极其"感官化"的译文可能是从塞蒙(Arthur Symons)的英译本转译的,亚瑟·塞蒙本人是一个诗人,也是著名杂志《黄面志》的评论员,还是徐志摩最钦佩的一个英国诗人。塞蒙的英译是这样的：

> A Carcass
>
> Lewd legs in the air, like a lewd woman's passion
>
> Burning with odious revelations,
>
> Showing in a sad and cynical and cruel fashion
>
> Its belly full of exhalations? ❸

在这篇维多利亚式的译文中没有体现"荡妇似的放肆"这个短语。徐志摩在一个特殊的插入句中,保留了法文原著的短语 *comme une femme*

---

❶ 波德莱尔《恶之花》(法英双语版),李察·霍华德译,波士顿:大卫·高鼎出版社,1983,页 213。

❷ 徐志摩译《死尸》,见《语丝》,第 3 卷,1924 年 12 月,页 6。

❸ 收入约瑟夫·伯斯丹(Joseph M. Bernstein)编《波德莱尔、兰波、魏尔伦:诗文选》(*Baudelair, Rimbaud, Verlaine: Selected Verse and Prose Poems*),新泽西斯考库斯:城堡出版社,1947,页 30。

lubrique；而塞蒙则将之译为 like a lewd woman's passion；至于霍华德（Richard Howard）却简单地把它改成 like a whore（就像个妓女）。❶ 但徐志摩用了一个更形象的中文词汇：荡妇，赋予了她一种"放肆"感。在给"毒药"和"淫秽"加上"秽气和恶腥"后，徐志摩更进一步渲染她那"无有遮盖"（*ouvrir*，塞蒙的翻译是 showing"展示"）的胸腹，但显然他忘了译出两个形容词 *nonchalante* 和 *cynique*（"随随便便"和"恬不知耻"）。

简言之，徐志摩把波德莱尔和塞蒙的"感官限度"都推到了极致！但徐志摩似乎对标题的诗意有点无从领会，他把 Une charogne 译成"死尸"，认为她"像是寄居在希腊古淫后克利内姆推司德拉的墓窟里"。他把这首诗称为波德莱尔诗集《恶之花》中"最恶亦最奇艳的一朵不朽的花"，接着他又全面地赞颂了波德莱尔诗歌的"音调和色彩"。徐志摩还自谦说作为一个"乡下人"，不敢自认为能读懂波德莱尔的原著，但他依然可以吟诵它们："诗歌，就像音乐，也是为了愉悦听觉的。"徐志摩自己作为一个诗人，他常说他既能听见真正的音乐（有音的乐），也能听见更神秘的"无音的乐"，像诗歌。这番神秘化的言论不知怎么触怒了鲁迅，他写了一篇讥讽文章来反驳徐志摩。❷ 除了音乐，徐志摩也没有忘记波德莱尔诗歌中的"嗅觉"感，这也是被厨川所强调的一种感觉。但徐志摩要更进一步，说"他的臭味是奇毒的，但也是奇香的……十九世纪下半期文学的欧洲全闻着了他的异臭，被他毒死了不少，被他毒醉了的更多"❸。

对波德莱尔的奢华诠释，给名词"颓废"提供了另一种翻译——在意

---

❶ 波德莱尔《恶之花》，李察·霍华德译，页35。
❷ 鲁迅《音乐？》，《集外集》，见《鲁迅全集》，第7卷，页53—54。
❸ 徐志摩译《死尸》，见《语丝》，页5—6。

象和声音上都非常近似于法文原文的音译:"颓加荡",就像"腐尸"中的死尸!徐志摩的这种译法把颓废这个概念作了女性比拟——因为"荡妇"这个形象在转喻义上总是很近于尤物。而邵洵美的诗里所描绘的正是这种颓废的浪漫意象,它们将在后文论及。

鲁迅虽然严厉地批评了徐志摩对波德莱尔的诠释,但他自己却深深地为波德莱尔所吸引,并至少通过日语和德语译本翻译过他的一首诗,德语本是布鲁诺(Max Bruno)译的。❶ 但鲁迅的感性和徐志摩的显然不同:他从不在浪漫方向上怂恿自己,更加唾弃任何放荡邪恶的"风致"。作为"五四"运动的知识分子领袖,鲁迅奇异地游离于他的那些"五四"同志,这些人的"启蒙心理——对理性和进化的乐观信仰——看来把鲁迅抛入了深沉的沮丧中"。而同时,他在希望和绝望的精神混乱中,在某种自我暗示的对现代性的信仰和私下的因不满而滋生的愤恨中,也无路可循。《野草》提供了一个罕有的机会令人一窥他痛苦的灵魂。因此对鲁迅而言,颓废确实是一种悲剧性折射,一种对时间和进化的悖论性注释。而它也确实为卡林内斯库所定义的"美学现代性"❷,提供了一个罕例。我在从前说过,鲁迅还为此设计了一系列的诗学意象和比喻来承载他的寓意。❸

波德莱尔的散文诗是鲁迅拓展散文诗这种新形式的重要灵感来源,甚至鲁迅的"散文诗"概念都可能是借自波德莱尔,尽管是间接的。在给阿尔塞纳·乌塞的一封作为序言的信里,波德莱尔是这样谈他的"散文

---

❶ 这首诗的中文标题是《自己发见的欢喜》。我找不到波德莱尔的原诗。见鲁迅《译文序跋集》,《鲁迅全集》,第10卷,页237。

❷ 卡林内斯库《现代性的几副面孔:先锋、颓废和媚俗》,页151—221。

❸ 对《野草》的详细分析,见拙著《铁屋中的呐喊》,1983,第五章。

诗"的:"我们当中谁不曾在心怀野心的光阴里梦想过创造奇迹,写出诗的散文,没有节律、没有韵脚,但富于音乐性,而且亦刚亦柔,足以适应灵魂的抒情脉搏、幻想的波涛和意识的跳跃?"❶鲁迅《野草》中的散文诗确实袒露了"他灵魂的抒情脉搏",且罕见地展示了他灵魂的黑暗面。我们知道鲁迅所读的波德莱尔是日译本和德译本,因此他也就不太能够感受原诗的音质——"无节奏的音乐",并借此发展出一种新的"柔软而狂野"的语言,以真正合于表现"灵魂的抒情脉搏、幻想的波涛和意识的跳跃"。不过,这些词准确地概括了鲁迅希望在《野草》里所唤起的梦境,其中梦的构造可能受了厨川所诠释的弗洛伊德的启发。

鲁迅的散文诗中有一些受波德莱尔影响的例子。虽然没有一个可以被视为是直接挪用,但其中的亲缘性还是可追索的。比如,《巴黎的忧郁》中的第一首散文诗,标题是《异邦人》,用一种想象性的对答方式展开,那异邦人,那"谜一样的男人",宣称他无父、无母、无兄弟姐妹,甚至无朋友。他不知道他的祖国,憎恨黄金和上帝。他唯一在乎的就是美人和浮云——"飘过的浮云……那边……那些令人惊奇的浮云!"❷这个"不寻常的陌生人"可能部分地构成了鲁迅的《过客》原型,当然《过客》是一出比波德莱尔的散文诗长得多也复杂得多的诗剧。鲁迅笔下的过客也是一个陌生人,他在荒原上无目的地独自漫走时,遇到了一个老翁和一个女孩;他们问了他一些问题,他的回答和波德莱尔的《陌生人》的回答很相似,尽管他的语气是"存在主义"式的,一点不染"浮云之美":

---

❶ 波德莱尔《巴黎的忧郁》(*Paris Spleen*),路易斯・瓦合斯(Louise Varese)译,纽约:新方向出版社,1970,ix-x。

❷ 波德莱尔《巴黎的忧郁》,页 1。

——客官,你请坐。你是怎么称呼的。

——称呼?——我不知道。从我还能记得的时候起,我就只一个人。我不知道我本来叫什么。我一路走,有时人们也随便称呼我,各式各样的……

——阿阿。那么,你是从那里来的呢?

——(略略迟疑,)我不知道。从我还能记得的时候起,我就在这么走。❶

这番话塑造了一个孤独者的肖像——鲁迅小说中的中心喻象;在我看来,他也是鲁迅自身"存在主义"式境遇中一种自我指涉的隐喻。在另一篇名为"颓败线的颤动"的散文诗里,如前面所说,颓废获得了某种"颓败"的抒情意义。这个意象是由一个老妇人体现的,她和波德莱尔《老妇的绝望》的主人公惊人地相似:

> 这位干瘪矮小的老妇看到这个人人都要讨好、大家都想逗乐的可爱的小孩,非常高兴。这个可爱的小家伙,是如此脆弱,就像她,矮小的老太婆一样,而且,也像她一样,没有牙齿,没有头发。因此,她向他走近,想对他笑笑,装出讨他喜欢的样子。
>
> 可是这孩子,却觉得害怕,在这位老妇的爱抚之下挣扎着,闹得屋子里充满了尖叫声。于是,这位善良的老妇仍旧回到她那永久的孤独之中,她躲到角落里哭泣,自言自语道:
>
> "唉!对于我们这些不幸的老女人,讨人喜欢的年纪已经过去了,哪怕是天真的孩子,也不能讨他们喜欢了;我们想喜欢小小的孩

---

❶ 鲁迅《野草》,《鲁迅全集》,北京:人民文学出版社,1981,第 2 卷,页 189—190。英译本参考了杨宪益和戴乃迭(Gladys Yang)的译本,北京:外文出版社,1974,页 30—31。

子们,却惹他们嫌恶!"❶

波德莱尔所描绘的绝望老妇的单纯景象,在鲁迅的笔下,以梦中之梦的形式构成了一个复杂生动的场面。在第一部分的梦里,当年轻母亲试图让她饥饿的女儿继续睡觉时,她"瘦弱渺小的身躯,为饥饿,苦痛,惊异,羞辱,欢欣而颤动"。在第二部分里,刚才的那个梦持续多年后,前面的年轻女人已是垂老的妇人,而她的女儿却鄙夷地怨恨她养大了她,说:"使我委屈一世的就是你!"经过这番驱逐后,老妇人回到了她"永恒的孤独"之痛中去了。在诗的最后几节,她的痛苦表情被延长为一组超现实的想象,就像德国印象主义电影中的蒙太奇系列:

> 她在深夜中尽走,一直走到无边的荒野……她赤身露体地,石像似的站在荒野的中央,于一刹那间照见过往的一切:饥饿,苦痛,惊异,羞辱,欢欣,于是发抖……于是痉挛……她那伟大如石像,然而已经荒废的,颓败的身躯的全面都颤动了。这颤动点点如鱼鳞,每一鳞都起伏如沸水在烈火上;空中也即刻一同振颤,仿佛暴风雨中的荒海的波涛。❷

上面几段和鲁迅惯常的简洁风格形成了明显对比,它们是罕见的带鲁迅情感色彩的"华丽散文",挟裹着层层想象,达至最后一句。鲁迅似乎想通过集中刻画老妇那"荒废颓败的"躯体来说明"颓败"即为颓废的寓言故事。以我的判断,鲁迅并没有成功;但它展示了某种诗意的"内心景观",以及形成《野草》多数散文诗背景的一种隐喻性的荒凉颓败的背

---

❶ 波德莱尔《巴黎的忧郁》,页 2。
❷ 鲁迅《野草》,《鲁迅全集》,北京:人民文学出版社,1981,第 2 卷,页 48。

景。当然,如果鲁迅在这个颓败的老妇身上寄寓了这些阴郁的沉思,那是相当复杂了。这个老妇可以和徐志摩翻译的《死尸》里的荡妇的身体意象联结起来。自然,鲁迅散文诗里那荒凉的景象,和徐志摩所翻译的波德莱尔笔下的华丽世界,是形成强烈对比的。如果"颓废"可以被视为是文学"想象"的一个实例,而不是概念、风格或态度,那么我们得说,徐志摩的译文比鲁迅的更合乎当时热情洋溢的时代气氛。除了鲁迅对现代性的虚无主义的或美学上的批评,对现代中国作家来说,颓废还有另外两张"脸"——"象征主义"和美学上的"享乐主义"。前者受波德莱尔和法国诗歌的影响,后者受一些英国作家,尤其是布卢姆斯伯里圈子的影响。近来,中国学者做了大量研究来挖掘一些中国"象征派"的作品,包括李金发、戴望舒、王独清、穆木天、冯乃超和冯至这些诗人的作品,❶ 但对邵洵美为首的"唯美派和颓废派"却只字不提。我在下文将重点探讨邵洵美。因为邵洵美可以说是完美地体现了唯美主义,而他却鲜为人知,所以有必要对他的生平先作一简介。

一个唯美主义者的肖像

在中国现代文学的钦定历史里,邵洵美(1906—1968)比大部分作家都不为人知,因为他最不符合有社会良知的"五四"作家之典型。作为诗人、散文家、翻译家、出版家以及招摇的文学纨绔子,邵洵美酷肖他的朋友徐志摩;徐志摩是新月社的重要诗人,而且他的死后声名也一样盖过了邵洵美。一九○六年,邵洵美出生于一个在上海拥有房产的富裕家族,

---

❶ 见孙玉石《中国初期象征派诗歌研究》,北京:北京大学出版社,1988,页 29—62。

邵洵美

第七章　颓废和浮纨:邵洵美和叶灵凤 | 299

从小就被送往一家教会学校学英文。❶ 一九二四年,他十八岁的时候,进了英国的剑桥大学,在那儿读文学,和摩尔(A. C. Moule)牧师一家住在一起,牧师本人后来成了马可·波罗的译者。❷ 接着他在法国短暂地学了一阵绘画,并在那儿遇上了徐悲鸿,徐悲鸿后来成了现代最著名的画家之一,邵洵美和徐悲鸿成了"义兄义弟"、好朋友。邵洵美回上海后,就和盛宣怀的孙女,他的表姐盛佩玉结了婚,盛宣怀是晚清改良运动中的最著名的实业家之一。邵洵美和多数的著名非左翼人士成了朋友,包括徐志摩、沈从文和林语堂;而且带着他的美国情人项美丽(Emily Hahn)在上海文学圈里公开出入,项美丽是《纽约客》的一个记者,❸亦是《宋氏三姊妹》的作者(邵洵美本人帮助了她的研究)。在他们的双语报纸 *Vox*(《声音》)出了三期停办后,他还帮她出了一份英文杂志 *Candid Comment*(《公正论坛》)。❹ 有一段时间,他们就在离邵洵美家几个街区的一个小公寓房公开同居,很显然那是得到他妻子同意的。邵洵美教了项美丽怎么吸鸦片,而他自己无疑是染上了瘾的。❺

---

❶ 书中的邵洵美生平有两个重要来源:邵的妻子盛佩玉写的一篇很长的回忆文章,《忆邵洵美》,见《文教资料》,南京师范大学编,第 5 期,1982,页 47—72;另一个是盛佩玉于 1984 年写的一篇相似的文章,《我和邵洵美》,刊在一个名不见经传的期刊《湖州师专学报》上。我非常感谢施蛰存先生寄了这两篇珍贵的文章给我。此外,邵从前的朋友和同事章克标也写了一篇回忆文章,《海上才子搞出版:记邵洵美》,见《上海文史》,第 2 期,1989,页 4—10。

❷ 邵洵美《金屋谈话》,见《金屋月刊》,1 卷 1 期,1929 年 1 月,页 157。摩尔和保尔·皮里欧特(Paul Pelliot)一起做的翻译,出版时取名为《马可·波罗:世界见闻》(*Marco Polo: The Description of the World*),伦敦:鹿特爵出版社,1938。

❸ 在她给《纽约客》的新闻专电中,项几次写到一个潘先生,很显然即是指邵洵美。这些文章后来辑成一本小书出版,取名《潘先生》,纽约花园城:双日出版社,1942。

❹ 项美丽《中国之于我》(*China to Me*),波士顿:比康出版社,1988,页 23—24,27。

❺ 章克标《上海才子搞出版:记邵洵美》,页 8。

项美丽(Emily Hahn)

从所有的记载看来,邵洵美都显然是个美男子(他的笔名洵美字面意思即为"真美")。无疑他对他的"希腊鼻子"很引以为傲——它也是刘呐鸥所偏嗜的一个人物肖像细部(见上一章)——甚而还以他的外国鼻子为中心作了一幅自画像,并设计了一枚私章,上面是一匹马加上他的出生日,以及他的英文名 Sinmay。在项美丽的回忆录《中国之于我》中,有不少篇幅是写她的"中国朋友 Sinmay"的:她描述了他对这个城市是多么了解——"每家店铺的每一块砖对 Sinmay 而言都是有历史的",还有他如何驾着他"长长的褐色 Nash"从他在杨树浦的家,经过苏州河,一直到市中心的那些诱人的书店所在地。在项美丽生动的叙述中,邵洵美是个"过分好奇的人。他的心理就像孩子,像小狗,或像个老派小说家,探究一切事情,从所有吸引他的东西里编织着故事"。他同时也是个有教养的美食家和一个风趣的健谈者:"他会就这道菜或那道菜讲出一个很长的故事,先是用中文讲给他的那些朋友听,他们也都和我一样爱听,然后当他突然意识到我不懂中文,就很迅速地向我解释一遍。"但和陌生的外国人在一起时,他觉得不自在。他只到项美丽工作的"北华捷报办事处"(North-China Herald Office)去过一次,"他苍白的脸和他的长袍在温和的英国记者中激起了那么大的反应,使他以后很有意识地总是约我出去在外滩见面"。他们互相之间,"几乎天天见面,或早或晚,多数是晚上。对他来说,时间无所谓"。"然后到晚上,就在邵洵美的家里开晚宴,或闲谈;有时去看电影;要不就在床上读书。虽然我已经嗅到了空气中的战火,我依然非常幸福。"❶

对他的中国朋友来说,邵洵美是沙龙里光芒四射的人物,并且"因了

---

❶ 项美丽《中国之于我》,页 8—9,12。

他的外国情人,给这个华美的带世纪末情调的圈子平添了生活魅力"。他在霞飞路附近为项美丽买了一套舒服的公寓房,据章克标的回忆,"很多朋友聚到一起去看他的异域美人"❶。而"少爷"——这是他朋友对他的亲热称呼——他本人则住在附近更豪华的一幢公寓里,他屋中的异域情调堪比曾朴的沙龙。下面是作家张若谷稍带夸张和虚构的描述:

> 少爷的住宅,是上海有数建筑中的一座。全部用云石盖造,周围是一个大花园,有八条可以驶走汽车的阔路好像八卦阵一般地把那宅高洋房围在中垓。中间是一座大厅,金碧辉煌装潢得好像金銮殿一样……少爷的私人书房,也就是招待朋友谈话的客室。里面陈设很富丽,但是壁上挂的那张从邦贝火山石古城中掘出来的希腊女诗人萨福像真迹,估价在五千金以上。还有那一架英国诗人史文朋集的手卷,是用二十万金镑的代价在伦敦拍卖来的……中间放着一架 Steinway 牌的三角形钢琴……琴畔一堆像宝塔一般高的乐谱,都用翡翠色的蛇皮装订。❷

这番奇妙的铺述,没有提及邵洵美私人收藏的大量西文作品,也没有说到邵洵美对中国现代文化的最意义深远的贡献——他在自己的出版社里不懈地努力出版各种书籍和杂志。他先是创立了金屋书店,出版了一本高品位的文学杂志《金屋月刊》,每期都有一个黄色封面,很显然摹仿了英国著名杂志《黄面志》。他是最早的那些注意书籍设计和外观

---

❶ 海恩里奇·弗鲁豪夫(Heinrich Fruehauf)《中国现当代文学中的城市异国风》,1993,页148。

❷ 张若谷《都会交响曲》,上海:真美善书店,1929,页13—14。见弗鲁豪夫的翻译和引文,页147。弗鲁豪夫是唯一在论文中研究邵洵美和唯美圈子的西方学者,见《中国现当代文学中的城市异国风》,我从他的先锋研究中得益良多。

的出版家:不光关注纸张质量和装帧,而且也留心每一页的外观(常常是印面不大,留很宽的天地)。他对杂志的艺术外观和印刷质量要求很高,他把家产都投在了出版上,包括从欧洲引进的当时最先进的印刷机器以采用"凹版照相印刷术"。他的一大主顾即为著名的《良友》画报,也即是他的主要竞争者,《良友》画报后来几期都是由邵洵美的"时代印刷公司"承印的。

有了新公司做他的印刷基地,邵洵美先后推出了三份流行杂志——《时代画报》《时代漫画》和《时代电影》,刘呐鸥也给《时代电影》写稿。他在他的杂志里集合了一些当时最有才华的艺术家——叶浅予(1907—1995)、鲁少飞(1903—1995)、张光宇(1900—1965)和张振宇(1904—1970)兄弟俩——他们在新流行的卡通艺术上都是拓荒者。但邵洵美所有的杂志都卖得不好。项美丽回忆说:"这些昔日辉煌之残余在他开在苏州路上的一家小书店里还可以找到,那些单薄的被遗忘的册册诗篇尘垢满面地堆在书架后。"❶

似乎邵洵美亦非常善于交际。据说有一次他特意到著名的新亚咖啡馆去,因他听说那儿是曾朴和他儿子曾虚白、张若谷、傅彦长和郑振铎等聚会的地方;他和他们从"吃点心"一直聊到"吃夜饭",最后聊到了郑振铎家。❷ 自然他们很快都成了他的朋友。他去拜访曾家的真美善书店,后来在一九二八年他依样开了自己的金屋书店。他在自己家或他情人的公寓里招待他众多的文坛朋友,并把自己的图书馆向年轻作家敞开,比如徐迟和陈梦家当时都还是大学生。他也是徐志摩的新月社的撰稿人,并帮助林语堂创立了《论语》杂志。他自欧洲回国途经新加坡,在

---

❶ 张若谷《都会交响曲》,上海:真美善书店,1929,页 23。
❷ 邵洵美《金屋谈话六则》,《狮吼》,第 10 期,1928 年 11 月 16 日,页 32。

那儿买了一本他非常喜欢的新文学杂志《狮吼》;他一到上海,就径直按地址去和那份杂志的所有编辑交成了朋友——滕固、滕刚、倪贻德、方光焘和章克标——他们都是自成风格的"唯美主义者",并为他们的杂志《狮吼》写了大量的诗和散文。❶ 他似乎有无穷的精力、时间、文学天赋和金钱,他靠金钱支撑着所有这些努力。而结果是,他用光了他的所有资产,在战争年代变得一穷二白。共产党接管后,他就自愿向新的人民政府上缴了他的印刷厂和所有的印刷工人。他最终死于"文革"如火如荼的一九六八年。在他最后的岁月里,他尝试做一些翻译来养家,他翻译了马克·吐温(Mark Twain)的《汤姆·索亚历险记》、雪莱(Shelley)的《被解放了的普罗米修斯》、艾米丽·勃朗特(Brontë)的《呼啸山庄》和泰戈尔(Tagore)的三部作品。❷ 有些译本在他死后才出版供"内部参考"。

我重新描述了邵洵美的一生,不光是为了"恢复"他的死后声名,也是为了提供一个背景以帮助认识他在英、法和美国文学上的惊人知识。他的学识堪比施蛰存,而事实上,他还为施蛰存的《现代》杂志写了一篇渊博的论美国诗歌的文章(见第四章)。甚而他们两份杂志的标题也押着相同的时代韵律——《时代》和《现代》都展示了对现/当代的明显偏好。因此,这使我们有必要研究一下邵洵美的杂志,尤其是《金屋月刊》的目录。在一九二九年的十二本杂志的第一期中,他们翻译了佩特(Walter Pater)、莫鲁斯(Maurois,论罗斯金和王尔德的文章)、哈代(Thomas Hardy,《无名的裘德》)、丁尼生爵士(Tennyson,《食莲人》)、莎

---

❶ 关于这个新团体的研究参见张伟的《狮吼社初论》,见《中国现代文学研究丛刊》,1993,页 124—132。供职于上海图书馆的张伟先生是唯一对"狮吼社"做了研究的中国学者。我很感谢他给予我的帮助。

❷ 所有这些书名和其他的资料,除了另外说明的,都来自盛佩玉和章克标的文章。见 301 页注❶。

士比亚(《奥赛罗》)、曼斯菲尔德(Katherine Mansfield)、王尔德(Oscar Wilde)、莫尔(George Moore,《我的死了的生活的回忆》)和穆杭(Paul Morand),另外还有大量的由邵洵美和他的朋友创作的诗文。这个目录看上去题材广泛,但如果我们更仔细地看一下邵洵美发在这上面或别处的文章,他的文学趣味的一个侧面就呈现出来了。

最有意思的是他和乔治·莫尔在智识上的关联。邵洵美在英国的时候第一次接触了这位英国作家,其时邵洵美的一个熟人把莫尔新出版的《我的死了的生活的回忆》一书交由邵洵美翻译。在他写莫尔的长篇论文中,邵洵美讲述了这位作家所受到的知识上的外来影响,他的特别心领神会的方式就像是他在写自己的回忆录。他讲了莫尔年轻时候在巴黎的经历,当时莫尔想在巴黎学画,并在那儿结识了一群法国艺术家和作家。莫尔回到伦敦后,和亚瑟·塞蒙、叶芝(W. B. Yeats)和辛格(J. M. Synge)成了朋友,和他们一起,莫尔"计划倡导爱尔兰文学",并写了三卷本的自传性作品《欢呼和告别》(Hail and Farewell)。他也和另一个文学圈的人交朋友,像佩特(Walter Pater)、詹姆斯(Henry James)、高斯(Edmund Gosse)、拉马尔(Walter de la Mare)这些人。这些英国作家本人绝大多数都是法国象征主义诗歌的崇拜者。邵洵美说莫尔最崇拜的英国作家是华特·佩特,他的《享乐主义者玛吕》像"春风一样"唤醒了莫尔。因此,邵洵美可能通过莫尔培养了他对法国诗歌的最初兴味,以及对英国世纪末"唯美主义者和颓废主义者"的更永久的兴趣。❶ 在

---

❶ 邵洵美《乔治·莫尔》,见《金屋月刊》,1卷1期,1929年1月,页211—215。《十九世纪九十年代的唯美主义者和颓废主义者》是由贝克森(Karl Beckson)主编的英国诗歌和散文选集,纽约:Vintage Books,1966。书中主要是这些作家的作品,以及比亚斯莱的16幅插图。

他的文章中,邵洵美引用了一行法文原文,即莫尔所引用的"华特·佩特所引用的戈蒂耶(Gautier)"的句子:*Je troue la terre aussi belle que le ciel, et je pense que la correction de la forme est la vertu*。❶

邵洵美文章中大量的英法引文,一定让他的很多读者感到困扰。邵洵美所描述的莫尔是一个波西米亚式的唯美主义者形象——这个形象和确认莫尔为一个现实主义作家的正统形象截然不同,而且他也把法国自然主义引入了维多利亚时代的小说中。❷ 结果是,这个唯美颓废派的招牌也进入了他的自我形象中,并且因他自承和西方作家的亲和力而加强了。在另一篇文章中,他说他自己书斋的墙上挂了两幅画,一幅是古希腊女诗人萨福(Sappho)的肖像画,一幅是罗塞蒂(Rossetti)绘的史文朋(Swinburne)肖像。然后他回忆了他的发现之旅:他去剑桥的路上,在拿波里下船参观了一个博物馆,在那儿,他发现了一幅画着美丽女子的壁画,那女子的眼神情人般似在召唤他:"走向我处来吧,我的洵美!"他于是完全被蛊惑被诱引了。❸ 到了剑桥,他向摩尔牧师征询了有关那个美丽女子萨福的事,牧师又把他介绍给了古典学者,耶稣学院的爱特门氏(L. M. Edmonds),该学者建议说,如果他想领略萨福诗歌之美,他应该读史文朋,他是现代作家中用萨福诗格写英文诗最成功的一个。❹ 邵洵美听取了他的建议,并在剑桥写了很长的一篇关于史文朋的散文。后来,他从英文翻译了萨福的四首诗并作了注,并为他所惠助的《狮吼》杂

---

❶ 邵洵美《乔治·莫尔》,见《金屋月刊》,1卷1期,1929年1月,页216。在另一篇文章《纯粹的诗》中,他更是大量地用英文引用了莫尔的观点。见《狮吼》,第4期,1928年8月,页1—3。

❷ 《哥伦比亚百科全书》,纽约:哥伦比亚大学出版社,1975,页1827。

❸ 邵洵美《两个偶像》,见《金屋月刊》,1卷5期,1929年5月,页55—56。

❹ 邵洵美《两个偶像》,见《金屋月刊》,1卷5期,1929年5月,页59。

志写了另一篇有关他诗歌偶像的文章。❶

在他自己一本诗集的序中,邵洵美确立了一条非常清楚的系谱线:从他对萨福的崇拜,到他知道史文朋,再从史文朋知道了波德莱尔和魏尔伦。❷ 他的金屋书店出版的第一批书中有他的一本散文集,书名《火与肉》带有异域色彩,是受了史文朋诗句——双手火一般灼烧——的启发。这个集子收了六篇散文:一篇写萨福,两篇写史文朋,另外三篇写魏尔伦、戈蒂耶(译自亚瑟·塞蒙的译文)和古罗马诗人迦多罗斯(Catullus)的情诗。这个集子可以被视为他在剑桥所受的西方文学教育的总汇。而几年前,徐志摩也受了差不多一样的影响,培养了相似的趣味。他们俩都试图强调这些作品中的反抗情绪和浪漫气质。❸ 因此在他谈史文朋的第一篇文章中,邵洵美把史文朋的《诗歌和民谣》(1866)与波德莱尔的《恶之花》相比,视他们为两座里程碑,标榜这两位诗人是"革命家;是一切宗教,道德,习俗下的囚犯文学底解放者。他俩是创造主,是一切真的,美的,情的,音乐的,甜美的诗歌底爱护神。他俩底诗都是在臭中求香;在假中求真;在恶中求善;在丑中求美;在苦闷的人生中求兴趣;在忧愁的世界中求快活,简括一句说'便是在罪恶中求安慰'"。在第二篇文章《日出前之歌》(这是史文朋一本诗集的名字)里,他很仔细地把史文朋最初的颓废期和后来的革命期做了区分。❹ 同样的浪漫旋律再现于他谈魏尔伦的文章中。他是在读莫尔的回忆录时发现魏尔伦的,他称赞他们俩都是享乐主义者,而不是颓废派。"有些人说他是诗人中最

---

❶ 邵洵美《萨福》,见《狮吼》,第 2 期,1927,页 29—41。
❷ 邵洵美《自序》,见《诗二十五首》,上海:时代图书公司,1936,页 7。
❸ 有关徐志摩和浪漫气质的详细论述参见拙著,《中国现代作家中浪漫的一代》,麻省剑桥:哈佛大学出版社,1973,尤见 7、8、14 章。
❹ 邵洵美《火与肉》,上海:金屋书店,1928,页 19—20、40。

悲伤的,但我却认为他悲伤的地方恰好是他的快乐所在。"❶

邵洵美的"书单"提供了一个研究中西文化碰撞的有趣案例。从西方的角度看,邵洵美所追溯的系谱折射着自史文朋以来的英国颓废派的公认线索,其顶点是佩特、塞蒙和王尔德组成的所谓"黄色九十年代",该名称源于著名杂志《黄面志》;邵洵美自己的杂志《金屋月刊》在色彩设计和唯美内容上都受《黄面志》的启发。而他对乔治·莫尔回忆录的偏嗜引导他采取了基尔曼(Richard Gilman)所谓的"浪漫,甚或天启似的"观点,对波德莱尔和颓废进行"滑稽甚而过分"的误读。这是基尔曼在他著名的论颓废的书里谈及莫尔时的说法,"他的话向我们展示了,对一个敏感的,在维多利亚的激情压抑、道德伪善、畏惧'危险'艺术的环境中长大的年轻作家来说,遇到波德莱尔和他所有那些惊心动魄恶魔般的诗歌将意味着什么"❷。如果我们把上面那段话里的"维多利亚"置换成"传统中国",那么这番评论完全适合邵洵美自己。基尔曼对史文朋的评价也同样不宽厚。他说他"个性极其不稳定,头脑里也是古怪地混杂了男学生似的虚张的勇气和隐秘的自命不凡"——简言之,"文化青春期的特殊人类"。他引用了众所周知的艾略特(T. S. Eliot)对史文朋的评价,说他"对丑,或是恶,或是罪一无所知",要不然,"他不会因此从中获得这么多乐趣"。❸ 但史文朋确乎是第一个翻译《恶之花》节选英文本的作家,使他年轻的中国门徒徐志摩和邵洵美第一次得以知道波德莱尔。如果说基尔曼对史文朋是太严厉了,那么如果我们同样拿这个"高标准"来打量

---

❶ 邵洵美《火与肉》,上海:金屋书店,1928,页 54。

❷ 李察·基尔曼《颓废:一个名词的奇特生涯》,纽约:发拉、斯特劳斯和基劳克斯出版社,1980,页 113、116。

❸ 李察·基尔曼《颓废:一个名词的奇特生涯》,纽约:发拉、斯特劳斯和基劳克斯出版社,1980,页 117—118。

这些来自另一种文化的"青少年",他们还不得不先掌握一种完全不同的语言(如果加法文,就是两种语言),那是不是更严厉呢?我们能期望这些新手的努力有多大的精神深度呢?而且一个中国年轻人在他二十刚出头的时候又能对西方的颓废传统有多少了解呢?

在论魏尔伦的文章里,邵洵美试图区分两种风格——"颓废"(王尔德)和"享乐"(莫尔)——很显然他更喜欢后者。他接着就在莫尔享乐主义的光亮里阅读魏尔伦!自然邵洵美无力像基尔曼论波德莱尔那样,剖析"道德或精神状态"的深度,或考察"在受伤或禁锢的灵魂王国,在耽于肉欲之欢、轻视神的世界里,那些被禁的,被玷污的事物"。❶ 邵洵美谈到波德莱尔时充满了敬意,但却不曾翻译过他。而同时,他还更膜拜波德莱尔的代言人戈蒂耶。在基尔曼看来,如果在波德莱尔那儿,颓废"主要是一种隐喻性的追问和学识,那对戈蒂耶而言,颓废就是一种风格,一种色泽,一种态度"。戈蒂耶是颓废"世俗一面"的"始作俑者"——不那么精神性,更物质更罗曼蒂克,表现在"倾向于多彩的奇异的一面……带着波西米亚的,艺术上的自以为是"。❷ 邵洵美自然会取戈蒂耶的态度,更会毫不犹豫地支持异见者和个人反抗。就此而言,颓废和先锋相去不远,尤其是在这个中国语境里。

《花一般的罪恶》

检视一下邵洵美自身的诗歌,这种印象就更强烈了。他在诗歌创作上一向非常努力。他在《诗二十五首》的序里说:"第一次写诗便一定是

---

❶ 李察·基尔曼《颓废:一个名词的奇特生涯》,页91。
❷ 李察·基尔曼《颓废:一个名词的奇特生涯》,页90—91。

一种厚颜的摹仿;再进一步是词藻的诱惑;再进一步是声调的沉醉。"他也"不相信有什么灵感,只知道有技巧",所以他批评他的这些早期诗作太"雕琢精致","除了给人眼睛及耳朵的满足以外,便只有字面上所露示的意义"。❶ 不过,所有这些弱点也同时可以被视为邵洵美风格上的力量所在:它大肆铺张了建筑在"物"上的华美多彩的意象——天然或人工物品,尤其是花、植物、水和奇石——以此营造一个"原质幻想"世界,也即欧洲艺术中对"颓废想象"的一个重要特征。❷ 下面的诗句截自邵洵美的一首带有自传性标题的诗《洵美的梦》,从中我们可以找到典型的一连串华美事物:

> 从淡红淡绿的荷花里开出了热温温的梦,
> 她偎紧我的魂灵。
> ……
> 诗人的肉里没有污浊的秧苗,
> 胚胎当然是一块纯粹的水晶,
> 将来爱上了绿叶便变成翡翠,
> 爱上了红花便像珊瑚般妍明。❸

这首诗是一个新手试图寻找他自己的诗歌意象和语调的习作。其中萦绕着传统中国诗歌的痕迹,比如红花绿叶这些套词。事实上,有几行的尾韵依然是在模仿传统样式。下面这首短诗 *To Sappho*(《致萨福》)的

---

❶ 邵洵美《诗二十五首》,页 8。
❷ 见让·彼埃罗(Jean Pierrot)《颓废派的想象,1880—1990》,芝加哥:芝加哥大学出版社,1981,第八章。
❸ 邵洵美《洵美的梦》,见《诗二十五首》,页 3—5。

尾韵是严格遵守古体四行诗的押韵规则的(在一、二、四行押尾韵):

> 你这从花床中醒来的香气,
> 也像那处女的明月般裸体——
> 我不见你包着火血的肌肤,
> 你却像玫瑰般开在我心里。❶

邵洵美自谦的"原创性"如前面的两首诗所示,在于他把天然之物织入感官王国的技巧,其中心意象总是女人,她们既是这些物品的拟人喻体,也是欲望的投射。缤纷的想象力也体现着他受史文朋影响的痕迹。邵洵美的诗歌在当时的读者那儿有某种恶名是因为它们展示了女性身体的"耽于肉欲的亵神行为"和性感——在刘呐鸥和穆时英的小说里,那些尤物就是这些诗歌意象的同志。但邵洵美诗的背景是非常田园非常神秘的,荡涤了都市物质文化的所有附庸。在这样的精心设计的自然里,诗人沉溺或说纵情于他对女性身体色情的爱的畅想。其色情性不光来自于某些显见的肉体比喻,还源于某种男性注视或幻想的假定视角。邵洵美的色情幻想依然是男性本位的;一个受萨福诗歌启发徒劳地寻找女性声音的人。下面的例子大都截自他的集子《花一般的罪恶》——书名来自波德莱尔的《恶之花》,另外也可能参照了乔治·莫尔的《激情之花》:

> 牡丹也是会死的
> 但是她那童贞般的红,
> 淫妇般的摇动,
> 尽够你我白日里去发疯,

---

❶ 邵洵美《花一般的罪恶》,上海:金屋书店,1928,页 23。

> 黑夜里去做梦少的是香气：
> 虽然她亦会在诗句里加进些甜味，
> 在眼泪里和入些诈欺，
> 但是我总忘不了那潮湿的肉，
> 那透红的皮，
> 那紧挤出来的醉意。
>
> ——《牡丹》❶
>
> 那树帐内草褥上的甘露，
> 正像新婚夜处女的蜜泪；
> 又如淫妇上下体的沸汗，
> 能使多少灵魂日夜醉迷。
>
> ——《花一般的罪恶》❷

自然，这些诗句的大胆在于，他把那些常见的花草喻象，那些在中国古典诗歌里属陈词滥调的意象，化成了处女和妓女这些相对的惊人比喻。在第一首诗里，诗人的"自由联想"把花变成了色情欲望的载体。花的"红肤"和"潮湿柔软的肉体"则被转换成了女性性器官意象。第二首诗也有相似的转换，把处女的"眼泪"和妓女的"热汗"进行对举，并把它们喻为第一行诗句中的"草地上露珠的湿润"。由此我们被领进了邵洵美的"颓废"世界——"颓加荡"——里面的色情母题总披着"放荡堕落"的装饰性外衣。其实，邵洵美另外写有一首诗名为"颓加荡的爱"，以云层的聚合来描绘做爱的行为：

---

❶ 邵洵美《牡丹》，见《诗二十五首》，页 39—40。
❷ 邵洵美《花一般的罪恶》，页 49。

啊和这一朵交合了,
又去和那一朵缠绵地混;
在这音韵的色彩里,
便如此消灭了他的灵魂。❶

这个意象并无新意,不过利用了中国古典诗词的套语——"云雨"——来比拟做爱。倒是《蛇》中对天国事物的征用和想象显得更色情更具魅惑力:

在宫殿的阶下,
在庙宇的瓦上,
你垂下你最柔软嫩的一段——
好像是女人半松的裤带
在等待着男性的颤抖的勇敢。

我不懂你血红的叉分的舌尖
要刺痛我那一边的嘴唇?
他们都准备着了,
准备着这同一个时辰里双倍的欢欣!

我忘不了你那捉不住的
油滑磨光了多少重叠的竹节;

---

❶ 邵洵美《颓加荡的爱》,见《花一般的罪恶》,页 14。

> 我知道了舒服里有伤痛,
> 我更知道了冰冷里还有火炽。
> 啊,但愿你再把你剩下的一段
> 来箍紧我箍不紧的身体,
> 当钟声偷进云房的纱帐,
> 温暖爬满了冷宫稀薄的绣被!❶

这里诗人的做爱对象是蛇,一个在西方文学和神话中令人想起欲望、邪恶和引诱的喻体。在中国文学中,它也可以指代"尤物",就像人们说的"蛇蝎美人"。这些可资联想的丰富资源,让整首诗浸透了神话的芬芳和热烈:做爱成了狂喜和死亡的联姻,爱寻求死的寓言。它所创造的强烈的狂欢,在开头和结尾都通过一个传统中国古诗意象来点燃——因宋代诗人苏轼的诗而变得不朽的月亮"冷宫"意象:"我欲乘风归去,又恐琼楼玉宇,高处不胜寒。"❷有意思的是,温暖寒霄宫的竟是爱的激情之火,而这火的源头还是邵洵美从西方借来的"放荡和堕落"。

邵洵美的诗在他的时代并不受欢迎。不少充满敌意的批评瞄准了他的诗集《花一般的罪恶》,他们指责邵洵美全身心地扑在美的创造上,他"已经在诗歌上走入了歧途"——这番指责和左翼人士对施蛰存的批评差不多。他们指责他的诗歌不过是堆砌了性感词汇——火、肉、吻、毒、舌、唇、玫瑰、处女——但整体涵义却没有一点点线索可循。❸ 这些反面理解激怒了邵洵美,他回应说他的批评者没有读懂他的诗。他最伤

---

❶ 邵洵美《诗二十五首》,页 55—56。

❷ 苏轼《水调歌头》。

❸ 邵洵美《关于〈花一般的罪恶〉的批评》,见《狮吼》复刊号,1928 年 7 月,第 1 期,页 2—3。

心的是他们那先行的道德态度,把他诗中的色情误读为他的自我忏悔。"我们可以同情于一个强盗或是一个淫妇,但决不能便说我们是拥护强盗或是淫妇的行为;我们也决不是因了同情于一个强盗或是一个淫妇,而自己便变成了强盗与淫妇。"❶他反对说,他自己所信奉的"唯美派"或说"为美而美"派,并不是像它的中文译名所暗示的,它有它自己的一套源自高贵系谱的美学原则——当然他指的是史文朋、罗斯金(Ruskin)和罗塞蒂(Rossetti),邵洵美就这些人写过长文。为了说明他的观点——美是无边的——他引用了两位西方人物:"并不是说耶稣的处女母亲可称'美',而妖媚的莎乐美便不能称'美'。"❷这段话倒是同时,兴许不是很聪明地揭示了邵洵美自己的艺术偏好,也即是被他的批评者认为不道德的偏好:他喜欢把美拟人化,因为他把"处女新婚之夜甜蜜的眼泪"比作了"荡妇下体的热汗",他显然是爱荡妇胜于处女,爱莎乐美胜于圣母玛丽亚。我们在他的诗里会发现他不断地幻想妓女般的人物,视她们为"放荡堕落"的化身。虽然他没有像写萨福那样写莎乐美,但确实是莎乐美这个人物——尤其是王尔德和比亚斯莱所刻画的那个——成了他和另外一些分享"颓废"想象的中国作家所办的一些文学期刊的魅力中心。在这方面扮演了突出角色的作家是叶灵凤。

《莎乐美》和比亚斯莱

　　王尔德的戏剧《莎乐美》由剧作家田汉翻译成中文,在二十年代上演过。出版的译本装帧相当漂亮,还包括比亚斯莱(A. V. Beardsley)所作

---

❶ 邵洵美《关于〈花一般的罪恶〉的批评》,见《狮吼》复刊号,1928 年 7 月,第 1 期,页 1。
❷ 邵洵美《关于〈花一般的罪恶〉的批评》,见《狮吼》复刊号,1928 年 7 月,第 1 期,页 3。

的著名的莎乐美插图。田汉还用比亚斯莱的画来为他自己的杂志——《南国周刊》——的封面增色。❶ 这个英国世纪末艺术家的名字也因为他给《黄面志》作画而广为人知。《黄面志》最早是由郁达夫引介给中国读者的,他早在邵洵美能买到一期昂贵的《黄面志》前就在《创造月刊》上撰长文进行了介绍。作为创造社的一个小伙计,当时还在学画的叶灵凤(1905—1975)从比他年长的两个同事那儿,知道了比亚斯莱和王尔德,并且马上就被他们俘虏了。他买了一本比亚斯莱的原作《莎乐美》,这成了他最心爱的一册书籍,然后他就开始模仿比亚斯莱华美的艺饰风格,这些画还让叶灵凤想起了唐朝诗人李贺的诗。❷ 这样通过他的积极提倡和不懈摹仿,叶灵凤为他自己赢得了一个在当时并不名誉的绰号:"中国的比亚斯莱。"❸

也是因为叶灵凤以比亚斯莱的名义自我吹捧惹起了鲁迅的道德愤恨,在一连串的文章里,鲁迅直面攻击了叶灵凤和他的同党。不过同时,鲁迅自己也对比亚斯莱的艺术情有独钟;他曾选了比亚斯莱的十六幅画以特辑形式出版,以此来"纠正"叶灵凤对这位英国艺术家的趋时的误解。这个奇怪的举措揭示了鲁迅一生中许多"相冲突"的一面:他的个人艺术趣味看来和他在政治认同上的公众姿态是相抵触的。似乎这位中国文人领袖,一个以不倦地提倡苏联马克思主义和社会现实主义而知名的坚定的左翼人士,自己也不知觉地已深为颓废的艺术风格所吸引。❹

---

❶ 叶灵凤《比亚斯莱、王尔德与〈黄面志〉》,见《读书随笔》卷一,北京:生活·读书·新知三联书店,1988,页283—284。

❷ 叶灵凤《郁达夫先生的〈黄面志〉和比亚斯莱》,见《读书随笔》卷一,页342—343。

❸ 叶灵凤《关于比亚斯莱》,见《读书随笔》卷二,页295—296。

❹ 这个有意思的悖论我在另一篇文章里谈过,见《鲁迅与现代艺术意识》,附在我的中译本《铁屋中的呐喊》后,香港:三联书店,1991,页222—248。

叶灵凤

据说,在鲁迅上海家中的卧室里事实上就有两幅欧洲艺术家所绘的裸女像,它们的风格和比亚斯莱的有些相似。鲁迅身上的这些巨大的"反差",从不曾在鲁迅研究中被意识到——同样鲁迅对波德莱尔散文诗的迷恋也不曾被注意到。一半是因为鲁迅的辛辣讽刺,叶灵凤在上海文坛一直没有得到正名。战争期间,他迁居香港,直到一九七五年过世。

和他所熟识的邵洵美和施蛰存一样,叶灵凤也是西方现代文学的狂热读者和西文书籍的收藏家。因为不停地去上海的旧书店搜购,他的个人藏书渐渐地累积到了近一万本。在一家旧书店,他甚而还买到了巴黎莎士比亚书店出版的乔伊斯的《尤利西斯》。❶ 此外,他是一个不知疲倦的杂志编辑。前面提过,他和他的朋友潘汉年一起编了一份"左"倾文学刊物叫《幻洲》(1926—1928),里面的内容分两部分:唯美的文章发在第一部分"象牙塔"中,而关乎意识形态的文章见诸第二部分"十字街头"。它完美地折射了叶灵凤作为知识分子的侧影。在三十年代早期,叶灵凤进了现代出版公司,和施蛰存成了同事,他在那儿编《现代小说》,他把这份杂志办成了展示最近欧美文学思潮和作家的橱窗。像施蛰存一样,他也读英美出版的大量文学杂志和评论,然后把有些材料翻译过来,随意组合进他们自己办的杂志中。他还和穆时英等人一起编了另一份杂志《文艺画报》,里面有个栏目专登从那些外国杂志上直接搬下来的西方著名或新作家的照片,比如,有一期是詹姆斯·乔伊斯的照片和一则说美国已下令禁《尤利西斯》的新闻;另一期是一张美国年轻诗人保罗·安格尔的照片,那是从《纽约时代书评》的首页上直接移植过来的,安格尔被

---

❶ 叶灵凤《乔伊斯佳话》,见《读书随笔》卷一,页115。另参见他在上海书店找旧书和珍本的记载,页137—138。

誉为是新浮出的天才。❶ 这个杂志和邵洵美、刘呐鸥办的那些画报——《时代画报》《时代漫画》《现代电影》和《妇人画报》——一起,提供了一个瞭望西方文学思潮和时尚的窗口。

一个浮纨的肖像

叶灵凤一直是个趋时的人,总试图跟随外国潮流。在上海,他希望是个"引导潮流者"。因为他爱好书籍的习惯,他是上海作家中少数几个有可观的西方文学收藏的人之一,他的朋友邵洵美也是一个。前面提过,叶灵凤在绘画上的资历足以令他成为一个半专业的速描艺术家,并在他自己的画作里摹仿比亚斯莱的风格。不过,虽然他明显没邵洵美那么有钱,也没邵洵美英俊,他还是在他的小说里摹仿王尔德,塑造了一个穿着精细的浮纨形象。

自然,在英法的颓废文学中,浮纨形象是人尽皆知的。文学中最有名的浮纨形象可以在于斯曼(Joris-Karl Huysmans)的小说 *A Rebours*《逆向》中找到,这本小说一向被称为是"颓废的圣经",而它也"从头至尾带着波德莱尔的印记"。❷ 李察·基尔曼对这篇小说有过一番很有洞见的评论,他说它有一个"设计最精确的结构",它的美学质量按书中主人公的说法,是"人类天才的突出标记"。因此,这篇小说里的"生活其实是按最人为的方式展开的"。❸ 我不知道叶灵凤或邵洵美是不是曾经读过于斯曼的小说,但显然他们都知道王尔德的《道连·格雷的画像》,里

---

❶ 见《文艺画报》,照片页,1 卷 2 期,1933;1 卷 4 期,1934。
❷ 李察·基尔曼《颓废:一个名词的奇特生涯》,页 103。
❸ 李察·基尔曼《颓废:一个名词的奇特生涯》,页 105。

面的主人公,"所受的邪恶教育得益于一本黄色封面的有害书籍,后来王尔德承认他的灵感来自于斯曼的《逆向》,甚而全篇叙述都受他的启发"❶。王尔德所说的一本"黄封面的书"也许是和他相关的一份杂志《黄面志》,邵洵美后来模仿这份杂志办了《金屋月刊》。这个文学系谱显然启发了叶灵凤在他未完的小说《禁地》里,为中国现代文学塑造了一个最"人为"的浮纨形象。

在《禁地》的开头,叶灵凤引入了他的男主人公,他先是重点描写他的脸——"很带有点近代美的色彩,似是曾经加过人工的修饰似的",那是"一个能使男人见了嫉妒,女人见了倾心的面目"。这张脸"面形是椭圆,皮色于红润中带点憔悴的意味,这一点憔悴,当对了面仔细看时,更增了他的面部的美好不少"。他戴着一副玳瑁黑边的眼镜,眉峰很浓整,薄嘴唇,而"不十分澄清的眼球上的两粒灵活的眸子","更超过了女人的秋水的称喻"。❷ 这几乎就是上海广告上形容女性之美的总括:其半传统的特色,也提供了一个和刘呐鸥小说里的现代女性容貌可资对比的精彩例子。但叶灵凤笔下柔美的主人公,比起刘的那些更男性化的女主人公是还要自恋的。他凝视着镜子里的自己,笑了起来,"做出一种媚态,自己避开了自己的视线,将眼镜除下,从柜上的一个瓶中倾出了一些面粉,向面部和手掌细细地涂饰"❸。这样一番自恋动作后,小说中是一段极其奢侈的关于他的化妆品的描述。"决不会料到,"叙述人的声音评述到,"这是属于应该独居的青年男子的。"下面这段详细描绘了主人公卧室的梳妆台:

---

❶ 李察·基尔曼《颓废:一个名词的奇特生涯》,页115。
❷ 叶灵凤《禁地》,见《灵凤小说集》,上海:今代书店,1931,页422—423。
❸ 叶灵凤《禁地》,见《灵凤小说集》,上海:今代书店,1931,页426—427。

当中的一方人造象牙镶边的面镜，边上雕刻着很精细的近代风的花纹。镜子的左方排着五个参差的香水瓶。三瓶的牌号是Houbigant。颜色两瓶是浅黄，一瓶是纯白。每一只瓶的下方都贴有关于瓶内香水用途的注明。我们可以看出浅黄色的两瓶上是Lotion和Perfume，那白色的一瓶上是Toilet……镜子的右方第一件是一盒面粉……粉的旁边并列着两个立方形的纸盒，一个是象牙色，上面有很细的红纹，一个是黄色间黑的纹线，当中横着一条金带。象牙色的一个是涂脸的En Beaute，黄色的是时下流行的涂发的Stacomb，衣柜上右方最后的一件是一个黑色方形扁盒，镶着两道银红色的边缘，这是修饰指甲的Cutex。Cutex盒上另外还有一小盒Nail Polish。这两件东西都是在目下一般时髦妇女的妆台上还不常遇见的物品，现在竟在一个独居的青年的房内发现，正可证明了这位主人公性情的特异。❶

所有这些细节都是为了构造主人公——一个年轻、空虚而消极、女性化的浮纨——的背景而写的。他在穿着上相当讲究，一件黑色的夹袍，"飘动时夹袍里面黄色薄绸的衬里，也可看出"❷。这番描述很显然借自他的法国原型，不过加了点"中国特色"。但叶灵凤的主人公既没有充分体现于斯曼笔下主人公的"新的亵神观"，也没有他的"病态心理"，于斯曼的主人公，对"人工"的膜拜，反映了他的作者是把"现代性、人为性和颓废"完全等同起来了。卡林内斯库是这样评价于斯曼笔下的主人公的：

---

❶ 叶灵凤《禁地》，见《灵凤小说集》，上海：今代书店，1931，页427—428。
❷ 叶灵凤《禁地》，见《灵凤小说集》，上海：今代书店，1931，页423。

"他受所有越离常规事物的诱引,他的想象总色情性地深入那不正常的王国,期望搜索到一个既反自然又全新的美人。因此在那样的一个语境里,颓废对他们构成吸引也是顺理成章的。"❶

但叶灵凤塑造的肖像似乎更古怪更多变。他的主人公也是个尝试写小说的作家。叶灵凤在前面几页奢华地铺叙了他的化妆品后,情节急速地转入主人公本人也在写的关于另一个年轻作家的故事,读上去像是在写自传。这个"后设小说"的设计,可以被当作是一面自我折射的批判镜子,来反观主人公自身性格和"病态心理"。而同时,读者则很快被引入了一个未完的三角恋故事,里面的年轻人和一个比他大的已婚女子和一个编《撒旦》杂志的男性朋友有情感纠葛,那编辑已经发表了他的第一篇小说,并宣称它是"中国的《茶花女》,第二个《曼侬》或《萨福》"。从叶灵凤书的原注,我们知道《茶花女》和《曼侬》属于他最喜欢的书。(因为在小仲马的故事里,茶花女和阿尔芒选了《曼侬》!)我们因此又获得了一处"互文",那自然也是叶灵凤在炫耀他自己的阅读知识。

不同于颓废,"浮纨"(dandy)这个词不是一个知识分子的词汇,而且在中文里也没有合适的译文。多数的英汉词典都把这个词等同于中文的"纨绔子弟"或是"花花公子",这两个词都暗示了这是一类出生富家行为放荡的"少爷"。它们还带着更具现代意味的"空虚"含义,而在当代语汇里,它们还指代了"有钱的花花公子"。邵洵美也许还可能合于这个流行的纨绔子形象,但叶灵凤算不上。不过,所有这些含义都没能传达这个词古怪而反俗的美学和哲学意味,也就是于斯曼《逆向》主人公身上的那种与众不同的气质。叶灵凤的主人公不像于斯曼的主人公,倒更多地

---

❶ 卡林内斯库《现代性的几副面孔:先锋、颓废和媚俗》,页 172。

参照了王尔德和他所塑造的道连·格雷(Dorian Gray)。但叶灵凤没有继续在主人公潜在的同性恋倾向上,描画一种"变通的生活方式"。他很熟悉王尔德的丑闻和他的案子,不过他很坦白地说,他喜欢比亚斯莱的插图,胜过王尔德写莎乐美的戏剧。❶ 因此虽然叶灵凤从他主人公的化妆品写起,大肆铺叙了那个性情颓荡的年轻作家,他却不懂如何推动一个三角恋的情节往前走。叶灵凤也许真是心怀野心想碰一下同性恋这个"禁区",正如故事的标题所暗示的。但这篇小说却未曾完稿。小说结束在主人公的一个男性朋友对他脸庞的赞美上:

"并不是我奉承你。老实说,我若是一个女性,我早已要为你而发狂了,就是现在我也……"

菊璇的脸上突然羞红了起来。

"菊,我讲得玩的,不要生气。今天晚上飞灵顿的电影很好,我们还是预备出去罢。"屏秋连忙又这样改说。❷

如果情节能够继续展开,那一个更颓废的浮纨的形象就会在故事中浮现出来。也许你会问:为什么叶灵凤不能写完这篇小说?是不是他没有时间或勇气来"逾越"禁地——或是因为这个角色潜在的性感是叶灵凤有限的技巧无法掌握的?从已有情节看来,这位年轻主人公依然沉湎于他从前和一个比他大的女人的情事里,尽管那记忆已开始褪色。这部作品失败的原因,可能和小说技巧的好坏关系不大,倒更关乎作者本人的"文化记忆"。在技巧层面上,叶灵凤似乎只会描绘主人公的脸,但无力状写他的行为和思想。事实上,获得奢华关注的不是他笔下的那个主

---

❶ 叶灵凤《读书随笔》卷一,页287。
❷ 叶灵凤《禁地》,见《灵凤小说集》,页474。

人公,而是那个写着故事的作家的那张脸。而读者期望的是,故事里的作家能够忘掉他的写作,本人站起来做点什么。

在我看来,叶灵凤对男性脸庞的迷恋,不管其本身有多么古怪,那是可以追溯至中国古典文学和美学中去的——尤其是贾宝玉,《红楼梦》中那个年轻而女性化的主人公,一个真正贵族大家庭中俊秀且具天赋的子裔。事实上你可以把这部伟大的小说当"中国的颓废经典"来作一篇论文,《红楼梦》对所有的后代作家都有强烈震撼力。❶ 其实,在贾宝玉身上,附丽着一个中国浮纨的美学理想,那是一个年轻俊秀、极其敏感的"白面书生"形象。因此叶灵凤所虚构的浮纨,既不曾挑衅社会习俗,也没有误入对放荡邪恶的追求。他更是一个贾宝玉似的人物,再带着点现代都市的温文尔雅——一个传统的"才子",被上海的物质文化改造成了一个空虚的"浮纨",喜欢光顾电影院和舞厅以期和他的"佳人"相遇;因此他们的邂逅和罗曼史就成了叶灵凤流行小说的程式化主题。诚如叶灵凤本人所承认的,当时的读者最期待于他的正是那些现代"才子会佳人"的罗曼史,再加点"极强烈的性的挑拨,或极伤感的恋爱故事"。❷

浮纨和时代姑娘

叶灵凤的两部在上海《时事新报》上连载过的长篇都值得讨论,因为故事中,"公子"和"美人"之间发生的罗曼史都和城市景观有关。在《时

---

❶ 我在一篇中文论文中曾分析过这部小说中的颓废因素。见李欧梵《漫谈中国现代文学中的颓废》,《今天》文学杂志初版,后收入我的文学论集《现代性的追求》,台北:麦田出版社,1996,页 191—225。本章中的某些观点也在那篇文章中最早涉及了。

❷ 叶灵凤《前记》,见《灵凤小说集》,iii。

代姑娘》(1933)中,主要情节是讲一个来自香港的年轻富家女离开了她的男朋友到上海,她在上海找刺激从而成了一个"时代姑娘";她诱引了一个早已结婚的上海纨绔子,正当他的妻子发现此事并以离婚相胁时,她忠心耿耿的男朋友自香港来沪找到了她;她的男友当时正在躲因和她有染的一个丑闻,没想到却在报上读到了她的另一个丑闻,因此他自杀了。小说中,报纸成了情节的重要维系者,叶灵凤亦借此得以模仿新闻体写作,从而用不同的方式来写同样的丑闻。

在第二篇小说《未完的忏悔录》(1936)里,作者(叶灵凤本人的小说化身)约见了一个上海的浮纨,后者向他讲述了他和一个著名交际花的恋爱经历:他们相遇,坠入爱河,同居,最后分手,接着他就病了。这个落俗套的情节仅有一处文学性的曲折,即作者在一家外文书店买了本小仲马的插图本《茶花女》。因此在作者开始读主人公的日记之前,他就在这本法文小说里主人公的日记和那个"自成风格的伤感的浮纨"的日记间作了明显的联系。❶ 与此同时,叶灵凤也在小说里悄悄织进了一个从那部法文著作中借来的情节:就像玛格丽特决定离开阿尔芒一样,叶灵凤的交际花,显然也是为主人公好才离开被她占有了的浮纨。不过虽然有这些互文性参照,叶灵凤的两篇小说都是用方便报纸连载的风格写的:每期必有一个小标题,必有包含一个完整插曲的分支情节。叶灵凤为他自己能合于流行"口味"而深感骄傲,还宣称他是故意舍弃了他在短篇小说中运用的所有"艺术手法"。而同时,他亦表示他写"大众小说",是"想将一般的读者由通俗小说中引诱到新文艺园地里来的一种企图"。❷

---

❶ 叶灵凤《未完的忏悔录》,上海:今代书店,1936,页20—21、44。
❷ 叶灵凤《自题》,同上,页1—3。参见他的《前记》,《时代姑娘》,上海:四社出版部,1933,页1。

他拆除精英和大众之间篱笆的机智,并不能掩盖他自身想象力的匮乏,但他的作品确实有某种真实的面貌,对他的读者很有吸引力。有个读者还给叶灵凤写信说,他看到有一男一女从中国饭店走出来,不知道他们是不是就是《时代姑娘》中的丽丽和萧先生。叶灵凤引用了美国作家辛克莱的话来回答,说真人真事用真名,但虚构的人物用假名,因此用"上海的中国饭店也是真的,但是住在中国饭店的秦丽丽和自杀的韩剑修却是——"❶这样一句未完的句子来调侃,叶灵凤确实成功地把他的读者引入了一个令人信以为真的世界,一个建筑在真实上海的城市环境上的世界。换言之,叶灵凤因他对这个城市的了如指掌,显然唤起了读者对上海声光化电的记忆,从而有效地弥补了他在小说技巧上的不足——这就仿佛他本人也借着他自己的小说,过了城市浮纨和浪荡子的瘾。飞灵顿(卡尔登的化身?)和国泰电影院、新亚饭店和沙利文咖啡馆都是角色见面、约会、亲热或消闲常去的场所。他小说中另一处人物爱去的地方是上海的外文书店,比如,一个叫 Bibliomaniac 的男人就在外文书店里遇到了他的另一半,当时他们俩都盯着海明威的一本新小说 Men without Women(《孤寡男人》)的标题看。❷ 也就无须说,叶灵凤不仅以"中国的比亚斯莱"自任,还说"第一个将海明威的名字介绍给中国读者的怕是我"。❸

对上海文化环境的这种熟悉感可以是一把双刃剑:它一边用城市读

---

❶ 叶灵凤《自题》,见《时代姑娘》,见 3—4。
❷ 叶灵凤《流行性感冒》,《现代》杂志,3 卷 5 期,1933 年 9 月,页 655。
❸ 叶灵凤《读书随笔》卷二,页 250。按他自己的说法,他还是最早向中国读者介绍乔伊斯和卡夫卡的人之一。见他的《读书随笔》卷一,页 115—120、页 352—354。因此他的努力是要比 20 世纪 60 年代台湾办的《现代文学》杂志更隆重地介绍这三个现代派作家还要早三十年。

者的"生活世界"塑造了一个"真实"的背景,但同时它也侵入或转移了读者对他小说中"虚拟世界"的注意力。在前面讨论过的小说《禁地》中,主人公虽然怪癖十足,但是却被消解在那名牌长廊里:Houbigant, En Beauté, Stacombe, Cutex。这些物质"标签"虽然给主人公的生活增加了某种氛围,但也可以被读成是一则则广告,诱惑读者冲入大百货公司这种真实的商品世界里去。这种效果堪比美国的肥皂剧,里面发型时髦穿着摩登的男女演员,一边演着一出出浪漫幻想剧,一边也在唤起观众"潜意识"中的"商品崇拜"。我们很可以想象,叶灵凤的那些都市女读者看到书中时髦的润肤露和香水牌子时,会多么迅速地冲向一家最近的永安或先施!

显然,叶灵凤的小说并没有创造深入人心的男性时尚,不像在上一个时代,读了《少年维特的烦恼》的德国青年会争相仿效维特系的黄色围巾。其他的物质产品比如说汽车,也不曾进入叶灵凤的描述范畴,来帮助创造一种运动型能量和节律,就像我们在刘呐鸥和穆时英的小说里常能看到的那样。在另一个故事中,叶灵凤试图模仿穆时英和刘呐鸥把一个女人比作一辆车——"她,像一辆一九三三型的新车……鳗一样的在人丛中滑动着……迎着风,雕出了一九三三型的健美姿态:V 型水箱,半球形的两只车灯,爱沙多娜邓肯式的向后飞扬的短发。"❶但他没有成功地塑造一个来"隐喻"城市真正魅力的尤物。相反,叶灵凤似乎有意地把他的"时代姑娘"塑造得不是那么"时代",而是相当传统地对那个占有欲很强的男主人公表示忠诚和屈服。和刘呐鸥、穆时英小说中那些带着自我讽刺自我嘲弄的主人公相比,叶灵凤的男主人公往往显得极度自恋而

---

❶ 叶灵凤《流行性感冒》,《现代》杂志,3 卷 5 期,1933 年 9 月,页 653—654。

且意志软弱,他们玩着勾引和欺骗的游戏,但却没有什么性热量。因此在叶灵凤的畅销小说中,他所试图虚构的纨绔子不过堕落成了一个"贫血的浮纨"。这也许是叶灵凤自身的文学颓废观所不曾预想过的一个结局。

章克标,《狮吼》杂志的创始人之一(邵洵美后来也成了该杂志的一个赞助人),最近写了一篇文章回忆他从前的共事圈:

> 我们这些人,都有点"半神经病",沉溺于唯美派——当时最风行的文学艺术流派之一,讲点奇异怪诞的、自相矛盾的、超越世俗人情的、叫社会上惊诧的风格,是西欧波特莱尔、魏尔仑、王尔德乃至梅特林克这些人所鼓动激扬的东西。我们出于好奇和趋时,装模作样地讲一些化腐朽为神奇,丑恶的花朵,花一般的罪恶,死的美好和幸福等,拉拢两极、融合矛盾的语言。《狮吼》的笔调,大致如此。崇尚新奇,爱好怪诞,推崇表扬丑陋、恶毒、腐朽、阴暗;贬低光明、荣华,反对世俗的富丽堂皇,申斥高官厚禄大人老爷。❶

在很大程度上,上面的结论可以用来评价邵洵美和叶灵凤的作品,以及一群和他们气质相近的次等作家。如果他们真的成功地完成了他们表面上所做的——艺术上创新,怪诞的想象和古怪的行为,反抗权威和俗流——他们的成就必然是非凡的。但在对波德莱尔关于现代艺术的著名论断(《恶之花》)做了新奇的变形后,他们都被"偶然"所魅惑,无暇担忧"永恒"——而且过分欢快地沉湎于他们的城市所提供的都会之

---

❶ 章克标《回忆邵洵美》,见南京师范大学编《文教资料》,第 5 期,1982。

"光耀",无暇细思"丑陋、恶毒、腐朽、阴暗"的艺术价值。用个生造的词来说,他们看来都是"不恶之花"——这些年轻的"才子"都生活并成长于战火和革命降临前的中国"黄金岁月"里,尔后他们萌芽中的文学天才便迅速地被掐灭了。

第八章　张爱玲

沦陷都会的传奇

张爱玲(1920—1995)一九九五年九月八日在洛杉矶过世,她的死讯立即出现在中国的所有报纸上。在中文世界里,包括台湾、香港和大陆,大众传媒和她的一大批崇拜者(他们自称"张迷")已经为她裹上了一层迷雾。不过,在她生命的最后二十三年里,她在洛杉矶过着隐姓埋名的安静日子,避开所有的社交,从不抛头露面;为此,她不停地迁居,住过无数的饭店、汽车旅馆和小公寓,直到她最终在洛杉矶威斯特伍德区的一个藉藉无名的公寓里去世。而这最后的"神秘"岁月更是为她的传奇增添了魅力:她就像葛丽泰·嘉宝(Greta Garbo)那样,盛年以后息影人间。❶

张爱玲早期有过一段彗星般的作家生涯。一九二○年在上海,她降生于望族世家。这是一个相当早熟的孩子,而且过于敏感:一半是出于她父母在她十岁时的离婚,还有就是她十七岁时,相当专制的父亲把她

---

❶ 事实上,据台湾作家三毛——另一个传奇女性——写的剧本拍过一部有关张爱玲的电影(三毛不久便自杀了)。关于张爱玲之死的确凿情形,见林式同(张爱玲的遗嘱执行人)《有缘得识张爱玲》,见《皇冠》,第504期,1996年2月,页98—135。

在法租界的家里囚禁了半年。❶ 十二岁,她就在校刊上发表了第一篇小说;十八岁,她在上海的一家报纸上发表了她的第一篇英文散文,该文描述了她上述的经历。接着,她通过了伦敦大学的入学考试,但因为欧战的爆发,她只好于一九三九年转而去了香港大学。一九四一年十二月,珍珠港事件发生后不久,日军就侵占了香港,张爱玲不得不于第二年终止了她的大学生涯,虽只差一个学期,她就可以毕业了。当她回到上海时,她自己的城市也已被日军占领,而外国租界也刚丢失了它们防护性的自治权。

不过,正是在这种特殊环境下,张爱玲灵感汹涌:短短两年间(1943—1944),她写了十多部短篇以及无数的散文,发表在几份流行杂志上,包括发现张爱玲文学天赋的最早伯乐周瘦鹃主编的鸳蝴派头号刊物《紫罗兰》和著名文学家柯灵编的《万象》。在她早慧的二十三岁,张爱玲已迅速地成了文坛名家。她和胡兰成结了婚,后又离婚,胡兰成是一个博学且自成风格的文人,效力于"汪伪集团"。她的第一本小说集《传奇》第一版在四天内就告售罄!在再版自序中,她毫不掩饰地宣称:"呵,出名要趁早呀!来得太晚的话,快乐也不那么痛快……快,快,迟了来不及了,来不及了!"❷ 她的感言被证实是有预言性的:她流星般地滑过上海的文学天空,而她的个人荣耀在一九五二年她离开中国后就迅速消散了。其后的四十年,她几乎是默默无闻地生活在美国,和美国作家赖雅(Ferdinand Reyher)结了婚。新中国成立后,她的名字在她自己的上海

---

❶ 这个简要的生平基于两份近来发表的宝贵资料:张子静《我的姐姐张爱玲》,台北:时报出版公司,1996,后附有李应平编的张爱玲年表;以及司马新的《张爱玲与赖雅》,台北:大地出版社,1996。

❷ 张爱玲《〈传奇〉再版序》,见《张爱玲短篇小说集》,台北:皇冠出版公司,1980,页3。

是被完全抹去了。但在台湾和香港,她的作品则持续地成为畅销书,自六十年代以来,一直得以再版。至于她的传奇则在她死后愈演愈烈。

本章的中心议题既不是她的生活,也不是她的传奇。我倒是发现她写作中的那种卡珊德拉(Cassandra)似的姿态非常吸引人。卡珊德拉是特洛伊的预言者,但不见信于人,因为这姿态是和当时弥漫的民族气质和革命进程唱反调的。我感兴趣的是,张爱玲以她的方式,为描述一个寓言性的结局,为整整一个滋养了她创作的都会文化时代画上了句点;这个时代始于二十年代后期,在三十年代早期登峰造极,然后就开始走下坡路,直到五十年代早期的最终寂灭。张爱玲自此离开她的家园,成了一个永远的流放者。也因此,她的作品可以作为这本书的完美尾声。

为了追溯她的寓言轨迹,我需要从生活之"现实",也即上海的都市生活起步。张爱玲曾经反复提到她对上海生活的挚爱,说她从中汲取了大量的创作灵感。

张看上海

在她的大量散文里,张爱玲总是以上海"小市民"自许。她在前半生,除了在天津住过两年,在香港住了三年,一直都是在上海。自她一九四二年从被战争肆虐的香港返回上海后开始写作,她对这个大都会是更加热爱了。如同她向她的读者所公开宣称的,即使有些故事的背景是香港,她写的时候,无时无刻不想到上海人,因为她是为他们写作的。"我喜欢上海人,我希望上海人喜欢我的书。"[1]她认为上海人聪明,世故,会

---

[1] 张爱玲《到底是上海人》,见《流言》,台北:皇冠出版公司,1984,页57。

张爱玲——个人即使等得及,时代是仓促的,已经在破坏中,还有更大的破坏要来。有一天我们的文明,不论是升华还是浮华,都要成为过去。如果我最常用的字是"荒凉",那是因为思想背景里有这惘惘的威胁。

趋炎附势,会浑水摸鱼,但从不过火。"上海人是传统的中国人加上近代高压生活的磨练。新旧文化种种畸形产物的交流,结果也许是不甚健康的,但是这里有一种奇异的智慧。"❶她深爱这个都市的景象和声音,气息和风味,她在许多散文里都对此有细致入微的描述。比如,在她的散文《公寓生活记趣》里,她就说她喜欢听"市声"——电车声,没有它的陪伴,她是睡不着觉的。她也喜欢西式糖果的味道和臭豆腐的强烈气味。街上小贩的叫卖声在她听来就像是音乐一样。她甚至不惜笔墨地评述公寓楼里操控电梯者的智慧。对于楼里的各国房客,她则用了一个简要的全景式"镜头"做一通览,酷肖希区柯克(Hitchcock)电影《后窗》的开头。❷ 她认为她自己是个布尔乔亚消费者,喜欢服饰和化妆品:她用她的第一笔收入,因画了张漫画被英文《大美晚报》刊用而得的五块钱的稿费——去买了支口红。❸

这种都市趣味也揭示了张爱玲在日常生活世界里的喜好取向。这个世界的公共和私人空间都很小:通衢大街边上的里弄和小道,阴暗的阁楼或阳台,充塞了旧家具的老房子,在拥挤的楼房里当厨房用的走廊。一旦我们跨入这些狭小的空间,我们随即便没入了上海小市民的拥挤世界。在《中国的日夜》这篇收在短篇小说集中的非凡散文里,张爱玲以漫不经心的方式,通过她去小菜场路上的所见所闻,用她自己的视角描画了一幅街角社区图。这幅场景里充斥了普通中国人以及他们的日常生活:小贩、孩子、佣人、一个道士;肉店的学徒把肉卖给衰年的娼妓;肉店老板娘用悦耳的上海话向一个乡下亲戚宣讲小姑的劣迹;同时,无线电

---

❶ 张爱玲《到底是上海人》,见《流言》,台北:皇冠出版公司,1984,页56。
❷ 张爱玲《公寓生活记趣》,见《流言》,台北:皇冠出版公司,1984,页27—33。
❸ 张爱玲《童言无忌》,见《流言》,台北:皇冠出版公司,1984。

里娓娓地唱着申曲,声音直传到红墙红砖的小学校里。❶ 这就是张爱玲的都会"中国"——"一个杂烩国度",就像人们穿的打了补丁的蓝衫。在这幅图像的末尾,她说:"我真快乐我是走在中国的太阳底下。我也喜欢觉得手和脚都是年青有力的。而这一切都是连在一起的,不知为什么。快乐的时候,无线电的声音,街上的颜色,仿佛我也都有份;即使忧愁沉淀下去也是中国的泥沙。总之,到底是中国。"❷

所有这些都被她用小说艺术改造成了独一无二的都会景观,这景观和刘呐鸥和穆时英笔下的景观是大相径庭的:刘呐鸥、穆时英这些"新感觉派"描画的是一个现代的声光化电的"奇幻"世界,这个世界呈现在那些同样"奇幻"的都会女郎身上;而张爱玲的那个平常世界则更令人感受到它的地方性和互动性。在这个更"地方化"的世界里,生活的节奏似乎"押着另一个时间的韵律",生活在其中的人们似乎有太多的空闲。张爱玲小说中的一个典型角色就像"传奇故事里那个做黄粱梦的人,不过他单只睡了一觉起来了,并没有做那个梦——更有一种惘然"❸。这种和时空的古怪"脱节"引入了一种不同的都会感,这种感觉比之西方的现代主义感性来,倒更接近于半传统的鸳蝴派小说。那张爱玲又是如何把上海城里的一个这么小的世界和一个满是"广告牌、商店和汽车喇叭声"的现代大都会联系起来的呢?

周蕾对张爱玲的小说做过卓有洞见的分析,她着眼于"细节",认为"相对那些如改良和革命等较宏大的'见解',细节描述就是那些感性、繁琐而又冗长的章节;两者的关系暧昧,前者企图置后者于其股掌之下,但

---

❶ 张爱玲《中国的日夜》,见《传奇增订本》,上海:山河图书公司,1946,页 388—393。
❷ 张爱玲《中国的日夜》,见《传奇增订本》,上海:山河图书公司,1946,页 392—393。
❸ 张爱玲《中国的日夜》,见《传奇增订本》,上海:山河图书公司,1946,页 390。

却出其不意的给后者取代"。❶ 张爱玲的"细节世界",周蕾继续说:"是从一个假设的'整体'脱落下来的一部分。而张爱玲处理现代性之方法的特点,也就在于这个整体的概念。一方面,'整体'本身已是被割离,是不完整和荒凉的,但在感官上它却同时是迫切和局部的。张爱玲这个'整体'的理念,跟那些如'人'、'自我'或'中国'等整体的理念不一样。"❷周蕾认为这些细节的存在对妇女和居家有特殊意义,而我认为这种意义还可以超越私人领域扩至作为整体的上海都会生活。张爱玲借着她的细节逼迫我们把注意力放在那些物质"能指"上,这些"能指"不过讲述着上海都会生活的另一种故事,也依着她个人的想象力"重新塑造"了这个城市的空间,公共的和私人的、小的和大的。

我们可以通过把张爱玲的一些小说细节接合在一处来重新营造张爱玲的日常世界的空间。她的角色通常生活在两类内景里:典型的上海"弄堂"里石库门中的旧式房子,或是破败的西式洋房和公寓。前者可用她后期小说《半生缘》为例,里面的女主人公住在弄堂里:"这弄堂在很热闹的地段,沿马路的一面全是些店面房子,店家卸下来的板门,一扇一扇倚在后门外面。一群娘姨大姐聚集在公共自来水龙头旁边淘米洗衣裳,把水门汀地下溅得湿漉漉的。内中有一个小大姐,却在那自来水龙头下洗脚……脚趾甲全是鲜红的,涂着蔻丹。"❸当她的追求者第一次来时,

---

❶ 周蕾《妇女和中国现代性:东西方之间阅读记》(*Woman and Chinese Modernity: The politics of Reading between West and East*),明尼苏达:明尼苏达大学出版社,1991,页85。

❷ 周蕾《妇女和中国现代性:东西方之间阅读记》(*Woman and Chinese Modernity: The politics of Reading between West and East*),明尼苏达:明尼苏达大学出版社,1991,页114。

❸ 张爱玲《半生缘》,台北:皇冠出版公司,1980,页41。

他便直觉地感到女佣是在女主人公的房间里工作的,他猜对了。在这两层楼的房子里,气氛温暖而熟悉:当他被领上楼进入拥挤的内室时,他也同时进入了她的家庭,并最终成为这个家里一张熟悉的脸,他可以不用事先通知随时来拜访他们,因为他首先是被佣人认可的,这些佣人是弄堂的守门员和流言播种人。

另一方面,西式洋房或公寓楼则经常是某种被疏离和侵扰的场所。在这篇小说里,女主人公的姐姐嫁给了一个投机商,搬进了位于荒凉郊区的一幢西式楼房。正是在这幢楼房里,女主人公被她的姐夫强暴了,而且在楼上的房间被关了半年。这个"阁楼上的疯女人"情节设计几乎是直接从英国哥特式(gothic)小说中借来的,它使得这幢房子受到了双重疏离。《心经》讲了一个迷恋父亲的女儿,故事发生在一幢带屋顶花园的西式公寓里,玻璃门房间,有电梯,楼梯上的电灯恰巧是坏的。所有这些建筑上的细节都是为了凸现角色的心理张力。这些和西式楼房相关的不好的联想多半源于张爱玲自己的童年经历,那时,她和父亲及继母同住在一幢西式旧洋房里,后来,她终于从那里逃出来,和她母亲和姑姑一起住在公寓楼里。不过张爱玲从不曾在弄堂环境里住过很久,她对弄堂的爱是超越个人经验的。

有时候,当角色从一个空间挪到另一个空间时,"新""旧"因素是互相掺杂的,由此也造成了一种混合效应。《留情》讲了一对都系再婚的中年夫妻去一个亲戚家的故事。他们的三轮车先是驶过了"一座棕黑的小洋房,泛了色的淡蓝漆的百叶窗,悄悄的,在雨中,不知为什么有一种极显著的外国的感觉。米先生不由得想起从前他留学的时候",他遇到他的第一个太太以及他们那糟糕的婚姻。接着三轮车又经过了另一幢房子,"灰色的老式洋房,阳台上挂一只大鹦哥,凄厉地呱呱叫着,每次经过,总使她想起那一个婆家",以及她的那段失败的婚姻,比米先生的那段还要沧桑。不过他们的亲戚杨太太住的则是"中上等的弄堂房子"。他们进去的时候,"杨太太坐在饭厅里打麻将"。在她丈夫的鼓励下,"杨太太成了活泼的主妇,她的客室很有点沙龙的意味"。正是在这样的一个新派主妇掌管的旧式房子里,米先生第一次遇到了米太太。他们拜访完了离开杨家时,弄堂里的环境似乎"补缀"了他们之间的紧张关系。故事是这样结束的:

> 他们告辞出来,走到弄堂里,过街楼底下,干地上不知谁放在那里一只小风炉,咕嘟咕嘟冒白烟,像个活的东西,在那空荡荡的弄堂里,猛一看,几乎要当它是只狗,或是个小孩。
>
> 出了弄堂,街上行人稀少,如同大清早上。这一带都是淡黄的粉墙,因为潮湿的缘故,发了黑,沿街种着的小洋梧桐,一树的黄叶子,就像迎春花,正开得烂漫,一棵棵小黄树映着墨灰的墙,格外的鲜艳。叶子在树梢,眼看它招呀招的,一飞一个大弧线,抢在人前头,落地还飘得多远。❶

因此,在他们回家的路上,敦凤和米先生他们俩感到彼此是相爱的。走在落花般落着叶的路上,敦凤想着:"经过邮局对面,不要忘了告诉他关于那鹦哥。"❷小说中对颜色和细节的微妙运用同时维系了故事的秋日氛围,以及这对处于人生秋季的夫妻之间的感情。那只在干地上,又像狗又像小孩咕嘟咕嘟冒白烟的小风炉给弄堂带来了人性的温暖,令人想起在《半生缘》里,娘姨洗衣服洗脚的公共自来水龙头。正是在这些熟

---

❶ 张爱玲《留情》,见《传奇》,页 3—5。
❷ 张爱玲《留情》,见《传奇》,页 20—21。

悉的空间里,"千疮百孔"的人际关系,尽管受着"墨灰的墙"的凄凉暗示,还是有可能被春花般的秋日落叶"补缀"起来。相比之下,那"棕黑的小洋房以及它那泛了色的淡蓝漆的百叶窗"和"邮局对面的灰色的老式洋房"则显得相当疏离,且萦绕着那些可憎的记忆。

张爱玲的这些小说人物,在他们的资产阶级生活世界里,从这幢房子到那间屋子,一般都是坐黄包车或三轮车,再不就是搭电车。只在非常特殊的场合或有要事时,他们才叫出租车。不过,一旦他们有钱了,他们就买辆车,雇个司机,而司机也随即成为和门卫、佣人一样的家庭侍者。《留情》中的杨太太家里有一部电话,而在平常的弄堂世界里,一般是几家人合用一部电话。在《半生缘》中,张爱玲成功地把电话置换成了另一种人际关联,它使巧合变得可信,使际遇变为可能。《留情》里的杨宅,即使是杨老太太的屋里也充塞了现代家具和现代便利:"灰绿色的金属品写字台、金属品圈椅、金属品文件高柜、冰箱、电话",这是因为杨家过去的"开通的历史",所以连老太太也喜欢"各式新颖的外国东西"。不过与此同时,杨家也还在用炭盆子——张爱玲小说世界里几乎无处不在的一件道具。而在这次拜访中,真正让米先生记得的却是那"半旧式的钟,长方红皮匣子,暗金面,极细的长短针,唆唆走着,也看不清楚是几点几分"❶。如果说那炭盆子是保持人性温暖的熟悉的旧器皿,那旧式的钟则是过时的象征,提示着老太太已经跟不上现代时间。张爱玲的小说里经常会写到钟,还有镜子、屏风、窗帘、旧相册、干花,以及各种标志着人物经历过变迁,经历过特殊痛切时刻的物件,而其中的人物则常要在某些时刻和他们过往的情感记忆挣扎以面对新的现实。

---

❶ 张爱玲《留情》,见《传奇》,页 8、10。

这大量的新旧并置的物件展示了张爱玲和现代性的一种深层暧昧关系,它亦是张爱玲小说的醒目标记。不过,这种暧昧性不可被误为是一种乡愁般的传统主义。无论是在小说还是现实生活里,张爱玲对摩登生活的恋慕一样可以从上海物质文化的方方面面里追溯出来。她的主人公从弄堂的家和半公共空间里出来,进入公共舞台,他们足迹常至的地方是中式或西式餐馆,以及咖啡馆。《半生缘》的最后一场戏就是在一家饭馆的包厢里展开的,男女主人公历经磨难后久别重逢,但却最终发现要结婚已然太迟。当然,张爱玲小说中那真正无所不在的公共场合是电影院,而看电影则是最常见的消遣方式。

电影和电影宫

张爱玲是个货真价实的影迷。据她弟弟的回忆,还在读书时候,张爱玲就订了一系列的英文影迷刊物像 *Movie Star*(《影星》)和 *Screen Play*(《幕戏》)以资夜读。在四十年代,她几乎看了下列影星主演的所有电影:葛丽泰·嘉宝、贝蒂·戴维斯、加利·库伯、克拉克·盖伯、秀兰·邓波儿和费雯·丽,她尤其钟爱费雯·丽在《飘》(又译《乱世佳人》)里的表演,但她不喜欢《傲慢与偏见》里的格瑞·加森。她也同样热爱中国电影和影星,比如阮玲玉、谈瑛、陈燕燕、石挥和赵丹等。❶ 她曾用中英文写过影评,后来还为在上海和香港拍摄的好几部著名电影写了剧本。她的这种个人爱好潜入了她的小说,构成了她小说技巧的一个关键元素。在她的故事中,电影院既是公众场所,也是梦幻之地;这两种功能的交织

---

❶ 张子静《我的姐姐张爱玲》,页 117—119。

恰好创造了她独特的叙述魔方。写于一九四七年的小说《多少恨》的开头部分可资一例:

> 现代的电影院本是最大众化的王宫,全部是玻璃,丝绒,仿云母石的伟大结构。这一家,一进门地下是淡乳黄的;这地方整个的像一只黄色玻璃杯放大了千万倍,特别有那样一种光闪闪的幻丽洁净。电影已经开映多时,穿堂里空荡荡的,冷落了下来,便成了宫怨的场面,遥遥听见别殿的箫鼓。❶

张爱玲把电影院称为"最大众化的王宫"是有原因的:其时上海已经有了相当多的电影宫,且看电影也成了公众娱乐的普遍方式。由此,对于这个披着煽情外衣的故事来说,关于一个女人爱上一个已婚男人,这是无数煽情片的情节,电影院是最理想的场合。据张爱玲自己说,这部短篇是对她的电影剧本《不了情》的"重写"。在一种高明的反身代指设计中,电影院成了这部戏/小说第一幕的背景,并由此引入了女主人公:"迎面高高竖起了下期预告的五彩广告牌……上面涌现出一个剪出的巨大的女像,女人含着眼泪。另有一个较小的悲剧人物,渺小得多的,在那广告底下徘徊着。是虞家茵。"❷

这开头几行读来如同看摄影机下的一组镜头,它们清晰地赋予了我们一种视像感:女主人公置身在广告牌所标志的都会商业景观中。而与此同时,那巨人似的广告牌上的女人剪影也是勾勒女主人公的物质符码,并把她的故事幻化为一个电影狂想。这样,它又勾联了另一个"所指"——"宫怨"。以古典文学参照,那是在段落末尾几乎不知不觉地渗

---

❶ 张爱玲《多少恨》,见《惘然记》,台北:皇冠出版公司,1991,页97—98。
❷ 张爱玲《多少恨》,见《惘然记》,台北:皇冠出版公司,1991,页98。

人的。"宫怨"这个词令人立即想到古代中国宫廷里,那些在冷宫里等韶华飞逝的宫女和帝妾,而同时,皇帝本人却在"别殿的箫鼓"里和他的宠妃寻欢作乐。一般的中国读者都会为这个传奇般的罗曼史寻找熟悉的参照,像唐明皇和杨贵妃的故事,这个传奇因为白居易的《长恨歌》变得广为人知。令人震撼的是,张爱玲居然能够在一个句子里,把空荡荡的电影院大厅翻转成寓言般的、回响着古典之音的"冷宫"。

张爱玲把笔墨放在电影院大厅里,她极为敏锐地抓住了这个最为特殊的内在空间,这个空间为上海观众下了现代奇迹的定义。在像大光明这样革新过的电影宫里,外表的华丽还不能说明内里的辉煌,尤其是艺饰风的大厅和镜子般的(假)大理石地面,它们吸引了第一次走进影院的男男女女,屏幕上的异域梦幻,顷刻间就把这些人带入了一个截然不同的世界。绝大多数的电影宫都放映好莱坞的首轮影片。因此,现代电影院确实是文本中一个既真实又具象征性的场所,它是电影和文学之间的桥梁。

我们有理由相信张爱玲的电影模式绝大多数是取自美国,而非中国电影,其中她最喜欢的类型可能是那些怪诞的人情喜剧:比如 *Bringing up Baby*(《育婴奇谭》,1938), *The Philadelphia Story*(《费城故事》,又译《旧欢新宠》,1940)和 *The Lady Eve*(《夏娃女士》,1941)。她的一个后期剧本就是改编自舒尔曼(Max Shulman)的《温柔的陷阱》,张爱玲把它重新命名为《情场如战场》。❶ 如戏名所示,该剧的关键词就是求爱和婚姻,讲的就是它们演绎出来的一场戏。所有的好莱坞怪喜剧都会让求婚和应战双方舌战不已,搞出些机智的对答。这亦是其通世故人情的一个

---

❶ 收入她的《惘然记》,台北:皇冠出版公司,1991,页172—239。

标志,尤见普雷斯顿·斯特奇斯(Preston Sturges)和霍华德·霍克斯(Howard Hawks)导演的电影,《星期五娇娃》即为一佳例。卡威尔(Stanley Cavell)提醒我们:"这些电影本身即是在调查这些对白的观点。"这种类型戏的出现可能与好莱坞电影制作中的音响改进有关,不过更有意味的是,如卡威尔所说,是因为"一种新型女性的出现,或说,新出现的一种女性……而电影史上的这个阶段是和历史上的女性自觉阶段分不开的"❶。这种类型深合张意,也是因为它提供了一个勾画上海都会女性的感受和知觉的新空间。由此,当张爱玲在《多少恨》的开头把女主人公安置在"电影"般的场景里时,同时把女主人公的知觉放在了故事情节的中心位置上,那也决定了这个故事的女性主义式尾声:她没有跟她所爱的男人回家,去当现代小妾,虽然她那个没用的传统父亲鼓励她去。虞家茵还是离开他,到另一个城市去谋新教职。

不过,里面的问题比光从故事的开头和结尾推断出来的东西要远为复杂。其实这里的情节所泄露的,就像张爱玲的绝大多数小说那样,是围绕着婚姻和家庭人际关系的整个模式的。在中国小说里征用好莱坞类型剧,张爱玲其实已经在其中加了一系列的其他因素,这些因素在好莱坞喜剧中是没有得到充分表现的:婆婆和儿媳间的矛盾,亲戚间的诡计,还有那更重要的男性用情不专。换言之,在好莱坞模式上又加了一层家庭伦理维度。❷ 在这个熟悉的语境里,张爱玲的女主人公经历着求婚和结婚这些人生经历(在以后要讨论的《倾城之恋》里是再婚),它和常见的中国通俗小说里的"悲欢离合"之类情节相差并不大。不过,与此同

---

❶ 斯丹雷·卡威尔(Stanley Cavell)《追求幸福:好莱坞的重婚喜剧》(*Pursuits of happiness: The Hollywood Comedy of Remarriage*),麻省剑桥:哈佛大学出版社,1981,页7、16。

❷ 见郑树森《从现代到当代》,台北:三民书局,1994,第二部分。

时,就像卡威尔所诠释的好莱坞喜剧,张爱玲的故事也同样促使我们"再思考一下,当尼采说我们开始怀疑我们的幸福权,追求幸福的权利时,他到底发现了什么"❶。可是,那不是尼采,而是张爱玲"叫我们拿出知觉的勇气来",争取那被压抑的幸福权。有意思的是,在一篇《谈女人》的散文中,在一个不同的语境里,张爱玲站在女性立场上取笑了尼采和男人:

> "超人"这名词,自经尼采提出,常常有人引用,在尼采之前,古代寓言中也可以发现同类的理想。说也奇怪,我们想象中的超人永远是个男人。为什么呢?大约是因为超人的文明是较我们的文明更进一步的造就,而我们的文明是男子的文明。还有一层:超人是纯粹理想的结晶,而"超等女人"则不难于实际中求得。在任何文化阶段中,女人还是女人。男子偏于某一方面的发展,而女人是最普遍的,基本的,代表四季循环,土地,生老病死,饮食繁殖。女人把人类飞越太空的灵智拴在踏实的根桩上。❷

很显然,尽管带着这些有意或无意的"贬低",女人依然在张爱玲的小说世界里占据着中心位置。可能正是因为女人这么牢牢地根系在现实生活里,她们才会在追求幸福时被赋予了所有的苦痛和凄婉。

"参差的对照":张爱玲谈自己的文章

不论张爱玲是否真的借鉴了好莱坞喜剧,张爱玲无疑秉有一种自己

---

❶ 斯丹雷·卡威尔(Stanley Cavell)《追求幸福:好莱坞的重婚喜剧》,麻省剑桥:哈佛大学出版社,1981,页 131。

❷ 张爱玲《谈女人》,见《流言》,台北:皇冠出版公司,1984,页 84。

的风格和感知方式,但这却容易让她的小说受到严厉批评。一九四三年她发表她的第一本小说集后不久,第二年初《万象》就刊登了署名"迅雨"(后来知道是著名的法国文学翻译家傅雷)的作者写的一长篇批评文章,傅雷在文章里称赞了她的才华和技巧,但以她的《倾城之恋》为例,对她的小说内容大加批评:

> 几乎占到二分之一篇幅的调情,尽是些玩世不恭的享乐主义者的精神游戏……美丽的对话,真真假假的捉迷藏,都在心的浮面飘滑;吸引,挑逗,无伤大体的攻守战,遮饰着虚伪。男人是一片空虚的心,不想真正找着落的心,把恋爱看作高尔夫与威士忌中间的调剂。女人,整日担忧着最后一些资本——三十岁左右的青春——再另一次倒账;物质生活的迫切需求,使她无暇顾到心灵。这样的一幕喜剧,骨子里的贫血,充满了死气,当然不能有好结果。❶

这一番批评自然也适用于斯德格的喜剧。接着,傅雷又从对这篇小说的猛攻,转入了对她所有小说就整体而言的全面批判:

> 恋爱与婚姻,是作者至此为止的中心题材;长长短短六七件作品,只是 variation supona theme。遗老遗少和小资产阶级,全都为男女问题这噩梦所苦。噩梦中老是霪雨连绵的秋天,潮腻腻,灰暗,肮脏,窒息的腐烂的气味,像是病人临终的房间。烦恼,焦急,挣扎,全无结果,噩梦没有边际,也就无从逃避。零星的磨折,生死的苦难,在此只是无名的浪费。青春,热情,幻想,希望,都没有存身的地

---

❶ 迅雨(傅雷)《论张爱玲的小说》,见唐文标编《张爱玲研究》,台北:联经出版公司,1986,页 124—125。

方。川嫦的卧房,姚先生的家,封锁期的电车车厢,扩大起来便是整个社会。一切之上,还有一只瞧不见的巨手张开着,不知从哪儿重重的压下来,压痛每个人的心房。这样一幅图画印在劣质的报纸上,线条和黑白的对照迷糊一些,就该和张女士的短篇气息差不多。

为什么要用这个譬喻?因为她阴沉的篇幅里,时时渗入轻松的笔调,俏皮的口吻,好比一些闪烁的磷火,教人分不清这微光是黄昏还是曙色。有时幽默的分量过了分,悲喜剧变成了趣剧。趣剧不打紧,但若沾上了轻薄味(如《琉璃瓦》),艺术给摧残了。❶

这番好意的但也是毁灭性的批评,等于是全然否定了张爱玲的创造性。她从一家杂志社抽回了她的一部原本准备连载的小说;而且,事实上直到该年十二月,张爱玲一直都没有再发表任何其他小说。不过,傅雷那绚烂的文章和比喻,也到底引发了张爱玲写下一篇相当长的文章做微妙的回应。这篇文章极大地便利了读者一窥她的小说技巧和人生观。下文将不惜篇幅地引用她这篇《自己的文章》,张爱玲在里面做了这样的自我辩护:

所以我的小说里……他们不是英雄,他们可是这时代的广大的负荷者。因为他们虽然不彻底,但究竟是认真的。他们没有悲壮,只有苍凉。悲壮是一种完成,而苍凉则是一种启示。

……我知道我的作品里缺少力,但既然是个写小说的,就只能尽量表现小说里人物的力,不能代替他们创造出力来。而且我相信,他们虽然不过是软弱的凡人,不及英雄的有力,但正是这些凡人

---

❶ 迅雨(傅雷)《论张爱玲的小说》,见唐文标编《张爱玲研究》,台北:联经出版公司,1986,页128。

比英雄更能代表这时代的总量。

　　这时代，旧的东西在崩坏，新的在滋长中……人们只是感觉日常的一切都有点儿不对，不对到恐怖的程度。人是生活于一个时代里的，可是这时代却在影子似地沉没下去，人觉得自己是被抛弃了……

　　我甚至只是写些男女间的小事情，我的作品里没有战争，也没有革命。我以为人在恋爱的时候，是比在战争或革命的时候更素朴，也更放恣的。……

　　我喜欢素朴，可是我只能从描写现代人的机智与装饰中去衬出人生的素朴的底子……只是我不把虚伪与真实写成强烈的对照，却是用参差的对照的手法写出现代人的虚伪之中有真实，浮华之中有素朴。……❶

这番反思，对一个才二十出头刚开始写作的年轻作家来说，确实是令人震惊的。因为这不光是一种自我辩护，也是她的美学原则的最初表白。她的美学关键就是她称之为"参差的对照"的技巧：它同时暗示了一种美学概念和叙事技巧。这种"参差的对照"指的不是两种东西的截然对立，而是指某种错置的、不均衡的样式。❷ 这是她自创的一个术语，她不曾对此有过详细解释，止于暗示而已。金斯伯瑞（Karen Kingsbury）认为这个术语"不仅是勾画主题和角色的手法，它也作用于叙事风格层面——叙述人那揶揄的语调；比如说，徘徊于自嘲和放恣，梦幻和现实，讽刺和

---

❶　张爱玲《自己的文章》，见《流言》，台北：皇冠出版公司，1984，页 21—23。

❷　金斯伯瑞把"参差的对照"硬译为 off-set opposition 和 uneven, unmatching contraposition，见《张爱玲的"参差的对照"和欧亚混合的文化创造》，该文系张爱玲世界会议上的宣读论文，台北，1996 年 5 月 25—27 日，页 17—18。

同情之间"❶。我在此想借用香港评论家阿巴斯(Ackbar Abbas)的一个术语,把这种对照称为 de-cadence。这英文词是颓废这个概念的一个国际双关语,我将证明它和张爱玲的美学是紧密相关的。

为说明"参差的对照",张爱玲用了颜色打比方:那就像是宝蓝配苹果绿,葱绿配桃红,较之于红绿的强烈对照,后者的效果太具刺激性,de-cadenced contrast(参差的对照)则更婉妙复杂。强烈的对照表达力;参差的对照是美。前者是幸福,后者是悲哀。而这种色泽感其实已成了她的技巧的一个最明显的特征。比如,她是这样描绘上海的"颜色"的:"市面上最普遍的是各种叫不出名字来的颜色,青不青,灰不灰,黄不黄,只能做背景的,那都是中立色,又叫保护色,又叫文明色,又叫混合色。"❷在《留情》中,张爱玲把这些颜色组合作了丰富的低调陈列:小黄树映着墨灰的墙;炭火从青绿烧到暗红;阳台上两盆红瘪的菊花;微雨的天气"像是只棕黑的大狗,毛茸茸,湿答答,冰冷的黑鼻尖凑到人脸上来嗅个不了"。只在很偶然的时刻,我们看到"**淡蓝**的天上出现了一段彩虹,短而直,**红、黄、紫、橙红**"。但它也不过只出现于"一刹那,又是迟迟的"(黑体字系作者所加)。❸ 这个典型的例子,用张爱玲的说法,自然不可能唤起什么"悲壮"或"壮丽"的情感。这种情感呈现在"强烈的对照"中,是革命和战争的情调。而张爱玲喜欢的是美学上的"苍凉",她认为"苍凉"有启示性,它的显现会揭示素朴的真理。这个吸引人的表述也同时揭示了一种性别对照:如果说战争和革命中的力量和荣耀是男性的,那苍凉的

---

❶ 见《张爱玲的"参差的对照"和欧亚混合的文化创造》,该文系张爱玲世界会议上的宣读论文,台北,1996 年 5 月 25—27 日,页 18。

❷ 张爱玲《童言无忌》,见《流言》,台北:皇冠出版公司,1984,页 14。

❸ 张爱玲《留情》,见《传奇》,尤见页 1、4、20。

美学境界则无疑是女性的。我们只有事先铭记这点,才能深入她的人物塑造和叙述风格。

一种通俗小说技巧

尽管她秉持"苍凉"的观点,张爱玲还是声称自己是个"通俗"作家。像所有的通俗作家一样,她很在意读者接受的效果:她几乎是发自肺腑地大讲了一番小说如何来吸引读者。她说如果一个作家,"将自己归入读者中去,自然知道他们所要的是什么。要什么,就给他们什么,此外再多给他们一点别的"❶。她特别强调她自己和读者的同调,她的读者多半是上海"小市民",滋养他们阅读习惯的是传统通俗小说和戏剧,以及星期六派的鸳蝴小说,而不是新文学作品或西方文学的译作。不过,问题是她那独特的苍凉观又是如何"合乎"通俗的需求?在《惘然记》里,她曾谈到她对中国通俗小说的"难言的爱好",她说那里面的角色是"不用多加解释的人物,他们的悲欢离合。如果说是太浅薄,不够深入,那么,浮雕也一样是艺术呀。但我觉得实在很难写(通俗小说)"❷。如何在日常生活的原材料上雕琢艺术"浮雕",并用它们召唤出苍凉的景观?怎样把这"多一点"的东西传达给她的读者,而不伤害中国通俗小说里被验证为万无一失的程序?这显然是她给自己的挑战。

在组成中国传统小说基本情节的喜、怒、哀、乐这四个喻象中,张爱玲似乎最喜欢"哀":"快乐这东西是缺乏兴味的——尤其是他人的快乐。"而一般的读者总是更能被不幸打动,尤其当这不幸是因"冲突、磨难

---

❶ 张爱玲《论写作》,见《张看》,台北:皇冠出版公司,1976,页271。
❷ 张爱玲《惘然记》,台北:皇冠出版公司,1991,页97。

和麻烦"而造成的时候;它们也是戏剧的资源。❶ 换言之,悲哀和离别应该是欢乐和重逢的"前提",因为如果不这样的话,就无从打动读者,引发他们的情绪。此即意味着,在传统中国小说里,角色在他们获得欢乐而幸福的重逢和奖赏前,总要经历一系列的苦难和折磨。然而,张爱玲的绝大部分作品都没有幸福的尾声。相反,她的那些常人般的角色经历的都是无边之情的温柔折磨,尤其是那一班在一个变迁的时代,经历着爱和婚姻的男男女女。经常在故事快近尾声的时候,疾病和死亡也笼罩下来,生老病死是常见的人生循环。张爱玲似乎是不断地重复着某个故事,关于无回报的爱和不幸的婚姻岁月,她说这类故事"可以从无数各各不同的观点来写,一辈子也写不完"❷。

至于张爱玲小说技巧中的那"多一点",不太容易在其他的通俗小说里找到,则几乎是一个无处不在的叙述声音。这声音不仅在角色身上盘旋或进入角色身上,还不停地以一种亲密而困惑的语调对他们作出评论。这个声音听上去可能有点屈尊的意味,仿佛它出自一个老练的旁观者之口;但它也点评琐屑的细节,有时还在意想不到的时候出现。在这样的时候,叙述语言就立刻出人意料地转入想象和比喻中去。比如,她写一个女人的脸"光整坦荡,像一张新铺好的床;加上了忧愁的重压,就像有人一屁股在床上坐下了"❸。而她形容另一个女人的手臂说"白倒是白的,像挤出来的牙膏。她的整个的人像挤出来的牙膏,没有款式"❹。这些几近离题的话,可能不过是张爱玲炫耀她的才智,它们在她

---

❶ 张爱玲《论写作》,见《张看》,页 272。
❷ 张爱玲《写什么》,见《流言》,台北:皇冠出版公司,1984,页 125。
❸ 张爱玲《鸿鸾禧》,见《传奇》,页 24。
❹ 张爱玲《封锁》,见《传奇》,页 382。

喜爱的作家像 Somerset Maugham(毛姆)、P. G. Wodehouse(伍德豪斯)、Aldous Huxley(赫胥黎)和其他的英国作家那儿也可以找到。但有时这种俏皮话也会变得相当有哲理,比如《红玫瑰与白玫瑰》里的这段话:"普通人的一生,再好些也是'桃花扇',撞破了头,血溅到扇子上。就这上面略加点染成为一枝桃花。振保的扇子却还是空白,而且笔酣墨饱,窗明几净,只等他落笔。"❶ 形容一个角色的情感经历是"白纸一片",而这白纸将承受一出清初著名历史剧的所有重量,未免太夸张了点。不过,依我之见,这正是张爱玲对她的读者施用小说魔法的地方:叙述者的声音游走于小说人物世界的里里外外,既从故事的叙述情境里也自外在视角里汲取灵感。托尔斯泰,张爱玲感兴趣且讨论过的另一个作家,在他的《战争与和平》里也采用了同样的"元评论"技巧。这种技巧的危险,如张爱玲所警示的,是很容易流于说教和意念化。所以她说"让故事自身去说明,比拟定了主题去编故事要好些"。她举了托尔斯泰小说的例子,来说明作者原来是想"归结到当时流行的一种宗教团体的人生态度的",但这作品在修改七次后,"故事自身的展开战胜了预定的主题",而借此《战争与和平》也成了不朽的经典。❷

不过张爱玲小说里的那个全知的叙述人的"态度",却更难定义更难阐释。它显然既不宣扬任何哲学或宗教,也不像传统小说那样去迎合阅读大众的流行习惯。当它出入于角色的思想过程时,它那"智慧的话语"也逐渐地染了点知识分子的重量,直到我们终于意识到它其实暗含了作者自身的人生态度,一种"苍凉"的"哲学"。如金斯伯瑞所指出的,这个叙述声音的作用是,界定"作家自身心理位置的视野,她不断增长的意识

---

❶ 张爱玲《红玫瑰与白玫瑰》,见《传奇》,页 37。
❷ 张爱玲《自己的文章》,见《流言》,台北:皇冠出版公司,1984,页 23—24。

区域,这些都通过她的写作行为又反馈到她自身"❶。我们因此有必要继续追索在这苍凉的叙述声音后那更深广的含义。

"荒凉的哲学"

前面提到,在她的《〈传奇〉再版序》中(《传奇》系她唯一的短篇小说集),年轻的张爱玲发出过奇特的呼吁:"快,快,迟了来不及了,来不及了!"乍一看,这是她对迅速成名的渴望,但她的议论却带有更深刻的"哲学"意味:"个人即使等得及,时代是仓促的,已经在破坏中,还有更大地破坏要来。有一天我们的文明,不论是升华还是浮华,都要成为过去。如果我最常用的字是'荒凉',那是因为思想背景里有这惘惘的威胁。"❷把自己的个人声名和某种模糊的"荒凉"感相联,是多少有些古怪的,尤其是它出现在一本畅销书的序言里。

张爱玲的这番话的一个最直接的背景,自然是一九三七年开始的抗战,以及一九四二年整个上海城沦为日占区。不过当她谈论"我们的文明"时,其所涵盖的东西显然更大更多。其中似乎她也指涉了现代性的匆忙步伐,一种直线演进的历史决定论观念,而破坏之力将最终把现时的文明变为过往。张爱玲是个禀赋独特、擅长暗喻的作家,她把这种"大叙述"比作是极尽奢词繁调的交响乐,而她本人则更喜欢上海本地戏中花旦的素朴唱腔。在《再版序》里,她兴致勃勃地描绘了她有一次去看

---

❶ 金斯伯瑞《张爱玲的"参差的对照"和欧亚混合的文化创造》,页 18。金斯伯瑞是以此来界定张爱玲的"参差的对照"的,不过我以为这更合适用来说明张爱玲的叙述声音和苍凉的境界。

❷ 张爱玲《〈传奇〉再版序》,见《张爱玲短篇小说集》,页 3。

"蹦蹦戏"的经历,这种地方戏的对象主要是下层观众。她描画了花旦活泼实在的语言和唱腔,符咒般地把她整个吸引了,让她立即和台下的普通大众融在一起。张爱玲接着发表了下面这番议论:"将来的荒原下,断瓦颓垣里,只有蹦蹦戏花旦这样的女人,她能够夷然地活下去,在任何时代,任何社会里,到处是她的家。"❶

这个序言在多方面来说都是极不寻常的。如果寓言性地看张爱玲的这番陈辞,我们可以说,她的上面这番话不仅反现代性而动,而且也暗示了要回到本土资源中去寻求知识的滋养和美学的快乐。不过,同时,她对"文明""不论是升华还是浮华"的沉思却是无所不包的:它看来同时指涉了美学和物质文化、本土民间传统和她生活中的都会文化环境。易言之,在张爱玲的"知识背景"里,传统和现代性从来都是互相并置,这是"五四"运动的"交响乐"指挥家们所不曾设想过的。

事实上,我们读着这个序言,就能意识到传统和现代性在《传奇》的封面上就已经呈现了"参差的对照"。这封面是张爱玲的朋友炎樱设计的,画的是一个现代女子倚栏窥视一间闺房。闺房是晚清样式的,里面坐着个幽幽弄骨牌的衣着传统的女人,旁边坐着奶妈,抱着孩子;而那个从栏杆外探进身子来的、比例不对的现代女子,以及她那好奇的神情把本来相当静谧的一幅闺图搅得非常不安宁。但张爱玲说:"那也正是我希望造成的气氛。"❷在张爱玲的描述中,这个被描成淡绿色的现代女子的存在就像鬼魂似的,她那超然的窥视让整个画面有使人感到不安的地方。不过,同样的,现代女子注视下的那幅传统画面也显得相当古怪,似乎它已失去了那属于另一时代另一世界的时空。传统的作为一种文学

---

❶ 张爱玲《〈传奇〉再版序》,见《张爱玲短篇小说集》,页5。
❷ 张爱玲《有几句话同读者说》,见《传奇》,页1。

张爱玲小说集《传奇》封面

样式的《传奇》,可以追溯至唐代的传奇散文和明代的通俗类型剧。尤其是在唐代传奇中,记叙的那些奇特的事情常包括鬼魂般的人物或传奇的男女英雄。而清代的传奇剧比如《桃花扇》,则还包括历史罗曼史等其他主题。张爱玲显然对这个著名的系谱了然于胸,所以她说她写小说的目的是从传奇中发现普通人,从普通人中发现传奇。

那么,我们又如何来解释张爱玲小说中的普通和传奇?以及它们以何种方式与张爱玲反复思索的传统和现代、历史和小说之中所蕴含的更大的问题取得联系?《传奇》里的很多小说可以作为例证,不过我将主要以《封锁》和《倾城之恋》这两篇小说为例加以阐释。

写普通人的传奇

小说《封锁》于一九四三年发表,这是相当罕见的作品。故事的主要行动不是发生在室内,而是发生在空袭期的上海一辆电车上。不过我们不久便意识到,上海的这种最常见的交通工具已被改造成了室内空间中最为私密的部分——一个没有空袭则无所谓浪漫狂想的背景:

> 如果不碰到封锁,电车的进行是永远不会断的。封锁了。摇铃了。"叮玲玲玲玲玲",每一个"玲"字是冷冷的一小点,一点一点连成一条虚线,切断了时间与空间。
>
> 电车停了……
>
> 电车里的人相当镇静……街上渐渐的也安静下来……这庞大的城市在阳光里眈着了,重重的把头搁在人们的肩上,口涎顺着人们的衣服缓缓流下去,不能想像的巨大的重量压住了每一个人。上

海似乎从来没有这么静过——大白天里!❶

如果寓言性地看,电车即是所谓的现代性交通工具,就像火车(这个熟悉的意象让我们想起刘呐鸥和穆时英的小说)一样是严格按时间作业的。❷ 张爱玲本人显然对电车很着迷:前面提过,她说听不到"电车回家"声是睡不着觉的。在故事中,"真实"混杂了寓言性的东西,张爱玲通过把声音符码化,给了读者一种历史的时空感,也赋予了他们一种超越时空的情感——叮玲玲的电车铃声就像符码线一样切割了时空。所以张爱玲在一笔之间营造了一个"梦幻"故事的展开背景:一个在电车里换位置的男人,发现他坐到了一个女子的边上;他们聊起天来;他们坠入爱河,并开始谈论结婚的可能性。几小时后空袭解除,电车又开了。"电车里点上了灯,她一睁眼望见他遥遥坐在他原来的位子上。她震了一震——原来他并没有下车去!她明白他的意思了:封锁期间的一切,等于没有发生。整个的上海打了个盹,做了个不近情理的梦。"❸ 因此,整个情节是现实框架下的一个梦,现实背景里的一种梦幻叙述。因为在这样的框架里,情感的"内核"也因之是"封锁"的,至少在那一刻和压在人心上的外界现实的无情压力是隔离的。因时间被置换成了空间,所以那一刻成为可能:仿佛时光静止了,那停在街上的电车成了一个从日常现实中搬移出来的奇特空间。

我们还可以把这部小说比作一部电影:现代小说语言就像电影手段一样,可以用意识流或蒙太奇的方法来打破平常时间的持续和顺序。虽

---

❶ 张爱玲《封锁》,见《传奇》,页 377。
❷ 张爱玲定然很明白此类指涉,因为她自己也曾说过"时代的车轰轰地往前开"。见《烬余录》,《流言》,页 54。
❸ 张爱玲《封锁》,见《传奇》,页 387。

然张爱玲在她的叙述语言中,从来不曾用过意识流技法,但她用散文风格所取得的效果一样可资比较。不过同时,张爱玲的故事是以上海的物质现实为依托的。周蕾在分析这篇小说时说,现代都会是情节和背景的关键:"没有这个都会,没有她的电车,以及她所有的现代物质文化,《封锁》这个故事是绝无可能发生的。"❶ 历史"现实"也同样插手了这个故事:那暂时性封锁上海的空袭,是一个清晰的时间标志,提醒我们那只可能发生在一九四三年左右的日占时期的上海,也即这篇小说的写作时间。正是这种时空的特殊合作,使得张爱玲有可能把一个普通故事变成传奇。不过与此同时,小说也"掐断"了角色的浪漫幻想,把他们带回到现实中来。

故事中时空悬置的"封锁"状态,也是作者的叙述技巧所创造的一个人为框架。置身其中的人的感觉会变得敏锐,微小的细节会放大成一个多彩的存在。周蕾认为,正是这个美学空间给了故事里的女主人公一种自由,去想象一个现实中不可能存在的罗曼史。这样的一个封锁空间,也是张爱玲笔下女性人物之境遇的一个完美比喻,张爱玲的女性角色,总是在她们生存的幽闭空间里幻想爱和罗曼史,而同时心里又很明白爱的易逝和男人的不可靠。❷ 这里暗含了一个性别寓言,即"正常的"时间和空间是由男人确立的,他们的历史直线演进观也左右了现代中国的国族建设大计。因此在她的小说叙述结构里,通过让她的女主人公去争取克服男性主导的时间性,张爱玲作为一个女性作家,借着她小说中的美

---

❶ 周蕾《技巧,美学时空,女性作家》,系她在张爱玲世界会议上宣读的论文,台北,1996年5月25—27日,页9。

❷ 周蕾《技巧,美学时空,女性作家》,系她在张爱玲世界会议上宣读的论文,台北,1996年5月25—27日,页8—10。

学资源,也在试图超越她自身写作的历史境遇。因此,张爱玲凭着她的小说艺术特色,对现代中国历史的大叙述造成了颠覆。

在我看来,用来诠释张爱玲对"宏伟叙述"的美学颠覆的一个最完美的例子,也正好是前面提到的,被傅雷挑出来轰炸一番的那篇小说。尽管傅雷对这篇小说在道德上鄙夷不已,《倾城之恋》依然被证明是张爱玲最受欢迎的一篇小说:小说发表于一九四三年,比《封锁》稍早几个月,小说第二年就被改编成了剧本,后来又被搬上银幕。

乍一看,这个故事和张爱玲惯常的通俗小说叙述模式正好相反:故事基本发生在日本入侵前夕的香港,有一个幸福的结局,而且其中的角色也都相当世故。故事的背景是颇具异域风的香港浅水湾饭店,其本身就很像是舞台装置或电影布景,罗曼史的一方是受英国教育的花花公子,另一方是上海的一个年轻的离婚女子。这对上等人之间的罗曼史经历了在餐厅和舞厅、在饭店大堂和附近海滩,以及在女主人公房间里的一长串调情。这些场景很显然是借鉴了好莱坞怪喜剧。通过一个非凡的巧合成就一段再婚的故事,这也是好莱坞电影的一大类型。卡威尔对此卓有见识:"我所谓的再婚类型是以某种方式求得认可;求得彻底的谅解;这种谅解是那样深沉,需要死亡和复活的蜕变,以及存在新前景的达成;这种前景自我呈现为一个地方,一个从城市的困扰和离婚中离析出来的地方。"❶对张爱玲的故事而言,美国哲学家的这番话是再好再合适不过的理解了。

《倾城之恋》像舞台剧似的开头——上海地方戏的风格。随着忧伤的胡琴在夜里哀泣,叙述声音升上来:"胡琴上的故事是应当由光艳的伶

---

❶ 斯丹雷·卡威尔(Stanley Cavell)《追求幸福:好莱坞的重婚喜剧》,麻省剑桥:哈佛大学出版社,1981,页19。

人来搬演的,长长的两片红胭脂夹住琼瑶鼻,唱了、笑了,袖子挡住了嘴……"❶接着就引入了女主人公白流苏,似乎她是由那"光艳的伶人"所扮演的一个"角色"。张爱玲的这种民间戏剧式起承,在某种意义上是相当合适的,因为白家被描写成一个传统家族,落在了时光的后面,跟不上上海的现代世界了。不过几个场景过后,当流苏跪在她母亲的床前哭诉时,场景突然就"转入"了过去:"她还只十来岁的时候,看了戏出来,在倾盆大雨中和家里人挤散了。"❷当她上楼回到自己的房间,扑在穿衣镜上端详自己时,是一个"特写"镜头,流苏亦被带到了另一个舞台上:"依着那抑扬顿挫的调子,流苏不由得偏着头,微微飞了个眼风,做了个手势。她对镜子这一表演,那胡琴听上去便不再是胡琴,而是笙箫琴瑟奏着幽沉的庙堂舞曲……她走一步路都仿佛是合着失了传的古代音乐的节拍。"❸这些"镜头"的叠加有效地为以后的,在流苏渡海去和她的追求者花花公子范柳原相会时,在异域风的香港背景里的那些更电影化的镜头组合做了铺垫。

当他们在浅水湾饭店相遇时,场景完全改变了:他们的传奇因此是在一个最为罗曼蒂克的环境里发生的。在张爱玲的描述中,香港是一个彻底异域化的城市,全然没有上海的那种本土景观和声色——那是张爱玲的读者所熟识的一个小说世界。不过相应地,香港也很自然成了一个"传奇"的背景——这个罗曼史以老练的调情和机敏的应答开头,而流苏则被塑造成一个近文盲的传统女子,且几乎没什么个性。在现实主义的层面上,要想象一对背景如此悬殊如此不相称的情侣是很困难的。所以

---

❶ 张爱玲《倾城之恋》,见《传奇》,页152。
❷ 张爱玲《倾城之恋》,见《传奇》,页156。
❸ 张爱玲《倾城之恋》,见《传奇》,页158—159。

也便不难证明只有在电影中他们的传奇才有可能性。我相信张爱玲是把好莱坞怪喜剧的叙述模式,挪用来表现角色在最初的求爱阶段中那误置的企图和个性的冲突。不过,通常这类电影的叙述程式是,男女主人公都很聪明地各有立场,在长长的复杂的求爱游戏中,他们历经互相的不信任和误会,只有到了最后一刻,当电影情节快收尾时,他们才会真正地爱上彼此,并最终结婚。

然而,在张爱玲这个故事中,一直要到这对情侣经历了一场真实的因日侵导致的"死亡和复活的蜕变"后,他们才取得了"彻底的谅解"。这种战争经历,显然和好莱坞喜剧中的大萧条背景截然不同,因为它不会被虚构的奢华和悠闲的背景抹去。范柳原和白流苏在这个"借来的时空"里彼此以身相许,尤其是对白流苏而言,已不可能再求奢华和悠闲。这个故事的情境比起好莱坞喜剧来,也要更不同寻常,因为男女主人公是因了战争而相爱的,而不像三十年代的好莱坞喜剧或歌舞剧与战争无关。而张爱玲也正是选择了如此不寻常的情境,来演绎超乎谅解的爱之"苍凉"的最终境遇。她是如何演绎的呢?对此,我们需要从一个传统的角度,来重新检阅故事的情节和人物。

在《倾城之恋》中,再婚不是出于个人的选择,而是社会必需。在流苏而言,她从来都不是什么"快乐的离婚女人",她的处境也无甚魅力。作为一个住在自己家的离婚女子,流苏因她失败的婚姻而不停地遭受亲戚们的讥嘲。这种传统的环境逼迫她去寻觅新的婚姻前途。在故事的开头写到,她在上海的自己家里时,曾经在镜子里仔细地打量过自己。这可以被解释为是一种自恋行为,不过,当她在镜子前"表演"时,也同时发生了一种微妙的转换:"她忽然笑了——阴阴的,不怀好意的一笑,那音乐便戛然而止。"而传统的胡琴拉出来的故事,那些"辽远的忠孝节义的故事,不与她相关了"❶。她看来已准备好了要投入一个新世界去扮演一个新角色。因此"扮戏子"不仅是怪喜剧情节里的一个结构性成分,更重要的是,这是她寻求身份的一个必要前奏行为。当亲戚把她介绍给范柳原这个刚从英国回来的富裕的花花公子时,流苏因急于摆脱她的家庭束缚,就采取了一个不同寻常的举动,去香港和他相会。而香港就是那个可以"从都市困扰里摆脱出来"的地方,那里的"价值系统"极端不同,她传统家族中的那种人际伦理网在这里也不再起作用。她得靠她自己去扮演一个完全异于她个性的非传统的角色——一个"快乐的离婚女人",设下"温柔的陷阱"去俘获她的男人。摆脱了家族伦理,流苏也就被迫去确立作为一个非传统女子的个人主体性。因为在传统中国小说里,绝大多数的妇女角色都不是离婚的。因此,为了寻求新的婚姻前景,流苏同时也在寻求她作为女人——一个被两个世界撕扯的女人——的自我身份。

现在流苏孤独地到了一个完全异域的地方,她如何来确立自己呢?仿佛是突然地,她被塞入了一出"话剧"的现代舞台或一部好莱坞喜剧中,她要做的"表演",和她在上海地方戏中的花旦角色,自然是大相径庭的了。她很努力地去适应那些现代社交礼仪——跳舞,在西式饭店用餐,沿海滩漫步,甚至还得和柳原的"旧情人",一个印度公主打交道——同时她又是永远地处于别人的目光下。在她的那个有点困惑的追求者的"殖民"注视之中,后者似乎一直都很清楚她在演戏,把她看作是一个异域的东方女人。不过,即使如此,柳原还是发现自己渐渐地爱上了她。那是何以成为可能的呢? 自然,浪漫爱情是一种现代奢侈,是好莱坞式

---

❶ 张爱玲《倾城之恋》,见《传奇》,页159。

喜剧的必备前提;但在传统的中国小说里,爱情不过是人际关系的一个侧面,而人际关系则受普遍的人之常情的支撑。柳原和流苏之间的爱,包含了这两面因素以及那个"多一点",这"多一点"似是加诸通常情节上的。但也正是这"多一点",使得这个故事非比寻常。为了说明它的重要性,我需要完整地引述几段求爱场景。第一次求爱发生在他俩散步的时候:

> 柳原道:"我们到那边去走走。"流苏不做声。他走,她就缓缓的跟了过去。时间横竖还早,路上散步的人多着呢——没关系。从浅水湾饭店过去一截子路,空中飞跨着一座桥梁,桥那边是山,桥这边是一堵灰砖砌成的墙壁,拦住了这边的山。柳原靠在墙上,流苏也就靠在墙上,一眼看上去,那堵墙极高极高,望不见边。墙是冷而粗糙,死的颜色。她的脸,托在墙上,反衬着,也变了样——红嘴唇、水眼睛、有血、有肉、有思想的一张脸。柳原看着她道:"这堵墙,不知为什么使我想起地老天荒那一类的话。……有一天,我们的文明整个的毁掉了,什么都完了——烧完了、炸完了、塌完了,也许还剩下这堵墙。流苏,如果我们那时候在这堵墙根底下遇见了……流苏,也许你会对我有一点真心,也许我会对你有一点真心。"❶

这段插曲显得稍稍有点古怪,因为里面的一个微小的细节几乎和情节无关:那堵"灰砖砌成的墙",冷而粗糙,死的颜色,仿佛是过往时代的遗留物。和这堵墙的邂逅标志着一个神性的时刻,它使柳原这个没有文化和历史感的花花公子,用他只记得半句的中国旧诗句"地老天荒不了情"去

---

❶ 张爱玲《倾城之恋》,见《传奇》,页170。

想象"世界末日"。这句诗不断被征引来颂扬永恒的爱情,因此某种程度上它已成了陈词滥调(它还成了一部好莱坞电影 *The Magnificent Obsession* 的中文片名)。柳原的说词是极具反讽意味的。一方面,这是他第一次在他漫长的调情过程中动了点真情,所以显得更为深刻。其情感的力量来自于对那旧诗句的生动想象——地老天荒了——但在其中还暗含了一点迂回的意思:只有到了那时候,真正的爱情才会开始。而另一方面,柳原的话又充满了启示性:他说到有一天"我们的文明整个的毁掉了,什么都完了——烧完了、炸完了、塌完了"!这种不祥的"荒原"感不仅和柳原的性格毫不相称,而且,即使环境使然,他也不可能说出那样的和诗句原义相反的话来。在现代世界里,爱是没有最终结局的,因此也就根本无所谓什么"永恒的爱"。柳原所漏掉的那三个字——不了情——因为它们的缺席,而变得更加具有暗示性和反讽意味:真正的爱只有在世界末日才有可能,在那个时间终端,时间本身便不再重要。正是在那样的时刻,张爱玲的"苍凉"美学才是可以想象的,它也即是那堵墙的颜色。

如果说情感的真实可以在世界末日前夕得到确认,显然那时已然太晚,因为死亡的威胁早已清晰地写在了那堵墙上,而永恒的爱只能意味着死亡。在这样反讽性的逻辑里,柳原和流苏在世界末日之际,还会再次相遇吗?这让我们再次想起了前面引过的张爱玲在《〈传奇〉再版序》里的话:"将来的荒原下,断瓦颓垣里,只有蹦蹦戏花旦这样的女人,她能够夷然地活下去,在任何时代,任何社会里,到处是她的家。"像流苏这样的一个女子,因为是照着蹦蹦戏花旦塑造的,所以显然可以一样地夷然地活下去,但范柳原却不行。似乎在生活的更大的寓言层面上,张爱玲为她的半传统的女主人公留了特殊的一席之地,不一定是她的性别关系,而是因为在一个变迁时代,在中国文化中她的性别所代表的东西。

对传统的中国小说读者来说,前面引到的墙的意象,还会令人想到《红楼梦》的一个插曲——林黛玉突然听到了明代戏剧《牡丹亭》唱词中的两句,她一下就呆了:"原来姹紫嫣红开遍/似这般都付与断井颓垣。"❶《红楼梦》是张爱玲自己最钟爱的一部作品,她后来写过一部《红楼梦魇》。她对这部经典小说的借鉴不仅见诸她作品中的直接引用,而且她也对这部小说的情感做了现代回应,在一个截然不同的背景里进行"重新呈现":四十年代的香港对应十八世纪的北京。但是,如果说直线的时间和历史是可以超越的话,我们便能从两部作品的平行文化肖像——黑夜降临前,夕照的最后辉煌——中一眼看出命运的类似威胁。

在《红楼梦》中,黛玉和宝玉的爱情是在作者(曹雪芹)的个人身世背景下演绎的:他的家族的凋零,以及以"大观园"为象征的贵族高雅文化的没落。因为这种惘惘的威胁笼罩着故事,小说中的两个年轻的主人公,尤其是黛玉,一直被自我折磨和无形的宿命感撕扯着。他们对天荒地老的追求最终落了空,但他们的感情却以诗歌和戏剧的形式留下了大量的抒情纪念。

张爱玲的《倾城之恋》也给人一种相似的美学情感,也即是说,因时光之旅和空间的更改而从原著中截来的一种情绪。故事的开头,就已经暗示了历史无情的脚步越来越快地向更宏伟的进行曲或交响乐迈进,并将很快把凄凉的胡琴声淹没掉。不过,张爱玲的女主人公却并不哀叹时代的变迁,她倒是渴望着从中解放自己。所以怀旧并不是这个故事的主题。相反,过去只是为预言现代性的灾难而存在的某种神话:那在劫难

---

❶ 见曹雪芹《红楼梦》第二十三回"西厢记妙词通戏语,牡丹亭艳曲警芳心"。

逃的世界并不是传统中国,而是满是战火和革命的现代世界。由此可见,张爱玲的苍凉美学无疑是与"主流"中国现代文学和历史完全悖反的。不过,在这个故事里,张爱玲既不是全然的怀旧(老保守派的姿态),也不是全然的悲观(怀疑和虚无派的姿态),她选择了喜剧和反讽来演绎她的故事。

在那堵墙的插曲后,在饭店客房里有一个关键的调情场景;小说还由此进入了诱引的高潮戏,并成就了一次求爱。所以感情的收尾早在故事最终结束前就已完成了。在那个调情的场景里,作者很聪明地征用了饭店房间里的现代便利品——电话,这样男女主人公甚至都用不着面对面就能聊天。似乎是看电影般的,我们看到深夜流苏躺在床上翻来覆去睡不着,而正当她有点睡意蒙眬时,床头电话铃大作:是柳原的声音,他在那头说"我爱你"。然后就挂断了。而当她刚好把听筒放回原处时,电话铃又响了,柳原在那边问道:"我忘了问你一声,你爱我么?"这个突然的电话可以被视为范柳原求婚的前奏。他似乎是被迫说出那句在所有的浪漫喜剧(但从不在中国传统小说里)里都会出现的套话:"我爱你。"但这个场景并非就此打住,也没像典型的好莱坞时尚那样来个电话接吻收场,因为他们在不同的房间里。虽然相当不合乎他个性地,柳原接着开始引用《诗经》中的一首:

> 流苏忙道:"我不懂这些。"柳原不耐烦道:"知道你不懂,若你懂,也用不着我讲了!我念你听:'死生契阔——与子相悦,执子之手,与子偕老。'我的中文根本不行,可不知道解释得对不对。我看那是最悲哀的一首诗,生与死与离别,都是大事,不由得我们支配的。比起外界的力量,我们人是多么小,多么小!可是我们偏要说:'我永远和你在一起;我们一生一世都别离开。'——好像我们自己

做得了主似的！"❶

柳原的突然引用《诗经》确实谜一样难于解释。一个在国外出生、在国外受教育的人，"中文根本不行"，如何可能突然记起一句中国古诗？为什么在无数的诗行中单挑了这一句？顺着罗曼史的程式，我们可以把它看成是一种婚誓的形式。至少这个故事的英译者（Life, death, separation—with thee there is happiness; thy hand in mine, we will grow old together.）是这样认为的。因为它也一样可以译为更能被普遍接受的译文：In life and death, here is my promise to thee; thy hand in mine, we will grow old together. ❷而我们还可以加上，"直到死亡把我们分开"。但柳原自己接着又说"那是最悲哀的一首诗"，而他接下来的那番议论，显然是在回应灰墙插曲所呈现的苍凉的景观和心绪。作为一个浮浅空虚的纨绔子，柳原本人是说不出这种话来的，即使是在他情感的巅峰状态也不可能。一个怀疑人生的花花公子，是不太可能去宣誓永恒的爱和投入的。所以流苏听了他的话后才会说："你干脆说不结婚，不就完了，还得绕着大弯子，什么做不了主？"❸这种谈话自然不是为着决定婚姻，因为作为一种传统程式的婚姻，在张爱玲自身的视野里，并不一定是罗曼史的最终结局。

在浪漫喜剧中，调情只会导致诱引。这个故事中诱引场景的"编剧"是那么精细，小到每一个细节，所以它看上去就像是电影"镜头接镜头"的序列。一天晚上，当流苏在她的饭店客房准备就寝时，她一脚踩在了

---

❶ 张爱玲《倾城之恋》，《传奇》，页177。
❷ 见金斯伯瑞的脚注，《译丛》(*Renditions*)，第45期，1996年春，页82。
❸ 张爱玲《倾城之恋》，《传奇》，页177。

柳原的鞋子上,这才发现他在她床上,接着就是他吻她:"他还把她往镜子上推,他们似乎是跌到镜子里面,另一个昏昏的世界里去了,凉的凉,烫的烫,野火花直烧上身来。"❶这些"镜头"可以说是从一系列的好莱坞电影移植来的,尤为常见的是镜子照出来的女人虚荣,而由隐秘的摄影机来拍摄镜中的女主人公亦是习见的花样——视觉自恋的"双重拍摄"。不过,镜子又是时常出现在张爱玲小说中的一个点缀性道具,特别是在《倾城之恋》中。小说前面的那个流苏在家里照镜子的插曲,无疑为这个场景里的"镜子镜头"做了铺垫:当一个男人"把她往镜子上推"时,她作为女性主体的意象就被涂抹了。但当他们跌入镜中的世界时,他们便进入了一个现实不再起作用的世界。这是欲望和苍凉的昏蒙世界,这里的欲望即苍凉。换言之,它成了"苍凉"的神秘世界。在那里,燃烧的激情全都折射在"冰冷的镜子"上。如果接在前面所引的那句"地老天荒"后,这个意象只能让我们感到悲凉:当野火花般滚烫的激情熄灭后,它的灰烬(张爱玲最爱用的另一个比喻)便只能用来点缀世界末日"地老"时"冰冷"的景观了。在张爱玲的苍凉世界里,用鲁迅的话来说,激情只能是一团"死火"。

不过,尽管出现了所有这些苍凉的暗示,张爱玲还是允许了最终的幸福婚姻。这不是那两人传奇的结果,而是因为外在战争的干预。第二天,也就是他们做爱后的次日,柳原告诉她,他一礼拜后就要上英国去,很显然是要把她留在香港做他所"供养的情人"。在情节的这个关键时

---

❶ 张爱玲《倾城之恋》,《传奇》,页 181。我曾经长篇地论述过张爱玲的小说技巧和电影的亲缘性,而且,用游戏的笔墨为这个场景虚构了一组电影镜头。见我的论文《不了情:张爱玲和电影》,系我在张爱玲世界会议上宣读的论文,台北,1996 年 5 月 25—27 日,页 10。

刻,历史又一次插手进来,就像《封锁》中的情形一样,只是这一次的结尾是相当"幸福的"。柳原的旅行,因战争的爆发被取消了,他们于是决定结婚。在《倾城之恋》的结尾,叙述声音在层层反讽中这样说道:

> 香港的陷落成全了她。但是在这不可理喻的世界里,谁知道什么是因,什么是果?谁知道呢?也许就因为要成全她,一个大都市倾覆了。成千上万的人死去,成千上万的人痛苦着,跟着是惊天动地的大改革……流苏并不觉得她在历史上的地位有什么微妙之点。她只是笑吟吟的站起身来,将蚊烟香盘踢到桌子底下去。
>
> 传奇里的倾国倾城的人大抵如此。❶

张爱玲在结束这个故事时所指涉的"传奇中的倾国倾城的人",事实上传达了她自己的最终历史批判,以及以普遍反讽的方式对小说的肯定。如果说传奇是一种浪漫类型,一种在传统上被认为是超乎历史书写和超乎信仰的类型,那它为什么不可以在历史本身超乎信仰的时候,也插手虚构的作品呢?谁知道惊天动地的改革来临时会发生什么?流苏在追求幸福的途中,被赋予了一个幸福的结局,张爱玲借此再次赞美了中国的地方戏花旦和传奇中的美人。不过,在写现代小说时,她逆转了著名古典传奇中的人物命运。据说从前有个皇帝(西周的最后一个皇帝)因为太想讨他美丽妃子的开心,就在长城上点了烽火,骗他的部下相信有蛮族入侵。当各路军队赶到时,这儿戏逗得他的妃子开心地笑了。这样愚蠢的游戏玩过几次以后,外族真的来入侵了,但即使烽火再点,他的军队也不会来了,如此他的王国就陷落了。张爱玲的现代感自然不会

---

❶ 张爱玲《倾城之恋》,《传奇》,页190。

让"红颜祸水"这样的传统偏见再度登台。就像小说中引用的《诗经》一样,张爱玲为这个熟悉的传奇加了一个反讽的变形——她颂扬了流苏的胜利:似乎这个都市的陷落就是为了成全她的传奇,给她的故事一个幸福的结局!在那个战争和革命的特殊时代,她的女性人物,尤其是流苏,应该得到点幸福,不管这幸福会多么短暂。

《倾城之恋》发表后一年,张爱玲写了散文《烬余录》,谈到了香港被围时她的自身经历。她那时还是个学生,住在香港大学宿舍里。如散文中所描绘的,她和她的同学对轰炸的反应是令人吃惊的漠不关心:她的朋友炎樱甚至还冒死上城去赶了场电影!在危险和灾难时保持冷静也许是一种勇气,但张爱玲所描述的漠不关心则一点都无关乎勇气,她要表达的是另外一种东西:

> 围城的十八天里,谁都有那种清晨四点钟的难挨的感觉——寒噤的黎明,什么都是模糊的,瑟缩,靠不住。回不了家,等回去了,也许家已经不存在了。房子可以毁掉,钱转眼可以成废纸,人可以死,自己更是朝不保暮。像唐诗上的"凄凄去亲爱,泛泛入烟雾",可是那到底不像这里的无牵无挂的虚空与绝望。人们受不了这个,急于攀住一点踏实的东西,因而结婚了。❶

这最后一句的情绪,无疑很契合柳原和流苏决定结婚时的心情。《倾城之恋》是张爱玲写的关于香港的第四个故事。张爱玲写这些故事显然是因为,在她于一九四二年回到上海后,她对香港这个沦陷之城的记忆依然新鲜,而且她愿意把她的香港故事献给她心爱的上海。很清楚在她的

---

❶ 张爱玲《烬余录》,见《流言》,台北:皇冠出版公司,1984,页47。

生活和艺术中,香港一直是上海的一个补充,她小说世界中的一个"她者"。这种自我指涉的联结也契合我们的目的,因为她越是把香港异域化,那香港也就越清楚地镜子般地折射着她的上海。凭着她惯有的预见,张爱玲在这个"双城记"里,注入了那么多的文化意蕴,使我们至今还在体会它们。因此在本书的结论部分,借着张爱玲小说的某些帮助,我将写下我自己对一个非凡的"双城记"的历史性沉思,以此将关于上海的一个更宏大的故事带至今天。

第三部分　重新思考

第九章　上海世界主义

在这些外国辖地里边或旁边居住的中国人事实上应算殖民人口,他们是那个带着欧洲殖民体系所有排场的政权治下的"土著",这个体系包含了歧视,排外,外国主子所持的种族主义态度和大量作为臣民的中国人对"通商口岸状态"的低声下气的接受。在这种接受的表层之下满含着羞辱和愤怒。而燃起中国民族主义革命之火的不是其他,正是长久以来深埋着的沙文主义式的中国人的骄傲,这次革命在二十年代掀动了整个国族。

——伊萨克(Harold Isaacs)

伊萨克(Harold Isaacs,他本人很早就到过上海)所作的这番评述在一个此书的后殖民读者听来,毫无疑问会觉得他讲得很有道理。但是,在这个尾声里,受伊萨克的启发,我们也许该问一个略有出入的问题:在这个带着欧洲殖民体系所有排场的城市里,像"低声下气的臣民"一样生活的中国作家以什么方式,依然宣称他们是中国人?这种指认本身不就带有自欺的意味?又是什么组成了"长久以来深埋着的沙文主义式的中国人的骄傲",且这种骄傲还燃起了民族主义革命之火?事实上,毛泽东本人对殖民剥削也深有感受,这还促使毛泽东后来采取了著名的"以农村包围城市"的革命策略。毛泽东对城市的看法构成了意识形态上的力量,而这种力量也来自于三十年代居于上海的左翼知识分子所深藏着的矛盾情感,甚至是一种个人罪感——尽管他们在西方列强的殖民统治下也满怀"羞辱和愤怒",但都不愿离开,因为他们同时也享受着上海的种种物质便利和通商口岸的租界庇护。殖民主义、现代性和民族主义这些东西的形貌,远比一个富同情心的研究者在近表层处所看到的事物要复杂得多。这种现象属于一个更庞大的课题,而本书所探讨的所有文坛人物和文本,都将在那个大课题里重新受到检阅。也因此,在这个尾声里,我将总结我在前面各章中对史料和文本的阅读,并在此基础上,对这些更大的问题做出讨论。

殖民情形

首先,这个议题需要在目前特殊的历史语境里去重新检验后殖民话语本身。

在我看来,所有的后殖民话语都假设了一个殖民权力结构,其中殖民者对被殖民者,包括他们的代表,总是拥有无上的权力。这种理论构造,源于以前英法在非洲和印度的殖民统治制度。这种理论还假设了殖民者就是话语的"主体",而被殖民者只能成为"受体"或"他者"。在上海,西方的"殖民"权威确实是在租界条约里被明文确认的,但中国居民在他们的

日常生活里对此一概不予理会,当然,除非他们在租界里被捕。❶

看来,本书所论述的作家在中国这个最大的通商口岸里,相当自如地生活在一个分裂的世界里。尽管他们和西人很少私下接触,他们本人在生活方式和知识趣味上却是属于最"西化"的群体。而他们中的任何人都不曾在任何意义上,把自己视为相对于一个真实的或想象的西方"殖民主子"而言的被殖民的"他者";事实上,除了很少的例外——施蛰存的《凶宅》和我现在想得起来的张爱玲的几部小说——西方"殖民主子"在他们的小说里甚而都不算什么中心人物。相反的,在中国作家营造他们自己的现代想象过程中,他们对西方异域风的热烈拥抱倒把西方文化本身置换成了"他者"。在他们对现代性的探求中,这个置换过程是非常关键的,因为这种探求是基于他们作为中国人的对自身身份的充分信心。实际上,在他们看来,现代性就是为民族主义服务的。

很显然,因为不同的历史遗产,中国的情形和殖民地印度很不同:除了一连串的自鸦片战争以来的失败,中国遭受了西方列强的欺凌,但她却从不曾完全被一个西方国家据为殖民地。通商口岸的体系也许可以被视为是"半殖民"——却并非一定是双重压迫("半殖民"加上"半封建"就更糟了),倒更是"杂交"意义上的殖民和中国因素的混合体。而这样的话,中国就成了一个非常有意思的个案,即霍米・巴巴(Homi K. Bhabha)所谓的"戏拟"案例。霍米・巴巴相当微妙而模糊地定义了"戏

---

❶ 关于租界的绝大部分著述都集中于探讨租界的历史和法律问题。对市政管理的一个深入研究可参见克里斯汀・亨里尔特(Christian Henriot)的《上海,1927—1937:市政权、地方性和现代化》(*Shanghai, 1927-1937 : Municipal Power, Locality and Modernization*),伯克利:加州大学出版社,1993。韦科曼(Fredric Wakeman)从"统治"的角度对上海治安做了权威性的研究。见韦科曼《掌管上海》。我倒还需要对浩如烟海的警方卷宗做一番调查,看看是不是有我所论述的作家的相关资料。

拟"。按他的说法,"殖民戏拟就是对一个变了形的但可辨认的他者的欲望,他基本上,但又不完全就是那个差异的主体……这种欲望,通过复制部分的存在……表达了文化、种族和历史差异所引起的骚乱,这些差异威胁着殖民权威的自恋倾向"。因此巴巴的理论暗示了,即使是殖民客体的"部分代表"也同时可以既谦卑又带颠覆性。尽管"戏拟人"——"除了不是白人,余则基本相同"——是殖民教育的结果,他那关键的"部分性在场"和他的"他者性注视"还是证实了英国殖民政策制定者的后启蒙信念是虚伪的。❶ 很显然,这种情形是长期的完全殖民统治的结果。

而当西方列强并非用完整的殖民体系来驾驭一个整体的国族时,那该国的情形就可能复杂得多,甚而坏得多。我们可以在"买办"和商业精英中找到霍米·巴巴所谓的一类"戏拟人",他们和西人常有很深的私交和商业往来。即使他们还怀揣着中国公民身份证,他们都会非常愿意成为被殖民者,因为他们渴望全盘西化。不过,我仍然认为这样的一个金融资本主义世界,和文学领域里的文化生产和消费在本质上是不同的,因为要在文学上找到像商业上那样一类"被殖民者"代表并不容易。❷

---

❶ 霍米·巴巴(Homi K. Bhabha)《论戏拟和人:殖民话语的矛盾性》,见他本人的《文化定位》(*Location of Culture*),伦敦和纽约:鹿特爵出版社,1994,页86—90。

❷ 也许第一个真正的戏拟人肖像可以在张爱玲的小说里找到。比如,张爱玲《沉香屑:第一炉香》中的乔琪乔,女主人公所爱的那个英俊的混血骗子。但整个故事都发生在香港,一个可以让戏拟充分展开的地方,却不是上海。有意思的是,在张爱玲的那些上海背景的小说里,确实有外国角色存在,但里面的中国人物却一个都对不上巴巴的典型。也许《桂花蒸　阿小悲秋》里的服侍英国主子的中国女佣可算是例外。按张诵圣的说法,"阿小很显然因为她懂几句可怜的英文而觉得要高于其他的中国娘姨,而且,尽管她自己对英国主人很是鄙夷,但是当着他的女友,还是很替他说话"。阿小是否潜意识里把她的角色当"被殖民"的奴隶执行依然是可以争议的,但因为她所扮演的不光是佣人角色,她还是一个中国式母亲、妻子和工人阶级女性,所以她生活的中心依然是她的中国人世界。

很明显的一个原因是,尽管他们也看外国文学,但中国的现代作家并不使用任何外国语写作,而是持续地使用中文,将它视为他们唯一的语言。下这个论断似有必要重溯一下长久以来固若金汤的中文书写传统,在中国历史上,这个传统从不曾遭到任何外国语的挑战。不像非洲的有些作家,因为殖民教育迫使他们用殖民者的语言来写作,中文却不曾受到过这样的威胁。中国人断续在用中文写小说写诗歌,而且现代白话文的句法结构还保存着。甚而,在某些时候,中文还因为翻译的术语名词而得到了丰富,或许有人会相反地说中文被玷污了。没有人用英文或法文写作,或实验用双语写作的可能性。因此,除了在极少的几篇小说里会出现一个西人角色,中国作家从来都是用中文措辞。徐訏写的流行小说《风萧萧》以日占时期的上海为背景,里面有些角色是西方人:一个美国代理人,他的妻子,爱上叙述主人公(中国人)的年轻美国女子,以及她的母亲,他们都被假定为是说英文的。但没有任何信息使我们相信他们的对话是用英文进行的,而且连情书也没有一点经过翻译的迹象,倒是在一些重要的关口,主人公不断地声称他不懂日文,而有些日本间谍包括一个尤物,只会说结结巴巴的中文。很显然,前面的文本确定了敌人的语言日语应受到"疏离";但英文却不曾受到这类语言上的仲裁。这种情形也出现在张爱玲的小说《沉香屑:第二炉香》中,该故事发生在殖民化的香港,里面的主要角色都是英国人。他们那被压抑的情欲是通过第三者(可能是中国人)话外叙述的,叙述者很微妙地把人物人性化并"中国化"了。因此,在这一片毫无疑问西化了的土地上,人物语言却是地道的中国腔,所以也就不存在什么"疏离"感。

但张爱玲却又是唯一的可以同时用双语写作的中国作家。另一著名作家林语堂在上海时,用中文在杂志上发表文章,只是在他到了纽约后,才转而用英文写作。张爱玲在读书的时候,就用英文写了她的第一篇散文,后来还继续给上海的西文报纸写英文文章。不过,一直要到很后来,也就是五十年代早期张爱玲离开上海后,她才开始用英文写小说。那两本英文小说《秧歌》和《赤地之恋》,都是据她的中文作品改写的。但纵使张爱玲有双语天才,她试图用英文写作在美国成名还是失败了。很大一部分原因是美国市场上的地方主义,不过显然这也和张爱玲在中英文写作上对语言的感觉不同有关。我随意地翻阅了她写于一九四二年的那些后来改写成中文的英文散文,发现她的中文语调比英文更尖刻,但同时也更亲切。看上去张爱玲中文里的那种"亲近"感是和她事先假定了她的读者是上海人有关,她似乎很容易认同上海人。比如,在她的散文《更衣记》里,她考察了女性时髦的更替,但用中文写的就要比她用英文写的(英文名是 Chinese Life and Fashions)显得更驾轻就熟更关注细节,也是因了她分享着熟悉的历史的缘故。此外,在一篇《洋人看京戏及其他》的文章里,张爱玲非常有意识地采用了一个洋人的视角来"看京戏"。但整篇文章中,她不断地举例说"洋人永不能理解"这种艺术形式为什么会受欢迎,而这种艺术形式是把崇高和荒谬熔为一炉的。❶ 这篇中文散文,就像她写的那些英文文章一样,是委婉地为京戏以及中国辩护的。因此,即使是在她最带"异域情调"的文章里,她的立场也总在作为一个中国人的"主体"位置上。

由此我认为,尽管本书所讨论的上海作家带着喧哗的西化色彩,但他们从不曾把自己想象为,或被认为是因太"洋化"了而成了洋奴。从他们的作品里,我得出了这个明显的结论,即虽然上海有西方殖民存在,但

---

❶ 张爱玲《洋人看京戏及其他》,见《流言》,台北:皇冠出版公司,1984,页 100—109。

他们作为中国人的身份意识却从不曾出过问题。在我看来,正是也仅是因为他们那不容置疑的中国性使得这些作家能如此公然地拥抱西方现代性而不必畏惧被殖民化。对更早时期所做的研究也表明,尽管上海居民在现代性面前也有焦虑和迷茫,但他们是欢迎以具体的"机械化"形式到来的现代性的:(经历了最初的惨败后的)火车、电报、电车、电灯和汽车。❶ 但这并不意味着,在中国,整体而言的国族现代化构造已经"完成"了。那远没完成。但在三十年代早期的一段时间里,一种源于对国族自治的呼吁而产生的民族主体论的集体思潮确实,好坏不论,灌注进了上海和其他通商口岸的城市文化中,其规模在之前的历史上是无与伦比的。这些城市包括天津、青岛、武汉、广州等,但香港却是个值得注意的例外,她依然是受英国殖民程度较深的城市。如第一章所述,三十年代的上海正好达到了城市发展的一个新高度——新造了很多摩天大楼、百货公司和电影院。这种新的城市景观成了中国"新感觉派"作家笔下的绝大部分小说的背景,这些作家很显然为新上海的辉煌和奇观而感到眼花缭乱。到一九四二年,张爱玲从香港回到日占区的上海时,这个城市天空线的"奇观"对她而言,已是她耳熟能详的世界的一部分。

一种中国世界主义

不说殖民化戏拟,我更愿意把这种景象,上海租界里的中国作家热烈拥抱西方文化,视为是一种中国世界主义的表现,这也是中国现代性的另一侧面。

---

❶ 似乎上海社会史的权威学者唐振常先生也得出了相同的结论。参见他的《市民意识与上海社会》,载《二十一世纪》,香港中文大学,第 11 期,1992 年 6 月,页 11—23。

我们可以说世界主义也是殖民主义的副产品。因此,在反殖民的民族斗争中,世界主义也是一个被攻击的对象。这在毛泽东的革命策略里是非常显著的。同时,列文森(Joseph Levenson)从另一个角度提出,儒家世界在本质上也是世界主义的。这个传统的大同主义被急于对外开放的"五四"知识分子处理得太乡土化。和他的个人同情是背道而驰的,列文森认为,这个新的"资产阶级世界主义"的提倡是注定要失败的,因为发起人的力量太弱而且也太乡土化:"上海的有些中国人所谓的世界主义,由中国朝外打量,最终不过是朝里看的那些人的乡土化变奏。那是硬币的翻转,一面是世故的脸,一面是求索的脸,带着羞怯的天真。"他为批评所列举的例子是翻译西洋剧的那些中国人,他认为他们无力"把西洋剧内化为中国人的需要和经验"❶。

列文森写作的一九六六年恰逢"文革"开始,他自己也不久过世。他目睹了另一场革命上升的浪潮,这场革命声称将扫除残留在上海的任何都市世界主义的痕迹。自然他深感失望。他对世界主义前景的悲观态度似乎也导致了他对戏剧翻译所做的不恰当的评价。他的研究虽仅在香港的一个图书馆完成,却挖掘出了大量的在二三十年代相当短的时间内完成的戏剧译本,这些西方剧作者风格各异,包括席勒、莎士比亚、柯内尔、莫里哀、费尔丁、王尔德、显尼支勒、皮兰德娄和哥多尼。不管这些剧本是不是上演过,这些"探索的羞怯的"天真汉的努力早已在翻译的数量和种类上创下了一个历史记录。虽然列文森轻视他们的成果,他也惋惜这些作品明显的无用功:谁又会在乎显尼支勒戏剧的一个中国译者试

---

❶ 约瑟夫·列文森(Joseph Levenson)《革命和世界主义:西洋舞台和中国舞台》(*Revolution and Cosmopolitanism: The Western Stage and the Chinese Stage*),伯克利:加州大学出版社,1971,页 41。

图在柏林气质和维也纳感性之间做出精细的区分呢？❶

但我以为，我们需要问的正是一个相反的问题：在那样匮乏的年代，中国的作家和翻译家是如何能够辨别西方作者、西方文学之间的那些差异？要是列文森读了显尼支勒在中国的更多的译本，他一定会发现这个维也纳作家的绝大部分重要作品都被翻译了或是在施蛰存编的杂志《现代》上做了译介。施本人翻译了《爱尔赛小姐》《蓓尔达·迦兰》和另外的一些小说；他也购买了德国、英国出版的显氏的一些作品，包括《爱尔赛小姐》《中尉哥斯脱尔》和《破晓》。❷ 显尼支勒的戏剧绝大多数是由赵伯言翻译的。为什么这么一小群中国知识分子在那样匮乏的一个时代，却成功地译介了这么丰富的西方文学作品？一个方便的回答是，当时的城市阅读群体显然对此有需求，不管这个群体相对于整个中国的人口而言是多么微不足道。更重要的是，大量的翻译和创作文本帮助了营造文化空间，而世界主义的方方面面就应该在这样的文化空间里被考察。我不打算像列文森那样套着一个外来窥视者的面具，我选择相反的过程，打算把自己放在向外看的"内人"位置上。一个年纪不轻的阅历丰富的"外人"，比如列文森，特别容易采取知识分子式的俯视态度。因此我不同意列文森的阐释，我的立场是相反的：如果说世界主义就意味着"向外看"的永久好奇心，它把自己定位为联结中国和世界的其他地方的文化斡旋者，那上海无疑是三十年代最确凿的一个世界主义城市，西方旅游者给她的一个流行称谓是"东方巴黎"。撇开这个名称的"东方主义"含义，所

---

❶ 约瑟夫·列文森(Joseph Levenson)《革命和世界主义：西洋舞台和中国舞台》(*Revolution and Cosmopolitanism: The Western Stage and the Chinese Stage*)，伯克利：加州大学出版社，1971，页31。

❷ 参见本书第五章。我买下了施蛰存本人的一些书，包括上述几本。

谓的"东方巴黎"还是低估了上海的国际意义,而且这个名称是按西方的流行想象把上海和欧美的其他都会联系起来的。而实际上,在亚洲,上海已经替代东京(毁于1923年的地震)成了都会枢纽网的中心。这些都会是因贸易、运输和旅游造成的海运往来而联结起来的。诚如别发书店的分支机构所显示的,他们的书籍运送线把下列城市紧紧地联系了起来:上海、香港、天津、横滨、新加坡、新德里和孟买。虽说这条运送线路很明显带着英殖民主义的印迹,这条城市链还是形成了一个国际文化空间,其中不仅英法的地位显赫,日本也扮演着重要角色。

大约自一九〇〇年始,中日知识分子、作家和学生就频频穿梭于北中国海上。而上海北部的日本"租界区"也是一方国中的他人属地,像鲁迅那样的作家,以及大批的人数多于英法的日籍流亡者都寓居在那儿。众所周知,这种"接触日本"的方式对理解中国左翼文学至关重要,因为绝大多数的中国左翼作家包括鲁迅在内都曾在日本受过教育,而且他们翻译的多数马克思主义典籍和革命理论都是通过日文原著或德俄的日译本再译过来的。但日本的影响还不仅限于左翼文学和思想。西方文学中的基本术语和概念绝大部分也是来自于日本:比如"象征主义"这样的术语,以及厨川白村首次提出的"苦闷是艺术创作的关键因素"这样的命题。鲁迅后来翻译了厨川的著作《苦闷的象征》《出了象牙之塔》和鹤见祐辅的《思想・山水・人物》。❶ 厨川白村广征博引不拘一格的话语,从英国浪漫主义到法国现实主义和象征主义,从弗洛伊德到伯格森(《苦闷的象征》),从自我表述到民族个性,从享乐主义到劳工文学(《出了象牙之塔》),从西方作家和政治家到他的个人游历(《思想・山水・人

---

❶ 参见本书第七章。这三部收在《鲁迅全集》里,北京:人民文学出版社,1973,第13卷。《苦闷的象征》这个标题取自雪莱的一首诗:苦闷中所学即是他们用歌所教之物。

物》),向整整一代中国作家,左翼也好,非左翼也好,提供了基本的"背景"读物。如第七章所述,正是从鲁迅译介的厨川第一卷里,波德莱尔和颓废这个概念才第一次被引入中国。

横光利一的上海

与此同时,上海也向日本知识分子提供了一种特殊的意义,尤其是在二十年代后期至三十年代后期这个至关重要的阶段,当时绝大多数日本知识分子经历了从唯美主义、无产阶级主义到日本的帝国民族主义的意识形态转换。上海,一个他们很多人都到过的城市,同时向他们提供了一个既真实又虚幻的背景,使他们得以在民族主义和国际主义之间思索他们自身的矛盾和暧昧心理。就此而言,我们有必要关注一本非常精彩的小说,即日本新感觉派领袖横光利一写的《上海》,以此使世界主义的复杂性能获得另一种可资比较的光亮。

横光利一本人于一九二八年访问了上海,并在那儿住了约一个月。他写的《上海》最早是在一本名为《改造》(KAIZO)的文学期刊上分七期连载的,从一九二九年十一月到一九三一年十一月,其时他的"新感觉派"(1924—1927)已经星散,而且有些成员也转向了无产阶级文学。这也许可以解释为什么刘呐鸥和穆时英没有特别提到这部作品,而且小说也没有译本,尽管穆时英的作品里有模仿这篇小说的痕迹。在这篇小说里,横光利一塑造了大量的人物,有日本人、俄国人、英国人、美国人和中国人,每个人都通过他/她的社会地位获得定位,以此来强调"人物在给定的社会现实的关系下的特殊情感和感觉"❶。换言之,横光利一的描述超越了人物的主体情感,并借此来把握"对上海的环境和事物那种几乎可知觉的毗邻感"❷。有意思的是,和他的中国追随者所描绘的五光十色的现代都会截然不同,横光利一的上海却是黑暗、贫穷而肮脏的"地下世界"。下面的景象描述截自小说的开头部分。

> 砖头摇晃的街区。在狭窄的僻路上,成群的穿着长袖黑袍的中国人,就像海底的海藻沉渣般,挤得那个地方甚为可观。乞丐蹲在鹅卵石铺的路上。在他们头顶的店铺门口,挂满了鱼囊,滴着血的截截鲤鱼,等等。边上的水果摊上,串在一起的芒果和香蕉垂下来几近人行道。而水果店边上的位置摊着无数垂着蹄子的去皮猪,它们被挖得像色泽新鲜的幽暗洞穴。❸

上述的景象是一个日本人被带到中国的公共浴室去的路上所看到的。和其他的一些景象,比如"肮脏的充塞鸦片鬼和妓院的贫民窟"相比,这已算是一种温和的追忆了。如帕斯特赫(Emanuel Pastreich)所言,"横光利一的语言给我们留下了古怪的超现实的印象,让我们一下就想到达利的画……对这个现代派作家来说,上海提供了一个陌生化的景观使他能够探索他的新感觉能走得多远"❹。我们可以追问,为什么以

---

❶❷ 酒井直树《多人种国族和日本文化主义:论文化研究和国际主义》,此篇论文在东京大学国际会议"与文化研究对话"上宣读,1996年3月17日,页12。我非常感谢酒井教授允许我阅读并引用了他的这篇深有洞见的论文,它提供了我的论述基础。

❸ 《横光利一文集》,东京:河出书房,1977,第31卷,页7。上引片断由帕斯特赫(Emanuel Pastreich)翻译,见他在我的"上海现代性"讨论课上所交的论文,1992年秋季,页15。我很感谢帕斯特赫先生允许我引用他的翻译以及他的某些论点。

❹ 《横光利一文集》,东京:河出书房,1977,第31卷,页16。

观光者身份到上海的横光利一,在上海住了一个月后,要集中笔力去描写贫民窟的肮脏景象,却不去写声光化电的辉煌景观;况且,他从前的兴趣也是在状写因激动人心的物质现代化而引发的主体情绪? 也许是因为在日本的"新感觉派"文学中,声光化电早已是司空见惯的东西,而横光希望描画一个与现代日本截然不同的世界。如果是这样的话,横光利一笔下的中国则早已被标志了是一个"异国",他用的是一个更传统、更轻蔑的称谓"支那",而不是更现代的名词"中国",所以中国对日本和横光笔下的日本人来说,都是一个东方主义的"她者"。

事实上,要状写"异国",没有比描写一场群众运动更好的了,因为那会牵动波浪或雪崩般的无数能量,就像爱森斯坦的经典电影《波将金舰》里战斗场面中的水手,这部电影的开头也有肮脏不堪的景象出现。❶ 这是最合适的场景设计了,因为对日籍主人公而言,只要中国依然被视为一个异己的"她者",那中国人只能是一群面目模糊的民众。其中的一个角色,Sanki,因为担任着一家纺织厂的临时经理助理,他的地位就"如同一个殖民长官,而他手下的工人就得显得毫无个性"❷。所以,在酒井直树(Naoki Sakai)看来,横光利一的《上海》"成功地呈现了主体位置在殖民、阶级和人种差异上的感官差异"❸。酒井的这篇很有启发性的文章所暗示的是,在横光的小说追述中,上海是作为一个充满复杂张力的都市而呈现的,她是各种殖民角色的登场背景,他们因社会等级、经济优势、人种和民族不同而表达着不同的个人自尊或羞耻感,而人种、民族身

---

❶ 波浪的比喻被前田爱(Maeda Ai)用来分析这部小说。见前田爱《上海 1925》,刊《城市空间里的文学》,东京:筑波书房,1983,页 365—401。和爱森斯坦电影的比较在帕斯特赫的文章中提到过,页 20。

❷❸ 酒井直树《多人种国族和日本文化主义:论文化研究和国际主义》,此篇论文在东京大学国际会议"与文化研究对话"上宣读,1996 年 3 月 17 日,页 14。

份还决定着角色和其他人种、国族的人打交道时的态度。"民族性就像是银行账户……在上海,也许英法两族意味着最高的存款额,而前革命时期的俄国民族,如奥噶(Orga)所列举的,则意味着财政赤字。帝国主义世界的等级是赤裸裸的。"❶如果能得到帝国主义的许可,那对《上海》中的日本"臣民"来说,其中心问题,用酒井直树的话说,就是:"一边是民族的归属问题,一边是和帝国主义的亲合性,个人如何在这两者的冲突中获得平衡?"❷横光小说的精彩之处就在于他营造了一个虚构的空间——上海,在那里,上述的冲突带着主要角色之间所有缠绕的人际关系而显得格外真实。

有意味的是,书中只有一个主要人物是中国人芳秋兰。她白天在日本人的纺织厂当工人,晚上却出现在舞厅里;但事实上,她是一个革命者,一个工人领袖。这个人物身上似乎飘荡着某种"东方"神秘色彩,她和茅盾小说《子夜》里的那些女工形成了强烈对比,后者是毫无"私生活"可言的。芳秋兰的神秘魅力也更让人觉得她作为一个中国革命者很不可思议,因为她还将带领她工作的"东方棉纺厂"里的工人进行罢工,这个"东方棉纺厂"还是有原型的:五月十五日那天,"一群中国工人闯入了临时关闭的棉纺厂,他们要求复工,还捣毁机器,日本警卫就向他们开枪。一个共产党员工人领袖因受伤身亡"❸。这件事情引发了一系列的工人和学生示威并最终导致了"五卅"事件。在"五卅"事件中,一个英国

---

❶ 酒井直树《多人种国族和日本文化主义:论文化研究和国际主义》,此篇论文在东京大学国际会议"与文化研究对话"上宣读,1996年3月17日,页14。

❷ 酒井直树《多人种国族和日本文化主义:论文化研究和国际主义》,此篇论文在东京大学国际会议"与文化研究对话"上宣读,1996年3月17日,页1。

❸ 马丁·韦尔波(Martin Wilbur)《民族主义革命:从广东到南京,1923—1928》,见费正清编《剑桥中国史》,第12卷,第一部分,剑桥:剑桥大学出版社,1983,页547。

警方官员下令他的塞克教徒和中国警察在公共租界的老闸捕房前向示威群众开火,当场死了四人,八人事后亦死于枪伤,其中有五六人为学生。❶ 这起震动全国的事件是横光小说的真正主题。他以"新感觉派"的技巧,用大量的视觉形象匠心独运地描画了群众示威的汹涌波涛。而同时,群众运动压倒一切的重要性某种程度上使横光感到作为一个小说家很卑微,他在改造出版社出的第一版《上海》中,附了这样一个序:

> 说到小说中出现的场景,那和五卅事件有关:在远东的现代历史上,那是欧洲和东亚的第一次交战。要深入地描写这样一场未完的大混乱——这混乱的旋涡是外国存在问题,也就是说,不仅写作行为本身会有问题,而且书的出版也被证明是同样困难。尽管我已尽力坚持史实,但似乎我离它们越近,我就越感到一无所有的苦恼,唯有提笔写下事件的大概。❷

这个序似乎给人这样的印象,即历史真实被证明比小说更令人敬畏。这是现实主义小说作家所面临的典型的两难问题。但历史也令人意想不到地拐了弯。到横光写序的一九三二年,"远东的现代历史"已经发生了巨大变化。日本在上海的第一次轰炸揭橥了日本军国主义的到来。尽管这个企图在很大程度上因世界舆论的反对而被中止了,它并没有先行阻止日本作家和知识分子在意识形态上从国际左翼主义转换到民族法西斯主义。而自三十年代起,横光本人就开始了他的自身转换:他从世界主义的姿态上撤离下来,原来在写上海时,他关注的是帝国民族主义

---

❶ 马丁·韦尔波(Martin Wilbur)《民族主义革命:从广东到南京,1923—1928》,见费正清编《剑桥中国史》,第12卷,第一部分,剑桥:剑桥大学出版社,1983,页548—549。

❷ 由帕斯特赫翻译,页10—11。

和反殖民的民族主义的效应;他后来的小说很明显地表明他已经失去了从前的先锋性,转到一个僵硬的立场上去,为日本的民族主义作文化背书。❶ 如前田爱(Maeda Ai)所注意到的,横光所体验到的"苦恼"和"困难"可能是变化了的环境所带给他的。❷ 在日本的新民族主义者眼里,现代历史上作为"欧洲和远东第一仗"的"五卅"事件含有截然不同的意义:它昭示着需要由日本来领导建立一个更大的远东同盟来对抗西方帝国主义。

中国方面的情形也山水巨变。群众运动积聚了巨大的力量和影响以至于蒋介石在一九二七年四月突然对全体共产党员发动了一次"清洗"。中国共产党被迫转入农村,同时也放弃了其城市基础,并逐渐抛弃了基于工人运动的城市战略。蒋介石于一九二八年在南京强化他的国民党政权后,也开始以民族主义的名义进行意识形态上的控制。因此上海的租界成了形形色色左翼人士的避风港,这些人包括地下共产党联络员、马克思主义者、托洛斯基主义者和"革命文学"的倡议者,还有"左"倾的先锋艺术家和作家,像施蛰存、刘呐鸥和戴望舒,他们都刚在二十年代后期开始在他们的小杂志上发表作品。我在第四章里谈过,在他们短命的期刊像《无轨电车》和《新文艺》上,他们把艺术上的先锋主义等同为政治上的激进;因此他们都自认为是左翼分子,但不是共产党员。他们的书店叫什么"水沫"和"第一线",同时受租界警察和国民党特务的监视。比较特殊的是刘呐鸥,我在第六章谈过,他继续倡导他的艺术现代主义的"混合"招牌——日本新感觉主义、法国异域风(穆杭)和好莱坞电影的

---

❶ 酒井直树《多人种国族和日本文化主义:论文化研究和国际主义》,1996 年 3 月 17 日,页 30。

❷ 前田爱《上海 1925》,刊《城市空间里的文学》,东京:筑波书房,1983,页 376。

结合。由所有的这些政治复杂性和意识形态的暧昧性观之,上海的日本在场问题不是轻描淡写能说清的。一方面,中国的一些左翼作家把日本入侵视为西方殖民主义以来的帝国主义新浪潮;另一方面,有些左翼作家,包括鲁迅,在日本文学中的整个无产阶级景观巨变为日本帝国民族主义前,一直在向日本的左翼分子学习,译介他们的论说和口号,试图从日文资源中找到苏维埃俄国真正发生的是什么。[1] 简言之,到一九三七年战争终于全面爆发时,中国和日本的民族主义含义本身都发生了变化。

一个世界主义时代的终结

因此在一个左翼分子看来,从一九二八到一九三七的这十年也是左翼的缺席导致世界主义气氛弥漫上海的时期,因为中日的保守民族主义讽刺性地便利了一个宽松的、反日本亚洲帝国主义和反欧洲法西斯的左翼作家同盟的成长,而地下中国共产党的城市一翼则从中获利良多。一些国际组织,包括第三国际,都派遣代表到上海,和他们的中国追随者及租界里的同情人士会面。因此一个不算正式的国际同志会就这样形成了。法国作家巴比塞(Henri Barbusse)在这场运动中扮演了领袖角色,但他本人却没能来成中国,倒是派了他过去的同学古久列(Vaillant-Couturier),法国左派报纸《人道报》(l'Humanite)的主笔来了趟中国。施蛰存和杜衡到他住的饭店去访问了他,并在他们编的《现代》杂志上(第四卷第一号,1933 年 11 月)刊登了他特别为中国读者写的《致中国知

---

[1] 关于鲁迅一直苦苦地追踪苏联的文学论争的努力,参见拙著《铁屋中的呐喊》,布鲁明顿:印第安纳大学出版社,1987,第八章。

识分子》一文。古久列还出席了由中国共产党秘密主持的"反战大会",也即反帝国主义战争,"那个会议是公开宣布,而且巧妙地在市中心召开的"。从全国各地,包括从"红色根据地"来的五十个中国代表出席了大会。外国代表有英国工党的马莱(Marley)爵士,一个叫马丢(Marteau)的比利时共产党员,一个叫普皮(Poupy)的法国社会主义者,美国记者、上海的一份英文杂志 China Forum(《中国论坛》)的编辑伊萨克,该杂志会后就刊登了会议议程。宋庆龄宣布了会议开幕,马莱爵士担任了会议主席。❶ 这个世界主义的左翼主义标记很合乎当时文学上的整个意识形态趋向,这种左翼主义一方面因中国作家的反日侵的爱国情绪而得以加强,一方面也混杂了一种模糊的国际主义同盟情绪来抵抗欧洲的法西斯主义。❷ 自一九三七年宣战以来,在西方租界的合法庇护下,在上海依然可以从事秘密的反日活动。

因此除了,或说因为,所有这些特殊的情状,上海作为都会在三十年代早期算是登峰造极了,并一直持续到一九三七至一九四一的"孤岛"时期;其时日本只是部分地侵占上海,而租界依然保持着合法的自治权,甚至在日本于一九四二年完全占领上海后都是如此。一九四二年也是张爱玲从香港返沪开始她写作生涯的那年。日占时期的上海是早已开始走下坡路了,但一直要到一九四五年抗战结束,通货膨胀和内战使得上

---

❶ 哈洛德·伊萨克(Harold Isaacs)《中国重逢:封锁时期的一次旅行笔记》(*Re-encounters in China : Notes from a Journey in a Time Capsule*),纽约阿芒克:M. E. Sharpe, 1985,页21。

❷ 在日占前夕的一九四〇年,戴望舒在香港翻译了不少"西班牙反法西斯歌谣",由此深刻反映了西班牙内战特殊的尖锐意义。见施蛰存编《戴望舒译诗集》,长沙:湖南人民出版社,1983,页3。施王在这本集子里选了阿莱克桑德雷(Vincente Alexandre)等几位诗人的八首歌谣,页197—222。

海的经济瘫痪后,上海的都市辉煌才终于如花凋零。而以农村为本的共产党革命的胜利更加使城市变得无足轻重。

在新中国接下来的三个十年中,上海一直受制于新首都北京而低了一个头。而且,虽然上海人口不断增加,但从不曾被允许去改造她的城市建设:整个城市基本上还是四十年代的样子,楼房和街道因疏于修理而无可避免地败坏了。这个城市丧失了所有的往昔风流,包括活力和颓废。而茅盾《子夜》里的那个 LIGHT,HEAT,POWER 的世界看来也消失了,取代她的则是迅猛发展的香港。

第十章　双城记(后记)

> 这一点东方色彩的存在,显然是看在外国朋友的面上。英国人老远的来看中国,不能不给点中国给他们瞧瞧。但是这里的中国,是西方人心目中的中国,荒诞、精巧、滑稽。
>
> ——张爱玲《沉香屑:第一炉香》

上面的这段话引自张爱玲写香港的一个故事。这是她投给鸳蝴派杂志《紫罗兰》的第一篇小说,那是在一九四三年,震惊了它的编辑。小说面世后,这个故事及其续篇《第二炉香》席卷了上海文坛。为什么鸳蝴派杂志的编辑和读者,这些习惯于浸淫在一个更传统的中国文化世界里的人,会对一个年轻女人在香港变成妓女的故事感兴趣?香港的什么吸引着上海人?如果这个城市的荒诞、精巧、滑稽,在西方人眼里代表着中国,那么,通商口岸上海是不是也如此?

在故事的开头,张爱玲描绘了山腰上的一座"白房子"——流线型的,几何图案式的构造,类似最摩登的电影院,以及室内装饰中"东方色彩"与"西洋布置"的古怪混合:这是女主人公的姑妈操纵的一座高等妓院。天真的沦丧似乎是故事的最初主题,但我们立刻意识到年轻的女主人公葛薇龙,仿佛是缘于某种致命的诱惑,自愿地加入到了这个"荒诞、精巧、滑稽"的世界中去,而且她相当清楚"她自身也是殖民地所特有的东方色彩的一部分"。她和她姑妈形形色色的客人交际,常常还要与她姑妈争宠。"她看她姑妈是个有本领的女人,一手挽住了时代的巨轮,在她自己的小天地里,留住了满清末年的淫逸空气,关起门来做小型慈禧太后。"而张爱玲是这样描述"白房子"里的一个铺张的园会的:"香港社会处处摹仿英国习惯,然而总喜欢画蛇添足,弄得全失本来面目。梁太太这园会,便渲染着浓厚的地方色彩。草地上遍植五尺来高福字大灯笼,黄昏时点上了火,影影绰绰的,正像好莱坞拍摄《清宫秘史》时不可少的道具。"就是在这样荒诞的气氛中,葛薇龙和一个混血女子交了朋友,这朋友"她的宗谱极为复杂,至少可以查出阿拉伯、尼格罗、印度、英吉利、葡萄牙等七八种血液",而且很快便爱上了她哥哥,另一个英俊的混血儿,他不是说英语,就是讲葡萄牙语,引诱她但不承诺婚约。不过,最终他俩却结了婚,而且似乎在一切的无常中找到了幸福。❶

我们从来没有邂逅过这样荒诞的角色和这样古怪的场景:一个殖民化岛屿和一段在中国人看来是屈辱历史的产物。在张爱玲的小说中,香港承受着双重注视:来自英国殖民者的和来自中国上海人的。在她的散文《到底是上海人》中,张爱玲说她为上海人写了一本"香港传奇",说"写它的时候,无时无刻不想到上海人,因为我是试着用上海人的观点来察看香港的"。❷ 她虽这样说,但还是给后来的读者提出了一些棘手的问题:张爱玲小说中对于香港的东方色彩的铺张罗列是对一个殖民社会的

---

❶ 张爱玲《沉香屑:第一炉香》,见《传奇》,上海:上海图书公司,1946,页 213、224、233—234。
❷ 张爱玲《到底是上海人》,见《流言》,台北:皇冠出版公司,1984,页 57。

讽刺还是一种现实主义的描述？什么是上海人的观点？它与英国殖民者的观点有何不同？这两个城市，都是英国在亚洲殖民入侵的历史产物，关于它们之间错综复杂的关系，我们能说出什么来？张爱玲以她非凡的洞见也看出了这两个城市之间不寻常的关系，那么，什么是值得继续追问的，并以此使我的论述关乎今天？

香港作为上海的"她者"

从上面引用的《沉香屑：第一炉香》的几段话看来，香港首先是作为电影的象征呈现的，某种方式上形同《倾城之恋》。葛薇龙，像白流苏一样，也从上海来，被迫去扮演一个与她原先学生身份不符的角色，如同被突兀地塞入好莱坞的一出东方电影。这种"现代电影院"的自我指涉和《多少恨》开头的写法一样：故事在舞台似的"白房子"里开始，然后它本身又变成一个尚待制片的电影故事。简言之，对当时上海的普通读者来说，也许他们最初的反应就像看某些好莱坞电影，故事对他们有吸引力只是因为它们不可思议的荒诞，但荒诞本身是张爱玲写作技巧的一部分，以此帮助她的文本达到"陌生化"效果。因此现实主义便很自然不会是张爱玲最喜欢的文学信条，《沉香屑：第二炉香》就像张爱玲的其他一些小说，更体现着它们的寓意：它是一个城市的故事，这个城市是她的"家城"，上海的"她者"。如果说我们需要"她者"来理解自己，那么，香港对于我们理解上海也就非常关键。这也许也暗示了为什么张爱玲把她的故事背景放在殖民化的岛屿。

我们能期望像香港这样的城市在上海这样的城市上投射什么样的光呢？这个问题可以被换成另一个更具"后殖民"眼光的问题：在多大程

度上，我们能把上海看成一个像香港一样的殖民化的城市？这两个城市之间的区别难道仅有西方殖民化程度的差别而没有本质上的差异？从张爱玲的散文与小说看来，她的感受相当复杂，好像她在时的香港（大约一九四〇年）是寡廉鲜耻的殖民化，而同时期的上海却不是这样，至少不完全是，因为香港没有上海的"涵养"——这个词最初是用来指一种受过教育的世故，它使人能够自我克制并保持温文尔雅的外表。从张爱玲对梁太太园会的描写看来，香港在摹仿西方时，终究是太喧哗太粗俗太夸张了，造就的也就止于文化上的哗众取宠品。因此张爱玲会把香港描写成一个急于去魅惑她的"殖民主子"的"妓女"，而这个城市显然是很有目的地把自身置于西方殖民者的注视之下，并仅仅按殖民者的想象来物化自己。然而，东方式的荒诞场景，诚如张爱玲的小说技法所示，不断受到一个局外叙述者的评议，而这个局外人属于上海不属于香港。换言之，香港这个殖民化的世界是让一个有点困惑的中国人从远处来观望的。

在这个异地他乡，还可以看到更多的心理创伤：一对年轻英国夫妻的维多利亚式的性压抑和新娘在新婚之夜的精神崩溃（《沉香屑：第二炉香》）；一个年轻学生对他母亲的旧情人，他的老师的不正常幻想，以致他对他老师的女儿感到一种"乱伦"的爱（《茉莉香片》）；一个下层中国女人与一系列男人的情事：一个买了她的印度商人，一个中国店员，一个英国军官（《连环套》）。只有当女主人公有一个彻底的上海背景，像《倾城之恋》中的白流苏那样在环境迫使下"渡到"香港，我们才会看到一段人性得多的经历，虽然仍然是在一个异地。在小说中流苏发现她不得不与一个"殖民"对手，一个印度公主去竞争，并设法赢得她的男人。很显然，对张爱玲来说，当香港在令人无望地全盘殖民化的同时，上海带着她所有的异域气息却依然是中国的。这两个城市的历史中发生了什么使得张爱玲作如是想?

当张爱玲于一九三九至一九四一年作为学生去香港时,这个岛已受一个世纪的英国殖民统治,而且其殖民化风貌历乱不变。所有的市政建筑都是依官邸的"派拉丁"(Paldin)风格,即源建于一六三五年的"格林威治皇后大厦"的最初模式进行全复制而建成的。❶ 尽管十二层高的汇丰银行摩天大楼(一九三五年)耸立着作为亚洲最先进的商业大楼,❷港岛并没有像三十年代的上海那样经历建筑上的移植。因此,也就不奇怪张爱玲在为香港画像时有点屈尊的意味。作为学生,她住在一个旧式的城堡式大楼里,该楼是殖民风格的变调,所谓的哥特式和文艺复兴风格的"古典复兴"之折衷。只是在日本于一九四五年把这个岛让给英国时,香港才开始慢慢发展成一个文化与商业的大都会。❸ 日本侵华战争的爆发对香港的文化发展有直接的冲击。一九三八年,日本占领上海,迫使大批的知识分子成群南下,包括本书中讨论的几乎所有作家。在大多数人向大后方重庆和延安撤时,不少人绕路香港而往,有些人则滞留下来。一九三八年茅盾在香港,主要担任《立报》的文学副刊编辑,该报由成舍我于一九三五年创办,销量很大,一九三八年移至香港。穆时英亦于一九三八年抵港制片,并且向他在上海遇见的一个舞女求婚然后结婚。据说他欠下太多赌债,只好应他的朋友刘呐鸥之邀回上海;而刘呐鸥其时已成为傀儡政权的要员。❹ 一九四〇年继刘呐鸥被暗杀后,很快穆时英遭遇同样命运。一家日本文学杂志发表了一组纪念文章,其中包括日本

---

❶ 龙炳颐《香港古今建筑》,香港:三联书店,1992,页63。
❷ 龙炳颐《香港古今建筑》,香港:三联书店,1992,页119。
❸ 龙炳颐《香港古今建筑》,香港:三联书店,1992,页100。
❹ 何英《我见到的穆时英》,《新文学史料》1989年8月,页142—144。卢敦《影坛的过客》,香港《文汇报》,1987年12月7日。

"新感觉派"领袖横光利一的一篇文章。❶ 虽然穆时英对香港文坛无甚贡献,他的老朋友和妹夫戴望舒却不同。一九三六年,戴望舒抵港,并且前后待过十三年。他编辑过一系列的杂志和当地报纸的文学副刊,最有名的是《星岛日报》的文学副刊《星座》。他为该文学副刊招揽了大量作家撰稿,包括他的朋友施蛰存、穆时英、徐迟和叶灵凤。他亦大量地创作诗歌,进行翻译,还就古典中国白话小说进行学术研究。❷ 他被日本人关过一阵,其余时间则相当舒适地住在薄扶林道的一个有海景的半山别墅上。但是他的婚姻却破裂了。一九四九年,他被左翼作家邀回国,第二年就过世了。❸ 戴望舒的年轻朋友诗人徐迟(戴望舒婚礼上的伴郎)一九三八年来港,他经常来拜访戴望舒。在香港,徐迟也见过穆时英,穆时英告诉徐迟一些文化事件的余波笑话及制片的原始状态。❹ 后来徐迟在香港与重庆之间数度往返,交了很多作家艺术家朋友,包括左翼分子夏衍和乔冠华,并慢慢改变信奉了马克思主义。❺ 也许上海作家中(除了张爱玲)最认同香港的是叶灵凤。叶灵凤一九三八年离沪,一半也是出于耻辱(被左翼作家联盟除名),在香港度过了他二十七年的余生。他在港先是自茅盾走后,接手编辑《立报》的文学副刊,然后又接替戴望

---

❶ 《文学世界》,1940 年 9 月,页 174。菲利浦·威廉姆斯(Philip Williams)向我提供这个资料。

❷ 香港学者卢玮銮就戴望舒的香港岁月做了详尽研究并在港出版了戴望舒的著作和译著的完整系年《戴望舒在香港的著作译著目录》(油印总共三百多个条目)。参见她的《香港文踪》,华汉文化事业公司,1987,关于《戴望舒的香港岁月》,页 176—211。

❸ 叶灵凤《望舒和灾难的岁月》,《文艺世界》,1957,第 8 期;赵聪《雨巷诗人戴望舒》,香港《万人》杂志,1970 年 12 月 8 日,页 164。这些和另外一些回忆文章都收在《戴望舒资料集》,香港。

❹ 徐迟《江南小镇》,作家出版社,1993,页 226。

❺ 徐迟《江南小镇》,作家出版社,1993,第 14 章。

戴望舒的婚礼。伴郎是诗人徐迟。

舒编《星座》，在这个著名的《星岛日报》文学副刊上，他连载了大量的散文小品，直至他七十余岁退休，七十五岁病逝。不过，他的小说创作是早就停止了，相反他倒是浸淫在他一生的书籍嗜好中，成为一代藏书家。❶
上述和另外一些作家在一九三八至一九四一年间的抵港标志着第一个"南来潮"，这些人后来在香港成立了两个组织——中华全国文艺界抗敌协会香港分会(1938—1941)和中国文化协会(1939—1941)，以此来推动文学活动和散发抗日传单。❷ 当一九四一年十二月日本占领香港时，他们中的很多人回到上海或去了大后方。一九四七年内战爆发促使大批作家再次南下香港，其时，香港不再是中国的"文化沙漠"或荒诞的殖民化城市。大量内地移民的涌入使得香港人口激增：从一九四五年的一百万到一九五〇年的两百多万。他们也带来了上海的资金。但多数难民住在城郊，生活在极度贫困中，而香港的商界与文化精英则经历了一个可被称为"上海化"的过程：香港不再是一个人们去参观或度假的城市，它成为一个值得留驻的地方。因此到五十年代初，香港成了上海的后方与避难地。上海电影界的大亨重新在香港办起他们的公司，新的公司像邵氏兄弟、国泰和电懋也加入进来。电懋公司曾向作为剧作家的张爱玲提供必要的收入。而像永安和先施这样的百货公司则早已建立了他们的香港分部。中国或西洋的饭店则声称他们"出身"上海、北京或天津。随着上海资本的兴盛，纺织业应运而起，而真真假假的"上海裁缝"也纷纷在此开业。

但尽管五十年代的香港经历着这明显的"上海化"，它依然是上海这个传奇大都会的可怜的镜像。当香港在战火的炮灰中慢慢恢复元气时，

---

❶ 见叶灵凤《读书随笔》前两序，香港：三联书店，1988，第 1 卷，页 1—22。
❷ 具体参见卢玮銮《香港文踪》，华汉文化事业公司，1987，页 53—133。

它根本无力应付突然涌入的大陆难民。令人遗憾的是,香港政府的早期房屋建设措施不力,且欠缺通盘规划。六十年代几乎所有主要建筑计划都是在私家或商业区;到六十年代中期,出现了一些新盖的二十层大楼和在海港一带填海而建的多层旅馆。❶ 继镇压由左翼发起的一九六七年暴动后,麦理浩总督在一九七二年颁布了一个公屋建设的十年规划,❷ 并发动了一系列的公共房屋建筑计划,改变了长期以来的把当地收入交归伦敦的殖民政策。当一九七二年第一条海底隧道建成,把九龙与港岛连起来时,香港终于开始走上超越上海并成为一个大都会的道路。

七十年代香港开始经济起飞,而同时期的上海却因"文革"而瘫痪了,从而导致了一场非法的难民潮再次涌入香港。到八十年代早期,香港已成了英国的"皇冠"殖民化区域,代替印度成了东方的"宝石"。一系列主要的工程在开工:一九七二年的第一条海底隧道;一九七四年的五十二层康乐大厦;一九七七年的新火车站,它把哥特折衷风格的旧火车站大楼留为当地的历史遗迹;八十年代早期亦完成了一条现代地铁线,电气化火车连接起九龙—广东。❸ 随着公共交通和房屋问题的基本解决,八十年代这十年还经历了文化活动的兴盛,电影、电视、实验剧场、音乐会和印刷新闻业,这使得在香港艺术中心旁建立了香港演艺学院,在九龙尖沙咀建成了一个香港文化中心。至此,香港不仅代替了而且超越了上海。

---

❶ 龙炳颐《香港古今建筑》,香港:三联书店,1992,页 151。
❷ 龙炳颐《香港古今建筑》,香港:三联书店,1992,页 154。
❸ 龙炳颐《香港古今建筑》,香港:三联书店,1992,页 174—177。

怀乡：上海，作为香港的"她者"

我们可以把上述的香港市区发展简单地读成一个城市迅速"现代化"的典型例子。然而，在经济的疯狂增长之中，我们也应看到一个奇怪的文化景观：当香港把上海远远地抛在后面时，这个新的大都会并没有忘记老的。事实上，你能发觉香港对老上海怀着越来越强烈的乡愁，并在很大程度上由大众传媒使之巩固，使之不被遗忘。八十年代以来，物资蜂拥而来以供消费：重版的老上海流行歌曲录音带和CD，其中包括由三十年代著名女星白光演唱的《上海之夜》；"老上海式样"的衣服上市成为昂贵的女装店的款式；照片展览与回顾纪念；更有电影和两部流行电视系列剧以《上海滩》和《上海滩续集》命名。❶ 在这种流行的想象中，正如伍湘畹所言："上海是一个奇特的地方，带着表面的浮华和深深的腐败；一个资本主义式的社会，极度的奢华与极度的贫乏并存共生；一个半殖民地，一小撮外国帝国主义分子践踏着中国的普通百姓；一个混乱的地方，枪统治着拳头；一个巨大的染缸，乡村来的新移民迅速地被金钱、权势和肉欲所败坏。简言之，这个'老上海'是一个带着世纪末情调的都市。"❷伍湘畹认为老上海的这个流行形象与香港有明显的相似。"上海

---

❶ 在70年代中期制作的一个更早的系列剧最近由香港无线电视重新制片，名为《上海滩》。见伍湘畹《回到未来：想象的怀乡愁和香港的消费文化》，系她于亚洲研究协会在新英格兰召开的年会上宣读的论文，1996年10月19日，弗蒙特大学。感谢她允许我引用她的论述。另外，近来我去香港的一个叫"上海滩"的高级时装店买东西，感到该店带着刻意的东方风味。

❷ 伍湘畹《回到未来：想象的怀乡愁和香港的消费文化》，系她于亚洲研究协会在新英格兰召开的年会上宣读的论文，1996年10月19日，弗蒙特大学，页10。引用经作者同意。

昔日的繁华轻易地成为香港历史预定进程的寓言,尤其是在这样一个事实的光照下:过去的一百年,香港的经济发展已使它替代了上海,并成为主要的国际都市和世界入口。"❶换言之,"世纪末"标志着香港注定了于一九九七年交还于中国。用本地诗人梁秉钧的话说,这是一个"时间末的城市"。❷伍湘畹亦认为,如果像香港学者阿巴斯所说,"直至十年前,所有关于香港的故事都被写成是关于其他地方的故事",那么,"讽喻性的是,基于同样的理由,关于其他地方比如上海的故事在香港的大众传媒里则经常成为香港的寓言"。❸

在九十年代的香港,你确实会发现伍湘畹所说的"回到未来综合症"。并排而立作为香港建筑象征的新的上海汇丰银行大楼(诺曼·弗斯特设计,1986)和新的中国银行大楼(七十层,贝聿铭设计,1989)再好不过地诠释了过去与未来的并置。汇丰银行的后现代"高科技"风格,对该公司长期以来的殖民背景下的"后资本主义"时代是一种恰当的赞美,它和中国银行宫殿似的辉煌形成对照,后者霸气十足的样子显然提醒着人们,中国占有着香港的未来。不过我倒是把香港自身的焦虑题记在一个老上海身上,在这个明显的"自我吸纳"背后看到了更多的文化上的纠结。香港需要一个"她者"来定义"自己",正如在四十年代,张爱玲的上海把香港作为"她者"。殖民化的香港对上海的中国居民来说,一直提醒

---

❶ 伍湘畹《回到未来:想象的怀乡愁和香港的消费文化》,系她于亚洲研究协会在新英格兰召开的年会上宣读的论文,1996 年 10 月 19 日,弗蒙特大学,页 10—11。

❷ 梁秉钧《在时间末的城市》(*City at the End of the Time*),trans. Gordon T. Osing, Hong Kong: Twilight Books,1992。

❸ 梁秉钧《在时间末的城市》(*City at the End of the Time*),trans. Gordon T. Osing, Hong Kong: Twilight Books,1992,页 11;阿巴斯(Abbas)的评述见他的文章《最后的商业中心:诗和文化空间》,《倾向》1 卷 1 期,1993,页 1—17。

着他们半殖民地的焦虑,尤其是看到商品、金钱的日益流通,旅游的风行,还有像赛马这样的殖民地嗜好。❶ 但是张爱玲和她笔下的上海精英一样,对香港的欣赏,显然不及在香港的大众传媒中,文化制片人对上海的欣赏。在我看来,香港大众文化景观中的"老上海风尚",并不光折射着香港的怀旧或她困扰于自身的身份,倒更是因为上海昔日的繁华象征着某种真正的神秘,它不能被历史和革命的官方大叙事所阐释。这就是他们所希望解开的神秘,从而在这两个城市之间建立起某种超越历史的象征性联系。这在近年来制作的几部引人注目的关于上海的电影中尤为明显:徐克的《上海之夜》、关锦鹏的《阮玲玉》和改编自张爱玲小说的《红玫瑰与白玫瑰》。

关于老上海的香港电影

乍一看,所有这些电影都属于杰姆逊(Fredric Jameson)所说的"怀旧电影"范畴,这种表现模仿和游戏的风格看来"包括模仿,或好一点的,对其他风格的模仿以及对其他风格的独特的风格化的抽取"。❷ 徐克的《上海之夜》有意识地模仿了电影《十字街头》,尤其是在一个喜剧化的场景中,男女主人公共同置身于一个小房间的狭窄空间里,中间只隔一纱布帘。但是这种"重新设置表达老时光的情感和生活方式的象征性道

---

❶ 香港和上海的赛马,具体参见奥斯汀·寇兹《中国赛马》(*China Races*),1983。
❷ 杰姆逊(Fredric Jameson)《后现代主义和消费者社会》,见海尔·弗斯特(Hal Foster)编辑的《反美学:论后现代文化》(*The Anti-Aesthetic: Essays on Postmodern Culture*),Port Townsend, Wash.: Bay Press,1983,页 113—116。

具",并不一定能"重新唤起与这些道具相连的老时光感受"。❶ 在徐克的电影中,上海只是一个框架式背景,而且被布景搭建地的原始状态弄得更不真实。徐克正是抓住了这种虚假性,通过一种语义学上的反身代指,来表达这两个城市之间的象征性联系,在其中一个场景中,我们看到一幅巨大的关于上海的电影广告,上面画着男女主人公在一次轰炸中逃生。看上去徐克是故意舍弃了电影的"神圣的现实主义",以此来暴露影片制作中刻意的平淡。总之,影片的节奏被推至过度,从而使前半部分的影片不能留下什么通俗剧的或伤感的因子;而另一方面,我们所看到的则是发生在一个不可信的"舞台"上,一出充满误会的欢快喜剧。

因此,香港电影确乎是风格和内容上的戏仿之作,且以此来使观众和电影所刻画的"现实"之间保持一段反讽的距离:角色哭得越厉害,我们笑得也越厉害。某种意义上,我们可以把徐克的电影看作是对上海左翼电影传统的一种讽刺,徐克不仅模仿其正宗的意识形态和造成情感冲击的内容,他还模仿其电影制作的最原始状态。当初被推崇为现实主义的艺术,如今看上去是令人忍俊不禁的商业喜剧。但这种风格上的读解还不能够解释影片为什么受欢迎,为什么电视剧偏爱据此改编?不管是什么原因,只要诉诸上海,即使是风格上的讽刺,也会在香港观众身上引发"另外"一些的深层反应。是不是电影中那表面关于上海战争爆发的情节,引发了香港人对未来归属的某种相似的焦虑?

香港导演关锦鹏对上海的怀旧,在他早期电影《胭脂扣》中已相当醒目,故事讲一个女鬼从上一个时代来到现代的香港寻她的旧情人,而她

---

❶ 杰姆逊(Fredric Jameson)《后现代主义和消费者社会》,见海尔·弗斯特(Hal Foster)编辑的《反美学:论后现代文化》(*The Anti-Aesthetic: Essays on Postmodern Culture*), Port Townsend, Wash.: Bay Press, 1983,页 116。

作为名妓"如花"的生活场景被虚设在三十年代的香港,这让人轻易就能想到老上海。不管这个老城市的真实身份是什么,这部电影呈现了一个有意思的课题,即我们可以想象过去时代里那种浸透颓废气息的魔力,却不能再完全捕捉住它。如花的爱的追寻以失败告终,她倒是找到了她的旧情人,但他已是一个老朽,在电影厂当临时工,彻底失掉了爱的能力。因此,某种程度上讲,这部电影可以被视为是对爱与传奇的哀悼,以流行的中国鬼故事形式呈现。但我以为影片想呈现的还更多。片中对旧香港的次第闪回,用精巧组合的镜头,以一种铺张又奢华的风格展开,但是在描画当下时,影片又突兀地转入简洁质朴的现实主义模式。❶ 女鬼的诱惑并不止于情节层面,她看上去就像是被人从张爱玲的小说中拉出来,故意被放置在今天的香港,再让她遇到一对平常的香港夫妻,请他们帮助寻她的旧情人,以此来完成她过去的意义。她的追寻中自然包含着怀旧,但在故事的现代部分展开中,试图重觅过去的幽灵变得与现代缠绕起来。一对过着普通的日常生活的现代香港夫妻能对一个女鬼说什么?是不是她的时代已永远地一去不返,而任何爱的罗曼蒂克追寻注定是一场失败?或者是,她昔日的浪漫对今天依然能提供一种意义?当那对夫妻越来越专注于女鬼的情事,并帮她寻着了旧情人,他们也在这个过程中感到了他们永远无法企及女鬼的爱的强度,那种爱曾导致了她最初的自杀。在电影中,这种清醒的意识似乎燃起了他们的情爱之火,使他们在女鬼逗乐的注视下做了爱。这对夫妻看来十分珍惜这一刻。虽然这一刻不能与我们所想象的如花在她的前生所经历过的相比。但他们这刹那的激情不仅重新确证了他们相互的吸引力,还确证了他们所

---

❶ 此部电影的评论参见我的文章《香港的两部电影:戏仿和寓言》,见尼克・布朗尼(Nick Browne)编辑的《当代中国电影》,剑桥:剑桥大学出版社,1994,页 206—209。

分享的秘密的价值——一个来自另一时代的人不仅闯入了他们的生活，他们的当代生活看来没有给过去留有空间，而且把他们和他们自身历史中的往昔时代联系起来了。在其中一个场景中，身为记者的主人公在一家古玩店寻那个时代的遗迹，发现有一张当时的旧报纸出售，上面印着一则消息说如花和他的情人双双自杀。这看上去像一个普通的发现，但对主人公来讲，这东西却是一个启示，因为他借此抓住了另一种真实。在这里，怀旧已超越了模仿或戏仿而成为历史寓言：如果过去不再存在——这对香港这样的地方是一个常见的比赋——那么它必须被重新创造以此与过去建立新的联结。不同于徐克的《上海之夜》，这部电影不是戏仿旧上海，而是一种赞美，一种肯定。在流行娱乐片的包装下，导演的意图是很认真的。

在另一部关于阮玲玉的电影中，关锦鹏在他罗曼蒂克的探索中又加了一个讽刺的维度。阮玲玉是真的于一九三五年自杀的著名上海电影明星。在一场大胆的自我指涉的戏中，关锦鹏把他的电影构想为一出制作影片《阮玲玉》的戏。演阮玲玉的香港女星张曼玉多次在采访中被问及她本人的感受，因为在这部影片的一些片段中，她重新演绎了阮玲玉电影的某些著名场景，而且与旧影片的真实镜头并置在一起。原版与模仿之间的逼真效果只是为了强调它们之间的历史距离，因此怀旧意味着永远得不到的东西，而在唤醒的过程中，过去必然被理想化。不过可视媒介电影本身成了重要的中介，那些被重新演绎的场景，不仅为当下"再现"了过去，阮玲玉的旧影片镜头更直接把过去带回当下，如同《胭脂扣》中的女鬼。这个从她自己电影中走出来的"真实"的阮玲玉，被关锦鹏带入了现在这部电影的真实框架中：她令人难忘的存在，不仅提醒着关锦鹏自己他曾受惠于上海，得以在那儿制作影片，而且上海本身那种挥不去的神秘持续地魅惑着香港观众。自然,关锦鹏的大多数电影都会在今天的上海拍摄,就像他接着拍的影片《红玫瑰与白玫瑰》。然而,关锦鹏把他的观众带到上海后,他最终却很少进行实拍,似乎今天的现实不再有吸引力。老上海的魅力已成过去,只有通过电影制作来重新创造神奇。大多数的场景都发生在室内,而内景,尤其是舞厅内景被艺术纹饰设计和暧昧的灯光重新营造出一种真实的气氛。关锦鹏一定也读过张爱玲写上海公寓生活的文章,因为电影不断地表现电车铃声。

作为一部电影,《红玫瑰与白玫瑰》不能说完全成功。也许是因为关锦鹏太忠实于张爱玲的故事,那是一个相当自私的男人与两个女人的情事。张爱玲的叙述里布满了她讽刺的评点,而关锦鹏则忠实地将某些句子再现在银幕上,就像无声电影中的字幕。显然,电影叙述模拟了这个短篇小说,可惜这种尝试失败了,因为小说相当依赖于人物心理的交互影响而电影却无法辗转表达。而且,扮演男主人公振保的演员,带着太多的当今香港或台湾的那种年轻男人的随意,不太符合张爱玲笔下那个保守的、带点男性沙文主义倾向的上海都市男人。这种角色的失败也同样发生在许鞍华改编自《倾城之恋》的影片中,里面的范柳原一角由著名的香港男演员周润发扮演,领衔女主角的表演看上去又很勉强,缺少我们在小说白流苏身上能发现的那种高贵的气息,甚或是有一种假装的世故。电影与小说之间的这种表面的比较,很容易让我们得出这样一个结论:"老上海"已永远失去且不能被复制,不管用什么方法。

另外,我们要理解这并不是出于"物质上"的匮乏:就人口和物质规模来讲,香港早已远远超过三十年代的上海,所失落的不如说是张爱玲在她的小说里自然地包含着,生动地呈现着的那种文化与美学上的感性。这种感性,诚如前述,最初是从对各种物质现实的感知中引发的:舞厅里音乐台的艺术纹饰拱门,咖啡的香味和文艺复兴咖啡店的糖果,小巷里小贩的吆喝声,电车铃声。这些东西和另外大量的细节,使得上海对张爱玲来说是那样亲切。在第八章里我已说过,张爱玲欣赏她的城市,并且发展出了一种散文体,使她能够重新捕捉住这个城市的声光化电。应该说,影视媒介能更胜此任,而且关锦鹏很大胆地尝试用这样一些细节来经营电影意象。不管怎样,他还是给我们一个契机去想象如果生活在那样的上海会怎样。在我看来,关锦鹏的失败揭示了他太急于和上海重新取得联系:追随张爱玲,他创造了一个"双城记"的寓言式传奇,就像玛格丽特·杜拉斯的《广岛之恋》(*Hiroshima mon amour*)不涉性爱的神秘,而更多地关乎文化和历史的魂灵。

如果我们比较关锦鹏严肃的实验和张艺谋的那个对情感和细节完全麻木而制作铺张的《摇啊摇,摇到外婆桥》,我们的失落感就更沉重了。在我看来,张艺谋本应是个有才华的导演,但是他的乡村文化教养使他无力胜任一个关于老上海的大都市题材。似乎张艺谋也意识到他拍这个影片有点力不从心,所以在里面穿插了一段又长又离题的乡村片段,试图以此来重新激活他的"都市"叙述。在电影里的歌舞餐厅场景中,舞台布景的伪辉煌风格,连说是对好莱坞歌舞片的粗陋模仿也谈不上。以一个老上海市民的眼光来看,相信张爱玲也一定会如斯断言,半个世纪的革命,确实毁掉了整个的中国城市文化以及它的都市感性。唯一置身革命漩涡之外的都会就是香港,而一个城市需要一个"她者"才能被理解。

不管他们的意图是什么,徐克和关锦鹏的上海情结应该在一个更广阔的视野里被理解。上海和香港所共享的东西不光是一个殖民或半殖民的历史背景,还是一种扎根于大都会的都市文化感性。其实历史已完成了其最具讽刺性的一击,在农村包围城市的乡村革命胜利后的半个世纪,人们又再次看到城市的重要性,并把它们作为文化与经济的中心。当中国一个世纪的现代性追求快告终时,在不远处地平线上晃荡的幽灵是像上海与香港那样更多的城市。

上海复兴

在一九六六年"文革"开始时,已故的列文森曾在他临终前写到,他看到了另一场革命潮在升起;它预兆着依然留存在五十年代上海的都市国际主义的任何痕迹将被打扫干净。自然,他很失望而且他对国际主义前景迅速采取的悲观主义看来过分影响了他的判断。不过,在他的著作的结尾,他还是向自己提供了一线亮光:"文化改革分子的文化地方性也是孤独的一个标志,是与过去和围绕它的当代世界的决裂。他们试图对世界讲话,就像在外国舞台上,我们的人试图讲话,有些人在听,也许有人在听。这样或那样(道路的选择是极端的),中国将再次加入世界潮流。文化中介也好,文化改革者也好,都不会永远像搁浅的小鱼或搁浅的鲸鱼一样。"❶

列文森要是知道中国已真正再次加入世界,卷入跨国市场资本主义的全球潮流,一定会感到欢欣鼓舞。自八十年代晚期起随着中国香港和其他国家、地区的投资商的到来,上海正经历着令人兴奋的都市重建,浦东地区的新的天空线与香港的惊人相似。同时原先占据外滩大楼的有些老牌殖民公司,像怡和、麦迪生公司,又从政府机构那里"租回"了他们的"旧居"。新的星级饭店和大舞厅正在兴建,据说还咨询了香港建筑专

---

❶ 约瑟夫·列文森(Joseph Levenson)《革命和世界主义:西洋舞台和中国舞台》,伯克利:加州大学出版社,1971,页55。

家的设计意见。所有这些大型建筑都推动着上海社会科学院主持下的大型的上海历史与文化研究计划。而新一代的年轻的上海作家与诗人开始在他们的小说与诗歌中探讨什么是所谓的新"都市意识",这个主题对他们而言还是空白一片。一九九三年《上海文化》杂志创办。在他们写给读者的开场白中,重申了"上海文化学派深广坚实的基础,及其以开放眼光吸纳外来文化的光辉传统"。在这期首刊号上有一篇题为"重塑上海的城市形象"论及城市文化的重塑问题;另有施蛰存专访,施蛰存说他已完成了十三卷本,辑要了他过去的大约几百万字的译著。❶ 也许最令人惊讶的现象是"重新发现了张爱玲"。在张爱玲逝世后,大陆的年轻的学者与作家公开地和台湾、香港及海外同行一起表达他们对张爱玲的赞叹和钦仰。国际知名的年轻的多产作家苏童,就是极力称颂张爱玲的作家群中的一个。在他自己的小说中,苏童试图重塑一个革命前时代的世界。可惜他的小说里有所有张爱玲故事中的颓废外表,但是没有她那种城市的、文雅的世故。在他小说世界中不断重现的衰败、肮脏和死亡意象,看来是为了强调污秽地方的撕裂感;作为对照,它使张爱玲那传奇的香港,在革命后一代人的想象中,显得更遥远更不真实。

现在上海终于在一个世纪的战争与革命的灰烬里重生了,不知道张爱玲看到这样的历史反讽,其间她的城市又经历了这样难以想象的命运的逆转,会说些什么;更无法想象的是,如果她能看到新上海的城市景观看上去就像是镜像的镜像——对香港的现代或后现代复制,而香港长期来一直是以老上海为蓝本,又会有什么表示? 也不知道她对我在这章《双城记》里的诠释重建怎么看。本章的写作亦是受她的小说启发。在

---

❶ 顾伟《记施蛰存先生》,《上海文化》,第 1 期,1993 年 11 月,页 69—71。

《中国的日夜》一文中,她描写了一条典型的上海街道,有一个道士沿街化缘,这幅相当不合时宜的人物景观使张爱玲发了下面的感叹:

> 时间与空间一样,也有它的值钱地段,也有大片的荒芜……这道士现在带着他们一钱不值的过剩的时间,来到这高速度的大城市里。周围许多缤纷的广告牌,店铺,汽车喇叭嘟嘟响;他是古时候传奇故事里那个做黄粱梦的人,不过他单只睡了一觉起来了,并没有做那么个梦——更有一种惘然。❶

如果她半个世纪后回到后社会主义的中国新都会上海,她一定是化身为那个道士的角色。

---

❶ 张爱玲《中国的日夜》,见《传奇》,页 390。

附 录

《上海摩登》韩文版序

　　这本书从酝酿、找寻资料、研究到写作，花了至少十年工夫，终于赶到二十世纪的最后一年(1999)由美国哈佛大学出版社出版。中文版则由上海学者和散文家毛尖女士译就，先后由牛津大学出版社（香港）有限公司和北京大学出版社出繁体字和简体字版，据闻销售的成绩不错，也得到不少中外学者的批评，这是我始料未及的。当我于八十年代初构思此书时，中国的改革开放政策刚开始，社会风气仍然不够开放，一般人心目中仍然以为"老上海"是一个颓废之都，又是饱受"殖民主义"和"封建遗毒"摧残的城市，而中国的官方意识形态仍然是以乡村为"主旋律"，以"乡村包围城市"。所以我在八十年代初抵上海开始研究时难免要冒点风险——这是一种"政治不正确"的不当行为！

　　还记得当上海的学界朋友问我研究的题目时，我还不敢明目张胆地大谈"都市文化"，更不敢说我的书中第一章将会描述三十年代上海的百货公司、电影院和舞场。只有少数年老资深的学者，如魏绍昌先生（当年以研究"鸳鸯蝴蝶派"作家著称，现已故世），对我的研究题目大感兴趣，魏先生除了指导我寻找旧刊物的资料外，并且津津乐道地向我"叙旧"——缅怀他年轻时代在上海做"公子哥儿"的生活，特别对于上海的戏院和电影院如数家珍。另一位老一辈的"现代派"诗人徐迟先生,我早在他访美时即已结识,顿成莫逆之交,他听到我研究的题目,也积极鼓励我,因为他十分了解现代文学艺术和都市文化的密切关系。当时谈"现代主义"还不太"安全",因为往往和"资本主义自由化"或"精神污染"扯上关系,所以徐迟先生在他写的有关现代主义的文章中,还要煞费周章,故意把文学艺术上的"现代主义"(Modernism)作为官方的"四个现代化"(Four Modernizations)的表现形式之一,以求得现代主义的"合法化"。事后思之,徐迟的诠释无意间却与杰姆逊(Fredric Jameson)的说法暗合:西方的"现代主义"的确是资本主义的一种文化上的"上层建筑",但是它本身却是反对中产阶级生活的"庸俗"。两者之间的复杂辩证关系,我是从理论研究上摸索到的。除了杰姆逊之外,尚有我在印第安纳大学任教时的同事卡林内斯库(Matei Calinescu)教授,他的名著《现代性的几副面孔:先锋、颓废和媚俗》(Faces of Modernity: Avant-Garde, Decandence, Kitsch)当时刚出版不久,我读后获益甚大,也才明白文艺上的"现代主义"和所谓"现代性"(Modernity)在理念上的区别以及二者的辩证关系。

对我影响最大的当然是本雅明,他的文化理论在西方学界一向被奉为经典,人人争相阅读,我自不例外,但当时只读过他的几篇文章和那本研究波德莱尔的《发达资本主义时代的抒情诗人》(Charles Baudelaire: A Lyrical Poet in the Era of High Capitalism),对于他书中提到的"都市漫游者"(flâneur)的观念颇为着迷。后来又读了几本此类书,但仍觉不足。直到最近读到本雅明研究十九世纪巴黎都市文化的巨著《拱廊计划》(The Arcades Project),并在香港中文大学与研究生们一再共同细读,获益极大,可惜已经来不及弥补拙著在理论方面的不足。

然而，其实从一开始我就不想纯用理论来探讨"上海摩登"，而想从大量的原始资料中将之重构，这也是我这个学历史出身的文学研究者的一贯做法：从来无意把"历史"本身理论化，用一些大字眼如 historicize、historicity 一笔带过，而是把所有的历史资料都作为我的"文本"，非但要细读，而且要建立其间的关系（context），并以此理出一个历史的"脉络"来。因此，本书的研究准备工作花的时间也特别长，但因为资料浩如烟海，找也找不尽，毕竟仍感不足；而当时也很少有这方面的学术著作可以参照，我只好"瞎子摸象"，摸到哪里算哪里，但至少我摸到了所谓"新感觉派"（无论是在日本或在上海）作家和作品与都市文化密不可分的关系。现在看来，本书的第二部分讨论几位上海都市文化的作家和作品已经不足为奇了，但当时只有北京大学的严家炎教授胆敢以研究文学流派的名义，编了一本《新感觉派小说选》，我也是步他后尘，编了一个同名的选集（但内容不尽相同）在台北出版，以此介绍给台湾地区及海外的读者。真没有想到的是，二十多年后这本小说选会再版，而且换上了一个更醒目的书名《上海的狐步舞》（原出自穆时英的小说），甚至在台湾大作广告中，变成了"台商"到上海做生意的消闲读物！不知刚刚去世的施蛰存先生作何感想。

也罢！一本书的"命运"是作者不能预期的，正如中国现代文学史上的作家命运一样。记得在八十年代初我第一次去施蛰存先生的寓所（他在此住了至少有半个世纪之久）拜访他的时候，他半带自嘲式地告诉我：近来他被一帮年轻人重新发现了，并被视为"现代主义"的开山者，真有点啼笑皆非。原因当然是多年来他一直生活在被鲁迅批评的阴影下，抬不起头来，所以弃现代文学而钻研古代文学，直到他逝世，对自己的遭遇也郁郁不乐。在他看来，三十年代的文学主流不是左翼"革命文学"，而应是现代主义,而真正的"革命"文学也不是"社会主义现实主义",而是现代主义中的"先锋"(avant-garde)文学。施先生自己早年就揭橥这种文艺上的 avant-garde,而不用"现代主义"一词,他甚至向我指点迷津,要我仔细研究早期的文本"先锋"杂志如《无轨列车》和《新文艺》,都是他和几位朋友(如刘呐鸥)合编的,而他们的"亲密战友"就是鲁迅的大弟子冯雪峰。

施先生虽早已"平反",在其晚年享尽荣誉和学界的尊敬,但我知道他对于三十年代文坛上的"左转"是一向不以为然的,甚至觉得连我的其他学术著作也受到鲁迅和"左联"的观点影响,未能为中国的现代主义还其本来面貌和主流地位。我至今也引以为憾,只有留待年轻一辈学者的努力了。

万万没有想到本书的中文版出版后,竟然在中国大陆受到"左派"学者的批评,认为此书已成了新兴的"小资"的读物,甚至是官方主流意识形态的"代言者"。原因之一就是上海政府也要恢复当年上海的荣华富贵,竞相发展建设,如今浦东林立的金融高楼大厦早已超过了外滩的老建筑,而年轻一代对过去的"老上海"也嗤之以鼻,去追寻"新天地"去了!

近年来这种急骤的物质文明的发展造成另一种的不平衡,令我忧心忡忡,"发展主义"的洪流似乎成了"全球化"和"资本化"的主潮,在亚洲各国更是如此,然而,夫复何言?历史的记忆已逐渐消失,而现在重建的"假象"和"壮观"(spectacle),却并非我这本书所讨论的范围。也有不少中外学者认为,拙著完全没有照顾到上海的穷人和贫穷世界,换言之,我把"摩登上海"描写得太光辉灿烂了。此言颇有理,但又有多少人想象得到:当我初抵上海研究这个都市的文化的时候,整个城市却被淹没在一片黑暗之中。夜里到街头散步,只见阴影中的幢幢旧屋和躲在屋檐下角落的对对私语情人。初次的印象令我至今难忘,记得当时自己心中暗暗吃惊:怎么跟我幼年第一次到上海(约在一九四八年)的感觉完全不同?怎么当年的"十里洋场"现在看来像是废墟？也许这种下意识的不平心理促使我为这个城市的历史做一次"平反"工作——要恢复它原有的"光明"！也许我这个工作又矫枉过正了。其实研究上海穷人和工人的中外学者著作比比皆是,有心的读者可以参照读之,不必我在书中重复了。不过在理论上,我的确应该把这个所谓"不平衡发展"(uneven development)的观念再作衍义,把新旧上海做个比较。

据张东元教授说,目前在韩国也陆续出版了几本有关旧汉城摩登文化的书,看来韩国的学者对于本国的都市文化历史也在重新发掘和整理了,如果拙著能够提供少许参考价值,当无比荣幸。

其实,我知道中国台湾的学者也开始做此种工作,重新研究日据时代的台北都市文化,香港在回归(1997)前夕也有不少探讨"老香港"的书籍和图片,甚至上海也曾涌来一股"怀旧照"。然而我认为拙著的动机绝非怀旧,而是想为中国的"现代性"作一个注脚。我也一向认为:亚洲各大都市的"现代性"的比较是一个不可或缺的重要题目,希望将来能就教于韩国和亚洲各地的学者。

2005 年 7 月 14 日于香港

漫谈(上海)怀旧

一

在九十年代的中国文化市场上,怀旧是一种时髦,它试图通过回到过去,创造一种物质文化气氛,从而克服幻想和影像的虚幻世界中的失落,追寻和重现上海曾有的崇高。然而,作为一种彻底的后现代和后革命现象,它对历史时代的经历和表现的意识形态与政治斗争漠视,被一九九二年之后中国自由主义知识分子的市场原教旨主义乌托邦所加强。❶

上面这一段评论,引自生于上海现在美国任教的学者张旭东教授,论点在理论照明之下,更是可圈可点,值得重视。张旭东的观点,受到上海学界的公认,基本上都认为"怀旧"是一种时髦的假象,是一种"后现代"和"后革命"时代的商业现象,一种文化消费。上海学者朱学勤说得

---

❶ 张旭东《批评的踪迹》,北京:生活·读书·新知三联书店,2003,页316。

更激烈:"那个虚幻的上海是故意把自己作旧,似乎生活在历史中,生活在旧上海,其实是历史被消费,被观赏。"另一位上海学者包亚明也说,这是一种物质文明"器物的编排,割断了与具体历史语境的内在关系,消费者对这种误植的容忍与默许"更是有目共睹。

在这些批判的背后还是隐藏了一个"次文本":由于资本主义市场经济被引进中国,消费主义已成了新兴的"小资"阶级的必需品,而政府的政策也是迈向现代化的"小康"社会。换言之,资本主义现象已经被默认,而三十年代的上海都市文化恰是资本主义的消费经济开始植根的时代。所以目前的中国政府,特别是上海各区的领导,非但要重视三十年代的繁华,而且更有以过之,在浦东和其他重要地点大兴土木,竞盖高楼大厦。现在的浦东已凌驾当年的外滩,这也是一个有目共睹的现象。虽然官方的意识形态没有"怀旧"这两个字,但是事实俱在:创造一种物质文化气氛和消费行为,已是既定的政策。

这个现象对拙著《上海摩登》所造成的最大讽刺,就是拙著竟然也成了"主旋律"论述之一,据闻还成了"小资"和"白领"(还包括所谓"波波族")❶的"严肃"消闲读物。这完全是我在八十年代构思此书时始料未及的。这就牵涉一个定义问题:到底大家所怀念的上海是什么样的上海?至少,在我当年研究三十年代上海的动机里面,从不认为这是"老上海",而是一个"新上海":"摩登"——这个上海人创出的字眼本来就有"现代"和"新"的涵义。而我心目中的"老上海"或"旧上海"却是更古老的、更传统的上海——清末民初的上海。当时"西化"的潮流刚刚开始,现代性的物质文化刚刚被发现,声光化电都是令人惊奇的"器物",而三

---

❶ 参见陈冠中、廖伟棠、颜峻《波希米亚中国》,香港:牛津大学出版社,2004。特别是陈冠中的文章,页 1—48。

十年代的租界文化,在我心目中也隐藏了这一段"过去"。据我所知,对于这一时期的历史和文化,似乎只有研究中国近代而非现代文化的学者有兴趣,一般小资读者或年轻学生对之闻所未闻。

然而还有一批不受学界重视的作家,如陈丹燕、孙树棻、程乃珊却写了大量的"怀旧"作品,如《上海的红颜遗事》《上海的金枝玉叶》《上海旧梦》《上海探戈》等,都成了畅销书。在他(她)们的心目中,"摩登上海"这一个三十年代的都市文化遗产,非但极为珍贵,而且经过老一代上海人的个人回忆和这些作家的调查研究,这一个传统从未间断,当然更无虚幻或"误植"这回事,一切都是"原汁原味",历经战乱、革命、解放和"文革",一直保存至今,甚至还孕育了一群喜欢这类旧事物的"老克腊"。❶ 在这些"怀旧"作家眼中,上海既不是典型的中国城市,也不是典型的法国、俄国或日本的都市,是一个独一无二的中国国际大都市。陈丹燕最近又说:"上海对世界主义,或者说普世文明,或者说全球化的渴望,是真正发自内心的。"这一种"奔向世界"的渴望,是任何势力都无法阻挠的。所以在多年封闭之后,"上海向世界飞奔而去,这就是为什么如今上海会惊人发展的原因"❷。陈丹燕所代表的是一种持续不断的文化观(cultural continuity),当然不相信"后现代"理论中"断割"或"错置"的说法,也不认为物质文明和消费文化有什么不好;上海文化之值得消费,正因为它是上海人自己制造出来的中西"混杂品",虽然混杂,却是原味,因此"怀旧"也成了一种情操和品位,甚至是一种道德价值。

当然,这也代表另一种"怀旧"的价值观。另外还有一种"怀旧",也

---

❶ 描写"老克腊"最精彩的还是王安忆的《长恨歌》,台北:麦田出版社,2000,第三部第三章。

❷ 陈丹燕《都市的渴望》,上海:《新闻晨报》星期日特刊,2003年11月9日,页24。

同样暗含了一种价值观,那就是对新中国成立初期的革命生活的怀念。勤俭、诚实、朴素,一反上海过往的颓废,这一种革命情操,在现今"后革命时代"的物质狂潮中也失落了。我认为王安忆的多部作品,都可作为此种革命怀旧情操的代表。《长恨歌》以后,她的长篇小说《富萍》表现得尤其明显。❶ 妙的是,这一个现象并非只存在于中国,解体后的苏联更是如此,原籍苏联的美国学者波茵(Svetlana Boym)曾有专书研究。❷ 这一种的怀旧,是在混乱不堪、价值动摇的现在所产生的,它追怀的是一种简朴和安定,一个比较平等的"人际社会"(gemeinschaft),当然更与当前的市场经济物质文明大相径庭。

二

以上所举的几个"怀旧"的例子,包括我自己的在内,严格地说都是想象出来的,出发点都是现在,也和"现代性"(modernity)有分不开的关系。波茵教授认为"怀旧"根本就是"现代性"的一面。❸ "现代性"和"现代化"不同,后者是政府的政策或社会实践,而前者则是"矛盾的、批判的、模棱两可的、反思的",是对于"现代化"的多种反应和态度。"现代性"的矛盾恰在于它从"现时"这个基点上来考虑过去和将来。用本雅明的话说:"恰是现代可以唤起远古,每一个时代都梦想将来另一个的时代,而在梦想的同时也借此修正了过去的那一个时代。"❹ 换言之,过去

---

❶ 王安忆《富萍》,长沙:湖南文艺出版社,2000。
❷ 波茵(Svetlana Boym) *The Future of Nostalgia*, New York: Basic Books, 2001, chap 6.
❸ 波茵(Svetlana Boym) *The Future of Nostalgia*, chap 2。
❹ 波茵(Svetlana Boym) *The Future of Nostalgia*, p. 27。

是现代人的梦呓,正像将来一样;又或者可以说,过去和将来都可以"加印"(superimpose)在现在上面,像照片一样。这一种吊诡的时间观念,恰可用来解释怀旧。

怀旧的英文单词叫作 nostalgia,原是由两个拉丁词组成:*nostos*,回家,或引申来说是重建家园;*algia*,一种渴望;波茵对于 nostalgia 的现代定义是:"渴望回归一个早已不存在或从未存在过的家园。"❶ 为什么"家"不存在?因为在"现在"这个时间的坐标上,我们无由知道过去是什么,最多也只靠个人的回忆(那是靠不住的)或从史料中去找寻,所以"过去"也是从这些史料中重新组织"再创造"出来的。拙著就是一个典型的例子。关键的问题不是"旧",而是"怀"(渴望)。为什么怀?如何怀法?为何到现在才越发怀得厉害?而三十年代的上海人,据史料显示,却不那么怀旧?

不少理论家对此都发表了不少见解,基本的着眼点皆是"现时"的不稳定:时间过得越快,越没有稳定感,越想在这个极有限的现在时空中找寻一种较稳定的过去,来丰富现在的生活。这是安德里亚斯·胡塞恩(Andreas Huyssen)的看法。他又认为现代人太健忘了,所以需要种种"怀旧"的方法,包括博物馆的"古物"展览来弥补。❷ 波茵更认为:我们所怀念的不是一种"理想"的过去,而是因为对现在的诸多不满,或对将来的发展潜能有所怀疑,这一切皆可引发"怀旧"的情绪。因此香港学者阿巴斯(Ackbar Abbas)干脆说:怀旧其实就是"回到将来"(back to the

---

❶ 波茵(Svetlana Boym)*The Future of Nostalgia*,序。
❷ 胡塞恩(Andreas Huyssen)Present Pasts:Media, Politics, Amnesia, *Public Culture*,12(1):21-38。

future);或用波茵的话说:"调整后的将来完成式(future perfect with a twist)。"❶

这一类的话语在理论上颇令人折服,但是否有助于了解上海现今的"实际"情况(除非你认为没有"现实"或"实际"这回事)?况且这一系列的说法皆以西方"现代性"为坐标,背后又牵涉到历史和回忆问题,不能一概论之。如果把"怀旧"放在一个中国传统文化领域来看,新和旧之间的对抗性和"现在"的不稳定性,并非像西方一样的激烈。在近代中国也很少知识分子对"现时"有如此的焦虑和压迫感,鲁迅和张爱玲是两个显著的例外。"五四"时期的知识分子开始把新旧对立起来,对于新的事物和价值更为向往;而大革命更将之发扬光大。毛泽东的"破旧立新"多年来是一条金科玉律。这个新的理念中,一方面把新旧分得很清楚,另一方面又使得家和国的关系更密不可分。换言之,如果怀旧指的仅是"怀念家园"的话,则可说是二十世纪中国的"普世价值",特别是在战争流离失所的时候,谁不怀念家园并想返家重建?这种心态是和爱国连成一气的,但却不是"离散社群"离开祖国后对故园或过去的怀念。

波茵说:"怀旧不在于渴望对象的失落,而在于它在时间和空间上的转移。"❷如果这个对象是家或国的话,在中国也不会失落,无所谓时空的转移,除非你流散到他国他乡,到另一种时空去居住。中国人对于文化传统的持续感,亦出自同一种心态,所以陈丹燕可以认为上海的都市文化历久弥新,而怀旧就是一种"保存"——保存一个值得珍惜的过去。所以他们也最赞成有一个十全十美的"老上海"博物馆,把当年的各种物质文化好好保存,并供今人欣赏。但这种欣赏态度是严肃的,不是消闲

---

❶ 波茵(Svetlana Boym)*The Future of Nostalgia*,p.21。
❷ 波茵(Svetlana Boym)*The Future of Nostalgia*,chap 3,p.28。

或玩耍。前面提到的朱学勤的态度亦是如此,可作为知识分子的一种典型:他们十分尊重历史,这当然源自中国传统文化中历史所占的极崇高地位,一个国家民族的历史更是神圣不可侵,当然更不可以拿来"被消费,被观赏"。这是一种绝对的态度,真和伪分得很清楚,而一切"后现代"式的仿古或怀旧,当然都是假象,是虚伪而不足取的,当然更不能拿来"玩"。波茵认为怀旧的方式有两种:第一种是"回复性"或"恢复性"(restorative)的怀旧,所注重的是对象本身,要全盘保存或恢复;第二种是"反思性"(reflective)的怀旧,所关注的是"渴望"的情绪,这种怀旧甚至可以很反讽,很幽默。前者往往以国家或社会集体的过去或将来为依归,而后者却以个人或文化的回忆为本位。❶ 但她没有提到:第一种怀旧往往表现在"中心"心态的知识分子身上;而第二种怀旧几乎是边缘或流散人士的特征。

三

走笔至此,我们需要找到一个可以和上海怀旧对比的例子——香港。相对于上海,香港当然处于中华文化的边缘,而香港人怀旧的高潮是在一九九七年回归祖国的前几年,似乎大家不约而同地在寻找香港文化和香港人的身份,这一个认同的混淆也促使香港人"怀旧"起来。我们在此又发现另一个悖论:这些人所寻找的,不是中国传统文化或民族大义,也不是英国殖民文化,而是香港的"本土性",特别是缅怀最有乡土味的地区:有些地方如九龙城寨已被全部拆除,荡然无存;其他地方如石塘

---

❶ 波茵(Svetlana Boym)*The Future of Nostalgia*,p. 41,p. 49。

咀,则早已在"现代化"的改建后面目全非;也有像上环和西环等历史较悠久的地区,更变成怀旧的渴望情绪的对象。作家董启章即以此为基础,把一条条街道的"历史"遗迹勾画出来,半真半假,写成一部精彩的小说《地图集》,也印证了波茵所谓的"反思式"怀旧的特色:"眷恋于废墟、时间和历史的余辉,以及另一个地方和另一个时代的梦幻。"❶艺术家电影导演关锦鹏,则根据香港作家李碧华的原著小说,把三十年代石塘咀的妓女借尸还魂,在其影片《胭脂扣》中将当年的荣华富贵重新表现出来。另一位导演王家卫,似乎对于五六十年代的香港有一种剪不断理还乱的情怀,在他一系列的作品《阿飞正传》《花样年华》和《二〇四六》中,更不断地追忆这似水年华。当然这个时代的"老香港"也是他的电影手法创造出来的,和历史的"真实"有相当的距离。

在王家卫的怀旧世界中,香港和上海是分不开的。他影片中有不少人物是五六十年代移民到香港的上海人,说的还是上海话。他"怀旧"的关注点,就是这个被时间割裂和空间移置的离散社群。这显然属于"反思式"的怀旧,但却是出自一个双重的边缘,过去流落在香港的上海人和现在这一代的香港边缘人。我们不禁要问:到底王家卫的怀旧对象是什么？意义何在？为什么香港人对上海有一份特殊的情怀,甚至在一九九七年中环的街道上都可以买到三十年代上海的月份牌和香烟广告,甚至还有一家新建的名牌服装店叫作"上海滩",还不算八十年代以老上海为背景的电视连续剧如《上海滩》。这一连串的物质文化的"遗物",为香港的这股怀旧潮重塑了一个想象的香港上海"双城记",恰是因为这两个城市当年都是英国的殖民化地区(上海有英租界),共有一段"洋化"的历史

---

❶ 波茵(Svetlana Boym)*The Future of Nostalgia*,p. 41。

和回忆。但在怀旧的情怀中,反英情绪和反殖民主义的爱国思想反而没有浮出水面,或被压抑在层层"旧"的假象中。然而,在此一时期,或从前任何一个时期,上海人却从来没有怀念过香港。

波茵说,"当一个人离开他的社群,或者当那个社群进入一种夕阳余晖的时辰",就会产生一种"集体回忆"(collective memory),但它和国家民族的回忆(national memory)不同,是一种日常生活中个人回忆的集结,而后者却是把平日的共同回忆改造成单一的、有目标的大叙事情节。❶ 香港怀旧的独特性就是以"集体回忆"的无组织方式来对抗"国家民族"的意识形态的侵入,然而在"一国两制"的模式中,国家意识也会逐渐取代社群的集体意识,这是无可避免的,所以一九九七年以后,香港人对身份认同的追寻和怀旧思潮也逐渐平淡下来。

上海的情况和香港不同。很显然,新中国成立以后上海人的国家意识极为坚定,在大一统的新中国里,以前"老上海"那个"半殖民、半封建"的城市彻底改头换面,街道的名称也全部改换。剩下当年的殖民式或国际风格的建筑物这一类的"遗址",虽然未受折损,但俨然已成废墟。新中国的公民是不会对这种废墟或遗址感兴趣的,他们向往的反而是一种新的以乡村为基础的革命意识形态。所以,在"火红的年代"中,"老上海"或"旧上海"是一个彻底的封建名词,是"破四旧"的主要对象和背景。

直到八十年代末,上海才又开始"复兴"了。我听到一个上海人津津乐道的故事:外滩原汇丰银行的大厅内屋顶,当工人把上面的石灰切除准备改装的时候,发现原来画在上面的几幅国际大都市的图像,内中赫然有上海。这一个发现的象征意义很明显,原来三十年代的"老上海"比

---

❶ 波茵(Svetlana Boym)*The Future of Nostalgia*,p. 54。

现今的"新上海"光辉灿烂多了!当年曾是少妇或贵妇,如今却成了风韵早逝的半老徐娘,两相对比之下,一股怀旧的情绪油然而生,新和旧的意义在此颠倒了,旧的反而凌驾新的,而另一股"逆反"心理也连带产生。当年的上海是一个国际大都市,它的地位不亚于国家,甚至是国家政府的经济龙头,但新中国成立后上海的龙头地位丧失殆尽,非但屈居首都北京之下,甚至连香港也不如。八十年代后上海人的"逆反"情绪,毋宁说是另一种对于自己身份认同的追寻,于是上海人开始发现他们自己的作家张爱玲而惊为天人,因为她的作品与众不同,不像是"五四"以来的任何新文学作品,却又有十足道地的"上海味",张爱玲笔下的上海是"老上海",即使在日军占领之下,依然风韵犹存,可亲之至。

　　以上描述的这种怀旧情绪,绝对是属于上海人的。外地人,特别是北京人会嗤之以鼻。然而就因为如此,上海人的"集体回忆"才开始出现,怀旧的书籍层出不穷,老上海的野史和其他文化资料,被收集和重印后再次问世,甚至连带香港人对于老上海的回忆和怀旧文物,也被拉了进来。这一股"怀旧热",直到九十年代末才被另一种"怀旧"的风气所取代。或者说,不全是"取代"(replace),而是"移置"(displace),这个英文字可以拆开来解,前面的字头 dis 的原意就是置换或"转移",因此令得原来的"地方"(place)也显得"流离失所"。所以我认为,八十年代末兴起的那股"集体回忆"式的怀旧潮,是一种严肃的、真情的反思,而九十年代以后的"怀旧"则是一种"后现代"的戏耍和消费。两者现在已经混淆不清,而且有后者逐渐淹没前者的趋势,最重要的原因就是在资本主义的消费文化中,怀旧早已成了一种时髦的商品。然而,正因为后者的"前身"有这么一段集体回忆,即使是很短暂的,它的意义也不应该和美国通俗文化中的"怀旧"相提并论。上海的怀旧毕竟有部分真情回忆的痕迹。杰姆逊文中所讨论的"retro style"❶,"retro"是一种假造的过去形式和风格,如好莱坞的不少以四五十年代为背景的电影或幻想,杰姆逊认为连《星球大战》也属于一种 retro。不幸而言中,去年刚出笼的影片 *Sky Captain* 更是如此,把将来的科幻世界以过去风格的装饰假造出来。

西方的文化理论家十分注重"痕迹"(trace)的多层意义,甚至将之抽象化,但就当前的上海怀旧文化而言,它的意义却很具体,属于"物质文明"的一种,也成了消费文化的制造者对于过去的历史回忆聊表敬意的证据。我故意用"聊表敬意"一词,因为这个"聊"恰是代表"后现代"文化工业对于历史回忆的取向,事实上只不过是在无聊无深层意义的符号游戏中略作表示而已,它是浮面的,故事表现给人看的;它的"敬"意也仅在形式的层面,但把这些因素放在一起,也可以变成一种"壮观"(spectacle)。我认为此中的最佳代表就是"新天地"。

四

"新天地"是上海新建的游乐场所,有价格昂贵的咖啡店和饭店,吸引游客和"小资"光顾,它之引人注意和争论,我认为也是史无前例的,是一种"文物保存"和"怀旧"的崭新模式,也为上海的都市文化开辟了一个文化想象上的"新天地"。批评"新天地"的人,当然认为它代表一种假象和"伪古典主义",但"后现代"的"玩家",包括不少外国游客和学者却认为它"好玩",而且颇具风格。我个人的感觉则是始则惊奇,继之兴奋,但光顾数次之后却感到失望了。这可能是最典型的外来游客的心理。

---

❶ 杰姆逊(Fredric Jameson)Postmodernism and Consumer Society, in Hal Foster, *The Anti-Aesthetic: Essays on Postmodern Culture*.

然而"新天地"的意义尚不止此,这个新的建筑"文本"应该在"细读"后再作结论。

一般论者往往从政治或经济角度出发:例如它地靠中国共产党第一次代表大会会址,把这个革命纪念馆也纳入游乐场的一部分;又如在市区领导积极支持之下,"新天地"竟然让一个香港商人罗康瑞设计兴建,捷足先登,大获盈利。但很少有人把这块地方的本身意义,从原创意旨到兴工过程到文化景观和商业效果,以及对将来上海文化的影响做详尽的分析。❶ 这又一次印证了上海文化人和知识分子的"客观"视野和批判意图。

众所周知,"新天地"的原址是上海故旧里弄,把里弄全部拆除后,却故意保留了其中的断垣残瓦,将之变成新建筑的装饰原料。这在建筑美学上至少在上海是一个创举。它的表面形象是"仿古",所以有点"怀旧"风格,但实际上是作全新用途:在"新天地"中没有一间是住家的房宅,只有罗康瑞自己住的会馆。这一种设计的主要构思源自美国波士顿的Faneuil Hall,也是一个把旧屋旧地改建成为商业用途的游乐场的成功尝试,它因此保存了两幢原建筑的外壳。与"新天地"相较之下,这种改建保存的方式仍然很传统,而"新天地"则连里弄房子的外壳也拆除了,只剩下几座单一的石库门,被移置在新建筑中,作为装饰,但新建筑中所用的"旧砖",却被煞费周章地嵌在新墙之中,甚至还注以最新的"持久液",像一个死尸的破碎肢体被注入药物后放在博物馆的展览柜里,供人鉴赏。然而"新天地"却不是博物馆,前面提过,这种怀旧"幽思",只是出于一种形式上的"敬意"(hommage),也是不少现代或后现代的电影导演惯

---

❶ 关于"新天地"的论述,可参见包亚明《"新天地"与上海新都市空间的生产》一文,收于其《游荡者的权力》,北京:中国人民大学出版社,2004,页215—229。

用的手法。原来的设计者和建筑师的意图到底如何？我们只能从这些片段的"纹理"中去窥测。这就把痕迹(trace)的意义搬上台面,像是十九世纪末"新式艺术"(Art Nouveau)中的花纹或二十世纪初"装饰艺术"(Art Deco,本书译为艺饰)中的金色线条一样,表达的是一种美感,而"仿古"或"怀旧"只是次要的考虑。

"新天地"顾名思义也是一个"现代性"的表征,无论就意旨、用途、内容和形式而言,它都是一种受西方现代建筑理论影响的"国际风格",从这个"国际"的外在角度再注入一点本土风格,而不是自内而外的改良(renovation):先保护旧物的原貌再做"现代化"的改装。我认为如果要批判的话,焦点问题应该是:上海的里弄生活在现今是否仍有意义？罗康瑞先生在一次演讲中,直言不讳地说:"现在谁还愿意住进当年的黑蒙蒙的里弄屋子？"❶没有现代卫生设备,通风不良,阳光照不进来,这个世界是阴暗的,在现代文明的照耀下,理当寿终正寝,代之以新的建筑。但另一方面,罗先生也指出,"新天地"所代表的是一种新的"公共空间",而不是里弄世界的那种较封闭的"人际社会",如王安忆《长恨歌》第一章有极精彩描写的那种,所以"新天地"的构想也包括了西方建筑史上对于公共空间最基本的概念——广场(piaza,源自古希腊的 agora),不但是开放的,而且是露天的,可以让行人任意穿越,或坐在室外的咖啡桌旁浏览行人游客。这一个设计,可以说是故意把里弄世界"开放"(open up)出来,这几乎是所有"后现代"理论家最喜欢用的动词;"开放"代表自由,也代表多种选择。游客、过客和消费者皆可以在此任意选择商品,购买与否悉听尊便。然而这毕竟是一个资本主义的消费世界,所以必须以激起购

---

❶ 罗康瑞应香港禧文社邀请的演讲,2003 年 5 月。

物者或"观物者"的欲望为目的,所以必须把各种摆设织成一个吸引大众的壮观场景。我猜罗先生最得意的成就,可能就是一反香港的室内大商场的传统,譬如"又一城""大古城""新城市商场",而在上海建造一个室外广场,寓商品于游乐。他的基本构思,本来就是游乐场的模式,至于"公共性"背后的民主意涵,可能并没有考虑到。

两年前,我再去"新天地",发现后面多了一幢楼,上有影院,进去参观后却大失所望。远处有人工湖,湖旁仍要盖住屋,一切都是用的新材料、新款式,连里弄的痕迹也荡然无存了。这不禁令我更感到另一种失落。于是我又回头到商场闲逛,坐在路旁的咖啡店稍息,看到身旁行人如织,在夕阳斜照下,令我顿生一股疏离感,觉得自己完全不属于那个"新天地",以后也不必再来了。为什么我有这种厌倦的感觉?事后反思,觉得自己先前对这块地方的期望可能过高,以为它可以为"后现代"的"游玩"理论带来一种新的冲击,不论是戏弄"一大"会址,或是创造开放的空间,抑或是以"痕迹"刺激游客对于"老上海"的兴趣,但这些意旨似乎样样都落空了。"新天地"已经变成了另一个熟悉的消费场所,了无新意,和世界其他各大城市的类似场地相比,"新天地"使我既不感到新奇,又不觉得亲切。有如伦敦的"皇家歌剧院"附近的 Haymarket。我反而觉得这个"明日黄花"的地方,非但新的很快变成旧的,而且在这个瞬间即逝的短暂时刻中——这本是日常生活的"现代性"特征——我也找不到值得留恋的东西,更体会不到本雅明常引的波德莱尔的一首诗《过客》(*Une passaute*)中"最后一瞥之爱"(Love at last sight)的感觉。波茵将这首诗中的贵妇人"过客",比作"现代性"的化身,而这种街头邂逅,也代表"现代性"的短暂感情和美感。❶ 为什么我这个自认为都市漫游者(flâneur)无此感受？是自己的观察力因年岁日长而迟钝？或是上海的消费社会改变得速度太快,任何人都跟不上了？

时至今日此时此刻,连"老上海"的遗址和痕迹已经令人无动于衷的话,恐怕连"怀旧"的话语本身也要过时了。

后记：匆匆写完此文的初稿后,我翻阅旧资料,突然发现一首《夜上海》的简谱和曲词(作词人是当年颇出名的文人范烟桥),原唱者是周璇,我也早已听过无数次。但此次重"睹"此曲,却忘了歌声,眼睛盯住最后两句歌词："随着车轮转动,换一换新天地,别有一个新环境,回味着夜生活如梦初醒。"

我不知道自己的这股突然涌起的情绪是否属于"怀旧",只不过突发奇想：此曲中的"新天地"和现在的"新天地"的差别是什么？当然彼一时也此一时也,时间的间隔也改变了两个"新天地"的意义。那么我是否在这个"新环境"中也"如梦初醒"呢？本雅明说过：一个时代的人永远在做着将来另一个时代的梦,但当梦醒时,才发现也连带改变了对过去那个时代的回忆。

2005 年 8 月 14 日于旧金山

---

❶ 波茵(Svetlana Boym)*The Future of Nostalgia*, pp. 19-21。

都市文化的现代性景观

李欧梵访谈录

季进：你的《上海摩登——一种新都市文化在中国(1930—1945)》的英文版1999年由哈佛大学出版社出版，2000年香港牛津大学出版社推出了毛尖翻译的中译本，2001年又由北京大学出版社出版了大陆版，此后多次重印，备受欢迎，曾经一度成为所谓的文化热点。可能你自己都没想到，在"怀旧"浪潮愈演愈烈的上海，你和你的《上海摩登》也会被卷入上海的都市文化流行吧？事隔几年，现在又要由上海九久读书人文化公司推出新版的《上海摩登》，这是基于什么考虑呢？

李欧梵：我也没想到一本学术性的著作当时会引起这么大的反响。我要感谢读者对《上海摩登》异乎寻常的热情。之所以考虑重印《上海摩登》，一方面是因为旧版本有不少疏漏，我希望能出一个比较完备的版本，而且这次是与上海九久读书人文化公司合作，让《上海摩登》回归上海，蛮有意思；另一方面学术毕竟是学术，流行过后仍应还《上海摩登》的学术本色，我也可以借此机会，通过我们的访谈，把我这些年相关的思考放在后面，供大家参考。现在回过头来看，《上海摩登》有不少不尽如人意的地方，可惜没有精力重写或改写了，只能以这种方式弥补一下。

我也多次说过,我们研究上海三十到四十年代的都市文化已经二十年了,我对老上海的感情,的确不仅仅是一般人所说的怀旧,而是一种基于学术研究的想象重构,是对老上海文化地图的重绘。《上海摩登》说到底还是一部学术著作,我是想在上海这个都会背景下描述现代中国的现代性进程,提出都市文化与现代性这样一个命题。我认为文化史家的任务就是要探索一种"文化想象",探讨文化产品的社会和体制语境以及构建和交流这种想象的形式,所以书的第一部分就从这个角度入手,来描述商务印书馆为中国的现代性所提供的知识资源,讨论《良友》杂志所营造的一整套关于都市的现代性想象,还有好莱坞电影给本土电影、都市生活以至小说创作所带来的直接冲击。第二部分"现代文学的想象",我集中论述施蛰存、刘呐鸥、穆时英、邵洵美、叶灵凤和张爱玲这些人的作品中所传达出的浪漫、浮纨、颓废的都市体验和都市气息,来透视现代作家在他们的作品中所营建的中国现代性的文化想象。我想通过这两部分来显示物质生活上的都市文化和文学艺术想象中的都市模式的互动关系,来说明它们从不同的层面再现,就是 represent,或者说重构了上海的现代性。第三部分是对上海现代性的简单总结与定位,同时提出了香港与上海互为镜像的问题。这本书就通过这三个部分,共同完成了一次我个人的关于旧上海的文化记忆与文化地图的想象性重构。

季进: 你曾经说过你最推崇的理论家是瓦尔特·本雅明(Walter Benjamin),就是因为心里装了本雅明的《发达资本主义时代的抒情诗人》,你才试着从一个文学的角度来重构上海的。但是二十世纪三四十年代的上海已经完全不同于本雅明笔下十九世纪带拱门街的巴黎,那么本雅明对你的启示主要是什么呢?

李欧梵: 我当时的这些灵感的确是来自于本雅明。本雅明专门讲碎片,而且笔记记得很勤,博览群书啊。最近哈佛大学重新修订出版了他的一本大书,把他原来大量的笔记全部还原。我发现他做了大量的碎片的工作,然后从里面提炼自己的思考,而且都是从文本到物质。他是一个最早重视媒体的人。我受到他很大的影响,我就想到原来被大家所忽略的建筑、舞场、咖啡馆、电影等物质化的东西其实包含了大量思想的东西。你说得对,本雅明讲的巴黎是一个发展得相当成熟的资本主义文化,而二十世纪三十年代上海的现代性实际上才刚刚开始,所以很多本雅明看到的现象,像都市漫游者对都市的一种若即若离的看法吧,在中国当时是找不到的。在都市漫游的人很多,但对都市文化有深入的了解,又有自觉的漫游意识的人并不多。

季进:我觉得你就像是一个上海都市文化的漫游者,深入到了当年上海都市文化的语境中,把自己与研究对象融为了一体,用一种很通俗的说法就是,你把自己融进去了,你不是把都市文化作为一个客观的研究对象和研究文本,而是直接进入到这个对象、文本内部进行漫游,带领大家来兜一圈,在这个兜的过程中,在给大家描述的过程中,你已经把你对都市文化内涵的一些理解、思考以及追求都融化在里面了,这可能是《上海摩登》很吸引人的一个地方,读起来相对比较轻松。

李欧梵:可能是这样。我很强调自己作为漫游者的角色,我自己好像真的进入了那个历史时空,完全融进去了。这个很少有人能看出来。尤其是第一章花了我很多的时间,一开始就是抓不住语言的感觉。我本来就想用白描式的笔法,行不通,后来又想,要不然我就全部评论,把一大堆理论放进来,用理论把它罩住,可自己总是不喜欢,最后才慢慢写成这个样子。在对一些具体问题的论述上,我也部分地受到本雅明的启发,有人说我的切入点很特别,其实我是学本雅明的。这一点我要公开申明。

我觉得本雅明的切入点就是和别人不一样。我有一个同事,现在在香港大学,他研究本雅明比我更深,每次有任何的理论困惑的时候,他就读本雅明。当然本雅明也有缺点,就是他的深度不够。他有很多的洞见,可是洞见的背后或者洞见的出发点讲得不够清楚。我可能也有这些问题。

季进:但是很多问题你把它们提出来后,往往是给读者提供了思考的路标,这个非常重要,提出问题往往比解决问题更重要。

李欧梵:我的目的也就是这样,提出一些新的问题来,希望年轻的学者继续做下去。

季进:应该说你对本雅明的借鉴还是相当成功的。你可以把各种看起来互不相关的都市片断,如外滩建筑、咖啡馆、电影院、百货公司、跑马场等,与现代作家的作品用"现代性"联缀为一个整体,赋予它们一种隐喻性的张力,从而在寓言层面上展示出"上海摩登"无限广阔的现代性空间。本雅明最擅长的是捕捉他的时代中富于生命的片断,宣称自己最大的野心就是"用摘引构成一部伟大的书",你用片断所联缀复制的"上海摩登"的寓言是不是也有这样的雄心?

李欧梵:我可没有本雅明那样大的气魄。其实这本书,从构思到写成也花了十几年的工夫。我在这本书的序言里也写过,一开始只是想就台湾的现代主义的来源作些考察,可是夏志清先生提醒我说,当时在上海就有人用现代主义的手法写小说,于是我开始研究三十年代的现代主义。后来我觉得这些还不够,文学的背后还是历史,于是我不得不着手探讨中国现代史中的"现代性"问题。这个问题研究得愈深入,牵扯的东西就愈多,我不可能一一解决,只能选择都市文化作为一个切入口。你有没有发现有一个现象很奇怪,就是中国是一个农业社会,"五四"作家为了启蒙,为了改良,为了写实,都写了很多农村的东西,比如鲁迅就写了知识分子和农民的沟通,这是"五四"的思想模式所决定的。可是非常有意思的就是,这种文学模式并没有顾及它背后的产生环境,它的产生环境反而是以上海为代表的半中半西的都市文化,尤其是印刷文化,只有在这里,才有所谓现代性的物质生活的基础。所以研究西方现代性问题的,基本上都假定现代性是从都市里面出来的,西方几乎没有什么人研究农村。而在中国恰恰相反,这么多年来中国现代文学研究的着眼点,主要以乡村为主,没有什么人重视都市。所以我就想研究一下都市文化与现代性的关系,这样自然就走进了上海,走进了上海的都市文化,完全没有想到,它现在会成为一个热点,成了上海怀旧浪潮中的一部分。

季进:《上海摩登》成为热点可能也不是一个偶然的现象,现在正好是所谓的"文化研究"热,大家对城市文化研究都比较关注,而你这本《上海摩登》可以说是一个非常典型的、比较综合性的文本,大家从不同角度都能看到一些自己需要的东西。某种意义上来说,上海成了你考察中国现代性的一个样板。城市作为现代主义艺术的想象空间,有它不可替代的独特性,你自己也说过,这种城市的模式是工业文明的产物,而西方人生活在工业文明过度发达的领域里,这个领域所表现的一些心理上的失落、震撼和种种复杂的感情,正是西方现代主义的一个基础,一种文化性的基础。

李欧梵:当时根本没有想到这点,我当时只是想写几个作家,后来觉得不够,写来写去也就这样,也许我以前受到过历史学的训练,觉得老写作家作品不过瘾,所以才开始探求上海的都市文化的本源,才找到一个比较合适的理念,那就是物质文化对现代性的影响,比如上海的街道呀、建筑呀、商业、电影、印刷等等。如果说我有一种突破的话,那么我觉得重要的一点就是这个,这和我以前学的思想史完全背道而驰。思想史很重视 idea，就是思想、观念，对思想本身、观念本身怎么演变十分重视，相对来说忽略了物质文化。所谓物质文化就是物质文明，也就是"声光化电"的影响。一开始我没有想到商品，在研究的过程中，才逐渐意识到上海人对现代意识的接受，并不是先从思想上，好像有人登高一呼，然后群起响应，这是"五四"的模式。日常生活的现代性不是先从思想上，而是先从物质生活方面接受的。我第一次到上海来做研究的时候，去访问魏绍昌先生，我问他几个问题，他回答得都很妙，基本上都是物质生活的回答，从来不讲思想那一套，比如看电影楼下多少钱、楼上多少钱，喝咖啡哪儿最贵等等，这对我很有启发。

季进：的确应该是物质先行，先感受到西方的物质文明才对嘛，先有物质的诱惑，然后才相应地在文化上找对应的东西。思想文化的东西往往是通过物质的东西来传播的。

李欧梵：这个文化上对应的东西，我现在还在做。我发现文化的东西从晚清就开始了，而且物质与文化也不会完全分得那么开。你说声光化电的话，他就会想到电灯、电话，想到飞船，想到望远镜，还有很多科学幻想，整个的这一套物质文明的话语就进来了，而且进来以后不管是翻译的名词也好，还是故事也好，都很快变成上海市民自己的话语，这是我自己也没有想到的。我本来以为上海人会排斥这些新的话语，因为它代表了西方殖民主义对中国的压迫，我后来发现这些论点不能成立。为什么会出现这种现象？我还在研究，我觉得还没有解决。

季进：这个很奇怪，晚清以后传进来的东西，从物质的到观念的，对于传统来讲，都是绝对的全新的东西，为什么能够在很短的时间内，不管是士大夫还是普通老百姓，都顺理成章地很自然地接受了它们，我觉得这是一个非常关键的问题。

李欧梵：对,这也是我目前正在研究的问题。

季进：我觉得《上海摩登》的前两个部分已经很明显地体现出了你对物质文化与思想文化的认识。比如你首先勾勒了一个承载现代性、物质性的公共空间,当年的舞厅、咖啡馆、公园、外滩建筑、跑马场、电影院、饭店、百货公司等等都成为生动感性的背景资料,而且里面还有大量细节性的材料,对读者来说很有趣味,比如先施饭店有一百十四间客房,中式房是一至二点五美元一天,西式是二至六美元一天;小舞场很便宜,一块钱可以跳五六次,喝杯清茶只费两角,甚至还有一个舞女的月收入大概是二百五十元,而一个摩登女子的春装最低就得五十二元零五分!这些物质载体作为现代性的重要标志既是上海现代性的物质性呈现,同时也营构了鲜活灵动的日常生活的摩登上海。而对印刷文化的考察又进一步切入了上海现代性的独特建构,对《东方杂志》的考察体现了"新知"对现代性的启蒙,对《良友》的分析着眼于它对都市现代性的一整套想象,而现代文学中那些"色、幻、魔",那些"颓废与浮纨",尤其是"沦陷都会的传奇",则是现代作家作品对都市现代性的想象,它们经过你相当个人化、感性化的叙述,一起构成了对摩登上海现代性的文化想象,上海当年的摩登的确是风华绝代,让人心神俱醉啊。那么,在你看来,张爱玲与新感觉派的作家在表现上海都市现代性方面有什么不同呢?

李欧梵：张爱玲和作为新感觉派作家的施蛰存、穆时英、刘呐鸥等人都是典型的上海城市中人,而且他们的作品也以上海为出发点和依归,比较突出地体现了现代主义文学中的"城市感性",他们几位似乎天生就是上海现代性的文学阐释者。对于新感觉派作家,包括邵洵美、叶灵凤这些人,无论是弗洛伊德心理分析在小说中的内化与衍变,还是女性身体、欲望在上海都会空间中的展览、释放与戏弄,都彰显了上海的现代性,而颓废和浮纨其实本身就是现代性的一副面孔。

季进: 卡林内斯库的《现代性的几副面孔:先锋、颓废和媚俗》就把"颓废"列为现代性的维度之一。

李欧梵: 对的。而张爱玲跟他们有所不同,她的小说特别重视细节的处理,这些细节引导我们从整体的上海都会生活进入私人生活的领域,勾画新旧并置与参差的对照,展示了张爱玲与现代性的一种深层暧昧关系。她在《传奇》的序言中那段著名的话,就是"有一天我们的文明,不论是升华还是浮华,都要成为过去"那一段,似乎已经指涉了现代性的匆忙步伐,一种直线演进的历史决定论观念,而破坏之力将最终把现时的文明变为过往。《倾城之恋》中再次写到了"我们的文明整个的毁掉",也似乎再次喻示了真正的爱只有在世界末日才有可能,在那个时间终端,时间本身已不再重要。只有在那样的时刻,张爱玲的"苍凉"美学才是可以想象的,它也就是那堵墙的颜色。怀旧并不是这个故事的主题,相反,过去只是为预言现代性的灾难而存在的某种神话。从这个意义上说,张爱玲用她的方式为描述一个寓言性的结局,为整整一个滋养了她创作的都市文化时代画上了句号。

季进: 你这里不断提到了"都市文化",这应当说是《上海摩登》关注的主要方面,第一部分关于上海文化地图的重构,第二部分"现代文学的想象",都是围绕"都市文化"来展开的。在研究晚清到当代的中国现代性进程方面,这是一个极其重要的概念,也是一个常常不被大家重视的切入点。你能不能就这个问题再做些具体阐发?

李欧梵: 这个问题确实是我长期思考的一个重要问题,这次我在上海的几次演讲也会涉及不少这方面的讨论。关于都市文化的解释,甚至有关都市文化的理论在西方有很多。在西方研究都市文化,大家似乎都不约而同地运用几本相关的理论书籍。我个人当然还是最喜欢本雅明的,特别是他对巴黎的研究,当然也有其他的书籍。我要特别介绍一个观念,这个观念是和我个人的焦虑有关系的,就是当我要重画一次上海地图的时候,我希望勾画出一幅上海人的心理地图,或者说是文化意识中的波动,这些波动我是从一本书中得到的灵感,这本书就是哈里图尼安(Harry Harutoonian)的 *History's Disquiet*,可以把它翻译成《历史的不安》,这是他的一本讲演集。它用相当大的篇幅来探讨一个现在已经变得习以为常的问题——"我生活在现在,我不知道有将来,也没有过去。"这句话他引的是葡萄牙诗人费尔南多·佩索阿说的话,他认为这句话背后的含义非常广。佩索阿是在一个散文体的小说中提出这一观念的。他小说的主人公住在二楼,楼下大概是商店,他说在楼下看到这些都市的人人来人往,走来走去,过着日常生活。他在他的二楼写作,所以他就说在一楼我看到生活,在二楼我思考艺术。这两个道理是不是有什么差别呢?于是我就想到"五四"的时候,"文学研究会"讲什么文学是为人生,而创造社讲文学是为艺术,等等。可佩索阿的结论就是没有什么差别,意思就是说在日常生活中,你所感受的艺术是受你所感受的人生限制的。这种对日常生活的基本的思考,对于这些诗人、这些理论家来讲,有一种非常哲学性的,或者说艺术性的震惊,他们觉得这种现代性的日常生活基本上是都市文化中的现代生活,而现代生活的日常生活和乡村中的是不一样的。都市生活在二三十年代的欧洲理论家那里,是有一种非常强烈的时间的冲突,换言之,在都市里过一天是和在乡村完全不一样的。都市的生活本身就是时间、空间、思虑、文化等等组成的一个全部的宇宙。看完这本书后,我就问这样一个问题:在二三十年代的上海过这么一天,那种心理的感受是什么?他们当时过着什么样的生活,特别是住在英租界、法租界的人,有没有欧洲理论家所说的那种焦虑,那种对时间的焦虑,甚至于对空间的焦虑?如弗洛伊德所说在城市中失落了,你找不到你的家园,你感受到一种恐惧等下意识的问题。

季进:这里涉及一个非常重要的问题,就是都市文化与现代性的关系问题,好像都市文化天生就与现代性有着密切的关系,其中时间的焦虑又是都市现代性的重要表征。西方的都市现代性与中国的都市现代性显然有着相当大的区别。

李欧梵:对。西方的理论家认为至少在二十年代的柏林,报纸杂志还带有一些理性,报纸可以作为一种生活指南,你知道这个城市、这个国家发生了什么事情,使你个人在生活中得到某种定位。但到了三十年代,情况发生了变化,因为在三十年代的欧洲,工人阶级起来了,至少像本雅明等相当敏感的人看到了一个新的势力的崛起。这种新的势力是城市里的群众,而这种群众同法国大革命时的群众是不同的,他代表的是一种现代性的势力,不是革命的势力。现代性可以说是因工业革命等一系列的发展而产生的一个群众问题,对于这个群众问题,我们作为一个艺术家、文学家怎么来描绘它,怎么和它发生关系,这就是本雅明所说的艺术品同它的复制的问题,它的背后就是电影。发起于二三十年代德国的电影是群众形式的艺术,不是个人的艺术,它所带动的一系列的艺术心理的接受的经验,是和看一件艺术品完全不一样的。所以欧洲的思想家觉得,只有这种新的群众艺术模式才能把都市的不安带动出来、表现出来,也就是说,这种都市的不安的感觉不是一种很高深的个人哲学性的感觉,而是一个普通的都市人的感觉。三十年代的电影很多是描写都市的,是用默片来描写的,有些是歌颂都市生活的,比如《都市交响乐》,描写了都市生活的一天。从早上的一条很干净的街道开始,火车进站,都市开始觉醒,热闹,而且越来越闹,中间夹杂一些很有意思的镜头,包括橱窗里的展示,女人的跳河自杀,然后到晚上街灯亮起,一天了结。你看这种歌颂都市的默片是一种不安,你会觉得有些东西很神秘,比如那女人为什么会突然自杀,电影里没有解释。另外一种呈现都市形象的电影,我常用的例子就是《大都会》,是营造一个科幻式的大都会形象。一开始就是一个镜头拉下来,下面一大群人,走路像行军,每人都是光头,像机器人一样一路走上来,走到一个监狱一样的房子,开始上班。这里描写的是社会阶级的上和下,下面是工人,上面是资产阶级,而资产阶级的那个公子哥儿生活在一个非常美妙的世界里。这就产生了一个非常大的张力。我觉得这是一部电影经典,以后的无数电影都是从这儿发展而来的,都出于同一形式的思考。这种片子给人的感觉就是这个城市是很神秘的、很抽象的、很虚幻的,而且很恐怖的。当然其中也有非常迷人的地方,特别是女性的形象,包括机器人的女性的形象。从这里可以看出来,在那个时代,特别是在电影里,开始对都市生活的集体的一面,对都市生活空间中大家不能捉摸的一面,感觉不够真实的一面,用一种新的艺术形式表现出来。

季进:那么像上海这样的二三十年代的中国都市有这些现代性的焦虑感吗?

李欧梵:当年上海城市文化的现代性好像没有非常急迫的焦虑感。西方的大城市如巴黎、伦敦等,在二十世纪的文学作品尤其是电影作品中呈现的是一个十分令人焦虑的现象,不是一个非常平静的、非常美好的现象,这似乎同二三十年代的上海的表现很不同。我常常尝试在新感觉派的小说中寻找一些感觉很恐怖的现象,我只找到一点点,不是刘呐鸥,也不是穆时英,而是现在还健在的施蛰存先生。他今年九十八岁

（注：已于2004年去世），我前几天问他能不能记得自己写的作品，他说当然记得，我问他记得哪些，他说了两本书，一本是《善女人行品》，一本是《将军底头》。《善女人行品》里描写的是典型的中国妇女在都市生活中开始出现了心理的波动，为什么会有这种心理的波动呢？这就是城市现代性的影响。施蛰存也写过《凶宅》，把许多恐怖的因素用侦探小说的方式表现出来，从里面我们似乎看到当时上海已经有一些不安的阴影存在了，只是大部分作品似乎还没有展现得那么厉害，特别是像刘呐鸥、穆时英的小说，表现的是一种兴奋，一种刺激，甚至是一种昏眩，他们描写女人、上海狐步舞这类东西，它们背后的心理因素非常薄弱。另外在三十年代的中国电影中也找不到一个像《大都市》中那样的科学尤物。这就使我想到一个很有意思的比较上的问题：为什么上海城市文化的现代性没有急迫的焦虑的时间感？这个原因我暂时还回答不出来，只是先提出这个问题来。

季进：这是不是跟上海人的生存空间、生活方式有些关系？在当时的新感觉派的作品中，我们能够感觉到一种令人炫目的都市节奏，男男女女都是往来匆匆，街上汽车、电车、黄包车穿梭不息，他们营造的就是"上海的狐步舞"的氛围与节奏。但是这种生活方式与生活节奏，是不是一种主流化的东西，这是令人怀疑的。因为与此同时，很多上海人过的还是传统的那种生活方式，尤其是那种"鸳鸯蝴蝶派"式的生活是很有市场的。你也说过，"鸳鸯蝴蝶派"的生活方式，就像侯孝贤的电影，慢腾腾的，就是抽抽鸦片，吃吃饭，到妓院说说笑笑，在报馆中写写文章，给人的感觉基本上是很闲适的，没有太大的心理冲突。某种程度上来说，"鸳鸯蝴蝶派"式的生活可能比"上海的狐步舞"式的生活其方式更具有本质性。这可能也是上海城市文化缺乏现代性焦虑的重要原因。

李欧梵：我也在想欧洲文学或电影里面所展现的那种焦虑感，它之所以在中国文学中难觅踪迹，其中一个原因可能就是中下阶层的都市生活的文化资源还是来自中国的境遇，这就是所谓里弄。大部分的上海人大都居住在里弄，不是什么时尚华宅。里弄的世界支撑着他们的都市文化。这和欧洲的都市文化强烈的现代性压迫感不同，因为里弄的世界不是一个现代性的世界。哈里图尼安在《历史的不安》中引用了大量来自欧洲、日本的资料，说明欧洲的现代性的强烈的压迫感，每日生活中的焦虑感把时间压缩到现在，而现在又是很不稳定的，让人觉得我们的生活只有现在，没有过去，没有将来。这种表现方法使欧洲的一些理论家对"现在感"进行了一系列的推演，日本的一些理论家就用了这种表现方法描述东京生活的现代性。

哈里图尼安教授曾多次问过我，当西方的现代性传入中国的时候，我们中国人是否讨论过，抵抗过。其实三十年代我们根本没有"现代性"这个词。但现在的上海在全球化的阴影笼罩之下，"现代性"已经变成现实问题了。香港的生活现在就是这样，生活只有现在，没有过去和未来。他们不看黑白电影，如果你告诉他这是经典，他们说经典和我有什么关系，你给我演香港电影就可以了，香港电影中老的王家卫都不要看，要看新的。他们每天的生活看起来基本是没有意义的，因为他们生活在一种新的声光化电的世界里，他们的生活是一种"模拟"，从电影电视，到无处不在的视觉广告，生活的节奏极为快速，这些对他们来说已经习以为常了。把时间压缩到表面上没有意义的现代，真的就是都市生活吗？现在香港有人跳楼自杀，大家都会说是因为香港现在经济低迷，没有人承认是心理问题。现在世界各地都有忧郁病，包括我的太太都曾经患过，难道不应该受到重视吗？我要把这些问题提出来，有许多问题我们以前是不和都市文化联系在一起的,现在它已经进入到我们的生活模式里,你不把它联系起来也不行了。那么,在没有现实感的世界里,我们应该怎样理解我们的人生,如何塑造我们的人生？这已经变成了都市人的一个共同问题,所以我特别注意日常生活,我觉得这也是所有对当代都市文化研究有兴趣的人所面临的共同话题。

季进：你提到了日常生活,那怎么用这种日常生活来应对日益加剧的现代性焦虑？

李欧梵：我想最重要的是日常生活的平衡,要讲究"慢"。平衡是每个人都要做的事情,如果我们完全不平衡的话,恐怕我们都有问题了,都要去看医生了。当然我希望能够有这种平衡。我平衡日常生活的办法就是"慢",特别是速度很快的时候尤其要强调这一点。许多后现代理论家认为越快越好,而我就故意讲出"慢"来,让我的日常生活和外在的时间脱节,故意把我的生活变成和这个现代性的时间观念不同的东西。我要推荐昆德拉的小说《慢》,它的开头很有意思,讲他和太太在法国公路上开车,忽然,后面有一对青年情侣骑着摩托车飞驰而过,昆德拉说,这些人追求的是一种快感,恋爱如果没有调情,这些故事怎么写啊？于是他就讲了一个十八世纪的故事,一个贵妇人想要引诱一个男士,先请他到家里来,吃点晚餐,到庭院里走一走,慢慢散散步,看看月亮,然后才上床做爱。他说这就是慢,整个叙事把你带入了一个非常美妙的情景,这种艺术感是从慢里面领悟出来的。我也写了一篇文章《慢》,讲的就是这个东西,面对日益压迫的都市焦虑,你可以用种种不同的生活上的节奏来调和它,当然最重要就是要保持自己心里面的一种文化记忆,这些东西需要你自己下定义,不是我能够强加给你的。

季进：你的意思是文化记忆或者历史记忆也是应对都市焦虑、时间焦虑的重要资源？你刚才提到香港的生活强调的是现在，生活只有现在，没有过去，没有未来，把时间压缩到表面上没有意义的现代，也就是没有什么历史感。一些后现代理论家也在提倡所谓历史的平面化，这在香港倒是得到了印证。可是，上海这样一个大都市比较特别，现在还涌起了一股强烈的怀旧浪潮，把三十年代看成是上海最值得骄傲的时期。这种历史感或者说历史记忆，可能也是上海都市文化不像香港那样充满焦虑的重要原因。

李欧梵：你提出了我个人认为是最重要的问题，那就是"历史"。同样是都市，每个都市文化是不一样的。比如洛杉矶，我在那儿住了四年，没有人用过"历史"这个词，洛杉矶是没有历史的，如果有历史的话，也完全是电影里造出来的。除了在学校历史系教历史的，我碰到的人没有人讲"历史"这个词。在香港也没有人用"历史"这个词，大家似乎觉得历史已经没有意义了，特别是在这种现代感、现在感很急促的时候，大家觉得历史已经没有什么意义了。历史是人造出来的，真正的历史没有人知道。我们都生活在今朝有酒今朝醉的时代。可问题是，当你明天醒来的时候，你对今天有什么感觉呢？这还是让我想到了我最喜欢的本雅明。

本雅明和我一样，是历史感特别深的一个人，他受到我刚刚描述的这种现代性的影响，他觉得对于历史不能用传统的办法，把过去当成一个定点，一路推到现在，然后把历史变成我们的明镜。我们来追溯历史，都是一种直线进行式的。他认为应该进行一次历史意识的革命，也就是说，我们对于历史要从现在的立足点上来看，把现在的紧迫性、都市生活的紧迫性作为历史的前景来观察。他的一个理论就是：历史就像一个幽魂，当我们感受到很强烈的刺激和危机的时候，它就以一种阴魂式的方式呈现出来。我们回忆过去，没有时间的顺序，历史以一块块的幽魂、一块块的片断进入到我们的世界之中。我们对历史的看法也是一样,不是把历史当成一种很客观的、很平稳的叙事。我觉得他的看法对我有些启发,使我突然了解到上海对三十年代的怀旧的意义在哪里。我突然意识到为什么在上海的老饭店里吃饭我觉得特别舒服,因为每个饭店的背后都有历史,而这历史都是幽魂。不管是出于何种原因,几乎所有的上海人都对历史感兴趣,特别是中年或老年一代的人,为什么呢?这是上海人特有的东西,是上海人的回忆,是一个独特的现象,我觉得这是很珍贵、很重要的。为什么我对上海有一种忧虑?因为我怕像本雅明说的,那些幽魂你不抓住他,他自己就走了。本雅明用的天使的形象是背对着将来,向过去走的,他们最后会被一阵从天堂来的飓风向将来吹过去,这个飓风就是进步性,我把它叫作现代性。现代性表现在上海就是高楼大厦,就是浦东,就是现在政府的新的政策,就是一定要把上海建造成国际性的大都市,就是所有的硬件。而我觉得历史的遗产不应该在二十一世纪的科技影响之下全部抹杀,即使是阴魂,即使是随便造出来的历史,都比没有好。在上海,历史到处都是,问题是将来的地产商是不是还愿意拉历史一把。现在保护历史的办法就是让它进入博物馆,把历史供在庙里,这是一个普遍的方法,特别是在香港,它已经脱离了日常生活。作为一个上海人应该怎样面对这些问题,特别是这种历史的问题,我觉得这是一个值得关心的问题,只有拥有了历史感,才不会有那种都市焦虑。

季进:你现在所说的"历史"还是传统意义上的界定,是一种从远古到近代再到现代贯穿下来的历史叙事。可是,将来人们对历史的认识或界定,可能会发生根本的变化。这不是会对我们说的"历史感"形成一种解构吗?

李欧梵:在未来若干时间以后,或许就在二十一世纪,"历史"这个名词可能会重新界定,或者被新的名词所代替,将来历史的存在可能是断代的,或者是碎片的,或者是一种重叠,或者是一种幽魂,而绝对不是像我们想象中的中国古人所想象的历史。我最近在上海图书馆做研究时偶然看到一部名为《梦游二十一世纪》的科幻小说,它谈到上海在二十一世纪陆沉了。在二十世纪,上海的房子和马路都是乱七八糟的,人们希望到二十一世纪它们会有所改观。他们这种希望是一种乐观的幻想,现在有缺陷的东西会在将来变得完美起来,然而乐观的反面也就有一种恐惧,万一希望落空,上海就会陆沉。上海摩天大楼之所以那么高,就是为了在上海陆沉的时候人不会被淹死。我觉得这个作者的想象是很有意思的。其实历史是客观存在的,这种传统的历史观恐怕早已经失宠,根本不用等到将来。但我坚持认为新的东西往往是从旧的土壤里产生出来的,历史是无法逃避的。新与旧的关系不是相互取代,相互对峙,所以以后如果真的有什么新的对历史的界定,也完全可以并存。

季进:有了这种历史意识,有了对历史、现在、未来三者关系的把握,我们对"怀旧"浪潮总体上应该是给予肯定的,因为它是一种历史的怀旧,它的背后毕竟飘荡着"历史的幽魂",而这些东西正是上海都市文化最为独特的地方。

李欧梵:从西方理论的角度来看,现在的一切似乎都是浮光掠影,现代也必将成为未来人的历史幽魂,这个是死循环。我不希望走这个死循环,所以才提出留住历史的幽魂这个观点。换句话说,我们所把握的这个现代和西方理论家所把握的现代感应该是不一样的,因为中国文化里面的历史感是比较强的,历史感强并不表示就不注重现实了。我觉得现实是一种多层次的东西,现实包括了历史,今天也包括了过去。从后现代的理论来看,所谓现实就是一种幻象,我觉得现实应该不止于此,现实应该有广度、有深度、有过去,如果现实把握得好的话,即使变成明天的回忆,至少也不会像我前面描述得那样可怕、恐怖,这是我的一个基本的观点。我们如果能够变成将来人的历史灵魂的话,那么应该把我们这个灵魂做得好一点,将来变成鬼魂的时候,也许会比以前的鬼魂更漂亮,这是要靠个人的日常努力的。有许多人认为"怀旧"是浅薄的。你觉得是浅薄的,它就是浅薄的,反之亦可。因为很多东西要靠主观意愿或主观努力来决定。我个人并不认为上海的怀旧是浅薄的,即使是浅薄的,我觉得它招来的幽魂也不是浅薄的。后现代主义者常有这种说法:"怀旧"从根本上是商品,是假的,是肤浅的。他们因此把"怀旧"批评得体无完肤。我认为上海的"怀旧"即使是假的,或者是商品,也比洛杉矶的"怀旧"好,至少它能招回来一点儿东西,而洛杉矶的"怀旧"才完全是商品,完全是假象。如果说这些"怀旧"都是真实的话,那么正好反证了上海历史的真实,它的深刻性是作为商品的"怀旧"无法比拟的。

季进:杰姆逊曾经谈到过后现代主义的一个表现就是"怀旧",nostalgia,从他的理论上说,所谓"怀旧"并不是真的对过去有兴趣,而是想模拟表现现代人的某种心态,因而采用了"怀旧"的方式来满足这种心态,所以才说"怀旧"也是一种商品。但是你认为这种"怀旧"恰恰反证了历史的真实性。那么现在经常随处可见的老照片啊、月份牌啊,是不是也可以作这样的解读?

李欧梵:我觉得"老照片"就是一种形式,就是后现代理论所说的意象,在这个意义上它们应该是假的了,因为它们是一种 simulacrum,是一种拟设的东西。我个人比较喜欢照片。老照片在这个时候出现,具有非常独特的意义。或许每个人都会说,它们是与回忆和历史有关的,而这就牵涉到我们目前对回忆和历史作何解释。最简单的说法就是这么多年以来，历史都是国家民族的历史，即所谓"大叙事"，而当"大叙事"走到尽头时，就要用老照片来代表个人回忆，或某一个集体、家庭的回忆，用这种办法来对抗国家、民族的大叙事。另一方面，每个人的回忆事实上又不是太准确的，有时看到一张照片，也许已经不记得是在何时何地与何人拍摄的，此时就会产生一种幻想，假想当时的情形，于是这种回忆也就打了折扣。同时，在官方的大叙事中，有些照片中的人物是或隐或现的，有时出现，有时又被抹掉。历史与回忆有许多相通之处，想记得时就记得，想忘却时就忘却。不只是一种呈现，也是一种塑造，是一种创造性的行为。所以《老照片》的出版，人们对于老照片的观赏，都是自我心理的投射，或者说是想象和创造。目前不只是老照片，整个上海似乎也都在怀旧。去年我到上海时，看到一家叫作"一九三〇年"的咖啡店，各式各样的旧器物陈列其中，走进去仿如置身三十年代的上海社会。怀旧物品中最重要的就是所谓"月份牌"，这种东西上海二三十年代开始制造，起初是烟草公司、药房等为做广告赠送顾客的。在八十年代的香港，已经有人重新出售这种月份牌。八十年代末，有两位香港学者在台湾出了两册非常有意思的书，就叫《老月份牌》，把收集到的月份牌重新印刷出版。老月份牌这几年在中国大陆也是随处可见，特别是在上海。为什么在这么多可供怀旧的东西中，月份牌如此受人欢迎？我想，月份牌与时间有关，它表示的是一种过去的时间，是当时人的时间观念。我手头有一本现在上海的公司送给客户的月份牌，月份牌上还写着："记载你流失的时光，唤起你珍贵的回忆。"并在其中每一页都加上一句话："时光倒流七十年。"反映出直线性的时间观念和现代性的投射。我们可以发现，在日常生活里，对于上海的怀旧情怀中已经出现了这样的"复制品"，原来已是复制品，现在又加以复制。这些附加的解释（即 inscription），代表的是现在的意义。至于制造这些月份牌的公司或是设计者是否真正对三十年代的上海有兴趣,那就是另外一回事了。

季进:我们谈到上海都市文化、谈到历史感或者怀旧意识,总离不开上海独特的弄堂文化。王安忆的《长恨歌》之所以大受欢迎,她对弄堂文化的体认与传达是一个重要原因。可是,不知为什么,你在《上海摩登》中却完全忽略了对这个弄堂文化的研究。

李欧梵:对弄堂文化的研究在《上海摩登》里面被完全忽略,确实是这本书的一个缺陷。我有一位在香港大学任教的建筑师朋友,写了一篇《上海的弄堂》重绘上海地图,他用"……"表示弄堂,"——"表示街道,结果上海80％都是点点的东西,几乎是弄堂世界,可以说上海是弄堂包围大街的城市,所以我写大街却没写弄堂对我来说是个极大的损失。王安忆近年来的作品,不断塑造着旧日的上海,这个上海并非她所亲历,只存在于她的想象之中。《长恨歌》的第一章用密密麻麻的文字,浓墨重彩地勾画出上海的弄堂世界,使我对弄堂有一种很深刻的感觉。她把弄堂的世界用非常诗意的文字描述出来。第一章有五个小节,"弄堂""流言""闺阁""鸽子",直到最后一节才把女主角王琦瑶带进来。从文学立场讲,她显然受到张爱玲的影响。张爱玲的小说就是弄堂世界,而弄堂世界中最重要的就是女人们的叽叽喳喳的讲话,捞"流言"。但是,为什么一位生活舒适、备受文坛重视、具有国际知名度的作家会对上海抱有感伤的情绪呢?我记得在第四节的最后,还有一段抒情文字,就是写太阳从连绵的屋瓦上喷薄而出,鸽子出巢了,翅膀白光白亮,高楼就像海上的浮标,很多动静起来了,还有尘埃也起来了,烟雾腾腾。多么的骚动不安,有多少事端迅速地酝酿着成因和结果,已经有激越的情绪在穿行不止了。可一切动静和尘埃都已进入常态日复一日,年复一年。所有的浪漫都平息了,天高云淡,鸽群也没了影,等等。这里描写的是上海普通的一天,但是所有的意象中完全没有类似好莱坞电影中那种浓的、艳的、光亮的东西,也没有什么生气,充斥其间的是浑浊的空气和烟雾。她用这种基调描写王琦瑶的生活世界——阴暗的上海弄堂。我们不禁要问:她为什么要用这种办法来怀旧?如果说王安忆创造了这个世界,让你感受到时间的悲剧感,或者说是时间的反思和寓言作用,那么弄堂起到了什么作用?我觉得,我们至少可以说,弄堂的世界是一种内在的世界,是一个家庭的世界,它是和中国人的家的感觉、归宿的感觉连在一起的,所以这种弄堂的真实性,使得在街上行走的上海人没有恐惧感。而西方都市的模式,一般人上班都是从外面进来的,很多电影里面都是坐火车或者坐汽车进城,进入了城市,就进入了茫茫人海里面,你就失落了。上海我觉得不是这样,茫茫人海不是在弄堂世界,而是在大街上。弄堂的世界和大街的世界的不同,使得这个时候的上海没有我描述的欧洲的那种紧迫的时间感。但是,随着上海都市建设步伐的加快,将来这个弄堂世界怎么办?我现在公开提出这个问题,希望能引起相关人士的重视。弄堂将来是不是要全部变成高楼大厦?如果不是,那么怎么改造?这些都市规划专家的工作,我没有发言权。我唯一的愿望只是不希望弄堂全部消失。也许有人会说,能否用法律来保护像弄堂这一类的历史古迹?我想这是可以的。但问题是你怎么保护?一个旧房子,你把它强制保护起来,然后什么都不管的话,那也不行。我在北京、天津常常见到这一类东西,我以前看到梁启超的"饮冰室"故居,门口写着"文物保护单位",里面却挂着一大堆破衣服,那又有什么意义呢?所以我觉得政府或者文物保护的人士应该想一想,如何在文化层次上寻找保护文物古迹的办法,让我们的后代在若干年以后,不致迷失在都市的大街上。

上海,从过去到现在:若干文化反思❶

本届世界城市文化论坛❷的主题是"城市叙事:全球城市进程中的记忆、想象和认同",这似乎是个较为乐观的提法。它暗示说,"世界城市"的出现是 21 世纪的"伟大叙事"。倘若如此,这一"伟大叙事"的作者应当是建筑师或者都市设计师,而不是像我这样的作家或文化史家。不过,论坛的副标题却诱使我们往回看,进而思考记忆与想象在城市身份构成中所起的文化功能。它引出了一个关键问题:城市如何通过占有过去来重新改造自身?毋庸置疑,这些宏达的主题需要进行一些重要的反思。

一、世界城市

什么是"世界城市"或全球都市?在不久以前,世界知名建筑师雷姆·库哈斯创造了"generic city"(通属城市)一词,用以描述尤其是在亚太地区不断涌现的世界城市。简而言之,它指的是那些没有个性、没有身份的城市,在这些城市,历史了无意义,"对历史缺席的遗憾不过是讨厌的

---

❶ 本篇原以英文写就,译者:常方舟。
❷ 2016 年 10 月 20 日在上海召开的"2016 年世界城市文化上海论坛"。

老生常谈",在这些城市中,"历史过于渺小,以至于不能为那些生活在其中的人们所留存和分享"。这些城市的景观往往由"垂直度"进行标记,诸如一大批摩天大楼,它们"看上去似乎是决定性的、明确的建筑类型"。这些城市只有三种要素是绝对必需的:机场、酒店和购物商场❶。我们很容易感受到库哈斯的这一观察中蕴含的讥刺,因为作为类型化的世界城市,其前提是城市规划和都市设计的完全破产。在他看来,新的世界城市无非是一些新旧楼房杂糅的随机集聚。除了无处不在的观光客以外,它们没有任何特色风味和号召力,而游客却特别喜欢去老城区(倘若还存在的话),其古旧建筑则是游客瞩目的焦点。对本地居民而言,这些废墟因无法供人居住而一无是处。大多数欧洲传统城市即属此类。

但是,态度较为温和的建筑师或者建筑理论家则抓住这一机会,来展现他们自负的专业雄图,有位评论家称他们的抱负为"大厦情结"。中国丰富的资本流动和开阔的空间为这些建筑师提供了一个能够尽情驰骋和实验的空白场域,由此产生的庞然大物即成为城市中新的坐标。这一新趋势被这些建筑师自己定义为"超现代主义"。其设计理念,一言以蔽之,就是"大"和与之相伴而生的口号——"是即是多"。丹麦的英格尔斯建筑公司BIG(Bjarke Ingels Group)工作室甚至以此为名出版了一本"建筑漫画"。这本带有幽默色彩的书宣告了这种全新建筑模式的到来。翻开这本书的第一页,就能看到几位古今建筑大师(还有一位美国总统)的照片(也一个个被调侃):密斯·凡·德·罗("少即是多")、查尔斯·文丘里("少即是枯燥")、菲利普·约翰逊("我是娼妓")、雷姆·

---

❶ Rem Koolhaas, "Generic City", in Rem Koolhaas, Bruce Mau, and Jennifer Single eds., S, M, L, XL; *Small, Medium, Large, Extra-Large*, New York: Monacelli Press, 1997.

库哈斯("多即是多,多多益善")、巴拉克·奥巴马("是的,我们能行"),以及英格尔斯自己("是即是多")。借鉴达尔文的理论,英格尔斯将这份声明称为"进化论",并配上了查尔斯·达尔文的照片作为说明❶。他的这本书是为上海2010年世博会量身打造的,不出意料,其案例之一即是为世博会设计的"人字大厦"。这一巨型建筑物看起来像是汉字"人"的造型。这一建筑模型起先是为瑞典一家破产的会议中心和会所设计的。上海为这一建筑样式传入中国提供了千载难逢的良机(英格尔斯称之为"机会"),并因而带有中国本土的特色。到底它如何能够为实现"弥缝中国古老智慧和中国进步的未来之间的差距"这一目标服务?谁也不知道。在这本书的第31页下方,有一连串两个中国汉字连成的口号:"人!人!大!大!大!人!"这一串连并不新鲜,而是刻意经营的,将"人"和"大"这两个符号的语源和数字意义联系在一起,而在当代中国话语中也指向全国人民代表大会。这位丹麦建筑师抓住机遇,而且很聪明地将其转化成一个成功的建筑项目。这样看来,新全球化时代下的建筑师所标榜的确是"我是娼妓"——迎合一切富有的客户。

从这个2010年的光辉案例,我们就可以回顾上海成为世界大都市的故事的第一章:浦东的建设。由于界定世界大都市概念的首要条件是国际金融,浦东的发展目标就被定位为中国的新金融中心。开发浦东计划于1990年10月正式发布。在公开竞标后,确定了浦东的发展蓝图。不到十年,浦东即由原先的乡村(陆家嘴)和工业区被改造成为一座"迷你都市"。大规模的翻新工程包括新的机场、高速立交、架空单轨,以及取代旧住宅楼的高层办公楼。其中最高的建筑物是88层的摩天大

---

❶ BIG (Bjarke Ingels Group): *Yes Is More: An Archicomic on Architectural Evolution*, Koln: Taschen, 2010.

楼——金茂大厦（其字面意为"金色繁荣"），由芝加哥建筑公司 SOM 设计建造。金茂大厦的成功建造后来还摄制成题为"摩天梦"的电视纪录片。这的确是一个梦想成真的过程。金茂大厦的落成也标志着上海开始参与亚洲城市间展开的摩天大楼的竞赛，竞争者还包括台北、吉隆坡、香港，以及中国内陆的其他城市如重庆和深圳。不过，金茂大厦的高度纪录仅仅维持了很短的时间，即被它旁边兴盖的 95 层高的上海环球金融中心所超越。这并不令人感到意外，因为超现代建筑的逻辑就是"大，更大，最大"，以及"多多益善"，这一现象直到全球市场遭受重创才有所缓和。（不过，中国在 2008 年世界经济危机中受到的影响并不大。）

浦东的故事如今已是脍炙人口，无须赘述。不过，这个新添的上海都市景观却引发了任教于香港大学的文化评论家阿克巴·阿巴斯作出如下充满欣喜的评论：

> 在重要意义上，将上海再塑为文化城市，意味着创造一系列市场化的景观……上海的这些景观造成了一种视觉上的迷恋，弥合了新旧之间的差异。浦江两岸的外滩文物保护建筑和浦东的新摩天大楼之间的关系，更趋于互补而非对抗，因为"旧"和"新"也都只是在新的全球空间中对上海作为文化之都进行再塑的不同方式而已。在这样的空间里，文和历史因素能够和政治经济利益交融混合在一起。❶

---

❶ Ackbar Abbas, "Play It Again Shanghai: Urban Preservation in the Global Era", in Mario Gandelsonas ed., *Shanghai Reflections: Architecture, Urbanism, and the Search for an Alternative Modernity*, Princeton: Princeton Architectural Press, 2002, p. 51.

如此全面的评价读来很有说服力,却似乎也忽略了不少颇为棘手的问题。一则,我们是否能将浦东的景观视作都市发展的彻底成功案例?另一位著名建筑师,也是为浦东方案受邀竞标者之一的理查德·罗杰斯认为:"尽管上海有着非常丰富的都市文化,政府当局所提出的计划却舍弃了旧上海的文化和商业多样性。相反,新城区只是为了迎合国际办公楼和用车出行者使用而设计。"罗杰斯对浦东的规划方案是一个"由公园和公共空间织造而成的多元化的商业和居住区域,有四通八达的公共交通网络,可以承担起整个浦东文化的中心"。❶ 这一方案遭到了否决。这一决策反映出对人民的"生活世界"的鲜明漠视。陆家嘴地区原先的住户被迫迁至其他区域,有些人甚或移居到更为狭小的居住空间。居住密度始终是个一筹莫展的难题,对香港而言,不仅无计可施,而且每况愈下❷。那么,浦东的簇新发亮的摩天大楼又如何"对抗"外滩殖民时代的建筑,或如阿巴斯所论,它们如何互为"补充"? 自 1949 年以来,上海市政府在相当长的时间里保留了外滩原状,但这些旧的金融大楼被新的政府办公室所接管。20 世纪 80 年代末,工人们在上海汇丰银行大楼除去墙顶涂料时,偶然发现了一组大型壁画,所绘为英国殖民者所有的"世界城市",上海是其中之一。这一发现也揭示出上海昔日荣耀的"隐迹稿本"。

在那个"历史"时期,我在上海从事关于《上海摩登》的研究,并从本地人那里听到过相关的故事。他们告诉我,四十年以来,他们所热爱的

---

❶ Richard Rogers, *Cities for a Small Planet*, Boulder, Colorado: Westview Press, 1998, pp. 44-45.

❷ 黄宗仪《全球城市的自我形象塑造:老上海的怀旧政治》,见《面对巨变中的东亚景观:大都会的自我身份书写》(*The Construction of Self-images in Global Cities*),台北:群学出版公司,2008,页 81。

城市始终处于不发达的状态,而他们每年纳的税金则多数用来支援北京。他们还声称,上海由于地基不坚,所以不适合建造高楼大厦。浦东的崛起是否证明这些传闻的无凭无据？还是说官方的发展逻辑发生了改变？浦东是否会成为新上海的雏形,从而取代旧上海？或如阿巴斯所言,"新"和"旧"都不过是重塑上海为文化之都的不同方式而互为补充？"文化之都"这一术语是否也是官方的选择抑或是某位学者的措辞？

　　台湾学者黄宗仪在她的全球城市自我形象塑造研究中,为此问题提供了一个直截了当的答案。在她看来,向全球城市迈进的上海需要双层镜像以形成新的身份认同：一个是先进的西方城市模型,譬如纽约(因此浦东应当进行"曼哈顿化"),另一个则是城市内部模型,即20世纪30年代的旧上海,并以此作为历史延续性的托辞。似乎只有在世界城市发展的全新"宏大叙事"中,旧上海才能重新获得它的意义。简而言之,这是一个"回到未来"的策略,抑或可用俗语"古为今用"来概括。阿巴斯和黄宗仪都把全球化的"现在"置于优越地位,并倾向于质疑或轻视文化历史因素。倘若依据后现代理论,历史是被"建构"的存在,而"文化"在很大程度上是被消费(而非记忆和想象的产物),因而它们的确能够与政治经济利益相混合。这样的现象在香港、新加坡以及其他正在成长中的亚洲城市中非常普遍。

　　我住在香港,长期以来香港政府的发展计划始终遵循拆除的逻辑：许多老房子,甚至是整条街区(旧九龙城)都被拆除了。2003年为了纾解交通,拆除了位于香港中环的天星码头,并在香港国际金融中心前建造了一个新的模仿旧码头的"假"天星码头。这一举措招致了本地居民的强烈反对,尤其是当地文化人士如作家、记者、编辑等等,他们皆以留存集体记忆之名为历史保护而抗争。政府迫于不断增长的压力,颁布了一套法令,对旧楼就保护或拆除进行分门别类的规定。新加坡的情形要好一些,由于需要保存的历史遗迹不多,在新加坡中心城区的殖民时代建筑完整地保存了下来,并改造成国立博物馆。旧有的来福士酒店及其知名酒吧则依然如故,如今成为观光客们时常光顾的地方。

这两个亚洲城市只能为上海提供一个微小的镜像,因为有人认为上海的都市重建已经超越了香港。上海的独特性在于其更为丰富而悠久的历史,它不仅是"半殖民地"贸易港,同时也是繁荣的中国商业城市,这一历史事实业已为无数专家学者在欣欣向荣的"上海学"研究领域所证实。因此,上海的历史为研究和发现提供了几乎无穷无尽的资源。不过,这些是否也能成为新上海的灵感的来源?

大多数西方建筑设计师在接受委托为中国城市发展设计地标性的"超级建筑"的时候,对历史文化元素似乎多只是泛泛而论。例如,金茂大厦据说是遵循中国传统宝塔模型而建,广州歌剧院的造型以珠江鹅卵石为灵感源头,北京国家游泳中心(水立方)合乎中国古代宇宙方圆观念,等等。但却少有人真正深入探讨历史和记忆。造成这一现象的原因部分是这些有着时效性的因素难以捉摸,并且很难转译为建筑设计。据我猜测,另一部分原因则是在"超现代主义"新思潮之中,新建的庞然大物有可能为未来设立新的"历史"标准。在这种新的都市迷恋中,任何谈及历史和记忆的话题似乎都有些多余。这样看来,不久之后上海的过去将不会存在。不过,当我们把目光转向今日的外滩,看到那些古老的建筑物仍然矗立在江畔,虽然内部已经翻新。如果按照20世纪初美国奉行的建筑废退的逻辑,建筑通常只有25年到33年的寿命(酒店更短)[1],

---

[1] 此处指的是二十世纪初的芝加哥。Daniel Abramson, *Obsolescence: An Architectural History*, Chicago: University of Chicago Press, 2016.

外滩的这些建筑早该被拆除了。显然,时代变了。来自历史保护主义者的挑战、可持续使用的趋势,甚至是这些新的庞然大物自身的纪念碑式构造(其建造正是为了持久),都是造成这一改变的显而易见的因素。而上海外滩所拥有的丰富历史,完全可以和芝加哥或纽约相媲美,但问题并非如此简单。在我看来,在任何关于上海跻身世界大都市的叙事中,集体记忆扮演了至关重要的角色。

二、记忆和想象

自20世纪90年代以来,上海一直蜂拥着一股文化怀旧的潮流。大量由本地作家和居民书写的作品——大多是以人物和楼房为主题的回忆录或半回忆录,充斥出版市场。这些以"上海往事""上海的金枝玉叶""上海的红颜遗事""上海旧梦""上海老建筑""夜上海"等为书名的作品都成了畅销书。与它们同时畅销的还有怀旧的纪念品,比如旧月份牌、火柴盒、留声机唱片,尤其是老照片。这一个现象,因为其幻想的性质和商业企图而招致精英知识分子的一连串批评:如果怀旧成为一种时髦,它将是"非历史的",因为被移植到现在的怀旧,已经切断了和革命性的过去历史语境的联系。尽管遭到这些批评,怀旧的趋势仍然继续增长。另一方面,那些怀旧作品的作者和纪念品的生产者(或再生产者)、销售者则为自己的努力辩护,认为他们呈现的是真实的过往——它代表了东西文化杂糅的物质文化,也是上海人理应引以为傲的文化遗产。可见,老上海的建筑和事物为上海发展成为全球都市提供了真正的资源。

这些针锋相对的视角,在上海著名女作家王安忆的小说《长恨歌》(2000)中体现得淋漓尽致,也受到极大的关注。在这部微妙而带有温和讽刺意味的想象作品中,王安忆塑造了一位令人难忘的女主人公,她生活的时代横跨国民政府时期到新中国成立以后。小说的第一章呈现了对老上海里弄或弄堂世界的生动描绘。年轻的女主人公就从这个里弄世界走向这个大都市的其他地区,寻求她自己的荣华富贵。但是,小说的整体结构似乎更注重故事的后半段,在过往的荣华成为过眼云烟之后,女主人公变成了一群年轻的"老克腊"们的欲望主体。王安忆对女主人公的勾画及其经受的痛苦足以激发我们的同情,但语调又逐渐转变为讥嘲。这部小说丰富的内涵也引发读者去追寻上海过去和现在的复杂意义。如果阅读王安忆诸如《富萍》之类的其他小说,我们就会意识到她的历史记忆是有层次的。王安忆生于新中国成立以后的上海,不同于20世纪30—40年代颓废而华丽的另一个上海,前者显得更平民化也更平等,人们的日常生活不再是以外滩为中心,而转移到工人集中居住的郊区。我们是否可以用"革命性的怀旧"这一个新的方式来表述?两者无疑都属于上海的过去。对更年长一辈的许多上海居民而言,尽管政治运动导致某种断裂,他们的记忆始于民国时代,在新中国成立以后仍不断延续。

　　金宇澄用上海方言写作的小说《繁花》于2013年出版,故事的时间架构从20世纪六七十年代延续至90年代。正如为该书撰写前言的作家所言,这本大部头的著作也呈现了一幅详尽的城市地图。街道的名称反复出现,成为叙事行动的标识。故事始于昔日法租界西边的一块小地方,但却朝着城市的西北角,即被称作"下只角"的闸北和普陀发展和延伸,后者充斥着下层市民居住的破败房屋。当两位主人公漫步于法租界的街道时,他们开始对租界时期的路名评头论足,作者似乎想要借此发掘和过往历史更深刻的联系。而在故事中稍迟登场的年轻主人公阿毛,他的行动和历险经验也旨在强调"地气和活气"❶。总之,这些当代上海小说的地理表征算是植根于一个充满中国式人情味和物质性的"人际社会",一个以密切交织的人际关系为特征的生活世界,它从里弄房屋的里面展现出来。有时候,激情也会公然迸发,而欲望则流动于街道、小巷、菜场等无数的迷宫之中。这个世界的嘈杂与愤怒——包括闲言碎语在内——赋予其不同寻常的特色,并在中国现代文学中得到一次又一次的展现。我们可以清晰地追溯一条从张爱玲到当今的文学系谱。

再举一个相关的例子,虽然不是小说。我先前在哈佛大学任教时的学生李洁不久前出版了一本以里弄为背景、基于她个人家族史的研究著作,书名为《上海家庭:私生活的隐迹稿本》。在诸多方面,特别是以家居生活及其纪念品来召唤已经失去的过往生活,这本书都可以和瓦尔特·本雅明的《柏林童年》相比。她引用了本雅明的论述:"活着就是留下痕迹。"她与自己的亲戚访谈,并对他们共有的"私生活"做人类学式的调查研究,这一种"私生活"有别于西方中产阶级的"隐私"概念,而被定义为"一种对家的感受,一种亲密感,一种免于社群监督和官方干涉的私密空间"❷。新中国成立后的上海里弄,在书中变得更加多样而充满生机,因为来自不同阶层背景、从事各行各业的人们,纷纷涌入同一个屋区之中。他们历经了种种磨难——20世纪50年代末的政治运动、1959—1961年的困难时期和"文化大革命"(1966—1976)。到了90年代,这个里弄世界最终还是屈服于拆毁和迫迁的命运。李洁在她这本文化考古学的书中所揭示的是这样一个充满矛盾的人性主题:人们越是身处政治的逆

---

❶ 西飏"序"《坐看时间的对岸》,见金宇澄《繁花》,台北:印刻文学,2013,页27—31。
❷ Jie Li, *Shanghai Homes: Palimpsests of Private Life*, New York: Columbia University Press, 2015, p.12, p.20.

境,就越在乎他们的隐私空间;他们在肉体和物质上受到的剥夺越多,他们就越紧守那些并没有太多价值的器物,并视之为珍贵的纪念品——一个饼干盒、一个茶壶,甚至是煤炉。像她母亲那样的知识分子,会在一本普希金诗集之中找到"避难所"。所有这些细枝末节都显示出,生活中的精神和物质匮乏也留下了它自身的记忆痕迹,因为"它使得我的祖父母和他们那一代的人们,把节衣缩食看成一种艺术、习惯和生活价值"❶。

到 2000 年的时候,尽管还有些许拒绝搬迁、对政府拆除政策作徒劳抵抗的"钉子户",这一个弄堂世界已经永远消失了。虽然人们很快就适应了现代的公寓式生活方式,里弄却"成为此前居住其中的人们的怀旧梦境,似乎就在那些梦幻的迷宫中暗藏了一个家的意义之谜"❷。如今,连这个迷的诱惑力也已经从生活在公寓里的年轻一代的记忆中逐渐消退了,除了研究上海的学者和"老上海"的寻宝者。

于是问题就变成:在全球化的新时代下,"家"是否还承载任何意义?移民社群和文化游牧的理论话语已然使得"无家"(或"到处为家")成为21世纪的正常状态。在这样的背景下,至少对于一部分发展商和建筑理论家而言,家和记忆的词语已不再具有任何意义。

事实果真如此吗?上述来自文学作品和其他资料的例子似乎另有所指。很明显,这些本土作家都从里弄世界的里面朝外看,而大多数西方建筑师则会用一个外来者的视角向内看,很少将自己与本地居民的日常生活文化联系在一起。近日对高楼大厦的追捧又将这种外部视角进一步"提升"为空中视野。好莱坞的电影大片加剧了这一趋势。从天空的视角来看,只有摩天大楼的垂直度能够标志城市的轮廓。在摩天大楼

---

❶❷ Jie Li, *Shanghai Homes: Palimpsests of Private Life*, New York: Columbia University Press, 2015, p. 136.

的真实和象征的权威之下,旧的里弄世界看来被压扁了,变得微不足道。另一方面,在过去很长一段时间里,按照中国通俗看法,摩天大楼的高度会引发恐惧和不安。事实上,"摩天大楼"这一个词汇就有妖魔(摩)的涵义,大楼竟然可以"摩天",也表示它远远超过一般人正常生活的心态。在传统中国建筑中,高度从来不是被推崇的价值,而"巨大不朽"的建筑也只是为了纪念帝王而设。西方的殖民现代性为租界商埠——尤其是上海——带来了一种不同的建筑模式。过了不久,这种模式也被市民吸收,而融入他们都市生活的精神世界之中。连上海的弄堂也是一个中西混合的"杂种"产物。

许多中国学者和西方学者业已书写过不少关于上海里弄世界所留下的多重身份的印记。他们指出,对上海被殖民的过往所抱有的"选择性的怀旧",事实上也"印证了这座城市向全球化都市过渡中的社会和政治进程"[1]。多年前学者潘天舒曾经指出,对"高等区"和"低等区"的认知根据是"透过'角'或'上只角'的社会空间关系得来的地方意义",而"重塑或怀旧的老上海想象几乎完全与上只角相连,因为后者代表了上海洋人的聚集地及其影响范围"。这个观点也在金宇澄的小说《繁花》中得到证实,这部小说更突显了"下只角"在革命时期所拥有的新社会空间。有待追问的是:这种"短暂的文化象征主义"是否能够为全球化的新都市设计目标服务?"文化象征"之类的因素到底具有多大意义?

"新天地"始建于21世纪初,这个高档露天商场和游乐园,成为首个测试的例子。从设计蓝图来看,新天地似乎是对里弄原型的巧妙再塑。正如该设计团队的一位成员在导览时向我介绍的那样,在建造过程中,

---

[1] Peter Cookson Smith, *The Urban Design of Concession-Tradition and Transformation in the Chinese Treaty Ports*, Hong Kong: MCCM Creations, 2011, p.247.

一切细节都经过精心策划，甚至是旧石库门的一些砖头都被重置在新店铺的外墙作为装饰。在夜晚，光线黯淡而狭窄的通道营造出令人着迷的氛围，似乎此地承载了老上海特殊的"场所精灵"。不过，与它以象征性展现的旧式里弄不同，这一个"新世界"并非只为居住而设。其周边后来盖了新办公室和公寓高楼，旨在吸引一批"新新人类"的企业家将之用作办公场所和暂时居住地。以"后见之明"来看，我们或许可以认为其复苏里弄符号的最初目的是暂时的。这是否意味着现代的办公室工作/公寓住宅模式将会取旧者而代之？正如一位著名作家评论里弄时所言："谁还愿意住在这些陈旧、肮脏，而且只有简陋卫生设施的院子里？现代化的舒适设备更令人向往。"我记得他的这段话是在90年代末说的。看来上海人似乎比北京人具有更好的适应新环境的能力，上海人对保存里弄房屋，从来没有北京人对四合院那样高涨的情绪。

然而，正如里弄世界的家族史和记忆能够为都市发展的"大叙事"提供一种"反叙事"，一个有创造性的文化怀旧的诠释，也可以为"全球化大都市"的上海提供另一个视野。

三、怀旧与身份

斯维特兰娜·波茵曾以此为主题写下一部权威性著作，她对怀旧的定义如下："怀旧并不总是关于过去：它可以追溯过去，也可以面向未来。过往的幻想由现在的需求所决定，又直接影响了未来的现实……与限于个体意识平面的忧郁症不同，怀旧是个人传记和群体、国家传记，个人和集体记忆之间的关系。"[1]波茵进一步评论道,怀旧的爆发往往紧随革命之后:1789年法国大革命,1917年俄国革命,东欧最近的"天鹅绒"革命。这些革命的和革命前的历史,在记忆的平台上积淀了多层意义,造成不同程度的连续和断裂。它们对革命后的现今意味着什么?

波茵在她的理论思考中掺以个人叙述,包括她以移居国外的俄国人身份,重访圣彼得堡和莫斯科的趣闻轶事,为这本书增添了不少趣味。在书中,她对自己同胞的各种回顾过往的记忆方式,做了不少带有反讽、暧昧和滑稽意味的观察。这些章节中出现的是一种多重叙述:怀旧确实有多种多样的形式——从纪念文字和纪念仪式,到被撤走的列宁、斯大林雕像和重新矗立的俄罗斯诗人纪念碑,到一个名叫"西贡"的咖啡馆里的谈话片段和戏剧表演。我第一次作为观光客去圣彼得堡(以前叫作列宁格勒)游览,正是20世纪80年代末苏联实行"改革开放"政策的时候,当我走在街上时,贩卖"麦克列宁"汉堡的小贩曾向我兜售。去年(2015)9月,当我再访圣彼得堡时,这座城市保存完好、内部翻新的19世纪建筑给我留下了更深刻的印象。在这座文化之城,它的"过去"透过它的现在成为新旧一体的壮丽景观。这座城市的风景线中没有巨型的摩天大楼(而在莫斯科和华沙,摩天大楼正不断出现在中心街区)。这是否仅仅是对怀旧的全面展示? 我并不认为如此。

波茵选取了"偏离现代化"的反省视角,提供了一种"兼有对新奇的现代性迷恋和同样现代性的传统再塑"的双重批判,进而表明"对怀旧的创造性反思并不仅仅是美学装置,而是一种生存策略,一种理解无法归

---

[1] Svetlana Boym, *The Future of Nostalgia*, New York: Basic Books, 2001, Introduction, p. xvi.

家的方式"❶。我们完全可以理解,作为一个俄国移民和哈佛大学教授,她的视角中也深植对失落家园的感伤。然而,我们对于上海的反思,与上海居民对他们自己的城市快速转变的态度,能否采取相同的视角?

据波茵所言,怀旧的多样性与城市的身份有着密切的关系,或者说,它与城市的居住者如何定义他们自身都市生存的意义有关。她强调,无论是纽约、圣彼得堡、萨拉热窝,还是上海,在现代历史上,人们对一个城市的认同可以和国家认同同样强烈,因为这些城市提供了一种"本土化的世界主义"的选择,它同时包含了国家的和国际的元素❷。我对上海也曾提出过类似的看法。然而,在经历了世博会和其他一些主要的世界性活动之后,2016年的上海已然是中国的骄傲,上海先前的世界主义魅力已经成为"中国梦"国家事业的一部分。这对上海发展成为世界城市预示着什么?

事实上,或许我们可以将英语单词的"怀旧"(Nostalgia)追溯至它的希腊语词根,意为对"家"(algia)的"渴望"(nostos)。如果按照字面意义翻译为汉语,"乡愁"一词则在同样的含义之外又增添了家/乡的空间内涵,它也是一种提示,让我们不无心酸地想到,中国文明的根源是乡村。雷蒙·威廉斯所提出的关于英国文学的著名双重特色——《乡村与城市》,一旦被置于全球城市的语境中,即呈现出一种新的意义:人口从乡村迅速迁徙到城市的现象使得"无家可依"成为都市生活的共同特征。如果一个城市也能够被称作"家"的话(例如"我是纽约人""我来自上

---

❶ Svetlana Boym, *The Future of Nostalgia*, New York: Basic Books, 2001, Introduction, p. xvii.

❷ Svetlana Boym, *The Future of Nostalgia*, New York: Basic Books, 2001, Introduction, p. 76.

海"),上海的都市居民如何才能重新定义他们的"乡思"？面对都市快速发展的景观,他们对"本土怀旧"或"乡愁"的感情又如何能得到满足？在我看来,一股非官方的反潮流,正逐渐在都市中的本土建筑师和设计师群中展开。最新一期的《时代建筑》杂志刊载了几篇以"城市微更新"为主题的文章,其标题为"城市微更新刍议——兼及公共政策、建筑学反思与城市原真性""社区空间微更新""以日常需求为导向的城市微更新:一次毕业设计中的上海老城区探索"❶。最末一篇尤其值得关注,因为它正提供了上海都市发展的另一条路径。此文的英文摘要陈述其研究目的如下:"经历了大规模的拆除和建设之后,上海的发展进入了一个过渡性的阶段,从量的发展向质的提升转变……这一途径旨在实现一种微观转换,与'慢生活'的宗旨相一致。"❷这些言论,令我想起最近出版的另一本书——《走向公民建筑》(2012),这是一本厚厚的建筑思想论坛的文集。其封面上言明:"公民建筑是指那些关心民生——如居住、社区、环境、公共空间等,自设计中体现公共利益、倾注人文关怀,并积极为现时代状况探索高质量文化表现的建筑作品。"❸

上述观点也标志着价值优先的转向,从发展主义到社区生活,从速度到闲暇,从"快节奏"到"慢生活",从宏观("大处着眼")到微观("小处着眼")。在这一思考或反思的新框架中,浦东的摩天大楼模式似乎与这些文章所提出的"永续性""社区构建"和"公众参与"等关键词毫不相关。如今,中国已经成为富有的世界强国,这种新的反思是否会导向不同的

---

❶ 《时代建筑》,同济大学建筑系,2016,No.4,页6—23.
❷ 《时代建筑》,同济大学建筑系,2016,No.4,页23.
❸ 《走向公民建筑(2007—2010)》,南方都市报、中国建筑传媒奖、中国建筑思想论坛,桂林:广西师范大学出版社,2012.

都市模型,或许更接近于理查德·罗杰斯受"可持续发展"概念启发,基于世界大多数穷人的考虑而为浦东设计的蓝图?❶

就在写作这篇论文的时候(2016年10月),新的上海城市总体规划(至2040年)刚刚发布。上述"微更新"的趋势是否会在政府宏观地理政治学和地理经济学的视野中行得通?且让我们拭目以待。

后记:全球化时代的新博物馆

文化领域的新动向,我们往往可以在博物馆和美术馆的建设中窥其端倪。这些场馆包括公立博物馆(例如上海市政府辖下的当代艺术博物馆)和私立美术馆(例如在上海世博会原址建成的余德耀美术馆和龙美术馆)。和其他新的创意产业机构一样,它们的落成是为了打造"西岸文化走廊"。显而易见的是,来自政府和海外的资金支持凸显了它们在上海作为全球"文化城市"总体规划中的重要性。

下面这份报告是我在最近两次参观中获得的初步印象。

我第一次参观文化走廊是在2015年某个周日的上午,因时间有限而仅仅参观了两家博物馆:龙美术馆中的大量展品是由上海艺术家的创作和传统中国艺术作品构成;而余德耀美术馆则是由印尼华裔巨商余德耀创办的,是为了展示余德耀基于他个人艺术品位而收藏的国际艺术品,其展览由艺术史家巫鸿领衔的知名团队策划组织。那天周日早上,两家博物馆都客流寥寥。于是我试图探究这其中的原因。或许是因为这一"创意产业地带"的建筑仍未完成?或许是因为那些来自"上只角"、

---

❶ Richard Rogers, *Cities for a Small Planet*, Boulder, Colorado: Westview Press, 1998, p.15.

具有"更高品位"的消费者对他们的周末时光有了其他的安排？或许是因为文化走廊坐落在公共交通设施不太方便的地方？（那次我预先叫了出租车，司机告诉我，在那里临时"打的"并不容易，我本该使用"Uber"专车服务。）这一新文化地带能够为上海这个世界大都市实现什么样的伟大目标？在2016年10月的另一次参访中，我获悉一些新展览吸引了大量人流。尽管余德耀美术馆和龙美术馆相距不远，但两者却截然不同：从一个后现代的展览馆突然变换到一个较为传统的艺术瑰宝收藏馆。这两个馆都占地颇广，尤其是余德耀美术馆，似乎是为特殊展览和其他活动而特别设计。我不禁开始思考：今日新兴博物馆的目的是否已经从保存文化（传统意义上的博物馆）转向展览和表演文化（画廊或"创意空间"）？

从西班牙毕尔巴鄂的古根海姆博物馆开始，由世界级建筑师设计的新博物馆就被视为城市崛起的身份符号。弗兰克·盖里的建筑设计成为古根海姆博物馆的重要吸引力，不过很少有观光客对它内中展览的东西感兴趣。同样的情况是否会在上海再次出现？我希望不会。博物馆的外部（建筑设计）是否在某种程度上足以匹配其"内部"（收藏品和展览品的内容）？博物馆对城市身份所产生的终极意义到底在哪里？

哥伦比亚大学著名人类学家安德里亚斯·胡赛恩曾提出过这样的假说——博物馆和人类的记忆相连，并满足一种需求："博物馆是抵抗废弃和消失的堡垒，它帮助我们克服对变化速度过快和时空不断压缩的深层焦虑。"因此，"博物馆是一种对于生活中缺乏稳定性和'活传统'的补偿"❶。我对西岸文化走廊两家新博物馆的印象有点不同：只有那些关

---

❶ Andreas Huyssen, "Present Pasts: Media, Politics, Amnesia", *Public Culture*, 2000, 12.1, p.33.

心保护城市文化传统的人才会用这种方法来了解博物馆的功能。如果新一代的上海居民根本没有时间的焦虑和对传统的关怀,而只想生活在当下的话,那又该如何是好?胡赛恩也意识到了这个问题,因为他指出,许多只供大众消费的记忆根本就是"想象的记忆,所以远比生命中的记忆更容易被遗忘"❶。在余德耀美术馆里,我发现内庭的一个最大的展览空间是空的(为了布置新的展览),而大门入口处则摆放了一个大型的符号性的艺术装置——一棵巨大的活树,它很可能是这位私人收藏家最喜爱的物品之一。至少这个象征性的姿态展示了对未来世界的生态环境的关心,它似乎比保存失去的过往更为重要。

在 2015 年的一个周末,我参观了另一家坐落在外滩后边的博物馆。这块地方曾经是外国领事馆和外国公司的驻地。其重建项目目前是由一家叫作"洛克"的中国公司负责,巧合的是,洛克也是洛克菲勒的省称❷。我走进一栋前面镌刻着"真光楼"的古旧大楼。它早先属于广学会和中国浸信会书局。这栋看上去有些单薄的建筑并没有立刻引起我的注意,我反而被它的"哥特复兴"模式以及外墙上的现代装饰艺术风格图案所吸引。当我得知它是由拉斯洛·邬达克(1893—1958)设计的时候,我变得有些激动起来。因为在 20 世纪 20—30 年代,这位匈牙利建筑师是全上海最著名的建筑师,他还设计了包括大光明电影院和上海国际饭店在内的其他著名建筑。当我刚开始从事关于《上海摩登》的研究

---

❶ Andreas Huyssen, "Present Pasts: Media, Politics, Amnesia", *Public Culture*, 2000, 12.1, p. 27.

❷ 据闻洛克菲勒家族基金会本来有意投资保存外滩的全部老建筑和桥梁,后来由于某种原因而放弃。现在的公司和洛氏家族无关。在此我要特别感谢我的友人——现居上海的建筑师刘宇扬。他是我的私人"导游",而且多次提供资料,让我对上海这个新城市有一个初步的认识。

时，我对邬达克几乎一无所知。而现在，邬达克已是一个传奇人物，也是一本最近出版的专著（由中国和匈牙利建筑学者联合执笔）的主角❶。在某种意义上，邬达克就是20世纪30年代上海的外貌变得"摩登"的主要原因。在这栋旧楼里，我们又能找到什么"建筑记忆"的踪迹？

真光楼里面是上海外滩美术馆，这个馆更像是为国际艺术家而设的画廊。那天我看到的展览是美国艺术家马克·布莱德福特（Mark Bradford）的创作，他用上海的旧地图补缀成风景画来营造一种类似老上海的怀旧感。在艺术家手中，老上海成为一幅散发着特殊神秘性的拼贴画（或者是"反拼贴画"）。我把这场展览看作是一个外国人用艺术的方式向上海致敬。为什么一个外国人会试图用艺术创造来复苏这样的陈旧记忆，而当代中国艺术家却只是热衷于追逐西方的前卫潮流？

在2016年一个秋日细雨的午后，我匆匆参观了上海当代艺术博物馆。该博物馆馆址原是发电厂，其设计明显是受到了伦敦泰特现代美术馆的启发。馆内巨大的内部空间大多空空荡荡，几位工人正匆忙地取下前一场展览的广告牌。我被博物馆的规模和它的超现代设计所震撼，但我很难想象它能够吸引众多人流充塞其间的样子。（这或许是因为我的脑海已为香港购物商场的日常拥挤画面所蒙蔽？）如果艺术和文化最终将成为文化消费中"偶然出现、稍纵即逝、瞬息万变"的产品，那么这句波德莱尔对现代性所下的定义的下半句——"艺术的另一半是永恒和不变"——将何去何从？从另一方面来想，如果一切都不固定，也不能永久的话，那么为何还要建造可以持久的博物馆？为何不把它们都移到购物中心和街道上，成为"流动的盛宴"？

---

❶ 华霞虹等《上海邬达克建筑地图》（*Shanghai Hudec Architecture*），上海：同济大学出版社，2013。

在当代艺术博物馆的小纪念品商店里,我发现了一本刚刚结束的建筑展的目录,题为"市民都会——上海:现代城市主义的样本",由留学巴黎的中国建筑师张梁策划组织。这一展览项目是为那些关心城市记忆的上海居民和外来者所设,真是甚合我意。此书的英文译名是 *Ordinary Metropolis*(《平常都会》),"平常"或许意味着市民的日常生活和与此相关的历史记忆。这本册子还附有不少旧照片和旧图表,包括 20 世纪 30 年代国民政府时期"大上海计划"中为浦东设计的地图和模型,这一蓝图自然从未付诸实现。

新的博物馆和美术馆似乎注定要成为上海的新文化景观的亮点。不过,除了成为上层消费的地位象征以外,它们对未来全球城市的更深层次的意义还有待摸索和反思。它们真的可以变成能够承担起文化和创造的机构?抑或仅仅是一些存储"过去的现在"的临时性仓库,只为了将来好奇的探索者偶尔来光顾?